Zu diesem Buch

Drei aufwühlende Herbsttage in San Francisco, Ende September: Die Machtelite der Welt, 500 führende Politiker, Konzernchefs und Wissenschaftler, diskutieren hinter verschlossenen Türen das 21. Jahrhundert. Die Einschätzung der Weltenlenker ist verheerend: Nur mehr ein Fünftel aller Arbeitskräfte werde in Zukunft benötigt. Der überwältigende Rest – 80 Prozent – müsse mit «tittytainment» bei Laune gehalten werden, einer Mischung aus Entertainment und Ernährung am Busen («tits») der wenigen Produktiven.

Mit beängstigender Geschwindigkeit nähern sich die bisherigen Wohlstandsländer dieser Schreckensvision. Allein in Deutschland finden mehr als sechs Millionen Arbeitswillige keine feste Anstellung. Kein Job scheint mehr sicher, neben den Fabrikarbeitern bangen in Europa auch Millionen Ärzte, Ingenieure, Bankangestellte, Telekombeschäftigte und sogar Computerspezialisten um ihre Arbeitsplätze.

Das Tempo der Globalisierung überfordert alle. Verunsicherte Bürger suchen ihr Heil in Abgrenzung und Abspaltung. Vor dem eiskalten Effizienzwettlauf fliehen sie hin zur vermeintlichen Wärme moderner radikaler Verführer – von Scientology bis zu Jörg Haider. Doch der Angriff auf Demokratie und Wohlstand ist keineswegs das Resultat eines unaufhaltsamen technischen und wirtschaftlichen Fortschritts. Es gibt realistische Alternativen, die Globalisierung muß nicht in die Sackgasse führen. Ein Leben in sozialem Frieden wäre weiterhin möglich.

Hans-Peter Martin, Dr. jur., Jg. 1957, geb. in Bregenz, Österreich. Stipendiat in Kalifornien, Studium in Wien. Seit 1986 *Spiegel*-Redakteur, Korrespondent in Südamerika, derzeit in Wien. Bücher: *Nachtschicht*, Mitautor bei *Gesunde Geschäfte, Kursbuch Gesundheit, Bittere Pillen* (73. überarbeitete Auflage 1999).

Harald Schumann, Dipl.-Ing., Jg. 1957, geb. in Kassel. Studium in Marburg und Berlin. Von 1984 bis 1986 Redakteur bei der Berliner *tageszeitung*. Seit 1986 *Spiegel*-Redakteur, derzeit Büro Berlin. Buch: *Futtermittel und Welthunger* (rororo aktuell).

Hans-Peter Martin
Harald Schumann

Die Globalisierungsfalle

Der Angriff auf Demokratie
und Wohlstand

Rowohlt

14. Auflage 2008

Veröffentlicht im Rowohlt Taschenbuch Verlag,
Reinbek bei Hamburg, November 1998
Copyright © 1996
by Rowohlt Verlag GmbH, Reinbek bei Hamburg
Alle Rechte vorbehalten
Lektorat Rüdiger Dammann
Umschlaggestaltung Susanne Heeder
(Foto: FPG/Bavaria)
Gesamtherstellung CPI – Clausen & Bosse, Leck
Printed in Germany
ISBN 978 3 499 60450 8

Inhalt

Die 20:80-Gesellschaft

Weltenlenker unterwegs zu einer anderen Zivilisation 9

«Der richtige Orkan» 14 Demokratie in der Falle 18

Alles ist überall

Die Wucht der Globalisierung und der globale Zerfall 25

Disney über alles 27 Der große Durst nach dem eintönigen «skrietsch» 30 Die Zeit der Städte 33 Die olympische Offenbarung 38 Die eine Welt zerfällt 39 Der Feind sind wir selbst 46 Weltmacht Weizen 55 «Wer wird den Schießbefehl geben?» 60

Diktatur mit beschränkter Haftung

Das Billiardenspiel auf dem Weltfinanzmarkt 63

Operation «Peso Shield» 64 Von Bretton Woods zur freien Spekulation 71 Renditejagd mit Lichtgeschwindigkeit 74 Legohäuschen Weißes Haus 81 Hundert Millionen Dollar pro Minute 84 Die Off-shore-Anarchie 91 Der faustische Pakt 96 Gericht ohne Gesetz 99 Der Dollar als Waffe 105 Guerillakrieg im Finanzdschungel 109 Abenteuer Euro: Der Kampf um die Währungsunion 112 Besteuern hilft steuern: Die Tobin-Tax 118 Derivate: Crash aus dem Hinterhalt 123 Super-Gau im Cyberspace 127

Das Gesetz der Wölfe

Die grenzenlose Jobkrise und die neue Transnationale 137

Drei Inder für einen Schweizer 141 Millionenopfer für den Weltmarkt 145 Von Keynes zu Hayek: Freiheitskampf für das Kapital 152

Wohlstand durch Freihandel: Das gebrochene Versprechen 155 Der
Sieg des Bulldozers 160 Modell Amerika: Die Rückkehr der Tagelöhner 164 Die Angst vor der Ungleichheit 170 «Was ist noch
deutsch an Hoechst?» 175 Shareholder Value: Das Ende der
Deutschland AG 180 Deregulierung: Widersinn mit Methode 185

*Schaubilder: Der große Kahlschlag – Drohende Jobverluste bei wichtigen
Dienstleistern 148*

Bequeme Lügen
Die Legende vom Standort und
der gerechten Globalisierung   193

Drachen statt Schafe: Das asiatische Wunder 197 Fairer Handel:
Schutz für die Armen? 201 Protektionismus: Schutz für die Reichen? 207 Modell Deutschland: Die Standortlüge(n) 212 Ausbruch aus der Abwärtsspirale 220

Rette sich, wer kann. Nur: Wer kann?
Das Verschwinden der Mittelklasse und
der Aufstieg der radikalen Verführer   225

Die Einsamkeit des Charlie Brown 228 Das Ende der deutschen Ein-
heit 233 Der Verrat der Eliten: Weltmodell Brasilien 235 Wohl-
stands-Chauvinismus und Irrationalität: Der moderne radikale Bürger
Peter Tischler 239 Fundamentalisten an die Macht: Scientology,
Ross Perot und Jörg Haider, rettet uns! 241 Erste Hochrechnung:
Die Wiederkehr der k.u.k. Hauptstadt 245 Tempo, Tempo,
Tempo: Der Turbo-Kapitalismus überfordert alle 249

Täter oder Opfer?
Die armen Global Player und
die willkommene Rückkehr des Sachzwangs   253

Butros Butros-Ghali, Michel Camdessus, Hermann Franz, Michail
Gorbatschow, Al Gore, Ferdinand Lacina, Anton Schneider, Michael
Snow, Klaus Töpfer, Steve Trent, Vincent Truglia, Ted Turner und
Timothy Wirth: 13 bezeichnende Überlegungen

Wem gehört der Staat?
Der Niedergang der Politik und die Zukunft der
nationalen Souveränität 269

«Von uns kriegt ihr nichts mehr!» 271 Schwarze Löcher in den Staatskassen 276 «Denkt an unsere Familien!» 278 Grenzenlos kriminell 285 Weltweit regieren: Die nützliche Illusion 293 Amerika, geh du voran? 296 Die europäische Chance 299 Markt ohne Staat 303

Das Ende der Orientierungslosigkeit
Der Sackgasse entkommen 311

Vorwärts in die dreißiger Jahre? 313 Der gefährliche Weltpolizist 320 Die europäische Alternative 322

Zehn Ideen gegen die 20:80-Gesellschaft 331

Anmerkungen 337

Ein Dank 351

Für unsere Kinder Ben, Manuel und Paul

Die 20:80-Gesellschaft

Weltenlenker unterwegs zu einer anderen Zivilisation

«Die ganze Welt verändert sich in eine Veränderung hinein, wie sie
früher einmal war in einem früheren Leben.»
Werner Schwab in seinem Nachlaß-Stück «Hochschwab»

Träume von Weltformat sind im Fairmont-Hotel von San
Francisco zu Hause. Es ist Institution und Ikone, Luxusher-
berge und Legende der Lebenslust. Wer es kennt, nennt es nur
respektvoll «The Fairmont», wer darin wohnt, hat es geschafft.

Wie eine Kathedrale des Wohlstands thront es auf dem Nob
Hill über der gerühmten «City», ein kalifornischer Protzbau
der Superlative, eine selbstvergessene Mischung aus Jahrhundertwende und Nachkriegsboom. Besucher überfällt die Blick-
sucht, wenn sie im gläsernen Lift außen am Hotelturm ins
Crown's Room Restaurant entschweben. Da öffnet sich das
Panorama auf jene schöne neue Welt, in die sich Milliarden
Menschen hineinträumen: Von der Golden-Gate-Brücke bis
zur Hügelkette von Berkeley glänzt ein unendlich scheinender
Mittelstandsreichtum. Zwischen den Eukalyptusbäumen blit-
zen die Swimmingpools der einladend großzügigen Häuser im
milden Sonnenlicht, in fast jeder Einfahrt parken mehrere
Fahrzeuge.

Das Fairmont markiert wie ein kolossaler Grenzstein die
Schnittstelle zwischen Moderne und Zukunft, zwischen Amerika und dem pazifischen Raum. Am Abhang vor dem Hotel
leben dicht gedrängt mehr als hunderttausend Chinesen, weit
hinten grüßt die Heimstatt der Computer-Revolution, das
Silicon Valley. Kaliforniens Katastrophengewinnler des Erd-
bebens von 1906, US-Weltkriegsgeneräle, die Gründer der

Uno, Konzernherren und alle Präsidenten Amerikas in diesem Jahrhundert – sie feierten ihre Triumphe in den weitläufigen, aufgeplüschten Hallen des Hotels, das der Verfilmung von Arthur Haileys Fiktion «Hotel» die Traumkulisse seiner Wirklichkeit bot und seither von Touristen bestürmt wird.

In diesem geschichtsträchtigen Rahmen begrüßt einer der wenigen, der selbst Geschichte schrieb, Ende September 1995 die Elite der Welt: Michail Gorbatschow. US-Mäzene richteten ihm ausgerechnet im Presidio, einem nach dem Ende des Kalten Krieges aufgelassenen Militärareal südlich der Golden-Gate-Brücke, aus Dankbarkeit eine Stiftung ein. Jetzt hat Gorbatschow 500 führende Politiker, Wirtschaftsführer und Wissenschaftler aus allen Kontinenten einfliegen lassen. Der neue «globale Braintrust», wie der letzte Staatspräsident der Sowjetunion und Nobelpreisträger die exklusive Runde definiert, soll den Weg ins 21. Jahrhundert weisen, «unterwegs zu einer neuen Zivilisation».[1]

Erfahrene alte Weltenlenker wie George Bush, George Shultz oder Margaret Thatcher treffen auf die neuen Herren des Planeten wie CNN-Chef Ted Turner, der seine Unternehmen mit Time Warner zum weltweit größten Medienkonzern verschmilzt, oder auf den südostasiatischen Handelsmagnaten Washington SyCip. Drei Tage lang wollen sie hochkonzentriert nachdenken, in kleinen Arbeitskreisen mit den Global Player der Computer- und Finanzwelt, aber auch mit den Hohenpriestern der Wirtschaft, den Ökonomieprofessoren der Universitäten von Stanford, Harvard und Oxford. Auch Emissäre des Freihandels aus Singapur und natürlich Peking wollen gehört werden, wenn es um die Zukunft der Menschheit geht. Sachsens Ministerpräsident Kurt Biedenkopf bemüht sich um deutsche Akzente in der Debatte.

Niemand ist zum Schwadronieren angereist. Keiner soll die freie Rede stören, die aufdringliche Journalistenschar wird aufwendig abgeschirmt.[2] Strenge Regeln zwingen alle Teilnehmer, jeden rhetorischen Ballast abzuwerfen. Gerade fünf

Minuten lang dürfen Referenten ein Thema einleiten, keine Wortmeldung soll länger als zwei Minuten dauern. Gepflegte ältere Damen halten den diskutierenden Milliardären und Theoretikern wie Formel-1-Fahrern unübersehbare Zeittafeln ins Blickfeld: Noch «1 Minute», «30 Sekunden», «Stopp».

John Gage, Topmanager bei der US-Computerfirma Sun Microsystems, stößt die Debattenrunde über «Technologie und Arbeit in der globalen Wirtschaft» an. Sein Unternehmen gilt als ein neuer Star der Branche, es entwickelte die Programmiersprache «Java», der Aktienkurs von Sun Systems bricht an der Wall Street die Rekorde. «Jeder kann bei uns so lange arbeiten, wie er will, wir brauchen auch keine Visa für unsere Leute aus dem Ausland», erklärt Gage knapp. Regierungen und deren Vorschriften für die Arbeitswelt seien bedeutungslos geworden. Er beschäftige, wen er gerade brauche, derzeit bevorzugt «gute Gehirne in Indien», die so lange arbeiten, wie sie können. Aus allen Erdteilen erhalte die Firma per Computer Bewerbungen, die für sich sprächen. «Wir stellen unsere Leute per Computer ein, sie arbeiten am Computer, und sie werden auch per Computer wieder gefeuert.»

Noch «30 Sekunden», signalisiert ihm die Tafeldame. «Wir holen uns ganz einfach die Cleversten. Mit unserer Effizienz konnten wir den Umsatz seit unserem Beginn vor 13 Jahren von null auf über sechs Milliarden Dollar hochjagen.» Selbstzufrieden wendet sich Gage an einen Tischnachbarn und schmunzelt: «Das hast du längst nicht so schnell geschafft, David.» Die Sekunden, die ihm bis zum «Stop»-Schild bleiben, genießt Gage den kleinen Seitenhieb.

Der Angesprochene ist David Packard, Mitbegründer des High-Tech-Riesen Hewlett-Packard. Der greise Self-made-Milliardär verzieht keine Miene. Mit hellwachem Verstand stellt er lieber die zentrale Frage: «Wie viele Angestellte brauchst du wirklich, John?»

«Sechs, vielleicht acht», antwortet Gage trocken. «Ohne sie

wären wir aufgeschmissen. Dabei ist es völlig gleichgültig, wo auf der Erde sie wohnen.» Jetzt hakt der Diskussionsleiter, Professor Rustum Roy von der Pennsylvania State University, nach: «Und wie viele Leute arbeiten derzeit für Sun Systems?» Gage: «16 000. Sie sind bis auf eine kleine Minderheit Rationalisierungsreserve.»

Kein Raunen geht da durch den Raum, den Anwesenden ist der Ausblick auf bislang ungeahnte Arbeitslosenheere eine Selbstverständlichkeit. Keiner der hochbezahlten Karrieremanager aus den Zukunftsbranchen und Zukunftsländern glaubt noch an ausreichend neue, ordentlich bezahlte Jobs auf technologisch aufwendigen Wachstumsmärkten in den bisherigen Wohlstandsländern – egal, in welchem Bereich.

Die Zukunft verkürzen die Pragmatiker im Fairmont auf ein Zahlenpaar und einen Begriff: «20 zu 80» und «tittytainment».

20 Prozent der arbeitsfähigen Bevölkerung würden im kommenden Jahrhundert ausreichen, um die Weltwirtschaft in Schwung zu halten. «Mehr Arbeitskraft wird nicht gebraucht», meint Magnat Washington SyCip. Ein Fünftel aller Arbeitssuchenden werde genügen, um alle Waren zu produzieren und die hochwertigen Dienstleistungen zu erbringen, die sich die Weltgesellschaft leisten könne. Diese 20 Prozent werden damit aktiv am Leben, Verdienen und Konsumieren teilnehmen – egal, in welchem Land. Das eine oder andere Prozent, so räumen die Diskutanten ein, mag noch hinzukommen, etwa durch wohlhabende Erben.

Doch sonst? 80 Prozent der Arbeitswilligen ohne Job? «Sicher», sagt der US-Autor Jeremy Rifkin, Verfasser des Buches «Das Ende der Arbeit», «die unteren 80 Prozent werden gewaltige Probleme bekommen.» Sun-Manager Gage legt noch einmal nach und beruft sich auf seinen Firmenchef Scott McNealy: Die Frage sei künftig, «to have lunch or be lunch», zu essen haben oder gefressen werden.

In der Folge beschäftigt sich der hochkarätige Diskussionskreis zur «Zukunft der Arbeit» lediglich mit jenen, die keine Arbeit mehr haben werden. Dazu, so die feste Überzeugung der Runde, werden weltweit Dutzende Millionen Menschen zählen, die sich bislang dem wohligen Alltag in San Franciscos Bay Area näher fühlen durften als dem Überlebenskampf ohne sicheren Job. Im Fairmont wird eine neue Gesellschaftsordnung skizziert: reiche Länder ohne nennenswerten Mittelstand – und niemand widerspricht.

Vielmehr macht der Ausdruck «tittytainment» Karriere, den der alte Haudegen Zbigniew Brzezinski ins Spiel bringt. Der gebürtige Pole war vier Jahre lang Nationaler Sicherheitsberater von US-Präsident Jimmy Carter, seither beschäftigt er sich mit geostrategischen Fragen. «Tittytainment», so Brzezinski, sei eine Kombination von «entertainment» und «tits», dem amerikanischen Slangwort für Busen. Brzezinski denkt dabei weniger an Sex als an die Milch, die aus der Brust einer stillenden Mutter strömt. Mit einer Mischung aus betäubender Unterhaltung und ausreichender Ernährung könne die frustrierte Bevölkerung der Welt schon bei Laune gehalten werden.

Nüchtern diskutieren die Manager die möglichen Dosierungen, überlegen, wie denn das wohlhabende Fünftel den überflüssigen Rest beschäftigen könne. Soziales Engagement der Unternehmen sei beim globalen Wettbewerbsdruck unzumutbar, um die Arbeitslosen müßten sich andere kümmern. Sinnstiftung und Integration erwarten sich die Diskutanten vom weiten Feld der freiwilligen Gemeinschaftsdienste, bei der Nachbarschaftshilfe, im Sportbetrieb oder in Vereinen aller Art. «Diese Tätigkeiten könnte man doch durch eine bescheidene Bezahlung aufwerten und so die Selbstachtung von Millionen Bürgern fördern», meint Professor Roy. Jedenfalls werden in den Industrieländern schon bald wieder Menschen fast zum Nulltarif die Straßen sauberhalten oder als Haushaltshilfen kärglichen Unterschlupf finden, erwarten die Konzernlenker. Schließlich sei das Industriezeitalter mit seinem Massenwohlstand nicht mehr als ein «Wimpernzucken in der Geschichte der Ökonomie», analysiert der Zukunftsforscher John Naisbitt.

Unterwegs zu einer neuen Zivilisation wähnten sich die Veranstalter der drei denkwürdigen Tage im Fairmont. Doch die Richtung, welche der versammelte Sachverstand aus Chefetagen und Wissenschaft wies, führt geradewegs zurück in die vormoderne Zeit. Nicht mehr die Zweidrittelgesellschaft, vor der sich die Europäer seit den achtziger Jahren fürchten, beschreibt demnach die künftige Verteilung von Wohlstand und gesellschaftlicher Stellung. Das Weltmodell der Zukunft folgt der Formel 20 zu 80. Die Einfünftelgesellschaft zieht herauf, in der die Ausgeschlossenen mit Tittytainment ruhiggestellt werden müssen. Alles maßlos übertrieben?

«Der richtige Orkan»

Deutschland im Jahr 1996: Mehr als sechs Millionen Arbeitswillige finden keine feste Anstellung – mehr als je zuvor seit Gründung der Bundesrepublik. Die durchschnittlichen Nettoeinkommen der Westdeutschen sinken seit fünf Jahren. Und dies sei, so künden die Auguren aus Regierung, Wissenschaft und Unternehmen, erst der Anfang. Mindestens 1,5 Millionen weitere Jobs würden allein in der Industrie im kommenden Jahrzehnt gestrichen, prognostiziert der führende Unternehmensberater der Republik, Roland Berger, «obendrein vermutlich jeder zweite Arbeitsplatz im mittleren Management».[3] Sein Kollege Herbert Henzler, Chef der deutschen Filiale der Beratungsfirma McKinsey, geht noch weiter: «Die Industrie wird den Weg der Landwirtschaft nehmen», prophezeit er. Die Warenproduktion biete zukünftig nur noch für wenige Prozent der Erwerbsbevölkerung Lohn und Brot.[4] Auch in Österreich melden die Behörden immer bescheidenere Beschäftigtenzahlen, jedes Jahr brechen 10 000 Industriejobs weg, 1997 soll die

Arbeitslosenquote bei acht Prozent liegen, fast doppelt so hoch wie noch 1994.[5]

Die von Ökonomen und Politikern verbreiteten Erklärungen für den Niedergang gipfeln stets in einem Wort: Globalisierung. High-Tech-Kommunikation, niedrige Transportkosten und grenzenloser Freihandel lassen die ganze Welt zu einem einzigen Markt verschmelzen, lautet die stets wiederkehrende These. Dies schaffe harte globale Konkurrenz, auch auf dem Arbeitsmarkt. Deutsche Unternehmen würden neue Arbeitsplätze nur noch im billigeren Ausland schaffen. Vom Konzernchef bis zum Arbeitsminister kennt die Führungsriege der Republik nur eine Antwort: Anpassung nach unten. Unentwegt sind die Bürger einer Kakophonie aus Verzichtsforderungen ausgesetzt. Die Deutschen – erst recht die Österreicher – arbeiten zuwenig, beziehen zu hohe Einkommen, machen zuviel Urlaub und feiern zu oft krank, behauptet ein Chor aus Verbandsfunktionären, Ökonomen, Sachverständigen und Ministern. Publizistische Helfer bei Presse und Fernsehen assistieren. Die «westliche Anspruchsgesellschaft kollidiert mit ehrgeizigen asiatischen Verzichtsgesellschaften», schreibt die *Frankfurter Allgemeine Zeitung*, der Wohlfahrtsstaat sei «zur Zukunftsbedrohung geworden», ein «Mehr an sozialer Ungleichheit ist unausweichlich».[6] Österreichs marktbeherrschendes Massenblatt, die *Neue Kronenzeitung*, zieht mit der Schlagzeile in die Boulevardschlacht: «Der Kontinent hat über seine Verhältnisse gelebt: Neue Sparwelle schockt Europa.»[7] Selbst der deutsche Bundespräsident Roman Herzog sekundiert mit Einstimmungsreden ans Volk. Der Wandel sei «unausweichlich. Jeder wird Opfer bringen müssen.»

Da hat er allerdings etwas falsch verstanden. Es geht keineswegs um notwendige Opfer für alle in Zeiten der Krise. Kürzung der Lohnfortzahlung bei Krankheit, Aufhebung des Kündigungsschutzes, radikale Schnitte bei allen Sozialleistungen und Lohnsenkung trotz steigender Produktivität sind kein Krisenmanagement mehr. Die Reformer im Zeichen der Globalisierung kündigen vielmehr den ungeschriebenen Gesellschaftsvertrag der Republik, der die soziale Ungleichheit durch Umverteilung von oben nach unten in Grenzen hielt. Das Modell des europäischen Wohlfahrtsstaats habe ausgedient, propagieren sie, im weltweiten Vergleich sei er nun zu teuer. Die Betroffenen verstehen sehr wohl. Gewerkschaften und Wohlfahrtsverbände senden einen Aufschrei der Empörung durch die Republik. Selbst die sonst konservative IG Chemie droht mit flächendeckenden Streiks, und Dieter Schulte, Vorsitzender des Deutschen Gewerkschaftsbundes, warnt vor «Verhältnissen», denen gegenüber der französische Massenausstand im Dezember 1995 «ein müder Auftakt war».[8]

Doch die Verteidiger des Sozialstaats kämpfen auf verlorenem Posten. Zwar sind viele Argumente ihrer Gegner einfach falsch. Per Saldo schaffen Deutschlands Konzerne im Ausland kaum zusätzliche Jobs, sondern kaufen zumeist nur dortige Unternehmen, um anschließend die Belegschaft auszudünnen und regionale Märkte zu versorgen. Auch sind die Soziallasten in Deutschland keineswegs explodiert, ihr Anteil am Bruttosozialprodukt war 1995 sogar geringer als 20 Jahre zuvor. Was wirklich trifft, ist dagegen der stete Verweis auf die Politik der anderen, bisherigen Industrieländer. Staatsausgaben kürzen, Löhne senken und Sozialleistungen streichen, das Programm ist von Schweden über Österreich bis Spanien im Kern gleich. Und überall endet der Protest in Resignation.

Der Internationalismus, einst eine Erfindung sozialdemokratischer Arbeiterführer gegen kapitalistische Kriegstreiber, hat längst die Seiten gewechselt. Weltweit spielen über 40 000 transnationale Unternehmen aller Größenordnungen ihre Beschäftigten ebenso wie die Staaten gegeneinander aus. 40 Prozent Steuern auf Kapitalerträge in Deutschland? Viel zuviel, Irland gibt sich mit zehn Prozent zufrieden, Malaysia und einige US-Bundesstaaten verzichten sogar fünf oder zehn Jahre lang ganz auf Abgaben. 45 Mark für die Facharbeiterstunde?

Viel zu teuer, die Briten arbeiten für weniger als die Hälfte, die Tschechen für ein Zehntel. Nur 33 Prozent Investitionszulage für neue Fabriken in Italien? Viel zuwenig, in Ostdeutschland legt der Staat gerne 80 Prozent dazu.

In einer globalen Zangenbewegung hebt die neue Internationale des Kapitals ganze Staaten und deren bisherige gesellschaftliche Ordnung aus den Angeln. An der einen Front droht sie mal hier, mal dort mit Kapitalflucht und erzwingt so drastische Steuerabschläge sowie milliardenschwere Subventionen oder kostenlose Infrastruktur. Wo das nicht wirkt, hilft Steuerplanung im großen Stil: Gewinne werden nur noch in den Ländern ausgewiesen, wo der Steuersatz auch wirklich niedrig ist. Weltweit sinkt der Anteil, den Kapitaleigner und Vermögensbesitzer zur Finanzierung staatlicher Aufgaben beitragen. Auf der anderen Seite fahren die Lenker der globalen Kapitalströme das Lohnniveau ihrer steuerzahlenden Beschäftigten kontinuierlich nach unten. Auch die Lohnquote, der Anteil der Lohnbezieher am gesellschaftlichen Reichtum, sinkt im Weltmaßstab. Keine Nation allein vermag sich dem Druck entgegenzustellen. Das Modell Deutschland, kommentiert der US-Ökonom Rüdiger Dornbusch, werde im transnationalen Wettbewerb nun «regelrecht abgekocht».[9]

Börsenkurse und Konzerngewinne steigen mit zweistelligen Raten, während Löhne und Gehälter sinken. Gleichzeitig wächst die Arbeitslosigkeit parallel mit den Defiziten der öffentlichen Haushalte. Niemand benötigt besondere ökonomische Kenntnisse, um zu verstehen, was geschieht: 113 Jahre nach dem Tod von Karl Marx steuert der Kapitalismus wieder in jene Richtung, die der revolutionäre Ökonom für seine Zeit so trefflich beschrieb. «Die allgemeine Tendenz der kapitalistischen Produktion ist, den durchschnittlichen Lohnstandard nicht zu heben, sondern zu senken oder den Wert der Arbeit bis zu seiner Minimalgrenze zu drücken», referierte er 1865 vor dem Generalrat der I. Internationale in London – und ahnte nicht, daß der Urkapitalismus dereinst demokratisch gezähmt

werden würde.[10] Doch nach den Reformen des sozialdemokratischen Jahrhunderts bahnt sich nun eine Gegenreform
von historischer Dimension an: Rückwärts geht es in die Zukunft, und Gewinner wie Heinrich von Pierer, der Chef des
Weltkonzerns Siemens, triumphieren: «Der Wettbewerbswind ist zum Sturm geworden, und der richtige Orkan steht
uns noch bevor.»[11]

Die Wortwahl Pierers und anderer Bannerträger des neuen
Globalismus soll glauben machen, bei alldem handele es sich um
einen gleichsam naturgegebenen Prozeß, Ergebnis eines unaufhaltsamen technischen und wirtschaftlichen Fortschritts. Das
ist Unsinn. Die globale wirtschaftliche Verflechtung ist keineswegs ein Naturereignis, sondern wurde durch zielstrebige
Politik bewußt herbeigeführt. Vertrag für Vertrag, Gesetz für
Gesetz waren es immer Regierungen und Parlamente, deren
Beschlüsse die Barrieren für den grenzüberschreitenden Verkehr von Kapital und Waren beseitigt haben. Von der Freigabe
des Devisenhandels über den europäischen Binnenmarkt bis
zur fortwährenden Ausdehnung des Welthandelsabkommens
GATT haben Regierungspolitiker der westlichen Industrieländer systematisch jenen Zustand selbst heraufbeschworen, mit
dem sie nun nicht mehr fertig werden.

Demokratie in der Falle

Die globale Integration ist begleitet vom Aufstieg einer wirtschaftspolitischen Heilslehre, die eine Heerschar von Wirt-
schaftsberatern fortwährend in die Politik trägt: des Neoliberalismus. Dessen Grundthese lautet vereinfacht: Der Markt ist
gut, und staatliche Eingriffe sind schlecht. Ausgehend von den
Ideen des führenden Vertreters dieser wirtschaftswissenschaftlichen Schule, des US-Ökonomen und Nobelpreisträgers Milton Friedman, erhoben die mehrheitlich wirtschaftsliberalen
Regierungen des Westens während der achtziger Jahre dieses

Dogma zur Richtschnur ihrer Politik. Deregulierung statt staatlicher Aufsicht, Liberalisierung von Handel und Kapitalverkehr sowie Privatisierung der staatlichen Unternehmen wurden die strategischen Waffen im Arsenal marktgläubiger Regierungen und der von ihnen gelenkten internationalen Wirtschaftsorganisationen, der Weltbank, des Internationalen Währungsfonds (IWF) und der Welthandelsorganisation (WTO). Mit diesen Instrumenten fochten sie einen Freiheitskampf fürs Kapital, der bis heute andauert. Ob Luftfahrt oder Telekommunikation, Banken oder Versicherungen, Bauindustrie oder Softwareentwicklung und eben auch die Arbeitskraft, nichts und niemand soll sich dem Gesetz von Angebot und Nachfrage entziehen.

Der Zusammenbruch der Parteidiktaturen des Ostblocks verschaffte diesem Glauben zusätzlichen Schub und globale Durchschlagskraft. Befreit von der Drohung der Diktatur des Proletariats, wird seitdem um so härter an der Errichtung der Diktatur des Weltmarktes gearbeitet. Plötzlich erscheint die massenhafte Teilnahme der Arbeitnehmer an der allgemeinen Wertschöpfung nur als ein Zugeständnis im Kalten Krieg, das der kommunistischen Agitation die Basis entziehen sollte.

Doch der «Turbo-Kapitalismus»[12], dessen weltweite Durchsetzung jetzt unaufhaltsam scheint, zerstört die Grundlagen seiner Existenz: den funktionsfähigen Staat und demokratische Stabilität. Das Tempo der Veränderung und die Umverteilung von Macht und Wohlstand erodieren die alten sozialen Einheiten schneller, als das Neue sich entwickeln kann. Die bisherigen Wohlstandsländer verzehren die soziale Substanz ihres Zusammenhalts, schneller noch als die ökologische. Neoliberale Ökonomen und Politiker predigen der Welt das «amerikanische Modell», doch diese Parole gleicht furchterweckend der Propaganda der DDR-Regierung, die bis zu ihrem Ende von der Sowjetunion das Siegen lernen wollte. Schließlich wird der gesellschaftliche Zerfall nirgendwo deutlicher als im Ursprungsland der kapitalistischen Gegenrevolution, den USA: Die Kriminalität hat epidemische Ausmaße angenommen. Im Bundesstaat Kalifornien, für sich genommen die siebtgrößte Wirtschaftsmacht der Erde, übersteigen die Ausgaben für die Gefängnisse den gesamten Bildungsetat.[13] Schon 28 Millionen Amerikaner, mehr als zehn Prozent der Bevölkerung, haben sich in bewachten Hochhäusern und Siedlungen verschanzt. Für private bewaffnete Wächter geben die US-Bürger doppelt soviel Geld aus wie ihr Staat für die Polizei.[14]

Aber auch Europa und Japan, China und Indien spalten sich in eine Minderheit von Gewinnern und eine Mehrheit von Verlierern. Für viele hundert Millionen Menschen gilt: Der globalisierte Fortschritt ist gar keiner. Wie ein Hohn muß für sie die Formel klingen, welche die Regierungschefs aus den sieben führenden Industrienationen zum Leitmotiv ihres G-7-Gipfels Ende Juni 1996 in Lyon erhoben: «Aus der Globalisierung einen Erfolg zum Nutzen aller machen».

So trifft der Protest der Verlierer auf Regierungen und Politiker, deren Gestaltungsmacht kontinuierlich schrumpft. Egal, ob soziale Gerechtigkeit hergestellt oder die Umwelt geschützt werden muß, ob Medienmacht begrenzt oder die internationalisierte Kriminalität bekämpft werden soll: stets ist der einzelne Nationalstaat überfordert, und ebenso regelmäßig scheitert die internationale Konzertierung. Wenn aber Regierungen in allen existentiellen Zukunftsfragen nur noch auf die übermächtigen Sachzwänge der transnationalen Ökonomie verweisen, gerinnt alle Politik zu einem Schauspiel der Ohnmacht, und der demokratische Staat verliert seine Legitimation. Die Globalisierung gerät zur Falle für die Demokratie.

Nur naive Theoretiker oder kurzsichtige Politiker glauben, man könne, wie derzeit in Europa, Jahr für Jahr Millionen Menschen um Jobs und soziale Sicherheit bringen, ohne dafür irgendwann den politischen Preis zu bezahlen. Das muß schiefgehen. Anders als in der betriebswirtschaftlichen Logik der Konzernstrategen gibt es in demokratisch verfaßten Gesellschaften keine «surplus people», keine überflüssigen Bürger.

Die Verlierer haben eine Stimme, und sie werden sie nutzen. Kein Grund zur Beruhigung: Dem sozialen Erdbeben wird das politische folgen. Sozialdemokraten oder soziale Christen werden so schnell keine neuen Triumphe feiern. Statt dessen wird sichtbar, wie immer mehr Wähler die stereotypen Formeln der Globalisierer wirklich ernst nehmen. Nicht wir sind es gewesen, die ausländische Konkurrenz ist schuld, erfährt der Bürger in jeder zweiten Nachrichtensendung aus dem Mund derer, die seine Interessen vertreten sollten. Von diesem – ökonomisch falschen – Argument ist es nur ein kleiner Schritt zur offenen Feindschaft gegen alles Fremde. Längst suchen Millionen verunsicherter Mittelstandsbürger ihr Heil in Fremdenhaß, Separatismus und der Abschottung vom Weltmarkt. Die Ausgegrenzten antworten ihrerseits mit Ausgrenzung.

Der national-autoritäre Populist Ross Perot fuhr 1992 bei seinem ersten Antritt zur Präsidentschaftswahl in den USA 19 Prozent der Stimmen ein. Ähnliche Wahlergebnisse erzielen der französische Prediger der nationalen Wiedergeburt Jean-Marie Le Pen und Österreichs radikaler Rechtspopulist Jörg Haider. Von Quebec über Schottland bis in die Lombardei verzeichnen auch Separatisten wachsenden Zulauf. Sie ergänzen den Kanon des Fremdenhasses um den Zorn auf Zentralregierungen und die Abgrenzung von den vermeintlichen Kostgängern in ärmeren Landesteilen. Gleichzeitig wächst in aller Welt die Masse vagabundierender Migranten, die dem Elend entfliehen wollen.

20:80, die Einfünftelgesellschaft, wie sie die elitären Visionäre im Fairmont-Hotel für das nächste Jahrhundert ausmalten, folgt durchaus der technischen und wirtschaftlichen Logik, mit der Konzernführer und Regierungen die globale Integration vorantreiben. Aber der Welt-Wettlauf um höchste Effizienz und niedrigste Löhne öffnet der Irrationalität die Türen zur Macht. Es sind nicht die wirklich Notleidenden, die rebellieren. Unkalkulierbare politische Sprengkraft entspringt vielmehr der Furcht vor Deklassierung, die sich jetzt in der Mitte der Gesellschaft ausbreitet. Nicht die Armut gefährdet die Demokratie, sondern die Angst davor.

Schon einmal führte die ökonomische Aufhebung aller Politik in die globale Katastrophe. 1930, ein Jahr nach dem großen Börsencrash, kommentierte das britische, stets kapitalfreundliche Magazin *The Economist*: «Das größte Problem unserer Generation besteht darin, daß unsere Erfolge auf wirtschaftlicher Ebene den Erfolg auf der politischen Ebene dermaßen übertreffen, daß Wirtschaft und Politik nicht miteinander Schritt halten können. Ökonomisch ist die Welt eine umfassende Handlungseinheit. Politisch ist sie zerstückelt geblieben. Die Spannungen zwischen den beiden gegensätzlichen Entwicklungen haben reihenweise Erschütterungen und Zusammenbrüche im gesellschaftlichen Leben der Menschheit ausgelöst.»

Geschichte wiederholt sich nicht. Gleichwohl ist der Krieg noch immer das wahrscheinlichste Ventil, wenn soziale Konflikte unerträglich werden, und sei es in Form des Bürgerkriegs gegen ethnische Minderheiten oder abtrünnige Regionen. Die Globalisierung muß nicht zu kriegerischen Auseinandersetzungen führen, aber sie kann, wenn es nicht gelingt, die entfesselten Kräfte der transnationalen Ökonomie sozial zu bändigen. Die bislang formulierten politischen Antworten auf die wirtschaftliche Vernetzung der Welt verneinen, daß dieser Prozeß überhaupt beherrschbar sei. Doch es gibt Instrumente und Wege, die Steuerung wieder in die Hand gewählter Regierungen und ihrer Institutionen zu legen, ohne die Nationen gegeneinander aufzubringen. Einige davon werden in diesem Buch vorgestellt und diskutiert.

Die vornehmste Aufgabe demokratischer Politiker an der Schwelle zum nächsten Jahrhundert wird die Instandsetzung des Staates und die Wiederherstellung des Primats der Politik über die Wirtschaft sein. Geschieht dies nicht, wird die dramatisch schnelle Verschmelzung der Menschheit durch Technik und Handel schon bald ins Gegenteil umschlagen und zum globalen Kurzschluß führen. Unseren Kindern und Enkeln bliebe nur die Erinnerung an die goldenen neunziger Jahre, als die Welt noch geordnet schien und das Umsteuern noch möglich war.

Alles ist überall

Die Wucht der Globalisierung und der globale Zerfall

> «Die Bauern gehörten zur Herrschaft und die Herrschaft
> zu den Bauern, aber jetzt ist alles durcheinander,
> man versteht nichts mehr.»
> *Der Diener Firs in Anton Tschechows Stück «Der Kirschgarten»*

Die Welt wird eins. Und am Anfang war das Bild von der einen Erde.

Fast drei Flugstunden von Peking entfernt, aber auch drei von Hongkong und zwei vom tibetischen Lhasa, liegt Chengdu. Allenfalls Liebhabern der scharfen chinesischen Küche ist das abgelegene Zentrum der Provinz Szetschuan mitten im Reich der Mitte ein Begriff, ausländische Reisende nähern sich der Stadt nur bei unfreiwilligen Zwischenlandungen. Dabei zählt Chengdu bereits 3,4 Millionen Einwohner und ist eines der am schnellsten wachsenden Stadtungeheuer der Welt.

Zwischen den Baustellen der neuen Hochhauswüsten zeigen Maos kunstvolle Plakatmaler, welches Gesicht jetzt der Fortschritt trägt. Umhüllt vom beißenden Staub der schon überfüllten, aber noch ungeteerten Straßenzüge, locken grelle Gemälde wie TV-Riesenleinwände die Passanten: schweinchenrosa die einstöckige Villa, griftgrün der Rasen, hellblau der Swimmingpool, glücklich das chinesische Paar vor seinem übergroßen Cabriolet.[1]

Auch auf der anderen Seite des Erdballs, weit hinten in Amazonien und nahe der bolivianisch-brasilianischen Grenze, beherrscht die gleiche Verheißung das Straßenbild. Der Baukonzern Mendes Junior aus São Paulo wirbt im Regenwald großflächig für die gepflegte, naturvernichtende Einzelhausidylle nach US-Vorbild. In den muffigen Hütten am trüben Rio

Purus debattieren junge Caboclos, die vermischten Nachfahren der Indianer und schwarzen Sklaven, über die Oberweite der Rettungsschwimmerin Pamela Anderson aus der kalifornischen TV-Serie «Baywatch», als wäre sie ein Mädchen von nebenan. Mit Videorecordern und Filmkassetten aus Hollywood bestechen Holzhändler die Handvoll verbliebener Indianerstämme im Bundesstaat Rondonia, um in den Reservaten die letzten Mahagonibäume fällen zu dürfen.[2]

Die Macht der bewegten Bilder prägt inzwischen sogar die Ianomami-Indianer, für deren Einzigartigkeit sich unter anderem Rockstar Sting begeistert hatte, ebenso wie die Jugend im vermeintlich letzten Shangri-La, in Bhutan. In dieser buddhistischen Ökodiktatur am Fuße des Himalaya sind die Bewohner zwar gezwungen, stets einen kniebedeckenden Kittel zu tragen und mit mittelalterlichen Mitteln die Felder zu bestellen. Bewundert werden allerdings jene Einheimischen, die über die nationale Einheitstracht eine Lederjacke ziehen und mit Raubkopien von US-Filmen aus Indien handeln.[3]

Selbst im fernen Osten Rußlands ist der «Denver Clan» längst heimisch. Der Leiter des Flughafens von Chabarowsk entrüstet sich ehrlich über Besucher, die glauben, ihm erklären zu müssen, was *Der Spiegel* sei. Jede Woche kann er ihn doch lesen, in Auszügen als Nachdruck in der regionalen Tageszeitung.[4] An der Copacabana wiederum hißt ein Strandverkäufer an Wochenenden aus Überzeugung die deutsche Flagge. Der dunkle Mann ist kein Nachfahre germanischer Nationalisten, vielmehr bewundert er «die Gerechtigkeit in Deutschland, wo auch einfache Leute nicht arm sind».[5]

Keine Frage: Müßte die Menschheit heute über einen Welt-Lebensstil abstimmen, sie könnte es. Mehr als 500 aktive Satelliten bestreichen inzwischen die Erde mit den Funksignalen der Moderne. Uniforme Bilder auf einer Milliarde Fernsehschirmen nähren die gleiche Sehnsucht an Amur, Jangtse, Amazonas, Ganges und Nil. Satellitenschüsseln und Sonnenkollektoren haben auch in stromfernen Gegenden wie im westafrikanischen

Niger Millionen Menschen «von ihrem dörflichen Leben in eine planetare Dimension gestoßen», wie es Bertrand Schneider formuliert, der Generalsekretär des Club of Rome.[6]

Die Abwehrschlacht des chinesischen Regimes gegen Faxbriefe, E-mail und Fernsehsender aus der Kapitalistenwelt dient nur mehr dem eigenen Machterhalt, nicht aber der Verteidigung eines anderen Gesellschaftskonzeptes. Wo TV-Bilder der universellen Warenwelt verpönt sind wie noch in Nordkorea und in den Ländern des Islam, machen doch Fotos und detailgenaue Erzählungen die Runde. Selbst im Iran gilt amerikanischer Heavy-Metal-Rock als populärste Musik unter den Teenagern der Mittelschicht.[7] Auch Ajatollahs bekommen den Luftraum ihres Hoheitsgebietes nicht mehr unter Kontrolle.

Niemals zuvor hörten und wußten so viele Menschen so vieles über den Rest der Welt. Erstmals in der Geschichte eint die Menschheit eine gemeinsame Phantasie des Seins.

Könnten die knapp sechs Milliarden Erdenbürger tatsächlich per Völkerentscheid bestimmen, wie sie leben wollten, es gäbe eine überwältigende Mehrheit für ein Mittelstandsdasein wie in einem Vorort von San Francisco. Eine qualifizierte, informierte Minderheit würde sich zusätzlich die sozialen Standards der Bundesrepublik Deutschland in den Jahren vor dem Mauerfall wünschen. Die Luxuskombination einer Karibik-Villa mit schwedischer Wohlfahrtsabsicherung wäre noch immer der Traum der Träume.

Disney über alles

Warum konnte sich gerade das kalifornische Lebensideal weltweit durchsetzen, warum siegte Disney über alles? Die nationale Größe des amerikanischen Marktes, die geopolitische Machtposition der USA nach dem Zweiten Weltkrieg und ihre Stärke in den Propagandaschlachten des Kalten Krieges spielten eine zentrale, aber nicht die allein entscheidende Rolle.

Oder andersherum: Stalin wollte Omnipotenz, doch Mickey Mouse erreichte Omnipräsenz.

Medienmogul Michael Eisner, Präsident und Vorstandsvorsitzender der Walt Disney Company, pflegt sein Erklärungsmodell, «amerikanische Unterhaltung vermittelt eine Vielfalt individueller Möglichkeiten, individueller Wahl und individuellen Ausdrucks. Das ist es, was die Leute überall wollen.» Unbekümmert fügt der Hollywood-Verkäufer hinzu: «Die US-Unterhaltungsindustrie bringt als Ergebnis der ungehinderten schöpferischen Freiheit eine Originalität hervor, wie sie an keinem anderen Platz der Welt zu finden ist.»[8]

Sein derzeit ausdrucksstärkster Kritiker ist Benjamin R. Barber, Direktor des Walt Whitman Center an der Rutgers University in New Jersey. Er fand die inzwischen klassische Formel «Jihad vs. McWorld» und nennt Eisners Vielfaltsthese «eine glatte Lüge. Dieser Mythos verwischt zwei entscheidende Punkte: die Art der Wahl und die angebliche Unabhängigkeit der Wünsche. In vielen amerikanischen Städten kann man beispielsweise zwischen Dutzenden Automodellen wählen, aber sich nicht für öffentliche Verkehrsmittel entscheiden. Und wie kann irgendwer den Anspruch ernst nehmen, der Markt gebe den Leuten nur, was sie wollen, wenn gleichzeitig eine Werbeindustrie mit einem Budget von 250 Milliarden Dollar existiert? Ist nicht auch der Fernsehsender MTV letztlich nur eine weltweite Werbung für die Musikindustrie, rund um die Uhr?»

Der durchschlagende Erfolg der «Disney-Kolonialisierung der globalen Kultur», glaubt Barber, beruhe auf einer Erscheinung so alt wie die Zivilisation: dem Wettbewerb zwischen schwierig und leicht, langsam und schnell, komplex und einfach. Das jeweils erstere ist mit bewunderten kulturellen Leistungen verbunden, letzteres entspricht «unserer Gleichgültigkeit, Abgespanntheit und Trägheit. Disney, McDonald's und MTV appellieren alle ans Leichte, Schnelle und Einfache.»[9]

Unabhängig davon, ob nun Eisner oder Barber die Ursachen des Hollywood-Triumphs richtig einschätzen, seine Folgen sind allgegenwärtig. «Cindy Crawford und Pocahontas starren dir an jeder Ecke ins Gesicht, wie Lenins Statuen in der früheren Sowjetunion. Das Trillern von Madonna und Michael Jackson ist der Muezzin der neuen Weltunordnung», beschreibt der kalifornische Zukunftsdenker Nathan Gardels das eintönige Blickfeld der Gegenwart.[10]

Im Reich der großen Medienimperien geht die Sonne nicht mehr unter. Hollywood liefert als internationales Kraftzentrum den wichtigsten Rohstoff für den Postmaterialismus. Time Warner will sich mit Ted Turners Broadcasting Corporation und CNN zum Weltmarktführer verschmelzen, die Fusion von Disney und dem Fernsehsender ABC wäre der zweitgrößte Firmenaufkauf in der US-Wirtschaftsgeschichte. Sony besitzt Columbia Pictures, Matsushita verkaufte den Unterhaltungsriesen MCA 1995 an den Getränkemulti Seagram. Zwischen dem Persischen Golf und Korea herrscht der Australier Rupert Murdoch. Sein Satellitensender Star TV mit Sitz in Hongkong bestrahlt vier Zeitzonen, in denen die Hälfte der Erdbevölkerung lebt. Raum und Zeit überbrücken auf sechs Kanälen aparte chinesische, indische, malaysische oder arabische Moderatorinnen, die abwechselnd Mandarin oder Englisch sprechen. Mit Inbrunst bemüht sich Murdoch, über Beteiligungen an Kabelkanälen die Volksrepublik China in großem Stil zu erschließen. Bislang können erst 30 Millionen Festlandchinesen seine Programme legal und störungsfrei empfangen. Die Machthaber in Peking zieren sich noch, signalisieren aber bereits an Branchenkreise die Formel, mit der sich der Australier durchsetzen kann: «No sex, no violence, no news.»

Die Mediengiganten, zu denen sich auch der deutschstämmige Riese Bertelsmann, dessen hartnäckiger Konkurrent Leo Kirch sowie Selbstinszenierer wie der Telekrat Silvio Berlusconi zählen, sind damit gut gerüstet für jenes Tittytainment, über das die Weltenlenker bei Treffen wie dem der Gorbatschow-Stiftung in San Francisco grübeln. Ihre Bilder beherrschen die Träume, und Träume bestimmen die Taten.

Je grenzüberschreitender der Markt für die Bilder wurde, um so mehr engt er sich aber auch ein. Im Durchschnitt wendet die amerikanische Filmindustrie für einen Spielfilm 59 Millionen Dollar auf, eine Summe, bei der europäische oder indische Produzenten nicht annähernd mithalten können.[11] In Technik und Ausstattung setzen die aufwendig gestalteten Streifen stets neue Maßstäbe, die ihre Konkurrenten nur selten erreichen können. So verstärkt sich der Sog Richtung Hollywood und New York noch.

Auch die versprochene zukünftige Vielfalt der 500 Fernsehkanäle in jedem Haushalt ist nur eine scheinbare. Wenige Marktführer werden auf vielen Sendeplätzen ihre Waren verformen und recyceln, jeweils zielgruppengerecht. Daneben fördert die Jagd nach der größten Einschaltquote den Konzentrationsprozeß. Die Übertragungsrechte für wichtige Sportveranstaltungen etwa sind nur noch mit enormen Werbeeinnahmen finanzierbar, die aber lediglich größere Sendeanstalten oder internationale Vermarkter erzielen können. Für Spots und Sponsoring wiederum interessieren sich nur Hersteller, die auch im ganzen Sendegebiet präsent sind, vor allem multinationale Konzerne. Lediglich zehn Großunternehmen bezahlen in Deutschland inzwischen fast ein Viertel der gesamten TV-Werbung.[12] Interkontinental einsetzbare Werbeeinschaltungen von 90 Sekunden Länge kosten so viel wie ein durchschnittlicher europäischer Spielfilm.[13]

Die Werbeagenturen schließlich bedienen sich der Versatzstücke einer gemeinsamen Traumheimat ihrer Kunden. Das deutsche Massenpublikum hat New York und den Wilden Westen bereits so liebgewonnen, daß der TV-Sender RTL mehr als die Hälfte seiner Reklamespots rund um das Endspiel der Fußball-Champions-League im Mai 1996 mit Klischees aus dieser scheinbar vertrauten, fernen Welt bestritt.[14] Statt bei Capri versinkt die rote Sonne jetzt hinter der Golden-Gate-Brücke im

Meer mit Beck's Bier, die Continental-Reifen quietschen nicht mehr dem deutschen Boden nahe auf dem Nürburgring, sondern raffiniert geschnitten über den Hochhausschluchten von Manhattan.

Die rückgekoppelten Verstärker der Weltangleichung treiben die Entwicklung immer weiter. Ein konsequentes Endprodukt im Kulturbereich wäre ein monotoner globaler US-Einheitston «screech» («skrietsch»), wie ihn der New Yorker Videokünstler Curt Royston prophezeit.[15] Fast zur Bestätigung imitiert seit Jahren eine lärmende junge Kulturavantgarde vom sibirischen Tomsk bis Wien und Lissabon in Ausstellungen detailgetreu die New Yorker Szene vor zwei Jahrzehnten: bemüht grell, angestrengt schrill, voller höllisch kreischender TV-Monitoren – wie langweilig.[16] Daß anregende Stille in einer Zeit, in der alle schreien, als Alternative viel provokanter und substantieller sein kann, spricht sich erst zögerlich herum.[17]

Roystons Skrietsch-Vision kamen auch die drei Tenöre José Carreras, Plácido Domingo und Luciano Pavarotti bei ihrer Welttournee 1996 schon auf Hörweite nahe: In den ausverkauften Stadien von München bis New York konnten unzählige Besucher kaum mehr als die Grundmelodie ihrer klassischen Ohrwürmer wahrnehmen. Das ansonsten uniforme Potpourri enthielt aber an jedem Ort etwas Unverwechselbares, das den Kartenkäufern stets das Gefühl vermitteln sollte, etwas Einzigartiges erlebt zu haben. Abgestimmt auf den jeweiligen Kulturkreis, durfte das Publikum auf vier Kontinenten bei der Zugabe dahinschmelzen. Den Japanern trugen die drei Global Singers «Kawa-no nagare nayomi» vor, die schmachtende Weise vom ewig fließenden Fluß. An der niemals blauen Donau wiederum, die derzeit justament vor der Wiener Tenor-Spielstätte des Praterstadions aufgestaut wird, erklang exklusiv vor 100 000 überwiegend neureichen deutschen, tschechischen und ungarischen Ohren der Schunkelhit «Wien, Wien, nur du allein».[18]

Bei ihrer national berechnenden Sensibilität darf sich das Belcanto-Verzückertrio auf den weltweit unerreichten Kehlenverführer Coca-Cola berufen. Der Softdrink-Riese bietet seine braune Brause in China und Japan in verschiedenen Geschmackssorten an, gesüßt je nach kulturellen Vorlieben und Eigenheiten eines Landesteils.[19] Im olympischen Sommer 1996 empfahl sich Coca-Cola in seinen transkontinental verbreiteten Werbespots «for the fans», im schwülen Atlanta hingegen richtete sich der einfühlsame Multi in dicken Lettern auf den Athletenbussen an die schwitzenden Live-Zuschauer der Spiele: «Cheering ist thirsty work», Anfeuern ist eine durstmachende Arbeit.[20]

Auch in Europa wandelt sich das Kulturgut Sport zusehends zum Angebot für eine designfixierte Spaßgesellschaft, die Mogelpackungen bejubelt. Fifa-Präsident João Havelange wünscht sich bei Fußballspielen mehr Pausen für Werbeblöcke wie im US-Football[21], die deutsche Bundesliga sucht eine neue Identität nahe der amerikanischen National Basketball Association. Die Begeisterung für ein Image tritt an die Stelle eines kulturell gewachsenen Zugehörigkeitsgefühls, Bayern München setzt in Hamburg mehr Trikots ab als die beiden örtlichen Bundesligisten HSV und St. Pauli. Allein mit dem Verkauf von Fanartikeln erreichen die Spitzenklubs bereits größere Umsätze als noch Anfang der neunziger Jahre mit ihren gesamten Klubeinnahmen, inklusive der Fernsehrechte. Da Kontroversen immer schwerer aus den traditionellen Städtevergleichen entstehen, «müssen sie künstlich erzeugt werden, eben Spieler gegen Spieler, Spieler gegen Trainer, Trainer gegen Präsidien», erläutert der Sportforscher Hans J. Stollenwerk.[22]

Wie ein erdumkreisender Pflug hat sich die milliardenfache Nachfrage nach der global beworbenen Warenflut durch die Geschäftsstraßen aller Weltstädte gegraben. Die «Transformierung des Durstes in ein Bedürfnis nach Coca-Cola», wie Gesellschaftskritiker Ivan Illich den Prozeß einst höhnisch bezeichnete, ist vollzogen.[23] In den Metropolen dominieren die bekannten Schriftzüge, von Calvin Klein über Kodak bis Louis Vuitton. Gedanken und Produkte folgen den Filmangeboten der wenigen verbliebenen Kinos und dem Musikgeschmack: Sie gleichen sich an, oft in vernichtendem Tempo für alteingesessene nationale Anbieter.

Das jüngste Opfer ist die ehemalige k. u. k. Hauptstadt Wien. Unzählige kleine Geschäfte, die mit ihren eigenwilligen Produktpaletten den Schaufenstern in der Wiener Innenstadt eine angenehme Unverwechselbarkeit verliehen, mußten seit Österreichs Beitritt zur Europäischen Union Anfang 1995 aufgeben, zumal gleichzeitig die strengen Mietpreisregelungen aufgehoben wurden. Internationale Handelsketten übernehmen die besten Lagen, dröge Schnellimbisse, aufreizende Unterwäschefirmen und geruchlose Drogeriemärkte eröffnen ihre sterilen Filialen.

Die Zeit der Städte

Der städtische Mittelstand der florierenden Wirtschaftszentren bewegt sich mit ungeahnter Selbstverständlichkeit auf dem schrumpfenden blauen Planeten, bei Geschäftsreisen gleichermaßen wie im Urlaub. Bereits 90 Millionen Menschen haben regelmäßigen Zugriff aufs weltumspannende Internet, jede Woche werden es eine halbe Million mehr.[24] Eine Wiener Photographin, die in Vorarlberg geboren wurde, kennt heute den New Yorker West Broadway besser als Innsbruck, ein Londoner Börsenmakler fühlt sich seinen Kollegen in Hongkong enger verbunden als einem Bankfilialleiter in Southampton. Gemeinsam halten sie sich für aufgeschlossene Weltbürger, fernab vom Gefühl, daß ihre globalen «connections» oft sehr provinziell und auf das eigene Milieu beschränkt sind. Journalisten, EDV-Systemspezialisten oder Schauspieler reisen mehr und angestrengter als Diplomaten und Außenpolitiker: Am Morgen noch in einer ungarischen Kleinstadt beim verzweifelten Kunden oder anregenden Gesprächspartner, am Nachmittag zu einem Termin in Hamburg, am Abend bei der neuen, aber auch schon fast wieder verlorenen Freundin in Paris, tags darauf in der Firmenzentrale irgendwo, und dann ab in die USA oder nach Fernost. Wer beim Aufwachen einige Sekunden benötigt, um zu begreifen, auf welchem Kontinent er soeben geschlafen hat, zählt zur Avantgarde im Klub der permanenten Weltreisenden. «Paß auf, daß du dir beim Einchekken am Flughafen nicht selbst begegnest, wie du schon wieder zurückkommst», witzeln wie einst bei Hans-Dietrich Genscher die wenigen Freunde, die solchen Menschen in ihrer Rastlosigkeit bleiben. Dabei werden sie von vielen beneidet, um ihre Flexibilität, um ihr Einkommen, um ihre Weltläufigkeit eben.

Doch in den berühmtesten Hotelbars, im Raffles in Singapur, im Savoy in Moskau oder im Copacabana Palace in Rio de Janeiro, weinen sich die gehetzten Dienstboten der Global Player aus, spätnachts, wenn die alten Schulkollegen aus dem Heimatort, die sie zufällig auf der Straße trafen, weil die sich alle paar Jahre einmal als Touristen in die weite Welt wagen, längst staunend in ihren Billigbetten liegen. Fernab von allem und von sich selbst bricht sie dann hervor, die lähmende Leere und Einsamkeit, die sich spätestens nach dem achten Interkontinentalflug innerhalb eines Jahres ausbreitet. Global zwar, aber monoton und unbelastbar ist letztlich das Vertrautheitspolster, auf dem sich die unendlichen Vielflieger ausruhen können: Rund um den Erdball sind sie eingesperrt in verläßlich abstoßenden, aber zum Verwechseln ähnlichen Flughäfen, Hotelketten, Kettenrestaurants, betäubt mit der gleichen Auswahl an Videokassetten im klimatisierten, aber muffigen Hotelzimmer. Die Seele der Rastlosen reist nicht so schnell wie der Körper, die Kraft fürs Einlassen auf das andere, Fremde, wirklich Neue gab es nie oder ist längst verflogen. So ist man überall und bleibt doch am gleichen Ort, hat alles gesehen und sieht doch nur, was man längst kennt – und sammelt Bonusmeilen bei den Fluggesellschaften wie die Daheimgebliebenen ihre Telefonkarten, Briefmarken oder Bierdeckel.

Dennoch ist solche Beweglichkeit richtungweisend, zumindest Orientierungsleuchte auf dem schallschnellen Jetflug in die Zukunft, die ein aufwühlend neues Weltgefüge verspricht. Ein dichtes Gewebe elektronischer Netzwerke, digitaler Satelliten-Telefone, hochleistungsfähiger Flughäfen und steuerbefreiter Industrieparks dürfte schon kurz nach der Jahrtausendwende etwa 30 weitläufige Stadtregionen miteinander verknüpfen, in denen jeweils acht bis 25 Millionen Einwohner leben werden. Die Metropolen sind wie zufällige Lichtflecken über den Globus verstreut, über Tausende Kilometer hinweg glauben sich die Bewohner einander näher zu sein als ihren jeweiligen Nachbarn im Hinterland, das bislang ihre Geschichte bestimmte.

Die Macht wird bei einem «Bündnis von weltweit agierenden Händlern und Stadtregierungen liegen, die vor allem die Wettbewerbsfähigkeit jener globalen Firmen fördern, die sie beherbergen», erwartet der italienische Futurologe Riccardo Petrella.[25] Schon jetzt sind die Zentren Asiens überall auf der Überholspur. Jugendliche auf allen Kontinenten wachsen, im Vergleich zu ihren Eltern, mit einem gänzlich veränderten globalen Städtebild auf. Nicht mehr Paris, London und New York glänzen mit Superlativen, auch nicht Moskau oder Chicago. Das höchste Gebäude der Welt wirft seit März 1996 in Malaysias Hauptstadt Kuala Lumpur seine Schatten, die meisten Baukräne überragen derzeit keineswegs die Dächer von Berlin, sondern die von Peking und Schanghai.

Zwischen Pakistan und Japan drängen ein Dutzend boomender Regionen als neue Spieler auf die globale Konkurrenzbühne und wetteifern um Rollen, wie sie die westliche Städtewelt in den vergangenen Jahrzehnten geprägt hat. Bangkok etwa will den Part Detroits als Autometropole übernehmen. Die japanischen Hersteller Toyota, Honda, Mitsubishi und Isuzu montieren schon längst in Thailand ihre Wagen, Chrysler und Ford bauen ihre dortigen Niederlassungen zum Stützpunkt ihrer Konzerngeschäfte in Südostasien aus.

Taipeh sieht sich in der Nachfolge des Silicon Valley, ohnehin liegt Taiwan bei der Produktion von Monitoren, Computermäusen und Bildscannern weltweit mit vorn. Malaysia will mit High-Tech-Exporten prosperieren wie einst das Ruhrgebiet mit seiner Stahlverarbeitung. Bombay wiederum produziert schon 800 Spielfilme im Jahr, viermal mehr als Hollywood. Die Büromieten dort überflügeln die bisherigen Rekordmarken in Japan.

Um die Hauptrolle als Nervenzentrum der neuen Superstädte Asiens, mithin als Widersacher von Tokio und New York, buhlt vor allem Schanghai. «Bis 2010 wollen wir das internationale und finanzielle Geschäftszentrum im westlichen Pazifik sein», erklärt Hu Yangzhao, Chefökonom der städtischen Planungskommission. In der wohl größten urbanen Umgestaltung seit der Neuerschaffung von Paris durch Baron Haussmann im 19. Jahrhundert wird das alte Schanghai fast abgerissen – und an seiner Stelle eine neue Stadt erbaut. Eine Viertelmillion Haushalte mußte die Innenstadt bereits verlassen, weitere 600 000 sollen noch umgesiedelt werden. Dafür haben 40 der 100 größten multinationalen Firmen Büros eröffnet. Siemens will sich am U-Bahn-Bau beteiligen, bei Volkswagen-Schanghai rollen in diesem Jahr 220 000 Pkw von den Bändern, vom Jahr 2000 an sollen es zwei Millionen sein. Die britische Kronkolonie Hongkong, die 1997 an die Volksrepublik China zurückfällt, will dagegenhalten. «Die Geographie ist auf unserer Seite», argumentiert der Großbanker Clint Marshall. Allein 20 Milliarden Dollar fließen in ein neues Flughafenprojekt, nur 20 Kilometer entfernt beliefert schon jetzt die prosperierende chinesische Provinz Guandong die globalen Märkte.[26]

Der ökonomische Aufbruch Chinas ist inzwischen Gemeinplatz, und doch birgt er süßsaure Überraschungen. Mit der «sozialistischen Marktwirtschaft» des Deng Xiaoping kann das Land um das Jahr 2000 zur zweitgrößten Wirtschaftsmacht der Erde aufsteigen – vor Japan und Deutschland. Während noch in den sechziger Jahren die Gymnasiallehrer Europas vor ihren Schülern die heranstürmende «Gelbe Gefahr» beschworen und nichts geschah, sind sie jetzt da, die Männer aus dem Reich der Mitte. Arbeiter von Schanghais Metallurgie-Konzern Meishan werken in Neapel fast rund um die Uhr. Sie zerlegen eine 24 000 Tonnen schwere Gußstahlanlage auf dem 100 Hektar großen Gelände der stillgelegten Fabrik des italienischen Stahlkonzerns Bagnoli. Im Sommer 1997 sollen die Teile wieder zusammengeschweißt sein, 14 000 Kilometer entfernt in der Hafenstadt Nanjing am Jangtse-Fluß. Auch Thyssen Stahl demontiert einen nicht ausgelasteten Hochofen für den Export nach Indien, Österreichs Voest-Alpine veräußerte ein gesamtes, obsoletes LD-2-Stahlwerk aus Linz nach Malaysia. Die Käufer aus Fernost erwerben Qualitätsware, sie sind die letzten, die von den jahrzehntelangen Milliardensubventionen für Europas Stahlindustrie profitieren.[27]

Mit kaum noch faßbarer Geschwindigkeit kommt so die Globalisierung voran – diese «Vereinigung der Pfützen, Teiche, Seen und Meere von dörflichen, provinziellen, regionalen und nationalen Wirtschaften zu einem einzigen globalen Wirtschaftsozean, der die kleinen Bereiche riesigen Wogen wirtschaftlichen Wettbewerbs statt wie früher nur kleinen Wellen und ruhigen Gezeiten aussetzt», wie der Ökonom Edward Luttwak das neue Zeitalter beschreibt.[28]

Die ganze Welt ist ein einziger Markt, scheinbar gedeiht der friedliche Handel. Geht damit nicht ein Menschheitstraum in Erfüllung? Sollten wir Bewohner der bislang wohlhabenden Industriestaaten uns nicht freuen über den Aufstieg so vieler Entwicklungsländer? Ist der globale Frieden nicht greifbar nahe?

Nein.

Die Vision des kanadischen Vordenkers Marshall McLuhan vom «global village», von der Welt als homogenem Dorf, hat sich keineswegs erfüllt. Während Kommentatoren und Politiker diese Metapher unablässig strapazieren, zeigt sich, wie wenig die wirkliche Welt zusammenwächst. Zwar verfolgen mehr als eine Milliarde Fernsehkonsumenten beinahe zeitgleich den Boxkampf zwischen Axel Schulz und Michael Moorer im Juni 1996 im Dortmunder Westfalenstadion. Mit 3,5 Milliarden Zuschauern wird die Eröffnungszeremonie der olympischen Jahrhundertspiele in Atlanta das weltverknüpfendste TV-Ereignis dieses Jahrtausends gewesen sein. Aus einer universalen Bilderwelt beim Schlagabtausch und Sportwettkampf entsteht jedoch noch lange kein wechselseitiger Austausch, keine Verständigung untereinander. Mediale Nähe und Gleichzeitigkeit erzeugen noch lange keine kulturelle Verbundenheit, erst recht keine ökonomische Angleichung.

Die olympische Offenbarung

Noch ehe anonymer und damit typisch rechter Terror ein grelles Licht der gesellschaftlichen Zerwürfnisse in den USA auf die olympischen Fernsehspiele warf, stellten die Veranstalter in Atlanta die Falschheit ihrer Völkerverbindung selbst bloß. Schamlos degradierten sie zunächst 85 000 Besucher, die 636 Dollar pro Eintrittskarte für die Eröffnungsfeier ausgegeben hatten, zu zahlenden Statisten in einer berauschenden Bilderflut. Bunte Tücher, Taschenlampen und Kartons mußten jeweils auf Kommando kameragerecht geschwenkt werden. Zum zelebrierten Star des Abends avancierte das Wort «Traum», das die Propagandisten Amerikas noch lieber beschwören als ihren Freiheitsbegriff. Atlanta sei ein «Meilenstein in einem Traum», verkündete das opulent-kitschige Programmheft. «The power of the dream» besang die Chanteuse Celine Dion, ein Gedicht von Edgar Allan Poe strahlte von der Anzeigentafel minutenlang ins Publikum: «Träume träumen, die kein Sterblicher je zuvor zu träumen wagte». Schließlich hallte der historische Satz des schwarzen Bürgerrechtskämpfers Martin Luther King durch die Reihen: «Ich hatte einen Traum.»[29]

Ja, welchen denn? Etwa den, daß drei Jahrzehnte nach seiner Ermordung die fast ausschließlich hellhäutigen amerikanischen Vorstadtbürger im prächtigen neuen Stadionoval seiner Heimatstadt wohlig schauern, wenn seine bebende, aber nur undeutlich aufgenommene Stimme von einer kunstvoll aufbereiteten Tonkassette abgespielt wird? Oder hatte Luther King je zu träumen gewagt, daß zur Olympiade die fast ausschließlich dunkelhäutigen Obdachlosen Atlantas mit Bussen aus dem Stadtzentrum weggekarrt werden, um nicht den internationalen Kamerateams die Bilder der amerikanischen Wirklichkeit aufzudrängen?

In dieser US-Südstaaten-Metropole jedenfalls, die mit ihren gesäuberten Slums und großmächtigen Wolkenkratzern so verkommen reich wirkt wie Malaysias emporstrebende Hauptstadt Kuala Lumpur, sind schwarz und arm Synonyme geblieben. Mit selbstschützendem Zynismus kommentiert die sozial sensible TV-Produzentin Barbara Pyle, eine leitende Mitarbeiterin von Ted Turners Medienmulti in Atlanta, die richtungweisenden Rekordspiele von 1996: «Bislang lagen zwischen den Hochhäusern von CNN und Coca-Cola einige schwarze Armenviertel mit billigen Wohnungen. Sie sind für den Jahrhundert-Olympiapark des sogenannten ‹AT&T-Global Olympic Village› geschleift worden, und in Zukunft können die Angestellten der beiden Unternehmen unbehelligt zwischen den Firmenzentralen spazierengehen.»[30]

Die eine Welt zerfällt

Auftrumpfende und hochtechnisierte Stadtmaschinen wie die von Atlanta dominieren inzwischen den Erdball, jedoch zunehmend als isolierte Inseln. Der weltumspannende Reichtumsarchipel besteht zwar aus aufblühenden Enklaven. Doch auch in bisherigen Entwicklungsländern sind die Kuala Lumpurs lediglich Zitadellen der globalen Ökonomie. Der größte

Teil der Welt mutiert hingegen zu einem Lumpenplaneten, reich nur an Megastädten mit Megaslums, in denen sich Milliarden Menschen notdürftig durchschlagen. Jede Woche wachsen die Städte um eine Million Menschen.[31]

Gleichzeitig hat sich «unsere verlegene Gleichgültigkeit in eine selbstgefällige Gleichgültigkeit verändert», warnte der französische Präsident François Mitterrand im März 1995. «Jedes Interesse an Entwicklungshilfe ist dahingeschmolzen. Jedes Land, so scheint es, sorgt sich nur noch um seinen Hinterhof.»[32] Im Jahr nach dem Tod des schillernden Staatsmannes ist selbst dieser Hinterhof zu einem Lichtschacht geschrumpft.

358 Milliardäre sind gemeinsam so reich wie insgesamt 2,5 Milliarden Menschen, fast die Hälfte der Weltbevölkerung.[33] Die Ausgaben der Industriestaaten für die Dritte Welt sinken und sinken, 1994 betrugen sie in Deutschland noch 0,34 Prozent der Wirtschaftskraft, 1995 waren es mit 0,31 Prozent noch einmal 10 Prozent weniger (Österreich 1995: noch 0,34 Prozent).[34] Zwar trifft zu, daß inzwischen private Investitionen aus wohlhabenden Ländern die staatlichen Entwicklungshilfegelder übertreffen, doch davon profitieren nur wenige Regionen. Die erwartete Kapitalrendite der Anleger liegt «wegen des Risikos» oft bei jährlich 30 Prozent, etwa beim Wasserleitungsbau in Indien und Indonesien.[35] Insgesamt steigen die Schulden der Entwicklungsländer trotz der gebetsmühlenhaften Versprechen der Regierungen des Nordens, einen einschneidenden Nachlaß zu gewähren, immer weiter an. 1996 kletterten die Verbindlichkeiten auf 1,94 Billionen Dollar und sind damit beinahe doppelt soviel wie noch zehn Jahre zuvor.[36]

«Es ist vorbei», erklärt folgerichtig der ägyptische Schriftsteller Mohammed Sid Ahmed. «Der Nord-Süd-Dialog ist so tot wie der Ost-West-Konflikt. Die Idee der Entwicklung ist tot. Es gibt keine gemeinsame Sprache mehr, nicht einmal einen Wortschatz für die Probleme. Süd, Nord, Dritte Welt, Befreiung, Fortschritt, all diese Ausdrücke ergeben doch keinerlei Sinn mehr.»[37]

Hilfe, so der anschwellende Bocksgesang in Europa und den USA, haben doch längst wir selbst nötig. Wir, so empfinden es Millionen Wähler selbst in den boomenden Stadtregionen, sind doch die Betrogenen der neuen Zeiten. In der lähmenden Angst um Arbeitsplatz, Karriere und Kinderzukunft beschleicht Grübler ein neues Mißtrauen: Wird sich der gegenwärtig noch so selbstverständliche westliche Mittelstandswohlstand in der historischen Perspektive lediglich als ein großes KaDeWe darstellen, jenes subventionierte Berliner Luxuskaufhaus also, das im konsumarmen kommunistischen Osten Furore machte, aber für Westeuropas Lebensstandard entgegen aller Propaganda keineswegs repräsentativ war?

Da sich die Gesellschaft ökonomisch weiter spaltet, suchen verunsicherte Menschen ihr politisches Heil immer öfter in Abgrenzung und Abspaltung. Dutzende neue Staaten mußten in den vergangenen Jahren in die Landkarten eingetragen werden, bei der Olympiade von Atlanta zogen schon 197 nationale Mannschaften ins Stadion ein. Italiener und selbst die Schweizer ringen um ihre Identität, die nationale Einheit steht auf dem Spiel. 50 Jahre nach der Gründung der «Repubblica Italiana» stimmen bis zu 50 Prozent der Bürger in den Provinzen zwischen Ventimiglia und Triest für die Protestbewegung Lega Nord, deren Führer Umberto Bossi aufruft, die Übertragungsstationen des nationalen Rundfunk- und Fernsehsenders RAI zu sprengen. Für den 15. September 1996 kündigte Bossi gar die Ausrufung eines unabhängigen Staates an. Auch in anderen Weltregionen zerfallen prosperierende Länder. So wollen etwa die bislang friedvollen karibischen Urlaubsinseln St. Kitts und Nevis ihre Föderation aufgeben.[38]

Kanada und Belgien sind vom Streit ihrer Sprachgruppen gelähmt. In den Vereinigten Staaten, deren babylonische Einwanderungsströme so lange eine gemeinsame nationale Sprache akzeptierten, verweigern sich Millionen zugezogener Hispanics auch in zweiter und dritter Generation dem Englischen. Der Tribalismus erstarkt allerorten, in vielen Gebieten droht der Rückfall in einen gewalttätigen Nationalismus oder regionalen Chauvinismus.

Im Gegensatz zu den traditionellen Kriegen des 19. und des beginnenden 20. Jahrhunderts werden die meisten Kriege nunmehr nicht zwischen, sondern innerhalb von Staaten geführt. 1995 folgten noch lediglich zwei von 50 weltweiten bewaffneten Konflikten dem vertrauten Muster: die Kriege zwischen Peru und Ekuador sowie zwischen dem Libanon und Israel. Die neuen Auseinandersetzungen innerhalb nationaler Grenzen finden allerdings kaum internationale Beachtung. Dabei kamen etwa in Südafrika im Jahr nach dem Ende der Apartheid 17 000 Menschen durch Gewalttaten ums Leben – mehr, als der 16 Jahre dauernde Bürgerkrieg gefordert hatte.[39]

Mit verhängnisvollen Verdrängungsmechanismen reagiert die Weltgemeinschaft auf die kulminierende Tragödie des afrikanischen Kontinents. Neun der 21 US-Außenstellen für Auslandshilfe, die bis 1999 geschlossen werden sollen, liegen auf diesem Erdteil, der von vielen schon verlorengegeben wird. «Dabei ist Afrika für die zukünftige Weltpolitik vielleicht ebenso relevant, wie es der Balkan vor hundert Jahren war, vor den beiden Balkankriegen und dem Ersten Weltkrieg», vermutet der nordamerikanische Drittweltspezialist Robert D. Kaplan. «Gerade weil ein großer Teil Afrikas vor dem Abgrund steht, liefert es einen Vorgeschmack darauf, wie Kriege, Grenzen und ethnische Politik in einigen Jahrzehnten aussehen werden.»[40]

Die Städte zwischen Sierra Leone und Kamerun, allen voran Freetown, Abidjan und Lagos, zählen nachts zu den gefährlichsten der Welt, in der Hauptstadt der Elfenbeinküste sind zehn Prozent der Bewohner HIV-positiv. «Es gibt keinen anderen Ort auf diesem Planeten, wo die politischen Landkarten so trügerisch, ja so verlogen sind wie in Westafrika», urteilt Kaplan. Mit Ruanda, Burundi, Zaire und Malawi werden auch andere afrikanische Staaten zum Inbegriff von Stammes- und Bürgerkrieg.

Da sich 95 Prozent der weltweiten Bevölkerungszunahme auf die ärmsten Gebiete des Erdballs konzentrieren, lautet die Frage kaum noch, ob es neue Kriege geben wird, sondern von welcher Art sie sein werden und wer gegen wen kämpfen wird. 17 von 22 arabischen Staaten meldeten 1994 eine sinkende Wirtschaftsleistung, in vielen dieser Länder dürfte sich aber die Einwohnerzahl in den kommenden beiden Jahrzehnten noch einmal verdoppeln. Wasser wird bald in unterschiedlichen Regionen knapp, in Zentralasien ebenso wie in Saudiarabien, Ägypten und Äthiopien. In so einem Umfeld «wird der Islam gerade wegen seiner Militanz für die Unterdrückten attraktiv. Diese am schnellsten wachsende Religion der Welt ist die einzige, die zum Kampf bereit ist», bilanziert Kaplan.[41] Sezessionisten und religiöse Eiferer finden damit immer größeren Zulauf, von Marokko über Algerien bis Indien und Indonesien.

Bereits im Sommer 1993 veröffentlichte Harvard-Professor Samuel P. Huntington einen Essay in der Zeitschrift *Foreign Affairs*, dem US-Renommierblatt für Intellektuelle der Außenpolitik, mit der berühmt gewordenen Frage in der Überschrift: «The Clash of Civilizations?»[42] Seine These, wonach nicht mehr gesellschaftstheoretische und ordnungspolitische Konflikte wie zu Zeiten des Kalten Krieges, sondern religiöse und kulturell bedingte Auseinandersetzungen zwischen Zivilisationen die Zukunft bestimmen würden, erregte vor allem in den westlichen Industrieländern enorme Aufmerksamkeit. Uralte Ängste, wonach Europa, je nach Jahrhundert, von den Hunnen, Türken oder Russen überrannt wurde, fanden bei Huntington ihre gefällige Bestätigung. Doch sind sie berechtigt? Wird letztlich, wie der Harvard-Stratege darlegt, der demokratische Westen mit dem Rest der Welt zusammenprallen, mit einem Bündnis aus Despoten und Theokraten à la Saddam Hussein oder Ayatollah Khomeini, unterstützt gar von effizienten konfuzianischen Lohndrückern?

Zweifel sind mehr als angebracht, zumal in der neuen, enträumlichten Welt der eng verbundenen Städte die bisher wohlhabenden Länder ihre eigenen sozialen Netze mit verblüffendem Tempo durchlöchern und damit politische Spannungen im Westen provozieren. Gleichzeitig verbindet die globale Einheitskultur die nationalen Eliten. Vor allem aber ist das aufstrebende Asien alles andere als ein homogenes Gebilde. Auflösung und Fragmentierung bedrohen auch das Reich der Mitte. «China läuft doch gegen eine Mauer», meint Timothy Wirth, Amerikas erster Staatssekretär für globale Fragen und ein enger Vertrauter des Präsidenten Bill Clinton. «Der Zerfall Chinas könnte schon bald zum alles beherrschenden Thema werden.»[43]

Die chinesischen Bauern haben ihr kümmerliches Landleben satt. Vor lediglich zwanzig Jahren konnten sie im staatlich kontrollierten Radio nichts über die vergleichsweise gutgestellten Städter erfahren. Selbst wenn ihnen jemand davon erzählte und sie in die Stadt ziehen wollten, wurden sie von den rigiden Polizeikontrollen entlang den Provinzstraßen sofort gestoppt. Jetzt aber reihen sie sich ein in das Heer der Entwurzelten, die auf der Suche nach Überlebensplätzen in Slums untertauchen, fernab jeder Überwachung durch die Kommunistische Partei und Nachbarschaftskomitees. Mehr als 100 Millionen Menschen stark ist schon die Masse vagabundierender Migranten, die körperlich spürbar macht, welch ungeheurer Druck auf dem bevölkerungsreichsten Land der Erde lastet.[44]

Auch Indien, das noch vor der Jahrtausendwende das zweite Milliardenvolk auf dem Planeten beherbergen wird, gerät unter zunehmenden Streß. Bombay und Neu-Delhi verdrängen Mexiko-Stadt und São Paulo aus den Schlagzeilen über die Horrorstädte. In beiden Stadtmonstern leben heute jeweils mehr als zehn Millionen Menschen, in weniger als zwanzig Jahren soll sich die Zahl fast noch einmal verdoppeln. Bald wird auch Pakistans bislang wenig beachtete Metropole Karatschi für internationales Aufsehen sorgen: Die Einwohnerzahl dürfte von gegenwärtig knapp zehn Millionen auf mehr als 20 Millionen bis zum Jahr 2015 emporschnellen.[45]

Die Verwalter Neu-Delhis erkennen oft erst auf Satelliten-bildern, wo ihre Metropole schon wieder wächst – ungeplant, unkontrolliert und ungenehmigt. Tagsüber verwandeln sich die Straßen in Rauchtunnel, drei Meter breit, hundert Meter hoch. Die ganze Stadt hustet im Qualm der knatternden «Phut-Phuts», der billigen Motor-Rikschas. Ein Drittel aller Kinder leidet unter allergischer Bronchitis, die handelsübliche Medikamente allenfalls kurzfristig lindern können. 2200 Menschen sterben jedes Jahr im Verkehr, im Verhältnis zur Autozahl dreizehnmal mehr als in den USA. Ein Minister des Landes nannte Neu-Delhi, das bis in die siebziger Jahre als «Gartenstadt» gerühmt wurde, das «ökologische schwarze Loch in Asien», für Menschen «eigentlich unbewohnbar».[46]

In Bombay, seit Indiens wirtschaftlicher Öffnung «der teu-erste Slum der Welt» (so der Kolumnist Sudhir Mulji), riechen Taxis am Morgen verläßlich nach Schlaf, ihre Fahrer können sich einen stundenlangen Heimweg nicht leisten. Täglich müs-sen 2000 Tonnen Müll von den Straßen geräumt werden, Hun-derttausende Toiletten würden gebraucht, die Stadtverwal-tung kann nicht einmal zwei Drittel des benötigten Wassers bereitstellen.[47]

Dennoch ziehen die Millionen Land- oder Kleinstadtbewoh-ner keineswegs wie ignorante Lemminge in die Megalopolen. Eine Studie über Neu-Delhi ergab, daß sich die meisten Zuwan-derer erst zum Umzug entschließen, wenn ihnen Freunde oder Familienangehörige, die bereits in der Riesenstadt leben, eine Chance auf einen Job anbieten können. Neuankömmlinge fin-den sich dann oft wesentlich besser zurecht als die unüberschau-bare Menge der Armen, die schon in der Großstadt geboren wurden.[48] Auch dadurch wachsen Spannungen, die wiederum neue, dann aber grenzüberschreitende Wanderungsbewegun-gen in Gang bringen können.

Welch zerbrechliches Gebilde selbst das autoritär regierte China ist, erfuhr der deutsche Bundesminister Klaus Töpfer bei einem Arbeitsbesuch in Peking. Pflichtschuldig mahnte er bei

Ministerpräsident Li Peng an, auch im Reich der Mitte müßten die Menschenrechte eingehalten werden. Diese Rechte könne man seinem Volk schon gewähren, entgegnete der chinesische Machtstratege. «Aber wäre Deutschland auch bereit, jährlich zehn bis 15 Millionen Chinesen aufzunehmen und für sie zu sorgen?»

Die unerwartete Reaktion ließ den Missionar der westlichen Demokratie verstummen. Der «unglaubliche Zynismus», erinnert sich Töpfer, habe ihn entwaffnet.[49] Doch war die Polemik des Kommunisten nur zynisch? Sie enthält eben die Frage, der sich heute die Menschheit und insbesondere die bisherigen Gewinner in Europa und Nordamerika stellen müssen: Wieviel, genauer, welche Art von Freiheit ist auf dem mit bald acht Milliarden Menschen bewohnten blauen Planeten noch möglich? Welches sind die Regeln, welches die Gesellschaftsformen, mit denen die Umwelts-, Ernährungs- und Wirtschaftsprobleme bewältigt werden können?

Eine unbehagliche Unruhe hat die Spitzen der Weltpolitik erfaßt. «Wir leben inmitten einer weltweiten Revolution», trommelt neuerdings Uno-Generalsekretär Butros Butros-Ghali bei seinen Vorträgen. «Unser Planet steht unter dem Druck von zwei ungeheuren, einander entgegengesetzten Kräften: der Globalisierung und der Zersplitterung.»

Zutiefst verunsichert fügt Butros-Ghali hinzu: «Die Geschichte offenbart, daß diejenigen, die mitten im revolutionären Wandel stecken, nur selten dessen endgültigen Sinn verstehen.»[50]

Der Feind sind wir selbst

Das einst in Europa ersonnene Modell der Zivilisation hat sich zwar als konkurrenzlos dynamisch und erfolgreich erwiesen. Doch für die Gestaltung der Zukunft ist es nicht geeignet. Die «wesentliche Verbesserung des Lebensstandards» für alle in den «unterentwickelten Ländern» durch «Hebung der Industrieproduktion», wie sie der amerikanische Präsident Harry Truman 1949 den Armen der Welt verkündete, wird nicht stattfinden.[51]

Gerade jetzt, da die in der Bilderwelt vereinten Milliarden Menschen von Bogotá bis Jakutsk eine Entwicklung nach westlichem Vorbild anstreben, werden die Verkäufer dieser Entwicklungsverheißung vertragsbrüchig. Sie können schon in ihren eigenen Ländern, in den USA und in Europa, ihr Versprechen nicht einlösen und bekommen die wachsende soziale Spaltung nicht in den Griff – wer denkt da noch an ökologisch verträgliches Wachstum und eine gerechte Verteilung des Reichtums in der Dritten Welt? Immer mehr entpuppt sich das selbstherrliche Entwicklungsdogma als Waffe einer vergangenen Epoche, es zählte zum Arsenal des Kalten Krieges und scheint in dieser Logik reif fürs Museum.

Rette sich, wer kann, lautet die neue Devise. Nur: Wer kann das schon? Denn nach dem Sieg des Kapitalismus ist keineswegs das «Ende der Geschichte» erreicht, das der nordamerikanische Philosoph Francis Fukuyama 1989 ausrief, sondern das Ende des Projekts, das so kühn «die Moderne» genannt wurde. Eine Zeitenwende von globaler Dimension ist angebrochen, da nicht Aufstieg und Wohlstand, sondern Verfall, ökologische Zerstörung und kulturelle Degeneration zusehends den Alltag der Menschheitsmehrheit bestimmen.

Wenn in San Francisco die Weltelite mit einer 20:80-Gesellschaft innerhalb der bislang wohlhabenden Staaten rechnet, so hat sich dieses Verteilungssystem im Weltmaßstab längst etabliert.

Die Daten sind bekannt, doch durch die freigesetzten Kräfte der Globalisierung werden sie in Kürze in ganz neuem Licht erscheinen: Das reichste Fünftel aller Staaten bestimmt über 84,7 Prozent des Weltbruttosozialprodukts, seine Bürger wickeln 84,2 Prozent des Welthandels ab und besitzen 85,5 Prozent aller Inlandssparguthaben. Seit 1960 hat sich der Abstand zwischen dem reichsten und dem ärmsten Fünftel der Länder mehr als verdoppelt – auch dies eine in Zahlen ablesbare Bankrotterklärung einer Fairneß verheißenden Entwicklungshilfe.[52]

Derzeit überschattet zwar die Sorge um Arbeitsplätze und sozialen Frieden das Interesse an Umweltfragen, doch weniger aktuelle Schlagzeilen bedeuten keineswegs, daß sich der ökologische Zustand der Erde gebessert hätte. Das globale Verbrauchsmuster der natürlichen Ressourcen ist seit der spektakulären Uno-Umwelt- und Entwicklungskonferenz in Rio de Janeiro 1992 unverändert geblieben. Die wohlhabenden Top-20-Prozent beanspruchen 85 Prozent der Welt-Holznutzung, 75 Prozent der Metallverarbeitung und 70 Prozent der Energie für sich.[53] Die Konsequenzen daraus sind banal, aber brutal: Nie werden alle Erdenbürger gemeinsam einen solchen naturbelastenden Wohlstand erleben können. Die Erde setzt der Menschheit ihre Grenzen.

Die weltweite Verbreitung von Kraftwerken und Verbrennungsmotoren hat das energetische Gleichgewicht unseres Ökosystems schon jetzt fundamental gestört. Die Absichtserklärungen des Rio-Gipfels klingen nur noch wie Schalmeienklänge einer längst vergangenen Epoche. Die Weltgemeinschaft hatte sich am Stadtrand der schönsten Metropole des Erdballs wortreich zu einer «nachhaltigen Entwicklung» bekannt, zu einem Wirtschaftskurs, der nachfolgenden Generationen die Umwelt und Ressourcen nicht in verschlechtertem Zustand überlassen werde. Der Ausstoß an Kohlendioxid sollte bis zur Jahrtausendwende zumindest in den Industriestaaten auf das Niveau von 1990 zurückgeführt werden, Deutschland wollte bis 2005 seine Werte um 25 Prozent senken.

Die papiernen Versprechen sind Makulatur, vermutlich wird sich der weltweite Energieverbrauch bis zum Jahr 2020 sogar verdoppeln. Die Treibhausgase werden um 45 bis 90 Prozent zunehmen.[54] Vergeblich warnen die renommierten Klimaforscher, die im Intergovernmental Panel on Climate

Change (IPCC) ihre Forschungsergebnisse austauschen, seit Jahren vor dem «merklichen menschlichen Einfluß auf das Weltklima».[55]

Der Klimawandel ist nicht mehr aufzuhalten, allenfalls zu mildern, und er wird ungeheure Opfer fordern. «Für uns ist die globale Erwärmung mit ihren Folgen wie Stürmen und Überschwemmungen schon heute eine Tatsache», erklärt Walter Jakobi vom Gerling-Konzern, dem größten Industrieversicherer Deutschlands. In den achtziger Jahren mußten sich die Versicherungsgesellschaften weltweit jährlich 50 Naturkatastrophen mit einem jeweiligen Schaden von mindestens 20 Millionen Dollar stellen, Mitte der neunziger Jahre kommt es jedes Jahr bereits zu 125 solch verheerender Großereignisse. Ein einziger gewaltiger Sturm über der US-Ostküste oder über Nordeuropa, so kalkulieren die Rückversicherer neuerdings, könnte sogar ein Vielfaches kosten, bis zu 80 Milliarden Dollar.[56] Entsprechend steigen die Prämien, in überschwemmungsgefährdeten Gebieten fällt es Hauseigentümern immer schwerer, einen zumutbaren Versicherungsvertrag auszuhandeln. Einzelne Staaten bezahlen schon einen unberechenbaren Preis für das Klimarisiko. Die wachsende Verwundbarkeit durch Orkane hält etwa zahlreiche ausländische Anleger ab, nennenswerte Beträge in Bangladesch zu investieren.[57]

Ein deutlicher Anstieg des Meeresspiegels ist wohl nicht mehr verhinderbar. Die Zeit der Städte, kaum angebrochen, kann so schon vor dem Jahr 2050 ein abruptes Ende finden. Denn vier von zehn Agglomerationen mit mehr als 500 000 Einwohnern liegen in Küstennähe, darunter drei Fünftel aller Megametropolen.[58] Bombay, Bangkok, Istanbul und New York sind in ihrer Existenz bedroht, doch nur die wenigsten Stadtungetüme werden sich aufwendige Dammbauten wie in den Niederlanden leisten können, um sich über Wasser zu halten.

Auch China muß die Sturmfluten des nächsten Jahrhunderts fürchten, Schanghai, Hongkong und Dutzende andere Millionenstädte blicken aufs offene Meer. Doch Maos Erben denken vornehmlich an dieses Jahrhundert, haben daraus gelernt und kopieren die Errungenschaften des Westens, mit und ohne Lizenz. Eine prinzipielle Richtungsentscheidung ist gefallen, das Milliardenvolk reiht sich ein zum langen Marsch in die Autogesellschaft. Das pragmatische Kalkül kann nur lauten: Besser das Weltklima heizt sich auf als die Stimmung im Lande, ein eigenes Fahrzeug beruhigt wie Opium.

«Das Radfahren ist in China inzwischen als Ausdruck der Unterentwicklung verpönt», beobachtete der Washingtoner Verkehrsexperte Odil Tunali. Derzeit bewegen sich auf den Straßen lediglich 1,8 Millionen Automobile, gerade fünf Prozent des deutschen Bestandes. Doch in weniger als 15 Jahren sollen es bereits 20 Millionen sein.[59] Die großen internationalen Markthersteller fiebern wie im Goldrausch, allein das Volkswagen-Werk in Schanghai erwartet, ein Drittel aller neuen Autos ausliefern zu können. Auch General Motors, Chrysler, Mercedes-Benz, Peugeot, Citroën, Mazda, Nissan und Südkoreas Daewoo-Konzern beteiligen sich mit Produktionsabkommen und Fabrikaten am atemberaubenden Aufbruch Chinas. Indien, Indonesien, Thailand und all die anderen ziehen mit in die neue Zeit.

«Der gesamte asiatische Markt wird mit jährlich 20 Millionen Neuwagen bald so groß sein wie der Europas und Nordamerikas zusammengenommen», prophezeit Takahiro Fujimoto, Autoindustrieexperte an der Tokioter Universität.[60] Auch Lateinamerika und die ehemaligen Staaten des Ostblocks melden erstaunliche Zuwachsraten, in Brasilien verdoppelte sich der Auto-Output in den neunziger Jahren ebenso wie das Verkehrsaufkommen auf Moskaus Straßen. Nach nichts sehnen sich die Bürger des Ostens mehr, als mit ihren westlichen Nachbarn gleichzuziehen. Die Faszination des eigenen Fahrzeugs, die hierzulande langsam verblaßt, ist in den neuen Märkten noch ungebrochen. Das Auto ist keineswegs nur Transportmittel, sondern vor allem Symbol für sozialen Aufstieg und Beweis von Reichtum, Macht und vermeintlicher persönlicher Freiheit. Weltweit sind damit die Autoabgase jeder Kontrolle entglitten, eine Milliarde Autos, doppelt so viele wie heute, werden vermutlich schon im Jahr 2020 auf den globalen Verkehrsinfarkt zusteuern.

Schon jetzt verschwenden die EU-Bürger rund 1,5 Prozent ihres Bruttosozialproduktes im Stau,[61] in Bangkok sind es 2,1 Prozent.[62] Fahrten durch die lahmgelegte Hauptstadt Thailands, dem einstigen Venedig des Ostens, dauern so lange, daß Automobilisten auf dem Weg zu Geschäftsterminen vorsichtshalber tragbare Toiletten in den Wagen packen. Unternehmen in Japan schicken routinemäßig drei Lkw auf verschiedenen Routen zu ihren Kunden, um trotz stundenlanger Wartezeiten auf den Autobahnen ihre Liefertermine einzuhalten.

Na und? Träume bleiben auch dann noch Träume, wenn sie sich längst als Irrwege erwiesen haben. So wird die haltlose Motorisierung mit scheinbar unaufhaltsamer Konsequenz zu einer letzten, großen Blüte geführt. Alle Bemühungen in manch anderen Ländern und Regionen, die Klimaerwärmung durch sparsame Energienutzung und Zurückdrängung des Autoverkehrs wenigstens zu reduzieren, sind zunichte gemacht. Bitter rächt sich, daß die industrialisierten Staaten in den achtziger Jahren die Diskussion um sinnvolle Transport- und Benzinpreise nie konsequent vorangetrieben und eine faire Ökosteuer nie ernsthaft angepeilt haben. Jetzt läuft ihnen die Entwicklung davon – und vom Spottpreis fürs Öl profitieren bislang abgelegene Newcomer im globalen Markt. Solange Umweltkosten keine Rolle spielen, können etwa chinesische Händler tonnenweise Spielzeug um den halben Erdball schiffen und in der Europäischen Union noch immer kostengünstiger anbieten als die Niedriglohnfabriken aus Tschechien, von EU-Betrieben ganz zu schweigen.

Mit beängstigender ökologischer Ignoranz schreitet inzwischen die Industrialisierung der sich entwickelnden Länder voran. Chinas Städte speien eine gewaltige Giftwolke aus, die sich 1700 Kilometer weit über den Pazifischen Ozean hinzieht.

Die Bewohner Schanghais wachen an fast jedem Arbeitstag unter einer tieforangen Smogglocke auf.[63] Über Dutzende Kilometer hinweg strömt bei Chengdu weiß-schwarzer Rauch ungefiltert aus Tausenden Kalköfen und Ziegelfabriken, schlimmer noch als im berüchtigten Katmandu-Tal in Nepal, wo die Luft die Schleimhäute strapaziert wie sonst nur in den Smoghöllen der Megastädte.[64] Nach einer ausgedehnten Fernost-Reise faßte der britische Architekt John Seargant seine Eindrücke zusammen: «Ich habe die Zukunft eines Großteils des pazifischen Raumes gesehen und bin zu Tode erschrocken. Ein Viertel der Erdbevölkerung verändert seinen Lebensstandard und richtet dabei einen wichtigen Teil des Erdballs zugrunde.»[65]

China befindet sich in bester Gesellschaft, wir alle wissen es und gehören selbst dazu. Mit der zunehmenden Ungemütlichkeit durch die globale Erwärmung glauben die meisten Bewohner in den bisherigen Wohlstandsländern ganz gut leben zu können. Doch die ökologische Enge begünstigt auch die heraufziehende 20:80-Gesellschaft. Denn knappe und teure Naturgüter werden sich nur noch wenige leisten können. Wer aber über sie verfügen kann, wird zusätzlich profitieren.

Im mondänen Vorarlberger Skiort Lech am Arlberg etwa darf klammheimlich Freude aufkommen, wenn Klimaforscher neuerdings das «Aus für den Wintertourismus» in Österreich prognostizieren.[66] Das 1450 Meter hoch gelegene Dorf kann erst recht reich werden, sobald in tieferen Lagen der Schnee gänzlich ausbleibt. Das Wedeln in den Alpen wird dann zu einem so exklusiven Sport wie das Polospiel in Großbritannien. Zwar lastet gegenwärtig noch auf manchen Hoteliers, die sich mit zu großen Investitionen verspekulierten, ein Schuldenberg. Die 1380 Lecher Einwohner aber haben vorausblickend ihre Claims flächendeckend abgesteckt und blockieren jeden Zuzug. Ihre Kinder und Enkel erwartet ein Bonanza. Sollten sie um das Jahr 2060 nicht einmal mehr mit aufwendigsten Beschneiungsanlagen die Abfahrten unter Kriegerhorn und Mohnenfluh weiß einfärben können, so werden fast alle

Millionäre sein, die von ihren Kapitalerträgen leben oder mühelos eine andere Existenz aufbauen können.

Dieses Beispiel mag abstoßend klingen, kann aber vielleicht einiges erklären. Denn eine breite politische Front zur Bekämpfung der Erderwärmung bildet sich auch deshalb so langsam, weil sich noch immer viele Millionen Menschen zu den Gewinnern des Klimawandels zählen dürfen. Andererseits ist jedoch auch der Glaube falsch, alle Mühen seien ohnehin vergebens, die Apokalypse wäre unausweichlich. So eine Schlußfolgerung leistet nur der Verdrängung Vorschub und dient als Ausrede für eigene Tatenlosigkeit. Es ist so bequem geworden, auf den Weltuntergang zu warten.

Der alle Konflikte aufhebende, erlösende Untergang wird jedoch nicht stattfinden. Die Menschheit wird und muß noch lange überleben. Die Frage ist nur wie – und welcher Prozentsatz näher dem Wohlleben oder der großen Not sein wird, auch in den bisherigen Industrieländern. Zwar wird sicherlich «das ökologische Schicksal der Menschheit in Asien entschieden», wie der Chef von Greenpeace International, Thilo Bode, betont.[67] Doch die Erstverantwortung zum umweltverträglichen Umbau fällt auf jene zurück, die das Warenparadies zunächst schufen und an dessen Bildern wie an Götzen festhalten.

Dabei müßte die Abkehr vom herkömmlichen wirtschaftlichen Entwicklungsmodell – bei allem notwendigen Verzicht – keineswegs «ein trister Marsch ins Elend» sein, sondern könnte zu «neuen Formen des Wohlergehens führen», argumentiert Ernst Ulrich von Weizsäcker, Präsident des Wuppertal-Instituts.[68] Als Leiter dieses bewährten Zukunftslabors legte er gemeinsam mit den nordamerikanischen Energieexperten Amory B. Lovins und L. Hunter Lovins 1995 sein detailliertes Konzept vor: «Faktor vier – Doppelter Wohlstand, halbierter Naturverbrauch». Zumindest in Deutschland wurde das Buch ein bestaunter Bestseller.[69]

Während die Kernregionen Europas die Vollmotorisierung melden und alle Haushalte mit TV-Geräten versorgt sind, lösen sich vor allem nachdenkliche Stadtbürger zusehends von diesen Ikonen der Moderne. Doch selbst da polarisiert sich die Gesellschaft: Seit die Mühe der Parkplatzsuche die Lust am Fahren übertrifft, sind die Ideale einer egalitären Autogesellschaft perdu. Auch der große Stau macht noch lange nicht alle Menschen gleich. Während früher der Besitz von Fernsehapparat und Automobil Status verlieh, gehört es heute zum neuen Luxus, weder ein Fahrzeug besitzen zu müssen noch vom Fernsehen abhängig zu sein. Wer es sich leisten kann, lebt jetzt lieber in ruhigen, parknahen Innenstadtlagen als in schwer erreichbaren Vororten. Wer ein spannendes Leben führt, verzichtet leichten Herzens auf die flimmernde TV-Scheinwelt – und will von «Tittytainment» nichts wissen.

Solch kleine, exquisite Fluchten ersetzen nicht den bevorstehenden gesellschaftlichen Wandel, den Vordenker von Dennis Meadows («Die Grenzen des Wachstums», 1972) bis US-Vizepräsident Al Gore («Wege zum Gleichgewicht», 1992) schon so lange entwerfen. Im Frühsommer 1989 standen erstmals Umweltprobleme und Klimakatastrophe auf der Tagesordnung des G-7-Wirtschaftsgipfels der sieben reichsten Nationen des Westens – es schien ein Signal für ein Umdenken der Mächtigen. «Die neunziger Jahre werden zum kritischen Jahrzehnt», erklärte die regierungsbeeinflussende Denkfabrik des Washingtoner World Resources Institute in einer aufsehenerregenden Stellungnahme.[70] «Im nächsten Jahrhundert wird es bereits zu spät sein», assistierte der Biologe Thomas Lovejoy von der Smithsonian Institution in Washington, «die entscheidenden Kämpfe werden in den neunziger Jahren gewonnen oder verloren.»[71]

Wenige Monate später fiel die Berliner Mauer, und Optimisten glaubten, die Schlacht zur Rettung des Planeten würde nun den ideologischen Krieg zwischen Ost und West ersetzen.[72] Zunächst wirkte diese Vorstellung auch bestechend. Immerhin wurde der Kalte Krieg mit ungeheuerlichem Aufwand und Fanatismus geführt, und diese Kapazitäten lagen plötzlich brach. Doch der Antikommunismus richtete sich gegen einen eindeutigen äußeren Feind und konnte sich auf jahrtausendealte menschliche Instinkte stützen. «Die heutige Bedrohung hat aber kein Gesicht, der Feind sind wir selbst», sagt Bertrand Schneider vom Club of Rome.[73]

Weltmacht Weizen

Neben dem Club of Rome zählt sicherlich Lester Brown zu den bekanntesten ökologischen Mahnern. Das 1974 von ihm gegründete Worldwatch-Institut in Washington wurde zum meistzitierten privaten Forschungsinstitut weltweit, seine jährlichen Berichte zum «Zustand der Welt» werden in 27 Sprachen übersetzt. Sie sind Pflichtlektüre für ernsthafte Spitzenpolitiker ebenso wie für Studenten in jährlich fast 1000 College- und Universitätskursen allein in den USA.[74]

Brown ist ein gefragter Berater, die Großen der Welt schmücken sich mit seiner Begleitung. So durfte er auch beim Gorbatschow-Treffen in San Francisco nicht fehlen. In Turnschuhen und mit federndem Schritt, seinem Markenzeichen, eilt er über die dicken Teppiche in den weitläufigen Gängen des Fairmont-Hotels.

Der Weltbeobachter hält Ausschau nach seinen engen Freunden «Ted and Jane», Ted Turner und dessen Frau Jane Fonda. Vor allem Browns Drängen ist zu danken, daß CNN bemerkenswerte Öko-Dokumentationen produziert und die Uno-Konferenzen der vergangenen Jahre nicht modisch veräppelte, sondern deren Themenschwerpunkte aufwendig darstellte. In wenigen Augenblicken will der CNN-Boß die Gäste beim Eröffnungsempfang der Elite-Tagung begrüßen, Nobelpreisträger wie Rigoberta Menchu werden erwartet. Dutzende von Zweikilodosen Malossol-Kaviar zum Sattessen schmükken die Buffets. In der angrenzenden Küche bereiten Amerikas Starköche wie Square-One-Chefin Joyce Goldstein oder Spago-Wirt Wolfgang Puck ihre verspielten Abendmenüs vor.

Auch Brown interessiert sich fürs Essen, aber ein ganz anderes. Der berühmte Mann ist aufgeregt wie ein junger Student, der gerade die These seiner Diplomarbeit bestätigt sieht: «Wissen Sie, daß China erstmals in seiner Geschichte in großem Stil Weizen importiert? Wer wird dieses Riesenland in Zukunft ernähren? Das wird gewaltige Auswirkungen für uns alle haben.»[75]

Vor wenigen Tagen, erzählt Brown, trafen sich Agrarexperten, Wetterfachleute sowie Spezialisten für die Beurteilung von Satellitenaufnahmen in Washington D. C. Nachdem sie einen abgelegenen Gang im Südflügel des US-Landwirtschaftsministeriums erreicht hatten, ließ ein bewaffneter Wachposten hinter ihnen eine schwere Stahltür ins Schloß fallen und verriegelte sie. Im Konferenzzimmer, in dem die Wissenschaftler dann tagten, waren die Telefone abgestellt und die externen Kommunikationsleitungen der Computer unterbrochen. Heruntergezogene Jalousien verhinderten jeden Sichtkontakt nach draußen. Hermetisch von der Außenwelt abgeschottet, sichtete und verglich die Gruppe eine ganze Nacht lang die Datenflut aus den verschiedenen Arbeitsbereichen. Das Treffen, das so sehr an Geheimdienstpraktiken oder an Mafiafilme erinnerte, galt einer Waffe, die schon in einigen Jahren rücksichtslos einsetzbar sein könnte: die weltweiten Getreidevorräte.

Wie als Training für die Zukunft wertet das nordamerikanische *World Agricultural Outlook Board* inzwischen Unterlagen über globale Erntevoraussagen und den Verbrauch der wichtigsten Getreidesorten in mehr als 100 Staaten derart konspirativ aus. Die Geheimhaltung soll gegenwärtig zwar nur verhindern, daß Ergebnisse auch nur Minuten vor dem Ende der Beratungen durchsickern. In der Hand von vorab informierten Spekulanten könnten sich Schlußfolgerungen über die Weltweizenlage auf den computervernetzten Getreidebörsen sofort in fette Gewinne verwandeln, da von den Vorhersagen des *Outlook Board* das Schicksal unzähliger Agroindustrieller und Rohstoffhändler abhängt.

Doch bald, so fürchtet Brown, werden die Datenreihen auch unverzüglich zu schweren politischen Konflikten führen, weil einzelne Staaten im Kampf um Lebensmittel alle erdenklichen Vorteile nutzen müssen. Denn 1995 sind die Vorräte an Weizen, Reis, Mais und anderen Getreidesorten auf den niedrigsten Stand seit zwei Jahrzehnten gefallen. 1996 lagern in den Getreidesilos nur noch Vorräte für 49 Tage des Weltverbrauchs, die niedrigste jemals erfaßte Menge. «Zum ersten Mal in ihrer Geschichte muß sich die Menschheit auf einen stetigen und zeitlich nicht absehbaren Rückgang der pro Kopf verfügbaren Nahrungsmittel einstellen», analysiert der Worldwatcher im Fairmont.

Ist damit jener Wendepunkt erreicht, den Brown seit vielen Jahren durch unablässige Warnungen zu verhindern suchte? Vieles spricht dafür. Auch die Maisvorräte sind bereits geringer als 1975 und dürften weiter schrumpfen. Kassandra-Rufer in Sachen Welternährung sind zwar seit den Irrlehren des Thomas Robert Malthus kaum noch in Mode, andererseits müßte schon eine gewaltige zweite «Grüne Revolution» ausbrechen, die alle bisher bekannten Dimensionen sprengt, um den jetzigen Trend noch umzukehren. Trotz ertragsteigernder Gentechnik und einer weiteren Verfeinerung von Hochleistungssaatgut und Düngetechniken wird von niemandem und nirgendwo mit ausreichenden Produktionszuwächsen gerechnet, die den Weizenpreis niedrig halten könnten. Würden die Flächen, die in Europa und Nordamerika in den vergangenen Jahren stillgelegt wurden, wieder bebaut, wäre auch dies im Vergleich zur weltweit wachsenden Nachfrage nur eine «Petitesse», meldete selbst die Kassandra-unverdächtige *Frankfurter Allgemeine Zeitung*.[76]

Gleichzeitig hält der Raubbau an hochwertigen Böden an. Die asiatischen Länder Japan, Südkorea und Taiwan, die als erste den Sprung zu Industrienationen schafften, opferten seit den sechziger Jahren insgesamt 40 Prozent ihrer Getreideanbauflächen für den Bau Tausender Fabriken, Siedlungen und

Straßen. In Indonesien werden derzeit allein auf Java jedes Jahr 20 000 Hektar Ackerland vernichtet, eine Fläche, mit der 360 000 Einwohner ernährt werden könnten. Dabei wächst die Bevölkerung des neuen Entwicklungsaufsteigers im gleichen Zeitraum um drei Millionen Menschen. Auch China und Indien erliegen soeben der unwiderstehlichen Versuchung, für ihren Auto- und Wirtschaftsboom landwirtschaftliche Flächen in großem Stil zu vernichten. Was auf dem Erdball an ungenutzten Böden bleibt, ist riesengroß, aber kein Ersatz. Das brachliegende Land ist entweder bereits zu stark erodiert oder befindet sich in zu trockenen oder zu kalten oder zu unwirtlichen Regionen, als daß sich die Bearbeitung lohnen würde.

So erwarten Getreidehändler gelassen weitere Höhenflüge an der Börse, obwohl der Weizenpreis zwischen Mai 1995 und Mai 1996 bereits um fast 60 Prozent anstieg. Die bisherige Verteuerung kostet die ärmeren Importländer schon drei Milliarden Dollar zusätzlich, errechnete die FAO, die UN-Landwirtschaftsorganisation in Rom.[77]

«Wenn der Kuchen aufhört zu wachsen», sagt Lester Brown, «verändert sich die politische Dynamik.» Derzeit werden jedes Jahr weltweit 200 Millionen Tonnen Getreide exportiert, die Hälfte davon liefern die Vereinigten Staaten. «Das bedeutet», schließt Brown seine Überlegungen in San Francisco ab, «daß auch im Nahrungsmittelbereich in Zukunft die USA die wichtigste Weltmacht sein werden – mit der Aussicht, daß Nahrungsmittel als politisches Druckmittel mißbraucht werden.» China etwa, so die neuesten Schätzungen, wird im Jahr 2000 circa 37 Millionen Tonnen Weizen importieren wollen, mehr als die USA gegenwärtig von dieser Getreidesorte überhaupt ins Ausland verkauft.

Globalisierung bedeutet damit keineswegs nur im Unterhaltungsbereich einen «amerikanischen Kulturimperialismus», den bereits der ehemalige französische Kulturminister Jack Lang geißelte. Die USA werden als «Supermacht der Massenkultur» (Lang) nicht nur die Spiele bestimmen, sondern auch das Brot verteilen.[78] Hatte Ex-US-Sicherheitsberater Brzezinski auch diesen Gedanken im Hinterkopf, als er vor Lester Brown und all den anderen den Begriff Tittytainment zur Welt brachte?

Ohne jeden Aufschrei oder gar konstruktive Initiative der US-Administration zehrt die Menschheit derweil von der Substanz. Während die Weizenpreise klettern, setzen Versalzung, Erosion, Luftverschmutzung und die heißeren Sommer der Bodenfruchtbarkeit in vielen Weltgegenden immer mehr zu: Neben neuem Land werden auch Wasser und Dünger knapp. Für uns Europäer, seit Jahrzehnten sichere Bündnispartner Nordamerikas auf der anderen Seite des großen Teichs, ist dies zunächst beileibe kein Grund für apokalyptisches Wehklagen. Die gute Nachricht fand sich am 9. Dezember 1995 in der Tagespresse, sie blieb als unscheinbare Meldung auf den Wirtschaftsseiten aber nur eine stille Sensation. Die *Frankfurter Allgemeine Zeitung* etwa formulierte trocken: «Die Europäische Kommission hat eine generelle Ausfuhrabgabe für Weizenexporte aus der Gemeinschaft verhängt, um den Abfluß von EU-Weizen auf den Weltmarkt zu bremsen.»[79]

Beißende Spötter mögen kommentieren, daß sich mit dem neuen EU-Agrarkommissar Franz Fischler wieder einmal ein Österreicher Sorgen um die Ernährungslage auf dem europäischen Kontinent macht; kühle Rechner werden feststellen, daß mit der Abgabe endlich einmal Einnahmen im legendären EU-Agrarsubventionstopf verbucht werden. Eine Auswirkung der neuen Weizenpolitik jedenfalls können Spötter und Rechner gemeinsam erkennen: Wenn die Europäische Union den Export ihrer Nahrungsmittelüberschüsse nicht mehr subventioniert, sondern besteuert und damit verteuert, wird es noch enger da draußen, im weiten Rest der Welt.

«Wer wird den Schießbefehl geben?»

The story has been told, die Geschichte ist erzählt, und jetzt, da sie alle kennen, die Bauern auf Kamtschatka und die Bauern auf Feuerland und die Bauern auf Madagaskar und alle armen Jungen und alle jungen Armen überall – jetzt soll sie nicht mehr wahr sein? Kein Kalifornien oder Deutschland für alle? Das mag ja noch angehen. Doch kein Kalifornien oder Deutschland für niemanden da draußen außerhalb der EU, Japans und des «God blessed country», dem angeblich von Gott eigenhändig gesegneten Land der Vereinigten Staaten von Amerika? Wirklich kein Traumleben für niemanden, der noch nichts hat?

Niemals.

Die globale Gleichschaltung zeigt Wirkung. Wo immer Fernsehbilder und Touristen den Lebensstandard der bisherigen Industriestaaten dokumentieren und das eigene Land außer Armut nichts zu bieten hat, bereitet sich die junge, lebenshungrige Generation auf die Wanderung in die gelobten Länder vor. Erst vor gut einem Jahrhundert exportierte Europa sein enormes Bevölkerungswachstum und seine Armenheere auf andere Kontinente. 18 Millionen Auswanderer verließen allein Großbritannien, das entsprach der sechsfachen Einwohnerzahl Londons, der damals weltgrößten Stadt.[80] Auch heute nimmt auf der Insel und in anderen EU-Staaten die Armut wieder zu, es wäre Zeit für eine neue Migration. Doch wohin?

Statt dessen drängeln Menschen, denen es noch viel schlechter geht, über den Rio Grande in die gepriesenen USA und übers Mittelmeer in die Job-Krisenregion Europa. Schon in den siebziger Jahren waren 20 Prozent aller Arbeitskräfte Algeriens emigriert, ebenso wie zwölf Prozent der Marokkaner und zehn Prozent der Tunesier im arbeitsfähigen Alter.[81] Die EU schließt sich längst ein, verweigert Visa und Arbeitsgenehmigungen. Und doch läßt sich die Festung Europa nicht verriegeln, der Wassergraben ist zu schmal. Sogar auf einem einfachen Surfbrett mit selbstgebasteltem Segel läßt sich über die Meerenge von Gibraltar die Grenze zwischen Arm und Reich in kurzer Zeit überwinden. Die Regierungschefs der Europäischen Union rüsten längst ihre Grenzschützer auf. «Millionen werden kommen», erwartet Bertrand Schneider vom Club of Rome. «Wer wird den Schießbefehl geben, um sie davon abzuhalten?»[82]

Diktatur mit beschränkter Haftung

Das Billiardenspiel auf dem Weltfinanzmarkt

> «Wir wollten Demokratie. Was wir bekommen haben,
> ist der Rentenmarkt.»
>
> *Polnisches Graffito*

Michel Camdessus ist zweifelsfrei ein Mann der Macht. Seiner
Sprache fehlen die Schnörkel, seine Aussagen dulden kaum
Widerspruch. Von seinem wuchtigen Schreibtisch aus, im
13. Stock des abweisenden Stahlbetonbaus an der G-Street im
Nordwesten der US-Hauptstadt, steuert der französische Elite-
Bürokrat eine der umstrittensten und offenbar doch unent-
behrlichen Institutionen der Welt: den Internationalen Währungsfonds, kurz «IWF» genannt. Wann immer Regierungen
Hilfe bei ausländischen Finanzministern und Banken suchen,
weil sie ihre Schulden nicht mehr tilgen und wirtschaftliche
Krisen nicht mehr ohne internationale Unterstützung bewältigen können, werden sie an Camdessus und seine 3000 Mitarbeiter starke Weltfinanzbehörde verwiesen.

Vor dem IWF-Chef, der schon seit zehn Jahren amtiert, sind
selbst die Vertreter so großer Nationen wie Rußland, Brasilien
oder Indien einfache Bittsteller. In Verhandlungen, die biswei-
len Jahre andauern, müssen sie sich stets zu drakonischen Spar-
programmen und einer radikalen Schrumpfung ihrer Staatsbü-
rokratie verpflichten. Erst dann legt Camdessus den reichen
Geberländern des Fonds, allen voran den Repräsentanten der
USA, Japans und Deutschlands, die Verträge über die begehrten zinsbegünstigten Milliardenkredite zur Abstimmung vor.
Und erst dann gibt er mit seiner Unterschrift das Geld frei.

Doch am kalten Montagabend des 30. Januar 1995 ist diese
wohlerprobte Routine nichts mehr wert. Gegen 21 Uhr er-

reicht Camdessus eine Nachricht, die ihn schaudern läßt. Von einer Minute zur anderen trägt er allein die Verantwortung, eine Katastrophe abzuwenden, die er bis dahin für nahezu unmöglich gehalten hatte. In höchste Anspannung versetzt, bleibt er nicht mehr an seinem Schreibtisch. Er packt seine Unterlagen und geht durch sein riesiges, mahagonigetäfeltes Chefzimmer hinüber in den noch größeren Konferenzsaal, in dem üblicherweise die 24 Exekutivdirektoren des Fonds über die Vergabe der IWF-Kredite entscheiden. Jetzt aber ist Camdessus allein mit einem Telefon. «Ich suchte die Antwort auf eine Frage, die sich nie zuvor gestellt hatte», erzählt er später.[1] Soll er die ehernen Gesetze des IWF außer Kraft setzen und ohne Bedingungen, ohne Vertrag und ohne die Zustimmung der Geldgeber den größten Kredit in der fünfzigjährigen Geschichte seiner Organisation freigeben? Camdessus greift zum Hörer, und binnen weniger Stunden schrumpft der sonst so machtbewußte Direktor des weltgrößten Kreditgebers selbst zur Marionette, deren Fäden Leute in Händen halten, die er nicht einmal kennt.

Operation «Peso Shield»

Die Krise hatte begonnen, als das politische Washington soeben in den Winterurlaub aufbrach. Vier Tage vor Weihnachten gab die mexikanische Regierung bekannt, ihre Landeswährung müsse erstmals seit sieben Jahren wieder abgewertet werden. Der Peso sollte fünf US-Cent und damit 15 Prozent weniger kosten als bisher. Weltweit, insbesondere in den großen Bankhäusern an der New Yorker Wall Street sowie den ihnen verbundenen Investmentfonds, breitete sich unter den Verwaltern privater Anlagegelder Panik aus. Weit über 50 Milliarden Dollar hatten sie in mexikanische Staatsanleihen, Aktien und Schuldverschreibungen investiert. Schließlich stand Mexiko bis dahin in dem Ruf, ein finanzpolitisch solider Staat geworden zu sein, der alle Auflagen des IWF zur Sanierung von Staat und Wirtschaft vollständig erfüllt hatte. Doch nun drohte dem Vermögen der ausländischen Anleger ein massiver Wertverlust. Wer immer konnte, zog – wie zuvor schon mexikanische Insider – Geld aus Mexiko ab. Der Peso verlor in nur drei Tagen nicht bloß 15 Prozent, sondern 30 Prozent seines Gegenwertes in Dollar.

Für US-Finanzminister Robert Rubin und den Stabschef des Weißen Hauses, Leon Panetta, aber auch für viele ihrer Mitarbeiter waren die Weihnachtsferien vorbei, kaum daß sie begonnen hatten. Ein Krisenstab trat zusammen, in dem von der Zentralbank bis zum Nationalen Sicherheitsrat alle Bereiche der amerikanischen Regierung vertreten waren, die mit Außen- und Wirtschaftspolitik befaßt sind. Eines der wichtigsten Projekte der Administration des US-Präsidenten Bill Clinton drohte zu scheitern: die wirtschaftliche Stabilisierung des südlichen Nachbarlandes, aus dem Jahr für Jahr Millionen verarmte Auswanderer in nordamerikanische Bundesstaaten drängen. Also starteten Rubin und Panetta eine Rettungsaktion, welche die *Washington Post* in Anlehnung an die Operation «Desert Shield» (Wüstenschild) zu Beginn des Golfkrieges schon bald Operation «Peso Shield» taufte.[2]

Nach drei Wochen ununterbrochener Verhandlungen mit der mexikanischen Regierung schien das Problem zunächst gelöst. Mexikos Präsident Ernesto Zedillo opferte seinen Finanzminister und gelobte die sofortige Sanierung der Staatsfinanzen. Präsident Clinton kündigte an, seine Regierung werde Mexiko mit Kreditgarantien in Höhe von 40 Milliarden Dollar beistehen. Niemand sollte befürchten müssen, der mexikanische Staat werde seine ausländischen Gläubiger nicht bezahlen.

Zur Verblüffung der Krisenmanager sorgte Clintons Stellungnahme jedoch nicht für Entlastung, die Situation spitzte sich sogar zu. Jetzt ahnten die Anleger nicht nur, daß Mexiko die Dollars ausgingen, jetzt wußten sie es. Zudem war unklar, ob Clinton die zugesagten Gelder von der neuen republikanischen Mehrheit im US-Kongreß, die ihm feindselig gesinnt war, auch bekommen würde. Obwohl die mexikanische Notenbank täglich für eine halbe Milliarde Dollar Pesos kaufte, gab der Kurs weiter nach. Das war bedrohlich für Mexiko, weil importierte Waren plötzlich unbezahlbar wurden, und es war problematisch für die Vereinigten Staaten, in denen vom Mexiko-Handel Tausende Jobs abhingen. Die übrige Welt schien der Peso-Absturz noch kaum zu betreffen.

Das änderte sich ab dem 12. Januar dramatisch. Noch während dieses Tages, an dem Clinton und Zedillo ihren finanziellen Schulterschluß bekanntgaben, setzte eine gespenstische Entwicklung ein, mit der kaum jemand gerechnet hatte. An allen wichtigen Börsenplätzen der Welt – von Singapur über London bis New York – geriet ein gutes Dutzend Währungen gleichzeitig unter Druck. Der polnische Zloty verlor genauso schnell an Wert wie der thailändische Baht oder der argentinische Peso. Plötzlich stießen Investoren in allen aufstrebenden Schwellenländern des Südens und Mitteleuropas, in den sogenannten «emerging markets», Aktien und Anleihen ab. Weil sie die Erlöse sofort in die Hartwährungen Dollar, Mark, Schweizer Franken und Yen zurücktauschten, fielen mit den Kursen der Wertpapiere auch die Kurse für die Währungen, in denen sie ausgestellt waren. Das geschah in so verschiedenen Ländern wie Ungarn und Indonesien, die wirtschaftlich nichts miteinander verband. Erstmals in ihrer Geschichte trafen sich die Notenbank-Chefs der Länder Südostasiens zu einer gemeinsamen Notsitzung. Getrieben von einer Dynamik, die sie nicht zu verantworten hatten, mußten sie ihre Währungen durch deutliche Zinserhöhungen künstlich verteuern, um die Anleger bei Laune zu halten. Argentinien, Brasilien und Polen folgten.

Ab dem 20. Januar, dem Ende der vierten Krisenwoche, ging auch der Dollarkurs auf Talfahrt. Nun warnte selbst Alan Greenspan, der in Banker-Kreisen für seine unbeirrbare Haltung bewunderte Chef der US-Zentralbank Federal Reserve (Fed). Die sich anbahnende «weltweite Kapitalflucht» in Qualitätswährungen wie Yen und Deutsche Mark, erklärte der Fed-Chef vor dem US-Senat, bedrohe «den globalen Trend zu Marktwirtschaft und Demokratie». Gemeinsam mit Clintons Leuten drängte er seine Parteifreunde im Kongreß, endlich dem Vorschlag des Präsidenten zuzustimmen und Mexiko die notwendigen Kreditgarantien zu gewähren. Noch einmal beruhigte sich die Lage für ein paar Tage, das Ende der Vertrauenskrise in die neuen Wachstumsländer des Südens und Ostens schien nahe – bis zu jenem kalten letzten Montag im Januar.[3]

Kurz nach 20 Uhr an diesem 30. Januar erreichten Clintons Stabschef Panetta zwei Anrufer: der neue mexikanische Finanzminister Guillermo Ortiz und der republikanische Mehrheitsführer des Repräsentantenhauses, Newt Gingrich. Der Mexikaner berichtete, sein Land sei am Ende, die letzten Dollar-Reserven seien erschöpft. Werde der Kapitalabfluß nicht gestoppt, müsse er den Peso-Umtausch beschränken und die über zehn Jahre mühsam betriebene Integration Mexikos in den Weltmarkt mit einem Schlag beenden. Die Botschaft Gingrichs stimmte nicht optimistischer: Es werde auf absehbare Zeit keine Kongreßmehrheit für den Mexiko-Kredit geben, erklärte der Republikaner dem politischen Gegner im Weißen Haus. Der Präsident müsse die Verantwortung allein übernehmen, mit der Unterstützung des Parlaments könne er nicht rechnen.

Damit blieb Clinton und seinem Team nur noch ein zuvor ausgearbeiteter «Plan B», wie Panetta später berichtete. Der Krisenstab mußte nun den mit 20 Milliarden Dollar ausgestatteten Krisenfonds der Regierung ausschöpfen, der dem US-Präsidenten im Notfall zur freien Verfügung steht. Und er mußte um Beistand aus anderen Kassen bitten, weil selbst dieser riesige Betrag bei weitem nicht ausreichte. Der erste Hilferuf ging an die Zentrale des IWF in der nahen G-Street. Die bangen Stunden des Michel Camdessus hatten begonnen.

In einem beispiellosen Parforceritt hatte der IWF-Chef schon in den zwei vorangegangenen Wochen eine Zahlungshilfe für Mexiko in Höhe von 7,7 Milliarden Dollar durch die Entscheidungsgremien gepeitscht, die größte Summe, die nach geltendem IWF-Statut überhaupt zulässig war. Doch diese Maßnahme war verpufft, jedermann wußte, daß dies nicht ausreichte. Mindestens weitere zehn Milliarden wurden benötigt, um Mexiko vor der Pleite zu bewahren.

Aber durfte er so mit dem ihm anvertrauten Geld umgehen? Der Wunsch und das Drängen der Nordamerikaner und Mexikaner waren eindeutig. Aber lag eine Aufstockung des Notkredits um noch einmal zehn Milliarden auch im Interesse der vielen anderen Zahler, darunter Deutschland, Frankreich, Großbritannien und Japan? Für die formal vorgeschriebene Konsultierung blieb keine Zeit. In Bonn und Paris war es drei Uhr früh. Die Entscheidung mußte aber noch diese Nacht fallen. Schon am nächsten Morgen würde das Scheitern des Clinton-Plans im Kongreß öffentlich bekannt werden.

Noch einmal, erinnert sich Camdessus, dachte er an die warnenden «Anrufe von führenden New Yorker Bankern und Investment-Managern» in den vergangenen Tagen.[4] Breche der mexikanische Markt zusammen, so hatten sie ihm prophezeit, werde es kein Halten mehr geben. Die Furcht vor ähnlichen Krisen in anderen Entwicklungsländern werde eine Kettenreaktion auslösen, an deren Ende ein weltweiter Finanzkrach stehen könne.

Camdessus ließ sich nacheinander mit neun in Washington anwesenden Regierungsvertretern aus dem IWF-Exekutivdirektorium verbinden. Allen Angerufenen stellte er nur eine Frage: «Sind Sie der Meinung, daß der IWF-Direktor im Notfall völlig selbständig handeln muß?» Verwundert bestärkten alle Angesprochenen den späten Anrufer und sprachen ihm ihr Vertrauen aus. Dann faßte Camdessus einen einsamen Entschluß, von dem Bill Clinton erfuhr, als er kurz vor Mitternacht von einem Abendessen ins Weiße Haus zurückkehrte. Der Franzose setzte sich über alle Regeln des Fonds hinweg, riskierte seinen Job sowie den bisherigen Ruf seiner Institution und ließ Clinton ausrichten, der IWF sei für weitere zehn Milliarden gut, insgesamt also 17,7 Milliarden Dollar.

Ein ähnliches Risiko ging kurze Zeit später auch Andrew Crocket ein, der als leitender Manager der Bank für Internationalen Zahlungsausgleich (BIZ) vorsteht, dem weltweiten Verbund der Notenbanken. An deren Sitz in Basel war es schon sieben Uhr morgens, als die amerikanische Fed bei Crocket anfragte, ob die BIZ sich an dem Stützungspakt beteiligen werde. Zwar sagte Crocket, es sei bislang nur diskutiert worden, daß die Bank der Zentralbanken mit zehn Milliarden einspringen könne. Aber dem Anrufer aus Washington genügte das.[5]

Kaltblütig setzten Rubin und Panetta nun ihren «Plan B» in die Tat um. Nach nur vier Stunden Schlaf leitete ihr Präsident um 11.15 Uhr im Washingtoner Marriott-Hotel seinen Auftritt vor der Jahresversammlung der amerikanischen Gouverneure mit einer Sensation ein: Mit Hilfe des IWF, der BIZ und der kanadischen Regierung, erklärte Clinton seinen verblüfften Zuhörern, stehe dem krisengeschüttelten Nachbarland ab sofort auch ohne Zustimmung des Kongresses ein Stützungskredit von über 50 Milliarden Dollar zur Verfügung. Mexiko werde alle seine Schulden bezahlen.

In weniger als 24 Stunden brachte ein halbes Dutzend Männer so jenseits aller parlamentarischen Kontrolle mit dem Steuergeld der westlichen Industrieländer das größte internationale Kredithilfeprogramm auf den Weg, das seit 1951 vergeben wurde, übertroffen nur von den Zahlungen im Rahmen des Marshall-Plans, mit denen die Vereinigten Staaten den Wiederaufbau Westeuropas nach dem Zweiten Weltkrieg unterstützten. Stellvertretend für alle Beteiligten sparte Camdessus nicht mit Superlativen, um den Coup zu rechtfertigen. Der Fall Mexiko, erklärte der französische Weltbürger an der Spitze des IWF, «war die erste große Krise unserer neuen Welt der globalisierten Märkte». Er habe einfach handeln müssen, ungeachtet der Kosten. Andernfalls «wäre eine wahre Weltkatastrophe eingetreten».

Zahlreiche Kritiker interpretierten den Milliarden-Deal jedoch ganz anders. Rimmer de Vries, Ökonom bei der New Yorker Investmentbank J. P. Morgan, die sich am Mexiko-Boom nicht beteiligt hatte, sprach offen von einem «bail-out for speculators», einem Freikauf von Anlegern, die sich verspekuliert hatten.[6] Auch Norbert Walter, Chefvolkswirt der Deutschen Bank, kritisierte, es sei «nicht einzusehen, warum der Steuerzahler den Investoren die hohen Renditen [auf die mexikanischen Schuldtitel] noch nachträglich garantieren mußte».[7] Willem Buiter, Wirtschaftsprofessor an der Universität von Cambridge, kommentierte: Die ganze Aktion sei nichts weiter gewesen «als ein Geschenk der Steuerzahler für die Reichen».[8]

Dieser Vorwurf widerlegt freilich nicht die Argumentation von Camdessus, Rubin und ihren Mitstreitern. Denn der Mexiko-Deal war beides: die vielleicht kühnste Katastrophenabwehr der Wirtschaftsgeschichte *und* ein dreister Raubzug gegen die Steuerkasse der zahlenden Länder zugunsten einer vermögenden Minderheit. Natürlich habe der Milliardenkredit den Spekulanten genutzt, antwortet der IWF-Direktor seinen Kritikern. Aber, so gesteht er ganz offen, «die Welt liegt in den Händen dieser Burschen».

In seltener Schärfe beleuchtete die Mexiko-Krise das Gesicht der neuen Weltordnung im Zeitalter der Globalisierung. Wie noch nie zuvor demonstrierten die Akteure, mit welcher Wucht die globale ökonomische Integration das Machtgefüge der Welt verändert hat. Als seien sie von unsichtbarer Hand gesteuert, unterwarfen sich die Regierung der Supermacht USA, der einst allmächtige IWF und alle europäischen Notenbanken dem Diktat einer höheren Gewalt, deren Zerstörungskraft sie gar nicht mehr einschätzen können: dem internationalen Finanzmarkt.

Von Bretton Woods zur freien Spekulation

An den Börsen und in den Handelsräumen der Banken und Versicherungen, bei Investment- und Pensionsfonds hat eine neue politische Klasse die Weltbühne der Macht betreten, der sich kein Staat, kein Unternehmen und erst recht kein durchschnittlicher Steuerbürger mehr entziehen kann: global agierende Händler in Devisen und Wertpapieren, die einen täglich wachsenden Strom von freiem Anlagekapital dirigieren und damit über Wohl und Wehe ganzer Nationen entscheiden können – weitgehend frei von staatlicher Kontrolle.

Die Operation «Peso Shield» war nur ein herausragender Fall. Immer häufiger registrieren Politiker und ihre Wähler in aller Welt, wie die anonymen Akteure der Finanzmärkte die Steuerung ihrer Wirtschaft übernehmen und der Politik nur die Rolle des machtlosen Zuschauers bleibt. Als im September 1992 einige hundert Bank- und Fondsmanager dem Beispiel des Finanzgurus George Soros folgten und mit Milliardenbeträgen auf die Abwertung des britischen Pfund und der italienischen Lira setzten, konnten die Bank of England und die Banca d'Italia den Kursverfall nicht verhindern, obwohl sie fast ihre gesamten Dollar- und D-Mark-Reserven für Stützungskäufe einsetzten. Beide Regierungen mußten schließlich aus dem wirtschaftlich vorteilhaften Europäischen Währungssystem (EWS) mit seinen festen Wechselkursen aussteigen.

Als im Februar 1994 die Fed in den USA die Leitzinsen heraufsetzte und der amerikanische Kapitalmarkt kollabierte, konnte auch die Bundesregierung nur hilflos zusehen, wie deutsche Unternehmen plötzlich drastisch höhere Zinsen für ihre Kredite entrichten mußten, obwohl die Inflation nur gering war und die Bundesbank mit einem niedrigen Diskontsatz den Banken eigentlich genügend billiges Geld bereitstellte. Ebenso ohnmächtig präsentierten sich die japanische und die deutsche Regierung ihren Wählern, als im Frühjahr 1995 der Dollarkurs auf das historische Tief von 1,35 Mark und 73 japanischen Yen fiel und damit die Exportindustrien in die Knie zwang.

In die Enge getrieben von unangreifbaren Händlern, ergehen sich seitdem zahlreiche Regierungschefs in hilflosen Beschwörungsformeln und dumpfen Beschimpfungen. Es könne nicht angehen, beschwerte sich etwa Britanniens Premier John Major im April 1995, daß die Vorgänge an den Finanzmärkten «mit einer Geschwindigkeit und in einer Größenordnung ablaufen, die sie völlig außerhalb der Kontrolle von Regierungen und internationalen Institutionen stellen».[9] Italiens Ex-Ministerpräsident Lamberto Dini, immerhin selbst früher Präsident der Notenbank seines Landes, pflichtet ihm bei, «den Märkten sollte nicht erlaubt werden, die Wirtschaftspolitik eines ganzen Landes zu unterminieren».[10] Und dem französischen Präsidenten Jacques Chirac erscheint die gesamte Finanzbranche als verwerflich, kurzerhand nannte er deren Händlerkaste das «Aids der Weltwirtschaft».[11]

Doch die vermeintliche Verschwörung ist gar keine. Kein Kartell profitgieriger Banker ist hier am Werk. Nirgendwo treffen sich geheime Zirkel in verborgenen Hinterzimmern, um die Währung dieses Landes zu schwächen oder die Kurse an jener Börse in die Höhe zu treiben. Was an den Finanzmärkten geschieht, folgt durchaus einer weitgehend nachvollziehbaren Logik und wurde von den Regierungen der großen Industrieländer selbst heraufbeschworen. Im Namen der ökonomischen Heilslehre vom freien, grenzenlosen Markt haben sie seit Beginn der siebziger Jahre systematisch alle Schranken niedergerissen, die ehedem den grenzüberschreitenden Geld- und Kapitalverkehr regierbar und damit beherrschbar machten. Nun beklagen sie wie ratlose Zauberlehrlinge, daß sie der Geister nicht mehr Herr werden, die sie und ihre Vorgänger herbeiriefen.

Die Befreiung des Geldes aus den staatlich verfügten Beschränkungen begann mit der Aufhebung der festen Wechselkurse zwischen den Währungen der großen Industrieländer im

Jahr 1973. Bis dahin galten die Regeln des Systems von Bretton Woods. In diesem Bergdorf im US-Staat Wisconsin hatten die Siegermächte des Zweiten Weltkriegs im Juli 1944 einen Vertrag über eine internationale Währungsordnung abgeschlossen, der fast dreißig Jahre lang für Stabilität sorgte. Für die Währungen aller Beitrittsländer galt eine feste Parität zum Dollar, die US-Notenbank wiederum garantierte, Dollar gegen Gold einzutauschen. Gleichzeitig unterlag der Devisenhandel staatlicher Aufsicht, der Umtausch und Transfer großer Beträge waren in den meisten Ländern genehmigungspflichtig. Das System galt als die Antwort auf die chaotischen Entwicklungen der zwanziger und dreißiger Jahre, die in wilden nationalen Abwehrreaktionen, Protektionismus und schließlich Krieg geendet hatten.

Die stürmisch expandierende Industrie und die großen Banken sahen die bürokratische Kontrolle jedoch als lästige Bremse an. Die Vereinigten Staaten, die Bundesrepublik Deutschland, Kanada und die Schweiz gaben ab 1970 die Kapitalverkehrskontrollen auf. So brach der Damm. Nun handelten die «Spekulanten», also Händler, die den Wert der Währungen nach den verschiedenen Anlagemöglichkeiten taxieren, die Wechselkurse unter sich aus. Das Festkurssystem brach zusammen.

Gleichzeitig kamen aber auch alle anderen Länder, die noch an Kontrollen festhielten, unter Druck. Ihre Konzerne beschwerten sich, daß ihnen der Zugang zu zinsgünstigem ausländischem Kapital verwehrt war. 1979 hoben die Briten die letzten Beschränkungen auf, Japan folgte ein Jahr später. Den Rest besorgten der IWF und die Europäische Gemeinschaft. Geleitet vom festen Glauben an die Wohlstandsmehrung durch grenzenlose Wirtschaftsfreiheit, hoben die EG-Regenten ab 1988 den europäischen Binnenmarkt aus der Taufe. Im Zuge der Umsetzung dieses «größten Deregulierungsprogramms der Wirtschaftsgeschichte», wie der EG-Kommissar Peter Schmidhuber es formulierte, gaben auch Frankreich und Italien im

Jahr 1990 den Geld- und Kapitalverkehr frei, Spanien und Portugal hielten noch bis 1992 durch.

Was die G 7, die sieben großen Industrieländer des Westens, für ihre Wirtschaftsräume beschlossen hatten, setzten sie nach und nach auch in der übrigen Welt durch. Dafür war der IWF das ideale Instrument, in dessen Aufsichtsgremien die G-7-Staaten das Sagen haben. Wo immer die IWF-Gewaltigen in den vergangenen zehn Jahren Kredite vergaben, verknüpften sie dies mit der Auflage, die jeweilige Währung konvertibel zu machen und das Land für den internationalen Kapitalverkehr zu öffnen.

Erst durch zielstrebige Politik und Gesetze von zumeist demokratisch gewählten Regierungen und Parlamenten entwickelte sich auf diesem Weg, Schritt für Schritt, jenes selbständige ökonomische System «Finanzmarkt», dem Politikwissenschaftler und Ökonomen inzwischen den Charakter einer Art höherer Gewalt zubilligen. Nun binden keine Ideologie, keine Popkultur, keine internationale Organisation und nicht einmal die Ökologie die Nationen der Welt enger aneinander als die elektronisch vernetzte, weltumspannende Geldmaschine der Banken, Versicherungen und Investmentfonds.

Renditejagd mit Lichtgeschwindigkeit

Auf der Basis dieser weltweiten Freiheit konnte das Geschäft der Welt-Finanzindustrie in den vergangenen zehn Jahren explodieren: Seit 1985 haben sich die Umsätze im Devisen- und internationalen Wertpapierhandel mehr als verzehnfacht. Während eines durchschnittlichen Handelstages wechseln heute Währungsbestände im Wert von rund 1,5 Billionen Dollar den Besitzer, ermittelte die Bank für Internationalen Zahlungsausgleich (BIZ). Diese Summe, eine Zahl mit zwölf Nullen, entspricht annähernd dem Gegenwert der gesamten Jahresleistung der deutschen Wirtschaft oder dem Vierfachen der jährlichen Welt-Ausgaben für Rohöl.[12] In der gleichen Größenordnung bewegen sich die Umsätze mit Aktien, Konzernanleihen, staatlichen Schuldtiteln und unzähligen verschiedenen Spezial-Kontrakten, den sogenannten Derivaten.

Noch vor einem Jahrzehnt gab es in Frankfurt einen Markt für Bundesanleihen, in London einen für britische Aktien und in Chicago einen für Termingeschäfte, die jeweils eigenen Gesetzen gehorchten. Heute sind alle diese Märkte unmittelbar miteinander verbunden. Sämtliche Kursdaten aller Börsenplätze können an jedem Ort der Welt zu jeder Zeit abgefragt werden und lösen bei den Empfängern Käufe und Verkäufe aus, deren Kurswert ihrerseits sofort wieder als Bits und Bytes rund um die Erde geschickt werden. Darum ist es möglich, daß fallende Zinsen in den USA am anderen Ende der Welt, in Malaysia etwa, die Aktienkurse hochtreiben. Wenn sich das Engagement in US-Schuldtiteln weniger lohnt, schichten die Anleger in ausländische Aktien um. Darum kann der Wert von Bundesanleihen steigen, wenn die Zentralbank von Japan billiges Geld an Tokios Geldhäuser verleiht. Umgetauscht in Mark und angelegt in höher verzinsten deutschen Papieren, verwandeln sich die billigen Yen-Kredite in garantierte Erträge ohne Risiko. Und ebendarum tritt jeder, der Geld leihen oder Kapital aufnehmen will, gleich ob Regierungen, Konzerne oder Hausbauer, sofort in weltweite Konkurrenz mit allen anderen potentiellen Schuldern. Weder die konjunkturelle Lage der deutschen Wirtschaft noch die Bundesbank entscheiden über den Zins am deutschen Kapitalmarkt. Was zählt, ist allein das Urteil der professionellen Geldvermehrer, die sich wie eine «elektronisch gerüstete Armee» *(The Economist)* 24 Stunden am Tag ein globales Rennen um die beste Finanzanlage liefern.

Bei ihrer Arbeit bewegen sich die Rendite-Jäger mit Lichtgeschwindigkeit in einem vielfach verzweigten weltweiten Datennetz – ein elektronisches Utopia, dessen Komplexität noch unübersichtlicher ist als die komplizierte Mathematik, die den einzelnen Transaktionen zugrunde liegt. Vom Dollar in den

Yen, anschließend in Schweizer Franken, dann wieder ein Rückkauf von Dollars – innerhalb weniger Minuten können Devisenhändler von einem Markt zum nächsten, von einem Handelspartner in New York zu einem anderen in London oder Hongkong springen und Deals über dreistellige Millionenbeträge abschließen. Ebenso verschieben Fondsmanager oft binnen Stunden die Milliarden ihrer Kunden zwischen völlig unterschiedlichen Anlagen und Märkten. US-Staatsanleihen verwandeln sich da per Anruf und Tastendruck in britische Schuldtitel, in japanische Aktien oder in Schuldverschreibungen der türkischen Regierung, die in D-Mark denominiert sind. Neben den Währungen werden schon über 70 000 verschiedene Wertpapiere über alle Grenzen hinweg frei gehandelt – ein phantastischer Markt mit unendlich vielen Chancen und Risiken.

Um die Datenflut zu verarbeiten, vollbringen die einzelnen Händler Höchstleistungen der Informationsverarbeitung. Einer von ihnen ist der 29jährige Patrick Slough. Gemeinsam mit über 400 Kollegen sitzt er täglich zehn Stunden ohne Pause im großen Handelssaal der Londoner Investmentbank Barclays de Zoete Wed (BZW) und managt das Geschäft mit Schweizer Franken, kurz «swiss».

Sein Arbeitsplatz ist eine unscheinbare, drei Meter breite Konsole, umgeben vom Stimmengewirr und gebrüllten Kommandos im halbdunklen Saal. Hinter der schmalen Arbeitsfläche sind drei Bildschirme und zwei Lautsprecher montiert, die ihn optisch und akustisch unentwegt mit neuen Daten versorgen. Rechts oben thront der vielfarbige Schirm von Reuters, dem Marktführer in Sachen Finanzelektronik. Von einer einfachen Nachrichtenagentur hat sich das Unternehmen zum Hauptorganisator des elektronischen Marktplatzes entwickelt und erwirtschaftet damit jährlich über eine Milliarde Mark Gewinn. Reuters verbindet Slough über feste Standleitungen, eigene Satellitenkanäle und einen Megarechner in den Londoner Docklands mit 20 000 Finanzhäusern sowie allen großen Börsen der Welt.[13]

Auf dem Schirm erscheinen gleichzeitig die letzten drei Angebote oder Nachfragen für «swiss», die höchsten und niedrigsten Quoten der letzten Stunde für alle Währungen sowie die letzten News aus der Währungswelt. Gleichzeitig kann Slough jeden Teilnehmer per Eingabe eines Kürzels anticken und sofort einen Deal abschließen. Allein darauf darf er sich jedoch nicht verlassen. Zugleich muß er auf die Kurse achten, die ihm seine zwei Broker, unabhängige Zwischenhändler, per Lautsprecher mitteilen. Alle paar Minuten gibt er selbst ein Angebot durch, mal per Telefon, mal per Tastatur. Nimmt ein anderer Broker-Kunde an, folgt bald ein Anruf.

Die menschlichen Preisfinder konkurrieren mit den elektronischen Brokersystemen von Reuters und EBS, der Konkurrenzfirma eines internationalen Bankenkonsortiums. Auch diese nehmen jedes Gebot entgegen und leiten es sofort und anonym auf die Bildschirme. In «real-time», also sofort, und «online» (am Draht) erfährt Slough so von seinem EBS-Schirm zur Linken jederzeit den höchsten Kaufpreis («bid») sowie den niedrigsten Verkaufswert («offer») für Franken in Dollar oder Mark, die innerhalb dieses Systems geboten werden. Wichtig und darum schwarz auf gelb groß angezeigt sind nur die dritte und vierte Stelle hinterm Komma, die sich ständig verändern. Drückt Slough die «bye»-Taste, enthüllt der Rechner die Identität des Anbieters und stellt automatisch die Verbindung her.

An diesem Donnerstag im Januar 1996 «ist der Markt sehr nervös», klagt Slough. Vor Arbeitsbeginn hat er die Tagesausgabe des hauseigenen Informationsdienstes der volkswirtschaftlichen Abteilung studiert. Entscheidend wird der Ausgang der Sitzung des Bundesbankdirektoriums in Frankfurt. Senkt die Bundesbank die Sätze für die Leitzinsen weiter ab, sollten Dollar und Franken weiter anziehen. Aber fraglich ist, ob die Deutschen sich das leisten können, ihr Schuldenberg ist hoch, und die Furcht der Bundesbanker vor Inflation ist eine feste Größe im Devisengeschäft. Der Hausökonom tippt daher auf keine Zinsänderung. Slough schließt sich an und setzt auf eine stärkere Mark.

Nach einer halben Stunde testet er den Markt und kauft «70 Mark» für «swiss 575» bei der Schweizer UBS-Bank. Per Elektrostift überträgt er mit der schnellen Fahrt über die Kontaktpunkte auf der Konsole vor ihm den Deal ins hausinterne System: 70 Millionen D-Mark gegen Franken zum Preis von 0,81575 Franken pro Mark. Kurz darauf entfährt ihm ein lautes «fuck», der Kurs ist um ein Hundertstel Rappen gefallen, Slough hat – vorerst – 7000 Franken verloren. Doch die «Buba», wie die Deutsche Bundesbank in Fachkreisen genannt wird, ist auf seiner Seite. Die deutschen Zinsen bleiben unverändert. Die Mark zieht an, und mit dieser Nachricht verwandelt sich der Verlust binnen Sekunden in einen doppelt so hohen Gewinn. Slough geht auf Nummer Sicher, verkauft sofort und entspannt sich für eine Minute.

«Educated gambling», ein Wettspiel nach eisernen Regeln und auf hohem Niveau, nennt er den nervenaufreibenden Job und sieht sich doch nur als kleinen Soldaten, den der Markt vor sich hertreibt. «Selbst die größten Player», etwa die New Yorker Citibank, «können die Kurse nicht allein bewegen», versichert Slough. «Der Markt ist einfach zu groß.»

Der Devisenhändler hat es noch einfach, für ihn zählt nur das Jetzt. Am anderen Ende des Saales sitzen die Kollegen, die das Geschäft mit Derivaten betreiben. Sie handeln mit der Zukunft, genauer den Werten, welche die Mehrheit der Marktteilnehmer für Aktien, Anleihen oder Währungen in drei oder zwölf Monaten, einem oder fünf Jahren erwartet. Ihre Produkte heißen Swaps und Collars, Futures und Options, Dingos und Zebras. Jeden Monat kommen neue auf den Markt. Allen gemeinsam ist, daß ihr Wert nur abgeleitet (derivativ) ist, also auf Kursen beruht, die heute oder später für die realen Wertpapiere und Devisen gezahlt werden.

Um etwa auf die deutsche Wirtschaft zu setzen, muß man nicht gleich deutsche Aktien kaufen. Kunden können auch einen Future-Kontrakt auf den deutschen Aktienindex zeichnen, der – gegen Prämie – die Zahlung eines Differenzbetrags verspricht, wenn der Index über den vereinbarten Wert steigt. Für diesen Fall muß sich die Bank wiederum durch Gegenverträge absichern oder durch einen eigenen Aktienbestand. Wenn der Kunde will, kann er sich gleichzeitig gegen Kursschwankungen der Mark durch eine weitere Option sichern und per Zins-Swap die Zinsen auf sein langfristig geliehenes Geld gegen die Zahlung von Kurzfrist-Zinsen an die Bank eintauschen – oder umgekehrt. Der verblüffende Effekt solcher Geschäfte ist, daß sie das Risiko eines Kursverfalls oder eines säumigen Schuldners vom Kauf der wirklichen Wertpapiere oder Devisen abtrennen. Das Risiko selbst wird zum Handelsgut.

Ehedem dienten diese Termin- und Risikogeschäfte nur als eine Art Versicherung für die Realwirtschaft. Exporteure etwa konnten sich damit gegen Kursschwankungen der Währung ihrer Handelspartner absichern. Seitdem die Kapazität der Rechner praktisch unbegrenzt ist, hat sich das Derivat-Geschäft jedoch gänzlich verselbständigt – und eine «Zeit der finanziellen Revolution» eingeläutet, wie es der frühere BIZ-Präsident Alexandre Lamfalussy euphorisch umschrieb[14]. Längst haben alle großen Finanzplätze eigene Börsen nur für den Terminhandel eingerichtet. Von 1989 bis 1995 verdoppelten sich die nominellen Werte der gehandelten Kontrakte alle zwei Jahre und erreichten weltweit die unvorstellbar große Summe von 41 000 Milliarden Dollar.[15]

Allein diese Zahl signalisiert den dramatischen Wandel des Geldgeschäfts. Nur noch zwei bis drei Prozent dieses Handels dienen direkt der Absicherung von Industrie und Handel. Alle anderen Kontrakte sind organisierte Wetten der Marktjongleure untereinander – nach dem Muster: «Wetten, daß der Dow-Jones in einem Jahr um 250 Punkte über dem heutigen Stand steht. Andernfalls zahle ich…» Gegenüber dem Spielkasino haben die Wetter freilich einen enormen Vorteil: Sie müssen bei Abschluß ihrer Verträge zunächst nur geringe Einsätze einzahlen. Zum Schwur kommt es erst, wenn der Vertrag tatsächlich eingelöst werden muß, wobei die meisten mit entsprechenden Gegenverträgen ihr Verlustrisiko begrenzen. Darum beträgt der tatsächliche Marktwert der Derivate nur einen Bruchteil der nominalen Summen. Dafür haben sie aber das Geschehen an den Märkten von Grund auf verändert: Schon kleine Kapitalumschichtungen lösen immer größere Kursbewegungen aus, und im Ergebnis bekommt die kollektive Erwartungshaltung der Händler selbst physische Wucht.

Mit dem Derivatgeschäft habe sich «die Finanzwelt von der Realsphäre emanzipiert», meint der Banker Thomas Fischer, der als Leiter des Handels bei der Deutschen Bank selbst jahrelang den Markttiger geritten hat. Objektive ökonomische Beziehungen, etwa der Zusammenhang zwischen Leitzinsen und Anleihekursen, verlieren immer mehr an Gewicht. Was mehr zählt, ist die Erwartung darüber, «was die anderen machen. Da kommt es nicht darauf an, warum irgendein Kurs steigt, sondern warum er steigen könnte», und dies dann vorwegzunehmen. Die Wertentwicklung für deutsche Bundesanleihen zum Beispiel handeln nicht die Rentenhändler der deutschen Banken aus, sondern lange vorher die buntbedreßten Jobber der Londoner Terminbörse «Liffe», an der zwei Drittel der Abschlüsse mit «Bund-Futures» getätigt werden. Wegen solcher Mechanismen hat die Schwankungsbreite aller Kurse, im Finanzjargon «Volatilität» genannt, drastisch zugenommen.

Aus diesem erst durch den Derivathandel selbst erzeugten Risiko haben vor allem die Großbanken ein glänzendes Geschäft gemacht. Allein die Deutsche Bank verdient mit Derivaten fast eine Milliarde Mark jährlich. Die wachsende Bedeutung des Handels in ihren Bilanzen dokumentiert die veränderte Rolle der Banken in der globalisierten Weltfinanz. Das Verwalten von Spareinlagen und die Vergabe von Krediten verlieren an Bedeutung. Zahlreiche Konzerne sind längst ihre eigene Bank.

Dafür steht wie kein anderer die Siemens AG, die mit ihren Geldgeschäften mehr verdient als mit ihren weltbekannten Produkten. Hunderte von Großunternehmen besorgen sich mittlerweile ihre Kredite, indem sie selbst weltweite Anleihen auflegen. Mit Ausnahme der tatsächlich global tätigen Finanzriesen aus New York und Tokio bleibt der Mehrzahl der Geldhäuser nur die Funktion des Transmissionsriemens für die Märkte. Ihre Handelsabteilungen stellen nur noch die Söldner der elektronischen Finanzarmeen. Die Befehlshaber kommandieren von ganz anderen Höhen: Sie sitzen in den Chefzimmern der Verwaltungszentralen der Investment- und Pensionsfonds. Mit zweistelligen Wachstumsraten sind sie in den vergangenen zehn Jahren zu den eigentlichen Kapitalsammelstellen der Welt geworden. Gut 8000 Milliarden Dollar Spargeld und Rentenrückstellungen verwalten allein Amerikas Fondsgesellschaften und sind damit die größte Quelle des endlosen und unbeständigen Kapitalstroms.[16]

Legohäuschen Weißes Haus

In diesem Geschäft zählt Steve Trent zur Elite.[17] Er leitet gemeinsam mit zwei weiteren Direktoren einen sogenannten «hedge fund», eine jener Spezialfirmen, die ihren Investoren über besonders intelligente, aber auch riskante Anlagekonstruktionen regelmäßig zwei-, zuweilen auch dreistellige Renditen verschaffen. Rotbrauner Carrara-Marmor und elegantes Edelholz schmücken das luxuriöse Krähennest an Washingtons Connecticut Avenue/Ecke H-Street, von dem aus Trent und seine Kollegen die Welt beobachten. Welches Wahrzeichen der neuen Zeiten: Noch vor wenigen Jahren stand an dieser exponierten Stelle der US-Hauptstadt ein Verwaltungsgebäude des Peace Corps, das jahrzehntelang sozial engagierte Amerikaner in alle Welt schickte und dessen Arbeit dem Deutschen Entwicklungsdienst vergleichbar ist. Als Nordamerikas

Stadtzentren in den achtziger Jahren wieder boomten, wurde die kostbare Immobilie an Spekulanten verscherbelt und ein edles Bürogebäude hochgezogen, das seither Architekturpreise einsammelt wie das US-Team Goldmedaillen bei den Olympischen Spielen von Atlanta. Im Erdgeschoß etablierte sich das Nobelrestaurant «The Oval Room», eine gewollte Anspielung auf das legendäre «oval office» im Weißen Haus.

Im selben Stockwerk wie Finanzmanager Trent genießen auch die Mitarbeiter des Mediengiganten Time Warner einen symbolträchtigen Ausblick: Von ihren getönten Bürofenstern aus wirkt Bill Clintons Wohnsitz an der Pennsylvania Avenue wie ein bescheidenes Legohäuschen. Selbst der im Vergleich zum Weißen Haus riesenhafte Gebäudekomplex des US-Finanzministeriums schrumpft aus der Perspektive der Geld- und Medienherren zu einem gefälligen Puppenheim. Respekt gebietet allenfalls der monströse marmorne Obelisk des Washington Monument, das an den steinreichen ersten Präsidenten der USA erinnert.

Locker, aber konzentriert verfolgt Trent in seinem Zimmer multimedial die Weltereignisse, um die zwei Milliarden Dollar seiner Kunden in die richtigen Kanäle zu lenken. Auch bei ihm steht ein Reuters-Schirm, auch er hat seine «squawk-box» («Quietschbox»), einen Lautsprecher also mit einem schwarzen Mikrofon, das wie eine Tischlampe zwischen den Fernseh- und Computerschirmen hervorragt. Knapp hundert Mitarbeiter in aller Welt können ihn hören, allen voran seine Händler an den Börsen von Tokio, London und New York. Binnen Sekunden kann er so Milliardenwerte verschieben, unauffällig, aber effizient.

Tagt der US-Kongreß am anderen Ende der Pennsylvania Avenue, ist Trent mit einem Auge stets dabei – live via TV. Doch wenn er seine Arbeit beschreibt, geht es nicht um die Minutengewinne der Tagesspekulanten an den Börsen und Devisenmärkten wie bei Patrick Slough in London. Trents Ausführungen gleichen eher den weltweiten Lagebeurteilungen,

die sich Regierungen von ihren Geheimdiensten und General-
stäben vorlegen lassen.

Fünf- bis zehnmal im Jahr reist er für ein oder zwei Wochen
in die wichtigsten Markt- und Wachstumsregionen der Welt.
Dort zieht er Erkundigungen über jeden erdenklichen Aspekt
des Wirtschaftslebens ein. Kaum eine Tür bleibt ihm verschlossen, seine Gesprächspartner aus Industrie, Regierungen und
Notenbanken wissen um den unbezahlbaren Wert eines solchen Pfadfinders für den transnationalen Kapitalstrom. In den
Gesprächen sucht Trent nicht nach Zahlen und mathematisch
begründeten Prognosen. «Die aktuellen Daten hat jedermann
im Computer», doziert er. «Was aber zählt, ist die Stimmung,
sind die unterschwelligen Konflikte.» Und: «Geschichte, immer wieder Geschichte. Wer die Historie eines Landes kennt,
kann besser vorhersehen, was bei akuten Krisen geschehen
wird.»

Präzise und kaltblütig sucht der Spekulant nach den Fehlein-
schätzungen der computergläubigen Konkurrenz und den strategischen Fehlern der einzelnen Regierungen. Eine solche
Lücke fand er im Herbst 1994. Weltweit zog die Konjunktur
an, auch für Deutschland waren die Prognosen rosig, folglich
setzten die Märkte erst einmal wieder auf steigende Zinsen.
«Das war Unsinn», freut sich Trent heute. «Wir wußten, daß
Deutschland das Problem der hohen Arbeitskosten nicht im
Griff hat, und wir wußten auch, daß Deutschlands Mittel-
standsunternehmen jeden verdienten Dollar in Mark tauschen
würden, um ihre Kosten zu Hause zu decken.» Folglich setzte
Bianco auf eine steigende D-Mark, auf ein schnelles Abflauen
der Konjunktur und weitere Zinssenkungen. Er behielt recht,
und es gelang ihm «eine der erfolgreichsten Spekulationen der
letzten Jahre», als der Fonds in großem Stil D-Mark und
D-Mark-Anleihen zum niedrigen Preis auf Termin kaufte. Solche Kontrakte müssen erst drei, sechs oder sogar zwölf Monate
später eingelöst werden und brachten Trent Wertsteigerungen
von über zehn Prozent innerhalb weniger Monate.

Das große Geld verdient freilich nur, wer – wie die Hedge Fonds – nicht einfach nur das Kapital seiner Klienten einsetzt, sondern den Einsatz mit kurzfristigen Krediten vervielfacht. Das Risiko ist hoch, doch wenn die Einschätzung stimmt, werden damit aus zehn schnell 50 Prozent Gewinn für den Anleger, und der Fondsmanager kann in wenigen Wochen ein Jahresgehalt extra einstreichen. Ein Milliardencoup wird schließlich daraus, wenn andere Fonds und Banken sich der gleichen Anlagestrategie anschließen und auf diesem Weg die Kursentwicklung selbst herbeiführen, die sie voraussehen. Dies muß Trent und seinen Mitarbeitern in den vergangenen Jahren häufiger geglückt sein. Der Wert eines Anteilsscheins ihres Fonds stieg von 1986 bis 1995 um nicht weniger als 1223 Prozent, das Vermögen der Anteilseigner verdoppelte sich im Durchschnitt einmal pro Jahr.

Nichts anderes geschah, als «Spekulanten» (so Finanzminister Theo Waigel) in den Jahren 1992/93 das Europäische Währungssystem (EWS) aus den Angeln hoben. Auch damals setzten die professionellen Geldvermehrer überwiegend geliehenes Geld ein. Wieder erzielten sie Gewinne, die in der materiellen Wirtschaft niemals möglich wären. Nur waren die Gegenspieler nicht die anderen Marktteilnehmer, sondern 15 europäische Regierungen, und es ging nicht nur um Geld, sondern mehr als je zuvor um einen Machtkampf zwischen Markt und Staat.

Hundert Millionen Dollar pro Minute

Eine stabile Währung ist ein enormer Vorteil für jede Volkswirtschaft. Sie ermöglicht verläßliche Kalkulationen bei Im- und Exportgeschäften und senkt die Kosten für deren Absicherung gegen Kursschwankungen. Darum einigten sich Westeuropas Regierungen schon im Jahr 1979, alle damaligen EG-Währungen eng aneinanderzukoppeln, um den Verlust des Bretton-Woods-Regimes wenigstens innerhalb der Europäischen Gemeinschaft auszugleichen. Dies sollte den weniger entwickelten Regionen die ökonomische Aufholjagd erleichtern und schrittweise «Konvergenz» herstellen. Garanten für den Kurs waren die Notenbanken, die jederzeit zu festen Werten Lira, Peseten oder Pfund in D-Mark zurücktauschten. Jahrelang war das EWS auch für Geldanleger ein gutes Geschäft. In wirtschaftlich schwächeren Ländern wie Italien, Großbritannien oder Irland gab es für staatliche oder private Anleihen höhere Zinsen als in Deutschland oder den USA. Dennoch bestand nur noch ein kleines Kursrisiko, die Rückkehr in Mark und Dollar war garantiert.

Durch die deutsche Einheit geriet das System jedoch aus den Fugen. Über die Währungsunion mit dem Osten kaufte die Bundesregierung mit der DDR de facto ein bankrottes Industrieland auf Kredit. Die kursierende Geldmenge in Mark schnellte in die Höhe, ohne daß es einen entsprechenden Gegenwert in Waren und Anlagen gab; hohe Inflationsraten drohten. Die Bundesbank begegnete der Gefahr mit erheblichen Zinssteigerungen, und alle anderen EG-Notenbanken mußten mitziehen, wenn sie den relativen Wert ihrer Währungen zur D-Mark stabil halten wollten. Gesamtwirtschaftlich war das jedoch problematisch, der Zinsknebel erdrosselte die Investitionen. Die Deutsche Bundesbank stand plötzlich europaweit unter Beschuß, und große Konzerne begannen, ihre Guthaben in Lire, Pfund und Peseten aufzulösen, weil viele Ökonomen diese Währungen nun für überbewertet hielten. Trotzdem zögerten die EU-Gewaltigen, das EWS aufzugeben. Schließlich hing die ganze Idee der europäischen Integration daran, und sie hofften auf ein baldiges Ende der deutschen Vereinigungs- und Hochzinskrise. Zwei Jahre später ging diese Hoffnung sogar auf. Aber am internationalen Finanzmarkt sind zwei Jahre eine Ewigkeit.

In dieser Krise des EWS witterte Stanley Druckenmiller, der Chef des legendären Quantum Fonds aus dem Besitz des US-

Milliardärs George Soros, die größte Chance seiner Karriere. Druckenmiller ist der personifizierte amerikanische Traum.[18] Schon an der Universität gescheitert, fiel er in den Siebzigern sogar durch die Aufnahmeprüfung für eine Banklehre. Aber sein Ruf als kühner Anbieter von ausgefallenen Wetten verschaffte ihm zunächst einen Job als Aktien-Analyst einer kleinen Bank in Pittsburgh, dann als Vermögensverwalter bei der Dreyfuß-Dynastie und ab 1989 schließlich die Nachfolge von George Soros an der Spitze von Quantum. Seitdem fungierte der gebürtige Ungar Soros nur noch als zugkräftige Werbefigur des Unternehmens. Er widmete sich seiner Tätigkeit als Mäzen und Förderer des wirtschaftlichen Umbaus in Osteuropa. «The man who moves the markets», wie das nordamerikanische Wirtschaftsmagazin *Business Week* über Soros titelte, ist eigentlich Quantum-Geschäftsführer Druckenmiller.

Im August 1992 erkannte Druckenmiller als einer der ersten, wie prekär die Lage der EWS-Verteidiger tatsächlich war. Beinahe täglich versicherten Minister und Zentralbankpräsidenten von Stockholm bis Rom, sie würden an den fixierten Wechselkursen festhalten. Gleichzeitig sickerte aber durch, daß die Notenbanken der Schwachwährungsländer bereits D-Mark-Kredite aufnahmen, um ihre Reserven aufzufüllen.

Für die Angreifer in der Schlacht um das EWS waren die Daten über die D-Mark-Reserven der Notenbanken so wertvoll wie im Krieg das Wissen um die Nahrungs- und Wasservorräte einer belagerten Stadt. Ausgerüstet mit diesen Zahlen, hatte Druckenmiller leichtes Spiel. Seine Strategie war simpel: Er lieh sich täglich wachsende Summen in britischen Pfund, nur um sie sofort bei britischen Banken in D-Mark umzutauschen, welche die Geldinstitute wiederum bei der Bank of England anforderten. Je mehr Nachahmer sich ihm anschlossen, um so sicherer konnte er sein, daß der Bank Ihrer Majestät die Reserven ausgehen würden. Spätestens dann würde sie als letzter Käufer, der noch den geltenden hohen Kurswert bezahlt, ausfallen und wäre gezwungen, das Pfund zur Abwertung freizugeben. Zum weit niedrigeren Kurs konnte Quantum dann erneut Pfund kaufen und die aufgenommenen Kredite begleichen. Selbst wenn das Pfund um nur zehn Prozent abrutschen würde, konnte der Deal auf jedes Pfund rund 25 Pfennig Gewinn abwerfen.

Bis zur zweiten Septemberwoche hofften die Briten noch auf die Bundesbank. Mit ihren unbegrenzten D-Mark-Mitteln hätte sie das Pfund theoretisch gegen jeden Angriff verteidigen können. Um die immer größer werdenden Spekulationswellen aufzufangen, hätte die Buba aber viele Milliarden Mark auf den Markt werfen müssen, und die Frankfurter Währungshüterf glaubten, dies würde die Inflation anheizen. Am 15. September schließlich stieß die deutsch-britische Solidarität an ihre Grenzen. Beiläufig ließ der damalige Buba-Präsident Helmut Schlesinger während einer Pressekonferenz die Bemerkung fallen, das EWS bedürfe einiger «Anpassungen». Diese Äußerung, binnen Minutenfrist weltweit verbreitet, «kam einer Werbebotschaft gleich, die da hieß: ‹Verkauft Pfund›», urteilten Finanzexperten später in einem Bericht für das US-Finanzministerium.

Durch Vertrag und Gesetz gebunden an die Regeln des freien Kapitalverkehrs, blieb Londons Schatzkanzler Norman Lamont nur noch eine Waffe: Er konnte den Zins heraufsetzen und den Angreifern ihr – geliehenes – Spielgeld verteuern. Am Tag nach Schlesingers Verrat setzte er morgens um elf Uhr und nachmittags um zwei Uhr den Zins für frisches Bankengeld um jeweils zwei Prozent nach oben. Doch die zu erwartenden Abwertungsgewinne waren weit größer als die höheren Zinskosten. Die einzige Folge von Lamonts Abwehrmaßnahme war, daß die Spekulanten noch größere Beträge liehen und umtauschten. Um vier Uhr nachmittags hatte die Bank of England die Hälfte ihrer gesamten Reserven verspielt und gab auf. Binnen Stunden verlor das Pfund fast neun Prozent seines Werts, und die Angreifer strichen Traumgewinne ein. Allein Druckenmiller machte für Quantum eine Milliarde Dollar, gab Soros später bekannt.

In den folgenden Tagen wiederholte sich das Schauspiel mit der italienischen Lira und der spanischen Pesete. Um dem gleichen Schicksal zu entgehen, griffen Schweden und Irland zur ultimativen Notwehr: Mit einem Schlag erhöhten sie die Zinsen auf 500 beziehungsweise 300 Prozent. Aber die Spekulanten interpretierten dies zu Recht als ein Zeichen der Schwäche. Sie brauchten nur abzuwarten, wohl wissend, daß die beiden Länder nicht lange durchhalten würden, wenn sie ihre Wirtschaft nicht abwürgen wollten. Schweden war denn auch im November am Ende, kehrte zum Normalzins zurück und wertete die Krone um neun Prozent ab. Irland folgte im Februar mit zehn Prozent Abwertung.

Der Kampf um das EWS war aber nicht beendet. Der «franc fort», der starke französische Franc, hielt noch. Anders als in den anderen Fällen galt Frankreichs Währung keineswegs als überbewertet. Anfang 1993 stand Europas zweitgrößte Volkswirtschaft sogar besser da als die deutsche. Aber mit den Erfolgen des vorangegangenen Jahres hatten die Renditejäger Blut geleckt. Allein der erklärte politische Wille in Bonn und Paris, die Parität zur D-Mark stabil zu halten und das EWS auch ohne Britannien und Italien zu retten, reichte nun aus, neue Spekulationswellen zu provozieren. Monatelang fing die Pariser Notenbank alle Versuche mit Stützungskäufen ab und drängte die Frankfurter Kollegen, endlich die Zinsen zu senken, um den Druck aus dem Währungssystem zu nehmen. Als die Buba diesem Wunsch bei ihrer Direktoriumssitzung am Donnerstag, dem 29. Juli, nicht nachkam, wurden die Wellen zur Flut. Während einer hastig einberufenen deutsch-französischen Krisensitzung am nächsten Tag im Pariser Finanzministerium forderte Jacques de Larosière, Gouverneur der Banque de France, unbegrenzten Beistand seiner Frankfurter Partner. Noch während die Delegationen diskutierten, erfuhren sie vom faktischen Zusammenbruch des EWS. Eine einzige Zahl dokumentierte die schiere Übermacht der weltweiten Spekulation gegen Frankreich: Zu ihrem Höhepunkt am späten Vormittag verlor die Pariser Zentralbank zeitweilig 100 Millionen Dollar pro Minute. Bis Börsenschluß hatten Larosières Mitarbeiter 50 Milliarden Dollar ausgegeben und standen mit über der Hälfte dieser Summe in den Miesen.[19]

Diese Schuld und die zu erwartende weitere Spekulation wollten Schlesinger und sein designierter Nachfolger Hans Tietmeyer nicht schultern und rieten den Franzosen, aufzugeben. Diese hielten dagegen, das ganze Problem sei schließlich erst von Deutschland verursacht worden. Bis Sonntag nacht noch versuchten Larosière und seine Regierung, die Deutschen unter Druck zu setzen – vergeblich. Gegen ein Uhr des Montagmorgens, kurz vor Arbeitsbeginn an den Börsen Ostasiens, ließen die verbliebenen EWS-Mitglieder ihren Beschluß verbreiten, alle Paritäten künftig um bis zu 15 Prozent schwanken zu lassen.

So endete nach 14 Jahren der westeuropäische Stabilitätspakt mit einem Dutzend verlorener Abwehrschlachten, die Europas Notenbanken und damit letztlich auch die Steuerzahler – vorsichtig geschätzt – an die 100 Milliarden Mark kosteten. Gleichwohl wollen die Anhänger des freien Weltmarktes darin nichts Unrechtes erkennen, jedenfalls auf seiten der Geldhändler und Anleger. Deren einflußreichster Verfechter in Deutschland ist der Chef der Bundesbank selbst, Dr. Dr. h. c. Hans Tietmeyer. Zur freien Welt der Marktwirtschaft, in der alle Nationen miteinander konkurrieren, gehöre auch der Wettbewerb der Währungen, meint der oberste Hüter der D-Mark. Der «freie Kapitalverkehr» verhelfe da nur «unausweichlichen wirtschaftspolitischen Anpassungen zum Durchbruch». Das sei beim Zusammenbruch des EWS nicht anders gewesen, die festen Wechselkurse seien auf den Märkten einfach «unglaubwürdig» geworden.[20] Für den Buba-Chef und die vielen anderen Marktgläubigen liegt der Fehler im Zweifel immer bei der Politik. Das Problem sei nur, erklärte Tietmeyer im Februar 1996 vor dem Weltwirtschaftsforum in Davos, «daß sich die meisten Politiker immer noch nicht darüber im klaren sind, wie sehr sie bereits heute unter Kontrolle der Finanzmärkte stehen und sogar von diesen beherrscht werden».[21]

Das ist starker Tobak und entspricht doch nur der heute beinahe weltweit akzeptierten – und politisch angewandten – Theorie des amerikanischen Ökonomen und Nobelpreisträgers Milton Friedman. Das Weltbild der zahlreichen Adepten dieses sogenannten Monetarismus ist vergleichsweise schlicht gestrickt. Demnach ermöglicht erst die freie Fluktuation des Kapitals über alle nationalen Grenzen hinweg dessen optimale Verwertung. Ihr Zauberwort für diesen Vorgang heißt Effizienz. Gesteuert von der Suche nach dem höchsten Gewinn, soll das Sparvermögen der Welt stets dorthin fließen, wo es am besten eingesetzt wird. In den Augen der Monetaristen ist dies natürlicherweise auch die Anlage, welche den höchsten Ertrag abwirft. Damit gelangt das Geld aus den kapitalstarken Ländern in die Regionen, die reich an Investitionschancen sind, und die Sparer ernten den höchstmöglichen Ertrag. Umgekehrt können die Kreditnehmer weltweit den Anbieter mit den niedrigsten Zinsen auswählen und sind nicht darauf angewiesen, sich heimischen Bankkartellen zu beugen oder hohe Zinsen dafür zu entrichten, daß im Land ihrer Investition zu wenig gespart wird. Unterm Strich gewinnen – zumindest in der Theorie – alle Nationen, weil auf diesem Wege die höchsten Wachstumsraten mit den besten Investitionen erzielt werden.

Dem Geschehen an den Finanzmärkten weisen die Monetaristen damit eine Art höherer Vernunft zu. Deren Akteure seien «nur die Schiedsrichter, welche die Fehler der Politik mit Abwertung und höheren Zinsraten bestrafen», argumentiert etwa Tietmeyers ehemaliger Kollege im Buba-Direktorium Gerd Häusler, der heute im Vorstand der Dresdner Bank sitzt.[22] Das britische Magazin *The Economist* formulierte apodiktisch: «Die Finanzmärkte sind zu den Richtern und Geschworenen jeder Wirtschaftspolitik geworden.»[23] Der

Machtverlust für die Nationalstaaten sei nur gut. Verlorengegangen sei den Regierungen damit die Möglichkeit, ihre Macht durch überhöhte Steuern und inflationstreibende Verschuldung zu mißbrauchen, das erzwinge «gesunde Disziplin».

Der grenzenlose Finanzmarkt als universale Quelle des Wohlstands und Hüter der ökonomischen Weltvernunft? Diese Verheißung ist nicht nur irreführend, sie ist auch gefährlich. Derlei Phraseologie verstellt den Blick auf das politische Risiko, das damit verbunden ist. Denn je abhängiger die Staaten vom Wohlwollen der Anleger werden, um so rücksichtsloser müssen die Regierungen eine ohnehin privilegierte Minderheit begünstigen: die Besitzer von Geldvermögen. Deren Interessen sind immer gleich: niedrige Inflation, stabiler Außenwert ihrer Währung und möglichst geringe Besteuerung ihrer Zinseinkünfte. Unausgesprochen setzen die Marktgläubigen diese Ziele stets mit dem Gemeinwohl gleich. Doch im Kontext des globalen Finanzmarktes wird daraus pure Ideologie. Der finanzökonomische Kurzschluß zwischen den Staaten zwingt ihnen einen Wettlauf um niedrige Steuern, sinkende Staatsausgaben und Verzicht auf sozialen Ausgleich auf, der im Resultat nichts anderes bringt als eine globale Umverteilung von unten nach oben. Belohnt wird, wer den (Kapital-)Starken die besten Bedingungen schafft. Strafe droht jeder Regierung, die sich diesem Gesetz des Dschungels in den Weg stellt.

Die Off-shore-Anarchie

So hat der Verzicht auf (Grenz-)Kontrollen im Kapitalverkehr eine verhängnisvolle Eigendynamik in Gang gesetzt, die systematisch die Souveränität der Nationen aushebelt und längst anarchische Züge trägt. Staaten verlieren ihre Steuerhoheit, Regierungen werden erpreßbar, und Polizeibehörden stehen kriminellen Organisationen machtlos gegenüber, weil sie deren Kapital nicht habhaft werden.

Nichts dokumentiert den staatsfeindlichen Trend des Welt-finanzsystems drastischer als die Entwicklung der sogenannten Off-shore-Finanzplätze. Von der Karibik über Liechtenstein bis Singapur sind heute schon an die 100 Standorte über den Erdball verstreut, von denen aus Banken, Versicherungen und Investmentfonds das Geld vermögender Kunden verwalten und planmäßig dem Zugriff der Herkunftsstaaten entziehen. Das Konzept der Hafenbetreiber für Fluchtkapital ist überall gleich: Sie versprechen niedrige oder gar keine Besteuerung der Einlagen von Ausländern und stellen jede Preisgabe der Identität der Kontoinhaber unter Strafe, auch bei Anfragen staatlicher Behörden.

Marktführer unter den Steuerflucht-Plätzen sind die karibischen Cayman-Inseln, die zu den sogenannten «dependent territories» der britischen Krone zählen. Auf dem Hauptteiland von gerade mal 14 Quadratkilometern Größe mit 14 000 Einwohnern sind über 500 Banken registriert. Vertreten ist alles, was in der Geldbranche Rang und Namen hat, darunter auch die zehn größten deutschen Geldhäuser. Selbst staatseigene Banken wie die Westdeutsche Landesbank oder die Hessische Landesbank sind sich nicht zu schade, auf den Cayman-Inseln Fluchtgelder zu akquirieren.[24] Ihre europäischen Kunden sind für die Steuerhinterziehung freilich nicht auf die Karibik angewiesen. Den gleichen Service finden sie ebenso auf den europäischen Kanal-Inseln Jersey und Guernsey sowie in den Fürstentümern Liechtenstein und Luxemburg.

Zum neuen Kapitalmagneten unter den euphemistisch als «Oasen» bezeichneten Zentren der internationalen Steuerkriminalität ist seit einigen Jahren Gibraltar aufgestiegen. Schon mehr als 100 000 Reiche haben ihr Vermögen pro forma auf den «Affenfelsen» transferiert. Berater wie Albert Koch, Inhaber der Firma «Marina Bay Consultants», vermitteln von der Einrichtung einer anonymen Briefkastenfirma bis zu den Papieren für eine Scheinauswanderung alles, was Steuerhinterzieher brauchen. Mit dem Slogan «Kluge Anleger steuern jetzt

Gibraltar an» wirbt auch die deutsche Commerzbank für die Steuerflucht in den Süden. Bei den 20 Angestellten ihrer Filiale in der Main Street der britischen Kronkolonie an der Südspitze Spaniens sind alle Steuerflüchtlinge willkommen, die mindestens 100 000 Mark auf einem Festgeldkonto anlegen. Wer eine zinsbringende Vermögensverwaltung wünscht, muß eine halbe Million Mark mitbringen. Filialleiter Bernd von Oelffen triumphiert: «Hier gibt es noch ein echtes Bankgeheimnis.» [25]

Der Schaden, den das Off-shore-System anrichtet, ist kaum noch zu ermessen. Für international organisierte Kriminelle könnte es gar keinen besseren Nährboden geben. Das Aufspüren ihrer illegal erworbenen Vermögen ist praktisch unmöglich geworden. Ob und wieviel Gewinne aus Verbrechen aller Art über die Off-shore-Plätze in den legalen Geldkreislauf eingeschleust werden, läßt sich nicht erfassen. «Darüber gibt es kein empirisches Material», gesteht Michael Findeisen, der beim Bundesaufsichtsamt für das Kreditwesen die Geldwäsche-Bekämpfung deutscher Behörden koordinieren soll.[26] Die Schweizer Bundespolizei schätzt, daß allein aus Rußland seit 1990 über 50 Milliarden Dollar aus illegalen Quellen in den Westen verlagert worden sind.[27] Finanztechnischer Brückenkopf der verschiedenen Russenmafias ist das Off-shore-Zentrum Zypern, wo 300 russische Banken pro forma Filialen unterhalten und Jahresumsätze von zwölf Milliarden Dollar melden.[28] Diese Banken haben auch Zugang zum elektronischen Zahlungsverkehr in Deutschland, versichert Findeisen. Für kriminelles Geld steht entgegen den Versicherungen des deutschen Innenministers und der Bankenlobby das Tor weit auf. Das gleiche gilt für Österreich. Auf 200 Milliarden Schilling, umgerechnet rund 19 Milliarden Dollar, schätzen Wiener Sicherheitsexperten das Vermögen aus dem Umfeld der Mafia, das bei Banken der Alpenrepublik angelegt wurde.

Die Gefahr der Unterwanderung durch multinationale Verbrecher-Organisationen verblaßt jedoch vor den verheerenden Verlusten, die die legal organisierte Kapitalflucht den staatlichen Kassen zufügt. Über 200 Milliarden Mark parkten deutsche Vermögensbesitzer allein bei den Luxemburger Filialen und Investmentfonds der deutschen Finanzbranche. Damit entgehen dem Finanzministerium jedes Jahr Einnahmen in zweistelliger Milliardenhöhe, etwa die Hälfte dessen, was den Steuerzahlern an Solidarzuschlag abverlangt wird. Den größten Teil des Fluchtgeldes legen die Fondsverwalter wieder in Deutschland an, vielfach sogar in Staatsanleihen. Damit wird der Staat Schuldner bei jenen, die ihn um seine Steuer betrügen, und zahlt sogar die Zinsen, die den Gläubigern ein steuerfreies Zusatzeinkommen bescheren.

Dabei ist die Luxemburg-Variante nur einer der Kanäle, durch die der Staatshaushalt zur Ader gelassen wird. Werden alle Fluchtorte zusammengerechnet, erreicht der Steuerausfall vorsichtig geschätzt an die 50 Milliarden Mark pro Jahr, annähernd soviel wie die jährliche Neuverschuldung des Bundes. Für die Gemeinschaft aller Staaten addieren sich die Verluste zur permanenten finanziellen Katastrophe. Ausweislich der Statistik des IWF werden insgesamt über 2000 Milliarden Dollar unter der Flagge irgendwelcher Off-shore-Zwerge verwaltet und sind somit dem Zugriff der Staaten entzogen, in denen das Geld erwirtschaftet wurde. Cayman allein meldet schon seit einem Jahrzehnt mehr Einlagen von Ausländern als alle Geldinstitute in Deutschland zusammengenommen. Und längst nicht alle Fluchtgelder werden erfaßt. Jahr für Jahr weist die internationale Zahlungsbilanz ein zweistelliges Milliardendefizit aus. Das heißt, der Abfluß der Gelder wird noch registriert, aber – statistisch gesehen – kommen sie nirgendwo an, weil viele Banken an den Off-shore-Plätzen nicht einmal für statistische Zwecke Daten herausgeben. Bereits 1987 bezifferten Experten der OECD und des IWF den Umfang der Vermögen, die in diesem Schwarzen Loch der Weltwirtschaft versteckt sind, auf eine weitere Billion Dollar.[29]

Groteskerweise ist all das keineswegs materiell an jene unscheinbaren politischen Gebilde gebunden, die der Finanzwelt ihre Flaggen zur Verfügung stellen und deren nationale Souveränität bestenfalls geborgt ist. Kaum jemand reist tatsächlich mit Koffern voller Bargeld in die Karibik oder nach Liechtenstein. Dort gibt es auch fast nie eine Infrastruktur, wie sie zur Verwaltung der Gelder benötigt würde. Das ist auch gar nicht erforderlich. Ein Briefkasten und ein Generalvertreter oder Treuhänder genügen. Den Rest besorgen die Rechner. Denn physisch realisiert sich das Fluchtgeschäft in den Computernetzen der Banken und Unternehmen. Deren Zentralen befinden sich zwar auf deutschem, britischem, japanischem oder amerikanischem Boden. In ihrer Vernetzung deklariert die Geldbranche aber große Teile ihrer Festplattenspeicher kurzerhand zum exterritorialen Gebiet.

Es wäre darum ein leichtes für Steuer- und Polizeibehörden, die Fluchtkanäle zu verstopfen, ohne daß sie kleine Länder besetzen müßten. Ein solches Vorgehen ist aber mit dem freien Kapitalverkehr unvereinbar. Bislang konnten die Geldkonzerne jeden Vorstoß gegen ihr «Geheimnis» mit dem schlichten Hinweis verhindern, dies würde nur zur Verlagerung des Geschäfts an andere Orte führen.

Eine erneute Aufführung dieser Farce erlebte die Bundesrepublik Anfang 1996. Wegen des anschwellenden Haushaltsdefizits starteten Deutschlands Steuerfahnder erstmals einige Durchsuchungsaktionen bei großen Banken. Prompt protestierte, neben vielen seiner Kollegen, Jürgen Sarazin, Chef der Dresdner Bank, diese Aktion sei «nicht geeignet, die Steuermoral zu heben», sondern schade nur dem Finanzplatz Deutschland. Und wie zum Beweis für ihre Fluchtmöglichkeiten legte die Deutsche Bank kurze Zeit später eine Jahresbilanz vor, in der sie mit einem Betriebsergebnis von 4,2 Milliarden Mark den zweithöchsten Gewinn ihrer Geschichte auswies, ihre Steuerzahlungen aber gegenüber dem Vorjahr um 377 Millionen Mark kürzte.

Nach diesem Prinzip sind die Nationalstaaten und ihre Regierungen erpreßbar geworden. Unter dem Druck der organisierten Finanzindustrie folgen sie beinahe weltweit dem Weg, den Sarazin von der Dresdner Bank und seine Kollegen auch 1996 erneut vorgaben: Senkung der Steuern auf Vermögen und Kapitalanlagen, Deregulierung aller Finanzdienstleistungen, Einsparung bei Ausgaben für staatliche Dienstleistungen und soziale Aufgaben. Denn, so Sarazin, hohe Steuersätze «nähren die Frustration und provozieren erst den Widerstand», der zur Steuerflucht führe. Haushaltsjahr für Haushaltsjahr, Steuergesetz für Steuergesetz verfestigt sich so mit der Globalisierung die Ungleichheit, egal wie verschieden die Kulturen oder die gesellschaftlichen Werte auch sein mögen.

Die Mechanik dieser politischen Gleichschaltung läuft über die staatlichen Haushalte. Der Anschluß ans internationale Finanzsystem kommt für die betroffenen Länder einem «faustischen Pakt» gleich, kommentierte das US-Nachrichtenmagazin *Newsweek*.[30] Zunächst verschafft er den Regierungen Zugang zu den global verfügbaren Kapitalreserven. Die Staaten können sich für ihre Investitionen weit höher verschulden, als wenn sie nur auf das Geld der heimischen Sparer und Reichen angewiesen wären. Der Anreiz war bislang für jede ambitionierte Regierung unwiderstehlich. Auch die deutsche Einheit wäre ohne das Geld ausländischer Käufer von Bundesanleihen nicht finanzierbar gewesen. Über ein Drittel der deutschen Staatsschuld liegt heute in ausländischer Hand. Doch der Eintritt in die Sphäre der Weltfinanzen muß teuer bezahlt werden: mit der Unterwerfung unter das Gesetz der Zinshierarchie und der Auslieferung an Mächte, von denen die meisten Wähler kaum eine Vorstellung haben.

Die einflußreichste dieser anonymen Agenturen der Weltmacht Finanzmarkt residiert in einem klobigen, elf Stockwerke hohen Sandsteingebäude in der New Yorker Church Street 99.

Im Schatten der beiden Türme des World Trade Center arbeiten die 300 hochbezahlten Analysten des Moody's Investors Service, der weltgrößten und gefragtesten Bewertungsagentur für Kapitalanlagen. Ein mit Blattgold belegtes, mehr als zwölf Quadratmeter großes Relief über dem Portal erläutert die Firmenphilosophie und die Interessen: «Kommerzieller Kredit, das ist die Schöpfung der Moderne, und er steht nur den erleuchteten und bestregierten Nationen zu. Kredit ist der Lebensatem des freien Systems im modernen Handel. Er hat mehr als tausendmal soviel zum Reichtum der Nationen beigetragen als alle [Edelmetall-]Minen der Welt.»

Hinter dem güldenen Glaubensbekenntnis beginnt eine Sphäre von Macht und Geheimhaltung, die ihresgleichen sucht. Wohl an keinem Ort der Welt werden die Geheimnisse so vieler verschiedener Staaten und Unternehmen gehütet. Kein fremder Besucher, gleich welchen Ranges, darf die Arbeitsräume der Mitarbeiter betreten. Zunächst werden die Gäste diskret in einen mit dicken Teppichen ausgelegten Empfangsraum gebeten, Besprechungen finden ausschließlich in den eleganten Konferenzzimmern im elften Stock statt.

Vincent Truglia, Vizepräsident bei dem schon Anfang des Jahrhunderts gegründeten Unternehmen, erklärt zunächst nur, was Moody's nicht sein möchte. «Nein, wir fällen keine Urteile über ganze Nationen, unsere Bewertung ist nicht moralisch und sagt nichts über die wahren Werte eines Landes. Nein, wir sagen den Regierungen nicht, was sie tun müssen, wir geben niemals Ratschläge.» [31] Doch angesichts der Praxis schwanken solche Beteuerungen zwischen Understatement und Heuchelei. Denn Truglia ist Chef des Nation Rating bei Moody's, und unter seine Ägide ordnet die Agentur die Nationen der Welt in der Rangfolge ihrer Kreditwürdigkeit. Den Grad «Aaa», die sogenannte Triple-A-Auszeichnung, erhält nur die finanzökonomische Elite wie USA, Japan und die stabileren Länder der Europäischen Union wie Deutschland und Österreich. Schon das ölreiche Norwegen muß sich die Einschränkung «Aa» gefallen lassen, weil, so die Moody-Definition, «die Langzeit-Risiken» von Kapitalanlagen dort «etwas größer» seien. Das hochverschuldete Italien muß sich mit einem einfachen «A» begnügen, weil es als «anfällig für zukünftige Schwächung» gilt, und Polen steht mit «Baa» ganz mies da. Hier erwartet das Institut nur noch «angemessene finanzielle Sicherheit». In Ungarn (Ba) ist sogar dies «fragwürdig».

Die Bewertung hat unmittelbare Bedeutung: Die Händler bei Fonds und Banken übersetzen das Rating automatisch in Risikozuschläge für den Kauf von Staatsschuldpapieren. Moody's ist damit Metapher und Gedächtnis des Marktes zugleich. Moody's vergißt nie, und vergeben wird erst nach Jahrzehnten. Argentinien etwa haftet unabänderlich das Etikett des «B»-Landes an, weil es in früheren Jahren infolge chaotischer Finanzpolitik mit dreistelligen Inflationsraten geschlagen war und zuweilen seine Schulden nicht termingerecht bediente. Heute hat Argentinien aber die stabilste Währung Südamerikas. Seit immerhin fünf Jahren hält die Notenbank die Parität zum Dollar konstant, die Inflationsrate ist nicht höher als in den USA. Aufgrund der nunmehr rigiden Finanzpolitik durchlebt das Land eine schwere wirtschaftliche Strukturkrise. Die Opfer der Bevölkerung für die Währungsstabilität werden von den Finanzmärkten jedoch nicht honoriert. Noch immer muß die Regierung in Buenos Aires selbst auf kurssichere Anleihen in D-Mark 3,8 Prozent mehr Zins entrichten als das Triple-A-Land Deutschland.[32]

Für Truglia und seine Truppe ist all das lediglich Ausfluß der konsequenten Anwendung ökonomischer Kriterien. Als Schutz vor Bestechungsversuchen reisen Moody's Mitarbeiter ausschließlich zu zweit, etwa um auf Einladung nationaler Finanzministerien die Staatsfinanzen zu prüfen. Jeder Analyst muß seine eigenen Investitionen monatlich offenlegen, niemand dürfe im Vorgriff auf sein später veröffentlichtes Urteil selbst mitspekulieren, versichert der Moody-Vizepräsident. Auch wenn Regierungen Druck ausüben, Rücksicht werde keine genommen. «Wir kennen nur die Interessen der Investoren, wir machen keine Politik.»

Doch das Ergebnis ist politisch. Die Urteile der Agentur können die betroffenen Länder Milliarden zusätzlicher Zinslasten kosten und beeinflussen Wahlen ebenso wie das Selbstwertgefühl ganzer Nationen. Als im Februar 1995 der kanadische Dollar ins Rutschen geriet und an den Märkten schon als der «nordische Peso» gehandelt wurde, versuchte Premier Jean Chretien die Kapitalflucht mit einem neuen Haushaltsplan und Ausgabenkürzungen zu stoppen. Aber ehe der Plan im Parlament diskutiert werden konnte, charakterisierte Moody's die Kürzungen als unzureichend und kündigte eine mögliche Herabstufung der Kanada-Bonds auf «Aa» an. Genüßlich bezichtigte der Oppositionsführer daraufhin die Regierung einer unsoliden Finanzpolitik. Chretiens Wahlchancen sanken rapide, und die *New York Times* kommentierte zynisch: «The Man from Moody's rules the world.»[33] Der gleiche Vorgang wiederholte sich, als die Agentur 1996, wieder kurz vor Wahlen, den Kredit-Status von Australien «under review», zur Nachprüfung, ansetzte. «Dunkle Wolken über der Regierung» schlagzeilte Sydneys größte Zeitung. Die Labor Party verlor die Wahl.

Gericht ohne Gesetz

Die rigide Durchsetzung der Marktlogik ist keine Sache von bösen ausländischen Investoren allein. Wo der Kapitalmarkt internationalisiert ist, rücken auch die inländischen Vermögensbesitzer sofort in die Jury der Staatsprüfer auf. Schließlich können auch sie ihr Geld anderswo anlegen. In Europa bekam dies kein Land härter zu spüren als Schweden. Einst gerühmt für seine vorbildliche Sozialpolitik, stand das Land für die mögliche Verwirklichung eines sozial gerechten Kapitalismus. Davon ist heute nicht mehr viel übriggeblieben. Konzerne und

Vermögensbesitzer verlagerten seit Ende der achtziger Jahre immer mehr Arbeitsplätze und Sparkapital ins Ausland. Trotz sinkendem Steueraufkommen senkte die Regierung daraufhin die Abgaben auf höhere Einkommen. Das Haushaltsdefizit explodierte und erzwang die Beschränkung zahlreicher Sozialprogramme.

Den «Märkten» ging das jedoch nicht schnell genug. Im Sommer 1994 drohte der Industriefürst Peter Wallenberg, Haupteigner unter anderem des Lkw-Herstellers Scania, mit der Verlegung der Konzernzentrale ins Ausland, falls die Regierung, die damals von einem konservativen Bündnis gestellt wurde, das Staatsdefizit nicht herunterfahre. Björn Wollrath, Chef der Skandia, Skandinaviens größtem Versicherungsunternehmen, forderte gar zum Boykott schwedischer Staatsanleihen auf, die bis dahin zum europäischen Durchschnittszins gehandelt wurden. Schon am nächsten Tag waren die Stockholmer Rentenpapiere unverkäuflich, die Krone fiel im Kurs und mit ihr die Aktienwerte. Für geliehenes Geld mußten die Regierung und alle Kreditnehmer in schwedischen Kronen fortan vier Prozent mehr Zins entrichten als D-Mark-Schuldner. Das Land driftete noch tiefer in die Verschuldung, radikale Budgetschnitte waren unvermeidlich. Heute hat Schweden für seine Armen weniger übrig als Deutschland.

Solcherart auf antisozialen Kurs gebracht, erfreut sich das ehemalige Musterland inzwischen wieder einer hochbewerteten Währung und relativ günstiger Zinsen. Die Drohung freilich bleibt. Das bekam der sozialdemokratische Ministerpräsident Göran Persson im Januar 1996 deutlich zu spüren. Im Wahlkampf schlug er öffentlich vor, die Unterstützung für Arbeitslose und Kranke wieder auf 80 Prozent ihrer früheren Einkommen anzuheben. Zwei Tage später veröffentlichte Moody's einen Bericht, wonach die Stabilisierung der schwedischen Staatshaushalts noch nicht ausreiche. Vielmehr müßten «wahrscheinlich die sozialen Wohlfahrtsprogramme noch weiter gekürzt werden». Schon am darauffolgenden Tag fielen die Kurse für Renten und Aktien um 30 beziehungsweise 100 Punkte, der Außenwert der Krone kam ins Rutschen.[34]

Dem gleichen Drehbuch folgt auch in Deutschland der Abbau des Wohlfahrtsstaates, der mittels progressiver Besteuerung die soziale Ungleichheit ehedem in Grenzen hielt. Einschnitt für Einschnitt folgte die konservativ-liberale Koalition den Forderungen aus Industrie und Banken nach einem Umbau des Steuersystems. Gleich zweimal senkte sie in letzter Zeit den Satz für die Körperschaftssteuer, also die Gewinnabschöpfung bei Großunternehmen. Auch der Spitzensteuersatz wurde um fünf Prozent herabgesetzt. Sprunghaft nahm zudem die Zahl der Abschreibungsvergünstigungen für Selbständige zu. Umgekehrt wurden alle zusätzlichen Belastungen für die deutsche Einheit ausschließlich über die Massensteuern, vor allem Lohn- und Mehrwertsteuer, aufgebracht. Das Resultat spricht für sich: Beim Antritt von Helmut Kohl als Bundeskanzler im Jahr 1983 trugen Unternehmen und Selbständige noch 13,1 Prozent der gesamten Steuerlast. 13 Jahre später hatte sich dieser Anteil um mehr als die Hälfte auf 5,7 Prozent vermindert.[35] Schon 1992 konstatierte eine hochrangige Expertengruppe der Brüsseler EU-Kommission, daß Deutschland bei der Unternehmensbesteuerung schon hinter die USA, Japan und den westeuropäischen Durchschnitt zurückgefallen sei.[36] Die Bundesrepublik hat sich also, zumindest bei den Steuern, längst dem globalen Angriff auf den Wohlfahrtsstaat gebeugt, noch bevor sie von den Kapitalmärkten mit höheren Zinsen hätte bestraft werden können.

Selbst die Regierung der USA folgt mittlerweile willfährig dem Urteil der Lenker des Kapitalstroms. Als Bill Clinton 1992 ins Weiße Haus einzog, hatte er seinen Wählern ein umfangreiches Reformprogramm versprochen. Die heruntergekommenen öffentlichen Schulen des Landes sollten wieder in ein funktionierendes Ausbildungssystem verwandelt, jeder Amerikaner zukünftig gegen Krankheit versichert werden. Ohne zusätzliche Staatsausgaben war aber keines der Projekte zu verwirklichen.

Gleich nach der Wahl begannen die Kurse der US-Anleihen zu fallen, Investment-Banker machten öffentlich Front gegen die Reformen. Schon nach wenigen Monaten im Amt, lange bevor Clinton die Mehrheit im Kongreß verlor, verliefen die Reformvorhaben im Sande. James Carville, Clintons langjähriger Berater, erklärte resigniert: «Früher wollte ich, wenn es eine Wiedergeburt gäbe, im nächsten Leben Präsident oder Papst werden. Jetzt würde ich als Rentenmarkt wiederkommen wollen: Da kann man jedermann bedrohen.» [37]

So wird aus der Unterwerfung unter das Regime der Finanzmärkte ein Anschlag auf die Demokratie. Zwar hat weiterhin jeder Bürger eine Stimme. Politiker müssen noch immer den Interessenausgleich zwischen allen gesellschaftlichen Schichten suchen, um Mehrheiten zu bekommen, gleich ob in Schweden, den USA oder Deutschland. Aber nach der Wahl entscheidet das von Ökonomen euphemistisch so genannte monetäre Stimmrecht. Das ist keine Frage der Moral. Auch die professionellen Geldverwalter erfüllen nur ihren Auftrag, indem sie die höchstmögliche Rendite für das ihnen anvertraute Kapital fordern. Aber mit ihrer Übermacht können sie heute alles in Frage stellen, was in hundert Jahren Klassenkampf und Reformpolitik an sozialem Ausgleich mühsam erkämpft worden ist.

Dabei ist es ironischerweise der überwältigende Erfolg der sozialdemokratischen Bändigung des Kapitals, der heute die globale Entfesselung des Kapitalismus wieder vorantreibt. Erst die steten Lohnsteigerungen und der staatlich organisierte soziale Flankenschutz ließen in den letzten 50 Jahren jene Mittelstandsgesellschaft entstehen, mit deren Ersparnissen nun die Finanzmärkte arbeiten. Nie zuvor in der Geschichte gab es so viele Menschen, die über mehr Einkommen verfügen, als sie für ihren laufenden Lebensunterhalt ausgeben. Sie sind es, die mit ihren Ersparnissen den Versicherungen, Banken und Fondsgesellschaften den Rohstoff für den Sturmangriff auf Gewerkschaften und Sozialstaat liefern. Allein sieben Billionen

Mark halten die Investmentfonds weltweit, schätzt die Forschungsabteilung der Deutschen Bank. Weitere zehn Billionen Mark verwalten die Anbieter von Sparkonzepten für die Altersvorsorge, wie in Deutschland etwa Versicherungsunternehmen.[38] Der gutbezahlte Mittelstandsbürger ist daher nur zu oft Opfer und Täter, Gewinner und Verlierer zugleich. Während seine Kapital-Lebensversicherung steigende Renditen ausweist, büßt er wegen wachsender Steuerlasten an Einkommen ein. Und schon morgen können die Manager jenes Investmentfonds, bei dem er seine Ersparnisse angelegt hat, als Großaktionäre seines Arbeitgebers dort einen Vorstand einsetzen, der rigoros auch seinen Job wegrationalisiert – im Interesse der Fondsanleger.

Regierungen, die sich um die Stabilität von Bond-Kursen und Währung bemühen, können darum durchaus in Anspruch nehmen, den Zielen eines Teils der Wohlstandsgesellschaft zu dienen. Nur fallen all jene durch den Rost, die nicht über nennenswerte Ersparnisse verfügen oder arbeitslos werden und ihre Sparverträge nicht mehr bedienen können. Die blinde «Disziplinierung» der Staaten durch «die Märkte» ist folglich weit weniger «gesund», als die Monetaristen glauben machen wollen. Sie ignoriert nicht nur, daß demokratische Politik zwangsläufig anderen Gesetzen unterworfen ist als bloß denen des Marktes. Sie nivelliert auch die sozial-kulturellen Unterschiede zwischen den Nationen und erzeugt ein bedrohlich zunehmendes Konfliktpotential.

Die große Mehrheit der Schweden will bis heute keine ausschließliche Ausrichtung ihrer Gesellschaft an der Kapitalrendite. Nur darum sperrte sich die Regierung gegen den Abbau ihres Sozialstaats. Auch Kanadas Premier Chretien hatte im Frühjahr 1995 gar nicht die Wahl, den Staatshaushalt noch weiter zu kürzen als vorgeschlagen. Sein wichtigeres Ziel mußte zu diesem Zeitpunkt sein, das Land vor dem Zerfall zu schützen, der mit dem Separations-Referendum der französischsprachigen Provinz Quebec drohte. Hätte er den Provinzregierungen die Mittel gekürzt, hätte er den Separatisten nur weitere Anhänger zugetrieben und einen weit höheren wirtschaftlichen Schaden für sein Land riskiert. Auch die italienische Regierung stellte sich 1992 nicht aus bürokratischer Dummheit gegen die Abwertung der Lira, wie manche Professoren und Spekulanten anschließend höhnten. Vielmehr schützte sie auch über eine Million Familien, die – auf Anraten der Banken – ihre Häuser und Wohnungen mit Hypotheken finanziert hatten, die in der EU-Kunstwährung Ecu berechnet waren. Mit dem Zusammenbruch des EWS schrumpfte ihr Einkommen in Ecu um ein Drittel, und sie mußten über 30 Prozent mehr an die Hypothekenbanken zurückzahlen, ohne daß ihre Häuser auch nur eine Lira an Wert gewonnen hätten. Damit spielten die Spekulanten dem rechtslastigen Parteienbündnis «Allianz für die Freiheit» in die Hände, dessen radikaler Ausleger, der Neofaschist Gianfranco Fini, sich als Fürsprecher für die übervorteilten Hypothekenschuldner profilierte.[39]

Auch im Verhältnis zwischen den Nationen provozieren die Finanzmärkte Konflikte, die sich mehr und mehr der politischen Steuerbarkeit entziehen. Der von marktgläubigen Ökonomen zum Weltfinanzgericht verklärte Devisen- und Rentenmarkt fällt höchst ungerechte Urteile, kennt letztlich kein Gesetz und produziert wirtschaftliches Chaos statt Recht.

So bevorzugen die Renditejäger in den Handelsräumen grundsätzlich die großen Wirtschaftsnationen vor den kleinen, völlig unabhängig vom Zustand der Staatsfinanzen und Volkswirtschaften. Länder wie Irland, Dänemark, Chile oder Thailand zahlen real bis zu zwei Prozent mehr Zins, weil sie klein sind. Markttechnisch ergibt das durchaus Sinn. Je kleiner ein Markt, um so höher ist das Risiko, im Krisenfall keinen Käufer zu finden. «Das ist dann wie im Kino, wenn's brennt», erläutert Klaus-Peter Möritz, bis 1995 Devisenchef bei der Deutschen Bank. «Alle wollen raus, aber es gibt nicht genug Ausgänge.» Dieses «exit risk» koste eben eine Risikoprämie. Volkswirtschaftlich ist das Prinzip gleichwohl unsinnig und verteuert die Investitionen.

Gleichzeitig müssen die Großen das Urteil der Märkte weit weniger fürchten als die Kleinen. Davon profitieren in erster Linie die Vereinigten Staaten. Wie keine andere Nation der Welt bedient sich US-Amerika aus dem Sparkapital der anderen. Seit über einem Jahrzehnt weist die US-Statistik eine negative Zahlungsbilanz aus, das heißt, gemeinsam pumpen sich Verbraucher, Unternehmen und Regierung weit mehr Geld im Ausland, als sie ihrerseits auf den Weltmärkten anlegen. Seit 1993 beträgt das Minus zehn Prozent des Bruttosozialprodukts, die USA sind der weltweit größte Nettoschuldner. Trotzdem entrichten amerikanische Unternehmen oder Hausbauer keineswegs überhöhte Strafzinsen. Dafür sorgt allein die schiere Größe des Marktes, die Anlagen in Dollar relativ sicher und damit attraktiv erhält. Außerdem ist der Dollar weiterhin die weltweite Reservewährung. Nicht nur 60 Prozent der Hartwährungsvorräte aller Notenbanken werden in Dollar gehalten, auch beinahe die Hälfte der gesamten privaten Ersparnisse.[40] Auch ein chinesischer Bauer oder eine russische Arbeiterin sammeln ihre Überschüsse in Dollar, obwohl die reale amerikanische Wirtschaftsleistung weniger als ein Fünftel des Weltprodukts ausmacht. Darum weiß jede US-Regierung stets die halbe Welt auf ihrer Seite, wenn es um die Stabilität ihrer Währung geht.

Der Dollar als Waffe

Das dramatische Ungleichgewicht macht jedoch weite Teile der Weltwirtschaft von der amerikanischen Binnenentwicklung abhängig. Seit 1990 beobachten Händler und Volkswirte, daß letztlich allein die Verhältnisse im Dollarraum weltweit die Zinsentwicklung bestimmen. Im Frühjahr 1994 etwa deuteten in Deutschland alle Zeichen auf eine Schwächung der

Konjunktur. Nach den gängigen volkswirtschaftlichen Regeln hätte dies – wegen der schwachen Nachfrage nach Krediten – zu deutlich sinkenden Zinsen führen müssen, eine unverzichtbare Voraussetzung zur Ankurbelung der Investitionen. Doch die US-Wirtschaft verzeichnete steigendes Wachstum, am US-Rentenmarkt explodierte plötzlich der Zins. Prompt stiegen auch in Europa die Zinsen auf über sieben Prozent, im Jargon der Wirtschaftsauguren «Gift für die Konjunktur». Anderthalb Jahre später rutschte die Bundesrepublik schon wieder in die Rezession, und das gleiche Schauspiel wiederholte sich, als die US-Fabriken volle Auslastung meldeten. Auch der niedrigste Leitzins der Bundesbank seit über einem Jahrzehnt änderte daran nichts. Zwar liehen die deutschen Währungshüter den Banken mehr Geld denn je und ermöglichten es deutschen Unternehmen, 1995 sieben Prozent mehr Kredite aufzunehmen als im Vorjahr. Doch das billige Kapital floß sofort in ausländische, höher rentierende Märkte. Nüchtern konstatierte Helmut Hesse, Mitglied des Zentralbankrats der Bundesbank, «die Fähigkeit der Notenbanken, im Alleingang die Zinsen herabzuführen» sei leider «geschwunden».[41]

Die Abhängigkeit vom Dollarraum verschafft Washingtons Finanz- und Währungspolitikern eine Machtstellung, die sie immer häufiger auf Kollisionskurs mit anderen Nationen bringt. Gradmesser für die Kräfteverhältnisse im latenten Krieg um die finanzökonomische Vormacht sind die Devisenkurse. Als in den ersten vier Monaten des Jahres 1995 der Wert der US-Währung gegenüber Yen und D-Mark um bis zu 20 Prozent abrutschte, stürzte dies die globale Wirtschaftsmaschine ins Chaos und provozierte in Europa und Japan eine erneute Rezession. Panikartig schichteten die Portfolio-Strategen ihre Anlagen in Mark und Yen um. In der Folge sank nicht nur der Dollar, auch alle europäischen Währungen werteten gegenüber Franken und Mark ab. Plötzlich waren die Auslandseinnahmen deutscher Unternehmen viel weniger wert als kalkuliert. Daimler, Airbus, Volkswagen und Tausende anderer

Unternehmen schrieben rote Zahlen und kündigten an, künftig vorrangig im Ausland zu investieren. Einmal mehr beschrieben Fachblätter wie *Business Week, Handelsblatt* oder *Economist* die «Ohnmacht der Notenbanken» gegenüber den Wechselfällen des Billionenmarktes in Devisen, dessen tägliches Umsatzvolumen fast doppelt so hoch ist wie alle Notenbankreserven zusammen.

Objektiv schien der schnelle Kursverfall nicht gerechtfertigt. Die tatsächliche Kaufkraft des Dollar entsprach eher dem Wert von 1,80 Mark als den gehandelten 1,36. Auch gab es für Dollar am Geldmarkt, also für kurzfristige Kredite, sogar ein Prozent mehr Zins als auf die zu Qualitätswährungen avancierten Mark und Yen. Wirtschaftswissenschaftler aller Couleur zeigten sich ratlos. Beim Dollarkurs, meinte Marcel Stremme, Währungsexperte des Deutschen Instituts für Wirtschaftsforschung in Berlin, «gibt es gar keine logischen Erklärungen». Auch dem Chefvolkswirt des IWF, Michael Mussa, blieb nur die Feststellung, «die Märkte spielen verrückt».

Keine Logik? Irrational? Insider des Währungsspiels sehen das ganz anders. Klaus-Peter Möritz etwa, damals Chef des Devisenhandels bei der Deutschen Bank, interpretiert den Dollar-Verfall schlicht als «gewollte politische Strategie der Amerikaner».[42] Die exportschwache US-Wirtschaft sollte angeschoben werden, indem sie ihre Produkte auf den Auslandsmärkten billiger anbieten konnte. Der Dollarkurs wurde zur Waffe im Kampf um Weltmarktanteile mit Japan und Deutschland.

Das klingt verschwörungstheoretisch, dennoch ist es plausibel. Die große Mehrzahl der Global Player im Finanzmarkt sind amerikanische Institute mit einer weltweiten Infrastruktur. Diese tanzen ganz sicher nicht nach der Pfeife der US-Regierung, aber sie beugen sich sehr wohl den Zielen der *Fed* und ihres Präsidenten Alan Greenspan. Der weltgrößten Notenbank stellen sich auch die mutigsten Spekulanten nicht in den Weg, denn *deren* Dollarreserven sind unbegrenzt. «Da reicht dann die telefonische Mitteilung eines Fed-Direktors bei einem

Kongreßabgeordneten, daß die USA kein Interesse an der Stabilisierung des Greenback habe», meint Möritz. Den Rest besorgen die Händler, die nach kurzer Zeit im Bild sind. Indirekt bestätigten auch die beiden mächtigsten Männer Amerikas diese Strategie. Während der weltweiten Dollar-Krise im April 1995 ließ Präsident Clinton verbreiten, die USA könnten «gar nichts tun», um den Verfall zu stoppen.[43] Kurz zuvor hatte Notenbankchef Greenspan während einer Parlamentsanhörung sogar eine Leitzins-Senkung in Aussicht gestellt, die später gar nicht stattfand.[44] In beiden Fällen war das Signal für den Markt unmißverständlich: Notenbank und Regierung wollten, daß der Dollarkurs fällt. Auch der Frankfurter Ökonomieprofessor Wilhelm Hankel sieht im Dollar-Absturz nur eine «geschickte US-Währungspolitik». In einer Welt von inflationsgeplagten Schwachwährungen sei der Dollar selbst von hoher Aufwertung bedroht. Indem Washingtons Geldhüter ihn runterreden, «verlagern sie das Problem auf andere Länder».[45] So verstanden es wohl auch die Wirtschaftsberater von Helmut Kohl. Entgegen seiner üblichen Zurückhaltung gegenüber dem Großen Bruder jenseits des Atlantiks protestierte der Kanzler persönlich gegen die obstruktive Washingtoner Währungspolitik und bezeichnete sie öffentlich als «völlig unakzeptabel» – mit mäßigem Erfolg.

Die Wirtschaftsstatistiken im Jahr 1995 dokumentieren den Sieg der Dollarstrategen: In Deutschland halbierte sich das ursprünglich erwartete Wirtschaftswachstum, die Dollarschwäche war Anlaß für Massenentlassungen. Noch härter traf es die Japaner. Ihr Handelsüberschuß mit den USA schrumpfte in nur zwölf Monaten um drei Viertel, das Land stürzte von der Rezession in die Deflation, die Arbeitslosenzahlen verdoppelten sich.[46] Greenspan und Finanzminister Rubin gaben ihren harten Kurs im Herbst 1995 erst auf, als sie sich des gewünschten Resultats sicher sein konnten. Ab September begannen die Notenbanken der drei Länder wieder gemeinsam mit Stützungskäufen für den Dollar, still und langsam erholte sich der

Kurs und pendelte sich im Sommer 1996 bei 1,48 Mark wieder ein.

Die Devisenmärkte spielen also keineswegs verrückt, sie folgen dem Taktstock des Alan Greenspan. Die Ratlosigkeit der Experten angesichts dieses Phänomens zeigt lediglich, wie ihre Theorien ignorieren, daß auch im Cyberspace der Weltfinanzen Menschen agieren, die Machtinteressen haben oder sich ihnen beugen müssen. Nicht alle Notenbanken sind gleich ohnmächtig gegenüber dem Moloch Markt. Statt dessen sind sie eingebunden in eine klare Hierarchie der Größe. An der Spitze steht die Federal Reserve. An zweiter Stelle folgen die Bank of Japan und die Bundesbank, die ihrerseits wiederum in der Yen- und der D-Mark-Zone ihre Nachbarn dominieren.

Guerillakrieg im Finanzdschungel

Zumindest auf den Finanzmärkten bedeutet Globalisierung bisher wenig mehr als die Amerikanisierung der Welt. Für Handelsprofis wie Möritz hat das durchaus seine Ordnung: «Vielleicht ist das der Preis, den wir dafür zahlen müssen, daß Amerika für uns am Balkan interveniert.» Der wirtschaftliche Schaden, den diese Abhängigkeit erzeugt, ist gleichwohl enorm – und auch für die USA nicht ohne Risiko. Je rücksichtsloser der amerikanische Riese mit seiner Übermacht umgeht, um so wahrscheinlicher werden aggressive Gegenreaktionen. Was geschehen kann, wenn Regierungen sich übervorteilt fühlen, demonstrierte schon einmal das aufstrebende Malaysia. Unter der Ägide seines langjährigen Premierministers Mahathir Mohamad entwickelte sich das Land neben Singapur zum erfolgreichsten ökonomischen Aufsteiger Asiens. Mahathir gefällt sich obendrein, ununterbrochen die Überheblichkeit, Dekadenz und imperialistische Absichten des Westens zu attackieren. 1988 schickte er sich an, seinen Gegner auch auf seinem ureigensten Terrain zu schlagen, am Währungsmarkt.

Zuvor mußte die Zentralbank des Landes, die Bank Negara, empfindliche Verluste einstecken. Die Hochzinspolitik der Reagan-Administration hatte jahrelang den Dollarkurs in extreme Höhen getrieben. Dann vereinbarten die Amerikaner während eines Geheimtreffens im New Yorker Plaza-Hotel mit den Zentralbanken Japans, Großbritanniens und der Bundesrepublik, den Kurs durch gemeinsame Interventionen wieder zu senken, und verursachten einen chaotischen Absturz um fast 30 Prozent. Wütend registrierte Negara-Chef Tan Sri Dato' Jaffar bin Hussein, ein früherer Mitarbeiter der Wirtschaftsprüfungsgesellschaft Price Waterhouse, daß die erwirtschafteten Dollar-Reserven Malaysias ohne seine Schuld nun viel weniger wert waren. Mit dem Plaza-Abkommen habe sich «gründlich verändert, was auf dem Spiel steht», empörte er sich während einer Rede im indischen Neu-Delhi.[47]

Fortan hielt er selbst sich nicht mehr an die Spielregeln, wonach die vornehmste Aufgabe jeder Notenbank darin besteht, für Stabilität zu sorgen. Mit Deckung von Mahathir verkehrte Jaffar dieses ungeschriebene Gesetz ins Gegenteil und entfaltete einen finanziellen Guerillakrieg. Ausgestattet mit allen Privilegien einer Zentralbank – unbegrenztem Kredit, optimalem Informationszugang und der Macht als Aufsichtsbehörde –, spekulierte Negara erfolgreich gegen die Währungen der G-7-Länder. Die Malaysier hatten mit ihren kaum beschränkten, gigantischen Einsätzen leichtes Spiel. Zumeist verkauften sie eine Währung gleichzeitig an Dutzende Banken in dreistelligen Millionen-Tranchen und verursachten so einen unerwarteten Kurseinbruch. Fiel dieser groß genug aus, forderten die Stop-loss-Programme der Computer in den Handelssälen die Devisenhändler auf, ihrerseits diese Währung abzustoßen. Bevor die Verkaufswelle verebbte, kaufte Negara zurück und strich satte Gewinne ein.

Gut dokumentiert ist der Angriff auf das britische Pfund im Jahr 1990. Innerhalb weniger Minuten warfen Mahathirs Finanzkrieger eine Milliarde Pfund auf den Markt und verursachten einen Kursverlust von vier US-Cent pro Pfund. Britische Banken protestierten und formten ein Abwehrkartell gegen künftige Attacken. Negara allerdings konnte auf die bereitwillige Unterstützung aus anderen Ländern zählen. Allein das rechtzeitige Wissen um eine Negara-Aktion war für jede Bank schließlich Gold wert. «Wenn sie das an irgendeiner organisierten Börse der Welt versucht hätten», kommentierte ein leitender Fed-Beamter die Marktmanipulation im Staatsauftrag, «würden die Täter im Gefängnis landen.»

Am globalen Interbankenmarkt für Devisen fehlt aber der Staat, der das erzwingen könnte. Statt dessen wurde Negara schließlich von noch dreisteren, privaten Nachahmern zu Fall gebracht. Als das Europäische Währungssystem kollabierte, schätzte Jaffar die Lage falsch ein. Überrascht vom schnellen Austritt der Briten aus dem EWS, verlor die Bank 1992 und 1993 fast sechs Milliarden Dollar. Jaffar mußte sich für den vom Oppositionsführer so getauften «größten Finanzskandal Malaysias» verantworten und verlor seinen Job. Sein Nachfolger geht seitdem kein solches Risiko mehr ein.

Die Negara-Spekulation belegt, wie anfällig die vernetzte Finanzwelt für die Spannungen ist, die sie selbst verursacht. Wegen des explosionsartigen Wachstums der Märkte wäre ein Land wie Malaysia heute sicherlich zu klein, um die Stabilität des Systems zu bedrohen. Aber der «Dollarvulkan» (Hankel) wirft immer mehr Greenbacks aus und läßt damit die Bestände der US-Währung, die außerhalb der Vereinigten Staaten im Umlauf sind, anschwellen. Die Notenbanken Asiens kontrollieren bereits fast die Hälfte der Hartwährungsreserven der Welt. Chinas Bestand liegt bei über 70 Milliarden, genauso viel hat das kleine Taiwan, Japan verfügt über mehr als das Doppelte. Vor dem Hintergrund wachsender Unstimmigkeiten zwischen Amerika und seinen asiatischen Handelspartnern bieten diese Zahlen «ausreichend Stoff für einen Finanz-Thriller», warnte 1995 der *Economist*.[48]

Bislang ist es unwahrscheinlich, daß amerikafeindliche asiatische Staaten den Dollar und damit das Weltfinanzsystem durch Massenverkäufe sabotieren. Noch sind diese Länder vom Markt und auch vom militärischen Schutz der Vereinigten Staaten abhängig. Aber das muß nicht so bleiben. Die Dynamik der asiatischen Wachstumsnationen verschiebt das Machtgleichgewicht in Richtung Asien.

Zur plumpen Seifenoper ohne Happy-End entwickelt sich dagegen auf der anderen Seite des Planeten der Versuch, die Dollarübermacht abzuschütteln – in Europa. Dort streiten die Regierungen der beiden größten EU-Länder Deutschland und Frankreich für die Einführung einer gemeinsamen europäischen Währung. Doch mit dem «großen Wurf» (Helmut Kohl) haben sie einen Machtkampf zwischen Markt und Staat in Gang gesetzt, der Europa noch lange in Atem halten wird.

Abenteuer Euro: Der Kampf um die Währungsunion

Seit dem 11. Dezember 1991 ist dem kleinen niederländischen Städtchen Maastricht eine Erwähnung in den Geschichtsbüchern sicher. Dort setzten am Abend dieses Mittwochs die zwölf Regierungschefs der damaligen Europäischen Gemeinschaft ihre Unterschrift unter ein Vertragswerk, das den Lauf der europäischen Geschichte in den kommenden Jahrzehnten entscheidend beeinflussen wird: der Vertrag über die Gründung der Europäischen Union und die Schaffung einer gemeinsamen Währung für deren Mitgliedsstaaten. Am politischen und verwaltungstechnischen Räderwerk des westeuropäischen Staatenbundes änderte die Europa-Reform wenig. Dafür zeugt die Vereinbarung über die zukünftige Währungsunion (EWU) von entschlossenem Führungswillen, wie er in modernen Demokratien nur noch selten vorkommt. Mit Beginn des Jahres 1999, so sieht es der inzwischen in allen Ländern ratifizierte Vertrag vor, wird die Mehrzahl der EU-Staaten ihre Währungen mit unverrückbaren Wechselkursen aneinanderbinden. Zwei Jahre später sollen dann die alten Bezeichnungen für Europas Geld zugunsten einer tatsächlichen Gemeinschaftswährung mit dem Namen «Euro» verschwinden. Mit dem Stichtag 1. Januar 2002 werden, wenn es nach Plan läuft, alle Guthaben, Einkommen, Zahlungen und Steuern in Euros berechnet, deren Wert den bereits seit 1999 am Markt gezahlten Umrechnungskursen entsprechen wird.

Die Konsequenzen dieses Schrittes lassen sich kaum überschätzen. Die künftigen Euro-Staaten werden viele gravierende Nachteile der bisherigen monetären Zersplitterung hinter sich lassen. Der Zinszuschlag für kleine Märkte entfällt ebenso wie die bisher hohen Umtauschprovisionen für die Banken. Vor allem aber wird der gesamte Handel zwischen den Staaten vom teuren Risiko plötzlicher Wechselkursausschläge befreit. Alle Preise im gemeinsamen Markt werden unmittelbar zu vergleichen sein. Zugleich gehen die Unionsländer allerdings ein enormes politisches Risiko ein. Sie werden nicht mehr über unabhängige Notenbanken verfügen, sondern diese Relikte ihrer Souveränität an die zukünftige Europäische Zentralbank abtreten. Das wird die EU-Staaten in noch weit höherem Maße aneinanderbinden als bisher. Kein Mitglied der Währungsunion wird noch zur Notbremse der Abwertung greifen können, wenn die eigene Exportwirtschaft nicht mehr mithalten kann. Die beteiligten Staaten werden nicht umhin können, ihre Finanz-, Steuer- und Sozialpolitik aufs engste abzustimmen. Wird der Währungsplan tatsächlich umgesetzt, wird die Schaffung einer wirklichen politischen Union, die schnell und dennoch demokratisch entscheiden kann, bald zur Überlebensfrage.

Doch gemessen an dieser weitreichenden Bedeutung bewegt sich der öffentliche Diskurs über das anspruchsvollste politische Projekt Europas auch fünf Jahre nach Vertragsabschluß auf bescheidenem Niveau. Mal soll die EWU sicherstellen, «daß von deutschem Boden nie wieder Krieg ausgeht» (Helmut Kohl). Mal soll sie verantwortlich sein, «daß Europa in die

Spaltung zurückfällt» (Britanniens Außenminister Douglas Hurd). Dann wieder muß sie als «Bedrohung für Deutschlands Arbeitsplätze» herhalten, wie der sozialdemokratische Spitzenkandidat Dieter Spöri im baden-württembergischen Wahlkampf im März 1996 behauptete.

Inmitten des Nebels aus Propaganda und Desinformation, der die Debatte um die EWU umgibt, fiel am 18. Januar 1996 in Frankfurt ein klares Wort. Die European Finance Foundation, ein Lobbyverein der Banken, veranstaltete eine Diskussion mit Frankreichs Finanzminister Jean Arthuis. Geladen war alles, was in der Geldbranche Rang und Namen hat. Arthuis präsentierte zunächst einige technische Vorschläge, diskutierte Wechselkurszielzonen und Übergangsszenarien. In freier Rede umriß er anschließend das eigentliche Ziel der EWU. Gelinge das Vorhaben, so Arthuis, dann könne der «Euro zur führenden Reservewährung der Welt» aufsteigen, gestützt durch den weltgrößten Binnenmarkt mit rund 400 Millionen Bürgern. Auf dieser Basis könnte Europa mit den USA gleichziehen. Über die Steuerung der Wechselkurse erhalte die EU ein «Instrument der Handelspolitik», wichtiger als jede Art von Importzöllen.[49]

Die anwesenden Repräsentanten der Großfinanz reagierten peinlich berührt. Trotz Dollar-Krise und EWS-Kollaps gilt in der deutschen Finanz- und Ökonomenszene die von Arthuis anvisierte staatliche Intervention gegen das freie Spiel der Marktkräfte als Sakrileg. Doch genau das, die Wiederherstellung der staatlichen Potenz gegenüber den Finanzmärkten, macht den eigentlichen Kern des Kampfes um die Währungsunion aus. Die EWU, so versprechen Pariser Politiker hinter vorgehaltener Hand, stehe für das Ende der «Tyrannei des Dollar».

Sollte es je dazu kommen, werden die Europäer dafür teuer und schmerzhaft bezahlt haben. Denn um den Markt zu bezwingen, muß er vorher ruhiggestellt werden. Nichts anderes verbirgt sich hinter den sogenannten Maastricht-Kriterien, welche die Bundesbankvertreter während der Verhandlungen in den Vertragstext diktierten. Bekanntlich sollen nur die Länder, deren Staatsschuld 60 Prozent der jährlichen nationalen Wertschöpfung nicht überschreitet und deren Jahresdefizit nicht mehr als drei Prozent des Bruttosozialprodukts beträgt, dem EWU-Club beitreten dürfen. Zudem sollen die beteiligten nationalen Währungen zuvor drei Jahre in einem stabilen Verhältnis zur Mark gestanden haben. Die konkreten Werte sind willkürlich gewählt und entsprachen lediglich dem für Deutschland bei den Verhandlungen erwarteten Stand für das Startjahr 1999. Aber nur so, dachten Deutschlands Währungshüter, seien die Devisenhändler zu überzeugen, daß der Euro von Beginn an so sicher sein werde wie die Mark und sich spekulative Angriffe daher nicht lohnen würden.

So überzeugend das Konzept in der Theorie war, so schnell wurde es von der Wirklichkeit überholt. Vier Jahre nach Vertragsschluß wird der Plan zum Korsett, das mehr Schaden stiftet als Nutzen. Zunächst war Frankreich gezwungen, ab 1994 die deutsche Geldpolitik zu kopieren. Eine unabhängige Notenbank wurde geschaffen, deren Gouverneur Jean-Claude Trichet seitdem eisern die Politik des «Franc fort» exekutiert. Vier Jahre lang mußten französische Kreditnehmer und Unternehmen bis zu drei Prozent mehr Zins zahlen als die deutschen, nur um den Wechselkurs gegen immer neue Spekulationswellen zu verteidigen, bis sich schließlich im Sommer 1996 die Zinshöhe der beiden Länder anglich. Zugleich begannen alle EU-Nationen mit dem Abbau des Defizits. In Zeiten steigender Einnahmen wäre das durchaus solide. Aber mit kurzer Unterbrechung steckt die EU seit 1993 in der Rezession, das Steueraufkommen schrumpft dramatisch, 1995 erfüllte auch Deutschland nicht mehr die EWU-Kriterien.

Seitdem verstößt der Sparkurs gegen jede wirtschaftspolitische Vernunft. Wenn Unternehmen und Konzerne Millionen Menschen in die Arbeitslosigkeit entlassen, um Kosten zu sparen, wird die öffentliche Hand als Investor und Arbeitgeber dringend gebraucht. Mit den krisenverschärfenden Sparmaßnahmen kam das EWU-Projekt in Frankreich daher in Verruf. Zum erstenmal seit Jahrzehnten organisierten die Gewerkschaften im Herbst 1995 gemeinsam einen monatelangen Streik gegen den Sparkurs. Unter dem Eindruck des Proteststurms forderten selbst Industrielle wie Peugeot-Chef Jacques Calvet oder der keineswegs europafeindliche Ex-Präsident Valéry Giscard d'Estaing eine Änderung des Maastrichtplanes. Auch in Deutschland nahm der Widerstand zu. In Übereinstimmung mit der großen Mehrheit seiner Zunft warnte Heiner Flassbeck, Abteilungsleiter des Deutschen Instituts für Wirtschaftsforschung, die radikale Schrumpfung der Staatsausgaben destabilisiere ganz Europa, gerade so wie Reichskanzler Heinrich Brüning mit seinen Ausgabenkürzungen die Krise von 1930 im Deutschland der Weimarer Republik erst richtig zur Katastrophe machte.[50]

So sprach im Sommer 1996 alles für eine Verschiebung der Währungsunion auf bessere Zeiten, mindestens aber um zwei Jahre. Doch die Freiheit, eine solche Entscheidung zu treffen, ist den EU-Regenten, allen voran Europa-Visionär Helmut Kohl, gar nicht mehr gegeben. Denn darauf warteten all jene, die aus eigennützigen Gründen den EWU-Plan seit Jahren bekämpfen – die Händlerkaste aus der Londoner City und der Wall Street. Michael Snow etwa, New Yorker Devisenchef des Schweizer Bankriesen UBS, verhehlt seine Gegnerschaft nicht. «Das nähme uns Arbeit und Gewinnchancen weg, natürlich sind wir dagegen.» Systematisch verunsicherten angelsächsische und Schweizer Geldinstitute schon seit Sommer 1995 die Anleger. Dreist verbreiteten sie in Werbebriefen und Interviews die Warnung vor dem möglichen Wertverlust von D-Mark-Papieren und drehten zahlreichen Kunden Titel in Schweizer Franken an, obwohl deren Zinsertrag nahe Null liegt. Einen größeren Einbruch verhinderten nur die großen deutschen und französischen Geldhäuser. Sie unterstützen den Euro-Plan, weil mit der Einheitswährung die Nischenmärkte verschwinden werden, die bislang noch die Domäne zahlreicher kleiner Banken in den übrigen EU-Ländern sind.

In diesem Machtkampf können die Euro-Feinde in den Handelssälen auf einflußreiche Verbündete setzen. So bilden in London die Regierung und die «City», der Bankenbezirk um die Lombard Street, eine Front. Weil sie aus traditionellem Selbstverständnis heraus nicht mitmachen, gleichzeitig aber auch nicht abgehängt werden wollen, würden britische Minister und Beamte hinter den Kulissen «alles tun, um die Sache scheitern zu lassen», berichtete ein hochrangiger deutscher Währungspolitiker, der nicht genannt sein will. Noch gewichtiger für die Stimmung auf dem elektronischen Marktplatz ist die Unterstützung, die Bundesbankchef Tietmeyer den Euro-Feinden gewährt, weil er den heiligen Gral seiner monetaristischen Glaubenslehre bedroht sieht, die unabhängige deutsche Notenbank. Die EWU sei «wirtschaftlich nicht absolut notwendig», versicherte er der Finanzwelt im März 1996 bei einem Europa-Symposion des Bonner Auswärtigen Amtes.

Vor dem Hintergrund des anfälligen Währungsgefüges, das ständig Gefahr läuft, unter dem Druck von Spekulation in die eine oder andere Richtung auszubrechen, kann die EU-Politik weder vor noch zurück. Jede Veränderung am Maastrichtplan «würden die Märkte gnadenlos bestrafen», mahnt Hans Jürgen Kobnik, Mitglied im Zentralbankrat der Bundesbank.[51] «Große Fonds sitzen offensichtlich schon in den Startlöchern, um möglichst früh Konsequenzen aus einer Verschiebung zu ziehen», wußte die *Frankfurter Allgemeine Zeitung* im Januar 1996. Wie das geschehen würde, sei «ganz einfach», erzählt Paul Hammet, Kapitalmarkt-Experte in London für die Banque Parisbas. Würde die Einheitswährung aufgeschoben, «dann gilt Plan B: kauft D-Mark». So verkehrt sich das wirtschaftlich Gebotene, nämlich die Vertagung der staatlichen Ausgabenkürzung, durch die elektronische Geldmaschine der Finanzwelt ins Gegenteil. Ein Dollarkurs von 1,35 DM sei dann zu erwarten, schätzt Hammet. Einmal mehr würde

Deutschland, die europäische Wirtschaftslokomotive, mit einer Aufwertungswelle bestraft, die wohl erneut eine Million Arbeitsplätze kosten würde.

Folglich blieb Kohl und seinem Partner Chirac gar nichts anderes übrig, als stur an ihrem Euro-Plan festzuhalten. Wer ab 1999 zum Währungsverbund gehören werde, entscheide sich vertragsgemäß erst im Frühling 1998, verkündeten sie, alles gehe weiter wie geplant. Derlei Versicherungen, die im ersten Halbjahr 1996 beinahe wöchentlich aus Bonn, Brüssel und Paris verbreitet wurden, sind freilich kaum mehr als ein Pfeifen im dunklen Wald. Je näher der Beschlußtermin rückt, um so offensichtlicher wird, daß außer Luxemburg keines der EU-Länder die Eintrittskriterien erfüllen wird. Wollen die Euro-Planer dennoch ab 1999 die Wechselkurse in Europa endgültig fixieren, wird sich das EWS-Drama von 1992 im großen Stil wiederholen. «Die Marktakteure werden den Beschluß auf seine Haltbarkeit testen», prophezeite ein Frankfurter Banker. «Wenn genug Leute mit genug Geld meinen, daß die Währungsunion scheitert», orakelte der *Economist* im Februar 1996, «dann wird sich diese Meinung fast sicher als richtig erweisen. Ihre Prognose wird sich allein durch ihr Tun von selbst erfüllen.» [52]

Besteuern hilft steuern: Die Tobin-Tax

Sehenden Auges riskieren die Regierungen der EU damit einmal mehr eine vernichtende Niederlage gegen Devisenhändler und deren Kunden bei den Anlagefonds – ein unverantwortliches Spiel mit dem Feuer. Scheitert das Währungsprojekt, verliert nicht nur die europäische Wirtschaft. Auf unabsehbare Zeit würde das Konzept der europäischen Integration unglaubwürdig, und der alte Kontinent verliert, was seine Nationen im Zeitalter der Globalisierung am dringendsten brauchen: gemeinsame Handlungsfähigkeit. Dabei kennzeichnet diese Fahrt in die europäische Sackgasse eine verblüffende Ignoranz der verantwortlichen Politiker und ihrer Kontrolleure in den Parlamenten: Ihre Ohnmacht gegenüber dem Finanzmarkt ist frei gewählt und keineswegs zwingend. Auch ohne die Uhr zurückzudrehen und erneut ein Weltsystem im Stile des Vertrages von Bretton Woods einzuführen, könnte die destruktive Kraft der elektronischen Händlerarmee gebändigt werden.

Einen entsprechenden Plan entwickelte der amerikanische Ökonom und Nobelpreisträger James Tobin in den siebziger Jahren. Der deregulierte Kapitalfluß mit seinen abrupten Richtungsänderungen und chaotischen Kursausschlägen schade der materiellen Wirtschaft, argumentierte Tobin. Er empfahl, «etwas Sand ins Getriebe unserer übermäßig effizienten internationalen Geldmärkte zu streuen» und auf alle Devisentransaktionen einen Steuersatz von einem Prozent zu erheben.[53] Der Satz erscheint niedrig, hätte aber durchschlagende Wirkung. Zuallererst würde sich das Geschäft mit den Zinsdifferenzen zwischen den verschiedenen Märkten und Ländern nur noch in Ausnahmefällen lohnen. Um etwa niedrig verzinste D-Mark in höher dotierten Dollarpapieren anzulegen, müßte der Investor von vorneherein damit rechnen, zwei Prozent seines Anlagekapitals an den Fiskus abzuführen, weil er ja zweimal tauschen muß. Bei der heute gängigen Anlage in Drei-Monats-Wechseln würde sich das erst auszahlen, wenn die Differenz zwischen den deutschen und den US-Zinsen – aufs Jahr bezogen – acht Prozent beträgt, ein unwahrscheinliches Szenario. Würde er sich länger festlegen, wäre der Gewinn zwar höher, aber auch das Risiko, daß die Zinsdifferenz und damit der Wert der Anlage wieder sinkt.

Der Vorteil für die Realwirtschaft ist offensichtlich: Sofort könnten die Notenbanken wieder unabhängig voneinander das Zinsniveau auf den nationalen Märkten steuern, so wie es der Wirtschaftslage ihrer Länder angemessen ist. Auch wenn die Konjunktur in den USA brummt, könnten die in der Rezession gefangenen Europäer ihr Geld sogar um bis zu acht Zinsprozent billiger ausleihen als die Fed.

Freilich würde auch die nach ihrem Erfinder so bezeichnete «Tobin tax» den Regierungen nicht die Freiheit verschaffen, die Wechselkurse nach Gutdünken festzulegen. Das wäre auch nicht sinnvoll. Wenn Länder sich wirtschaftlich unterschiedlich entwickeln, müssen sich auch die Paritäten ihrer Währungen verändern können. Gleichwohl würden sich die spekulativen Umsätze drastisch vermindern, und die Kursentwicklung würde eher den realen, im Ökonomenjargon «fundamental» genannten volkswirtschaftlichen Daten folgen. Zugleich könnten die Notenbanken wieder ihre ureigene Funktion erfüllen und die Kurse stabilisieren. Ihre – von der Steuer befreiten – Interventionskäufe bekämen wieder Gewicht, weil ungleich weniger liquides Kapital im System unterwegs wäre.

Nicht zuletzt spricht der mögliche fiskalische Ertrag für eine Umsatzsteuer à la Tobin im Devisenhandel. Je nach Höhe des Steuersatzes rechnen Fachleute – auch bei einer Minderung der Umsätze um zwei Drittel – mit einem weltweiten Aufkommen von 150 bis 720 Milliarden Dollar.[54] Das brächte nicht nur eine Entlastung für die überforderten Staatshaushalte. Es wäre auch eine «Tax on Wall Street und ausnahmsweise mal keine Tax on Main Street», schreibt der Bremer Ökonomieprofessor Jörg Huffschmid.[55] Die organisierte Steuerflucht der Finanzindustrie würde wenigstens zum Teil wieder ausgeglichen.

Wissenschaftlich und politisch gibt es daher schon seit Jahrzehnten kein ernstzunehmendes Argument gegen Tobins Vorschlag. Dieser sei «theoretisch einwandfrei», meint sogar Hans-Helmut Kotz, Chefvolkswirt der Deutschen Girozentrale, dem Zentralinstitut der Sparkassen. Das einfache Konzept hat freilich einen entscheidenden Nachteil: Die Betroffenen sind dagegen und spielen, wie bei den normalen Steuern auch, die Staaten der Welt gegeneinander aus. Kotz: «New York und London werden das immer verhindern.»[56] Ist aber nur einer der großen Finanzplätze von der Steuer befreit, würde sich der Devisenhandel an diesem Ort konzentrieren. Und selbst wenn die G7-Länder die Tobin-Steuer gemeinsam einführen würden, könnte die Geldbranche ihren Handel formal in ihre Off-shore-Filialen von den Cayman-Inseln bis nach Singapur auslagern und den angestrebten Bremseffekt unterlaufen. Bei der Devisenumsatzsteuer sei folglich das «Scheitern programmiert», prophezeit freudig ein Volkswirt der Deutschen Bank.[57] Einer seiner amerikanischen Kollegen brachte die Drohung auf den Punkt. Greife der Staat ins Geschäft ein, «installieren wir unsere Hauptquartiere eben auf Schiffen, die mitten im Ozean schwimmen».[58]

Dieser Logik haben sich die Regierungen bislang überall gebeugt. Zweimal schon scheiterte ein entsprechender Gesetzentwurf im US-Kongreß. Auch das von Milliardenlöchern im Etat geplagte Bundesfinanzministerium schluckt klaglos die Fluchtdrohung der Geldhändler. Tobins Vorschlag sei «heute nicht mehr anwendbar», rechtfertigt Staatssekretär Jürgen Stark die fiskalische Abstinenz gegenüber den Spekulanten. Er funktioniere nur, «wenn er von allen 190 Staaten der Welt eingeführt» werde.[59] Ein vernünftiges Konzept «zur Begrenzung der volkswirtschaftlich schädlichen Sprunghaftigkeit auf den Devisenmärkten wird also nicht aus Gründen technischer Unmöglichkeit, sondern deshalb begraben, weil es den Gewinninteressen des Bankensektors widerspricht», faßt Huffschmid zusammen.

Aber auch mit einer solchen Umsatzsteuer wäre die wildgewordene Finanzindustrie nicht zu bändigen, solange die Staaten untereinander um deren Arbeitsplätze und Kapital konkurrieren. Trotzdem müßten auch einzelne Länder, und insbesondere die Europäische Union, nicht ohnmächtig bleiben. Sie könnten alleine handeln, wies Tobin in einer neuen Studie im Sommer 1995 nach.[60] Nur müßten sie mit der Besteuerung noch einen Schritt weitergehen und auch die Ausleihung ihrer Währung an ausländische Institute einschließlich der Auslandsfilialen ihrer inländischen Banken mit einer zusätzlichen Steuer belegen. Diese wäre auch nicht zu umgehen: Wer gegen den Franc spekulieren will, muß sich zunächst Franc besorgen. Selbst wenn er sie bei einer Bank in New York oder Singapur ordert, muß diese sich letztlich bei Frankreichs Banken refinanzieren, die den Steuerzuschlag an ihre Kunden weiterreichen würden.

Die Steuer träfe die unerwünschte Spekulation an ihrer Quelle, bei den Krediten, aus denen der Einsatz finanziert wird. De facto würde somit auf dem Umweg über die Besteuerung die Liberalisierung des Kapitalverkehrs in Teilen wiederaufgehoben. Handel und Realwirtschaft wären gleichwohl nicht betroffen. Für Auslandsinvestitionen in Industrieanlagen oder den Güteraustausch fiele der Zuschlag kaum ins Gewicht, wohl aber für die spekulativen Milliardentransaktionen, die mit minimalen Margen arbeiten und aus Kursausschlägen von hundertstel Prozentpunkten Gewinn schlagen.

Ironischerweise sieht der EU-Vertrag von Maastricht die Wiedereinführung von Kapitalverkehrskontrollen im Bedarfsfall sogar ausdrücklich vor. Aber Bankern und den Marktgläubigen der Wirtschaftswissenschaft gilt eine solche Strategie als bösartige Häresie. Bei ihrem Kampf fürs Kapital können sie bislang auch auf die Unterstützung der meisten Wirtschaftsredakteure der großen Medien zählen. So phantasierte die *Frankfurter Allgemeine Zeitung*, die Tobin-Tax führe zur «Schaffung eines erdumspannenden Orwellschen Überwachungsstaates».[61]

Doch die Zahl der Kritiker des unkontrollierten Geldmarktes wächst, auch in den politischen Eliten. Vom kanadischen Finanzminister über seine Kollegen in Tokio und Paris bis zu den Notenbankchefs Südostasiens und der Niederlande machen ernstzunehmende Politiker seit Jahren Vorschläge, wie die Finanzmärkte wieder an die Kandare zu legen wären. Am weitesten ging bisher Jacques Delors, der frühere Präsident der EG-Kommission. Nach dem EWS-Kollaps im Sommer 1993 forderte er im Straßburger Europa-Parlament «Maßnahmen zur Begrenzung spekulativer Kapitalbewegungen». Europa müsse «in der Lage sein, sich zu verteidigen». Delors: «Auch Banker dürfen nicht einfach handeln, wie es ihnen gefällt. Warum sollten wir nicht ein paar Spielregeln aufstellen? Warum sollte die Gemeinschaft nicht die Initiative ergreifen?»[62] Der geharnischte Protest der Betroffenen folgte umgehend. «Wo kommen wir denn hin, wenn der Mann, der den Binnenmarkt eingeführt hat, jetzt für Kontrollen plädiert», empörte sich der Deutschbanker Hilmar Kopper. Gemeinsam mit den Chefs der Dresdner und Commerzbank protestierte er gegen die «Verteufelung der Spekulation», gefordert sei nur die richtige Finanzpolitik.[63]

Gegen diese Mächte wagte bislang keine Regierung anzutreten. Stets wurden alle Reformer zurückgepfiffen. Trotzdem sind die Tage der globalen Finanzanarchie gezählt. Über kurz oder lang wird nichts anderes übrigbleiben, als die Kapitalmärkte erneut rigider staatlicher Aufsicht zu unterstellen. Denn die chaotische Eigendynamik der Finanzwelt wächst auch ihren Akteuren über den Kopf. In ihrem Cyberspace aus Millionen vernetzten Computern akkumulieren sich Risiken, die denen der Atomtechnik vergleichbar sind.

Derivate: Crash aus dem Hinterhalt

Niemand hatte es vorhergesehen, kein Händler oder Fondsmanager war vorbereitet. Im Frühjahr 1994 stand es nicht schlecht um die US-Wirtschaft. Die Konzerne investierten, der Konsum stieg, und die Amerikaner bauten mehr Häuser denn je. Um einem möglichen Heißlaufen der Konjunktur und der wachsenden Inflationsangst auf den Märkten zu begegnen, setzte der Marktausschuß der Fed unter ihrem Vorsitzenden Greenspan in der zweiten Februarwoche ein vorsichtiges Zeichen: Er hob den bis dahin niedrigen Leitzins für die US-Banken um ein viertel Prozent an. Was als sanftes Antippen der

Bremse gedacht war, um die Wachsamkeit der Notenbank zu signalisieren, geriet an den Händlertischen zur Vollbremsung für die Weltwirtschaft. Von einem Tag zum anderen setzte eine beispiellose Flucht aus Washingtons Staatsanleihen ein. Drei lange Monate fielen die Kurse ohne Unterbrechung, der Zins explodierte. Nicht um 0,25 Prozent, wie die Fed geplant hatte, sondern um das Achtfache: Kurz- und mittelfristige Kredite in Dollar wurden um volle zwei Prozent teurer. Prompt schlugen der Kurssturz und die Zinssteigerung auch auf die europäischen Länder durch, der «Mini-Crash» (Händlerjargon) am Kapitalmarkt trieb den ganzen Kontinent in die Rezession. Die Zentralbanker seien es gewohnt gewesen, den Geldmarkt «zu steuern wie einen alten Ford», kommentierte der Finanzexperte und Kenner der New Yorker Bankenszene Gregory Millman die unerwartete Krise. Der Markt reagierte diesmal aber wie ein Rennwagen, «die Passagiere flogen durch die Frontscheibe».[64]

Getroffen wurden vor allem solche Anleger, die hochriskante, spekulative Anlagen mit «treasuries» genannten US-Anleihen gesichert hatten. Ihre hinterlegten Sicherheiten deckten die Schulden nicht mehr, die Gläubiger kündigten die Verträge. Als einer von Tausenden mußte Orange County, Kaliforniens reichster Landkreis im Süden von Los Angeles und bis dahin eine der bestdotierten öffentlichen Körperschaften, Bankrott anmelden. In der vordem gutgefüllten Kasse fehlten fast drei Milliarden Dollar. Mit ihren Kunden blutete die Finanzindustrie weltweit. Der Wertverlust der langfristigen Anlagen bescherte ihr die größten Jahresverluste der Nachkriegszeit. Über dreitausend Milliarden Dollar lösten sich beinahe über Nacht in Luft auf.[65] Und das Verblüffende war: Niemand wußte, was überhaupt geschehen war.

Im Hauptquartier der New Yorker Fed in der Liberty Street machte sich eine Gruppe von Ökonomen auf die Spur der verschwundenen Milliarden. Ihre Recherchen bei den Händlern führten zu einer überraschenden Erkenntnis: Der Schlüssel zur

Panik auf dem Markt für Staatsanleihen («bonds») lag beim Handel mit Hypothekenschulden.[66]

Anders als in Deutschland können die Inhaber von Hypotheken in den USA ihren Baukredit jederzeit kündigen, wenn ihnen der Markt niedrigere Zinsen bietet als in ihren Verträgen festgelegt. Gegen dieses Risiko sichern sich die Anbieter der entsprechenden Schuldverschreibungen (vergleichbar den deutschen Pfandbriefen) ab, indem sie Rentenpapiere auf Termin, also auf einen errechneten Zeitpunkt in der Zukunft verkaufen. Sinkt der Zins, und die Hausbesitzer schulden um, gleichen die steigenden Kurse dieser Rentenoptionen den verlorenen Gewinn aus, den die gekündigten Hypotheken nicht mehr erbringen. In den Jahren fallender Zinsen entwickelte sich die Umschuldung zum Riesengeschäft. Die Hypothekenbriefe waren nur noch kurzfristige Anlagen, entsprechend sicherten sich die Käufer nur mit kurzfristigen Renten-Optionen ab.

Als die Fed nun eine Zinswende einläutete, kippte der Markt. Plötzlich versuchten die Verwalter des riesigen US-Hypothekenmarkts massenhaft langfristige Staatsanleihen mit fünf und mehr Jahren Laufzeit auf Termin zu verkaufen. Damit hatten weder die Fed noch die Banken gerechnet. Über den Zusammenhang zwischen dem Handel mit Hypotheken und Anleihen war bis dahin wenig bekannt. Nun kam aus dieser Ecke des Marktes ein Verkaufsimpuls, der die Kurse schnell nach unten drückte. Auf den Bildschirmen aller anderen Marktteilnehmer erschien binnen Stunden das berüchtigte «Stop-loss-Signal». Auch sie mußten nun verkaufen. Eine positive Rückkoppelung, eine sich selbst verstärkende Bewegung, setzte ein, und quasi aus dem Nichts entwickelte sich eine weltweite Verkaufswelle. So löste ein Nebenarm des großen Flußsystems im Kapitalmarkt, den bis dahin kaum jemand beachtet hatte, eine Flut aus, und eine kleine Kurskorrektur der amerikanischen Zentralbank steigerte sich zum Beinahe-Crash.

Wie noch nie zuvor demonstrierte die Bond-Krise von 1994 die Anfälligkeit der Finanzindustrie gegen Ereignisse und Kettenreaktionen, die sich jeder Prognose entziehen. Diese Unsicherheit der modernen High-Tech-Finanz hängt entscheidend mit dem Derivathandel zusammen. Die Liberalisierung des Kapitalverkehrs in den achtziger Jahren beseitigte nur die Grenzen zwischen den nationalen Märkten. Der Derivathandel der neunziger Jahre treibt diese Entgrenzung auf die Spitze: «Derivate», freute sich etwa der Deutsche-Bank-Chef Hilmar Kopper, «machen alle Kapitalmärkte austauschbar. Sie machen aus langen kurze und aus kurzen lange Kreditlinien. Sie schaffen, wovon wir früher nur träumen konnten.»[67]

Oder alpträumen. Jetzt ist wie in einem System kommunizierender Röhren alles mit allem verbunden. So wird es aber jeden Tag schwieriger, die genauen Relationen zu messen. Die Erfahrungen von gestern können morgen schon hinfällig sein. Die Händler können den Wert ihrer Deals gar nicht mehr selbst berechnen. Um ihre «strukturierten Produkte» (Jargon) überhaupt handeln zu können, brauchen die Finanzjongleure Wert- und Risiko-Ermittlungsprogramme, auf die sie blind vertrauen müssen. Die Qualität dieser Programme entscheidet über Gewinn und Verlust in Milliardenhöhe. Der Derivate-Chef einer deutschen Privatbank berichtet, sein Portfolio enthalte gleich mehrere tausend solcher komplexen Verträge auf die Zukunft. Stolz verweist er auf sein Programm, das den Gesamtwert aller Kontrakte jederzeit anzeigt. Die neuen Daten aus Dutzenden von Märkten fließen stetig in die Rechnung ein. «Da», und sein Zeigefinger fliegt auf eine von hundert Zeilen, «sehe ich, ob wir gerade verdienen oder nicht. Jeden Tag, an dem die Zinsen stehenbleiben, verlieren wir 49 000 Mark. Ein hundertstel Prozent Zinssenkung bringt uns 70 000.»

Voraussetzung bleibt, daß alles, was theoretisch verkäuflich ist, auch einen Käufer am Markt findet. Doch das ist nicht immer sicher. Je komplexer die Zusammenhänge zwischen den Einzelmärkten werden, je mehr Faktoren gleichzeitig das Auf und Ab bestimmen, desto größer ist die Gefahr völlig chaotischer Kursentwicklungen. Wie die Anleiheoptionen der Hypothekenhändler den Weltmarkt für Bonds abstürzen ließen, könnten morgen andere, unbekannte Abhängigkeiten auftreten.

Die Unberechenbarkeit der Derivatmärkte wurde darum schon so manchem Finanzjongleur zum Verhängnis und bescherte zahllosen, seriösen Unternehmen drei- und vierstellige Millionenverluste. Die Liste der Opfer reicht von der Frankfurter Metallgesellschaft, die nur mit Milliardensubventionen vor dem Konkurs bewahrt werden konnte, über den Weltkonzern Procter & Gamble und die japanische Großbank Daiwa bis zu den deutschen Versicherungsunternehmen Gothaer, Colonia und Hannoversche Rückversicherungs AG. Den bislang größten Unfall verursachte im Februar 1995 der damals 27jährige Brite Nick Leeson. Seine Fehlspekulationen mit Optionen auf den japanischen Aktienindex Nikkei an der Börse von Singapur kostete die Londoner Barings Bank 1,8 Milliarden Mark und zwang das älteste britische Geldinstitut in den Konkurs. Auf spektakuläre Art wurde öffentlich, was die Kontrolleure in den Aufsichtsbehörden für das Bankwesen seit Jahren wußten. Die explosive Entwicklung im Derivathandel hat nicht nur die Risiken im Geldgeschäft vermehrt, sondern auch das in Jahrzehnte aufgebaute Sicherheitssystem für die Branche aus den Angeln gehoben.

Super-Gau im Cyberspace

Dabei können den Bankenaufsehern die Verluste einzelner Händler und Banken im Prinzip gleichgültig sein. Gefährlich wird es jedoch, wenn große Banken und Investmentgesellschaften zahlungsunfähig werden. Dadurch würde das gesamte System in Gefahr geraten. Die Pleite eines Instituts kann über Nacht weitere in Mitleidenschaft ziehen und einen weltweiten Dominoeffekt auslösen. «Dann schwappt das Risiko auf die Börsen, von dort auf die Wechselkurse und damit in die reale Welt», sorgte sich bereits Anfang 1994 der Präsident des deutschen Sparkassenverbandes, Horst Köhler. Ein solcher «GAU» sei «durchaus möglich».[68] Der Handel käme schlagartig zum Erliegen, das ganze System kollabiert, und ein globaler Crash wäre unvermeidlich, wie ihn die Welt zuletzt am Schwarzen Freitag im Oktober 1929 erlebte.

Mit dem zentralen Terminus technicus der Atomingenieure, dem «größten anzunehmenden Unfall», wählt Köhler den richtigen Vergleich. Denn die so genannten systemischen Risiken auf den Finanzmärkten sind denen von Kernkraftwerken ganz ähnlich. Die Wahrscheinlichkeit, daß es zum Ernstfall kommt, ist gering, das Ausmaß des potentiellen Schadens jedoch beinahe unendlich. Darum versuchen die Kontrollbehörden im Bankensektor der großen Industrieländer seit Jahren, harte Vorschriften durchzusetzen. So gilt seit 1992 die Grundregel von Tokio bis Frankfurt, daß jede Bank mit Eigenkapital in Höhe von mindestens acht Prozent aller ausstehenden Kredite ausgestattet sein muß. Wird ein Großkredit faul, muß dieses Kapital zur Deckung des Ausfalls zur Verfügung stehen. Der Derivathandel führt diese Vorkehrung jedoch ad absurdum. Die offenen Handelspositionen der Händler tauchen in den Bilanzen meist gar nicht auf, und wenn es so ist, bleibt es den Geldhäusern überlassen, wie hoch sie das Risiko bewerten.

Seitdem die Skandale und Unfälle sich häufen, schlagen viele Aufseher laut Alarm. Es sei «fünf Minuten vor zwölf», warnte etwa der Chef der US-Wertpapierbehörde Securities and Exchange Commission (SEC), Arthur Levitt, kurz vor dem Barings-Unfall.[69] Wilhelm Nölling, der bis 1992 als Präsident der Hamburger Landeszentralbank auch Mitglied im Direktorium der Bundesbank war, forderte, die internationale Politik müsse dringend «die Finanzwelt vor sich selbst schützen» und entsprechende Vorkehrungen gegen einen «Super-Gau im Finanzsystem» treffen.[70] Auch der New Yorker Bankier und Kandidat für das Amt des Vizepräsidenten der US-Notenbank, Felix Rohatyn, erkannte das «tödliche Potential, das sich in der

Kombination aus neuen Finanzinstrumenten und hochtechnisierten Handelstechniken verbirgt, die zur Auslösung einer zerstörerischen Kettenreaktion beitragen können. Die Weltfinanzmärkte sind heute eine größere Gefahr für die Stabilität als die Atomwaffen.»[71] Ins gleiche Horn blies im April 1995 Jochen Sanio, Vizepräsident des Bundesaufsichtsamtes für das Kreditwesen. Der Fall Barings sei vergleichsweise ein kleiner Fisch. Problematisch werde es, wenn einer der Global Player einbreche. Häuser wie Goldmann Sachs, Merryll Lynch oder Citibank gebe es nur wenige, auf sie sei aber der allergrößte Teil des Derivatgeschäfts konzentriert. Falle einer dieser Knotenpunkte aus, «könnte das Netz schlagartig einer großen Zerreißprobe unterworfen werden». Notwendig sei darum eine weltweit vernetzte «Evidenzzentrale», verlangte Sanio, bei der große Derivatgeschäfte, ähnlich wie schon jetzt auf nationaler Ebene die Großkredite, gemeldet werden müßten. Nur so könnte rechtzeitig erkannt werden, wo der Markt zu hohe Risiken akkumuliere. Sanio: «Der Zwang zum Handeln ist übergroß.»[72] Selbst der Finanzguru George Soros, einer der größten Profiteure des schnellen, grenzenlosen Geldgeschäfts, mahnt zur Vorsicht. Gegen größere Krisen sei das Finanzsystem nicht gewappnet, erklärte er im Januar 1995 den 3000 Zuhörern aus Top-Management und Weltpolitik beim Weltwirtschaftsforum in Davos. Im Ernstfall drohe der Kollaps.[73]

Doch merkwürdig, trotz so vieler Warnungen hat sich bisher – fast – nichts geändert. Die geforderte Evidenzzentrale verschwand ebenso aus der Diskussion wie der Ruf nach schärferen Gesetzen. Statt dessen stritten sich die Aufsichtsbehörden der großen Finanzplätze, die bei der Basler Bank für internationalen Zahlungsausgleich eine ständige Koordinierungsgruppe unterhalten, mit den Banklobbyisten zwei Jahre lang darum, nach welchen Methoden die Handelsrisiken berechnet werden sollen. Im Dezember 1995 mündete dies in einer unverbindlichen Richtlinie, die es den Banken freistellt, ihr Risiko selbst zu taxieren. Nur mögen sie das Resultat, probehalber, bitte mit drei multiplizieren und entsprechend der so ermittelten Summe Eigenkapital vorhalten.[74]

Die Empfehlung, die erst nach drei Jahren vielleicht gesetzlich vorgeschrieben werden soll, hat die Debatte vorerst beruhigt, eine wirksame Sicherheitsmaßnahme ist sie ganz sicher nicht. Das räumte indirekt sogar Edgar Meister ein, dem bei der Bundesbank das Direktorat Bankenaufsicht untersteht. In einem Vortrag vor dem «European Risk Management Round Table» in einem abgeschirmten Tagungshaus im Taunus hielt er im Januar 1996, gerade mal sechs Wochen nach der Verabschiedung der Basler Empfehlung, den versammelten Risikoexperten der Geldbranche die Schwächen ihrer gängigen Berechnungen gleich im Dutzend vor. Viele Modelle enthielten «vereinfachende Ausnahmen», würden «extreme Ausschläge der Kurse» nicht einkalkulieren, unzulässig «von der Vergangenheit auf die Zukunft schließen» und schließlich «Liquiditätsengpässe kaum berücksichtigen, wie dies bei der Metallgesellschaft und Barings der Fall war».[75] Mit anderen Worten, das selbstorganisierte Risikomanagement versagt genau dann, wenn es am dringendsten gebraucht wird: bei unvorhersehbaren, großen Marktbewegungen. Das bestätigt auch Thomas Fischer, der bis zum Sommer 1995 den Derivathandel bei der Deutschen Bank leitete. «Schlimm wird es, wenn keiner mehr durchblickt, was eigentlich gerade passiert», erklärt der erfahrene Händler. «Dann wollen alle verkaufen, und nur wenige wollen es haben» – der Markt wird illiquide. «In solchen Situationen taugen alle Berechnungsmodelle nichts mehr, in drei Sekunden sind die Händler an ihrem Verlustlimit, und nichts geht mehr.»[76]

Verschärft wird das Crash-Risiko durch eine besonders brisante Schwachstelle im System, die zumeist peinlich verschwiegen wird: Die High-Tech-Architektur des elektronischen Marktplatzes ist alles andere als perfekt. Mit den schnellen Deals am Handelstisch und auf dem Börsenparkett sind die

Geschäfte keineswegs auch durchgeführt. Den Handel rechts-
verbindlich zu vereinbaren, Zahlungen anzuweisen und das
Eigentum an Wertpapieren auch tatsächlich zu überschreiben,
all das organisieren erst im nachhinein die Heerscharen von
Helfern in den sogenannten «back offices». Deren System
aber, anders als das der Händler, arbeitet langsam – zu langsam
für eine Branche, die in wenigen Stunden die ganze Welt in den
Konkurs treiben kann.

Ihr wichtigstes Instrument ist die «Society For Worldwide
Interbank Financial Telecommunication», kurz Swift. Diese
Organisation betreibt das leistungsfähigste private Kommuni-
kationsnetz der Welt, dem über 5000 Institute angeschlossen
sind. Über einige Dutzend regionaler Anschlußstellen und
zwei Großrechner an geheimen Orten nahe Amsterdam und
Washington organisiert Swift die Übermittlung von jährlich
über 500 Millionen Anweisungen weltweit. Erst hier, in per-
fekter Verschlüsselung, die militärischen Anforderungen entspricht, tauschen die Banken für sich und ihre Kunden die Vereinbarungen aus, die als verbindlich gelten. Erst nachdem die
Swift-Botschaften doppelt bestätigt sind, folgt die eigentliche
Abwicklung, also die Belastung und Gutschrift auf den jeweiligen Konten. Das geschieht nach wie vor ausschließlich über die
jeweiligen nationalen Giro-Netze, in Deutschland etwa über
das Leitsystem der Landeszentralbanken. Mark-Guthaben
verlassen niemals wirklich die Bundesrepublik, sondern wechseln lediglich auf Konten der zugelassenen Banken den Besitzer. Wer immer eine Transaktion in D-Mark ausführen will,
braucht eine Bank oder Filiale in Deutschland. Schon wegen
der verschiedenen Zeitzonen dauert all das aber zwei, manch-
mal sogar drei Tage, auch wenn nur ein einfaches Devisengeschäft erledigt wird. Im Krisenfall wissen die Bankmanager
darum erst viel zu spät, ob sie wirklich über die gehandelten
Summen verfügen können.

Noch komplizierter ist die Abwicklung im internationalen
Wertpapierhandel. Das ist das Geschäft von Euroclear, einer

einzigartigen Organisation mit Sitz in der Brüsseler Avenue Jaqumain. Ohne Firmenschild, hinter einer anonymen Fassade aus Granit und Glas, versteckt sich einer der empfindlichsten Knotenpunkte des Weltfinanzsystems. Nur zehn der 950 Mitarbeiter dürfen die hochgesicherte Computerzentrale betreten, die von eigenen Generatoren und großen Reservetanks auf dem Dach betrieben wird, die das System notfalls autonom mit Strom und Kühlwasser versorgen können. Zudem läuft an einem geheimgehaltenen Ort eine weitere komplette Anlage parallel, um bei Ausfall des Hauptrechners sofort alle Operationen übernehmen zu können. Täglich übermittelt ein privates Telekom-Netz des US-Konzerns General Electric die Anweisungen für 43 000 Transaktionen in die Rechner, die tagsüber die Botschaften annehmen und nachts verarbeiten. Dabei kommt nie auch nur eine Aktie oder ein Schuld-Zertifikat in Brüssel an. Vielmehr schafft Euroclear ein System der Systeme, das zwischen den nationalen Abwicklungsorganisationen vermittelt. In der Bundesrepublik ist das der deutsche Kassenverein mit Sitz in Düsseldorf, wo die Mehrzahl der deutschen Wertpapiere verwahrt wird. An nur einem Geschäft können schnell bis zu zehn verschiedene Adressen beteiligt sein – neben den eigentlichen Handelspartnern noch die Broker, die nationalen Depotzentralen sowie die Banken, auf deren Konten die entsprechenden Zahlungen verbucht werden müssen. So dauert das Verfahren, trotz optimaler elektronischer Ausrüstung und weltweiter Vernetzung, insgesamt drei Tage.[77]

Dieser Verzug könnte der ganzen Finanzwelt im Ernstfall zum Verhängnis werden. Denn während die Händler längst mit den erwarteten Einnahmen weiterhandeln, kann an anderer Stelle der milliardenwerte Datenfluß schon zum Stillstand gekommen sein. «Ein größerer Bruch in der Abwicklungskette kann große Teile des Systems zum Stillstand bringen», warnt Gerald Corrigan, Chefstratege für internationale Anlagen bei Goldman Sachs und früherer Präsident der New Yorker Fed. «Dann könnte die gefürchtete Blockade eintreten, in der die

Marktteilnehmer zu dem Schluß kommen, das Sicherste sei, nichts mehr zu tun, Zahlungen zurückzuhalten, die hinterlegten Sicherheiten der Handelspartner zu kassieren und schon verkaufte Papiere nicht mehr freizugeben.» Die Guthaben, die auf diese Weise blockiert werden könnten, seien viel zu groß geworden. Das Handelsvolumen und die damit verbundenen Risiken, so Corrigan, «wachsen viel schneller als die Fähigkeit der Banken, diese auch zu tragen».[78]

Vor dem Hintergrund solcher Warnungen erscheint ein Super-Gau im staatsfreien Cyberspace der Weltfinanz weitaus wahrscheinlicher, als viele ihrer Akteure sich selbst und ihren Kunden weismachen. Zwar haben Aufseher und Risikomanager zahllose Sicherheitsmechanismen installiert. So müssen sich die meisten Händler strikt an vorgegebene Limits halten. Fast überall dürfen sie nur mit Partnern dealen, deren Kreditwürdigkeit vorher geprüft wurde. Clearing-Zentralen wie Euroclear halten interne Kreditpuffer und Wertpapierreservefonds bereit, um Liquiditätsengpässe zu überbrücken. Aber weder mit Technik noch mit Prüfung können die Sicherheitsexperten der Weltfinanzmaschine verhindern, was auch die Manager anderer großtechnischer Systeme am meisten fürchten: menschliches Versagen. Im Einzelfall hat das an den Händlertischen und auf dem Börsenparkett kaum Bedeutung. Die Verluste des einen sind die Gewinne des anderen. Doch im globalen Rennen um Rendite ist Irrtum ansteckend. Wenn branchenbekannte Händler namhafter Banken und Fonds große Risiken eingehen, regiert schnell der Herdentrieb. Nicht nur bei einem, sondern bei Tausenden siegt dann die Gier über die Vernunft, und die sonst kühl kalkulierenden Strategen setzen im Rudel alle Sicherheitsregeln außer Kraft.

Nichts anderes stand hinter der «ersten großen Krise unserer neuen Welt der globalisierten Märkte», mit der IWF-Chef Camdessus und die US-Regierung im Januar 1995 kämpften. Als die mexikanische Regierung zunächst den Peso abwertete und kurz darauf zahlungsunfähig wurde, beklagten zahlreiche

US-Geldmanager, sie seien über das Ausmaß des mexikanischen Dollardefizits getäuscht worden, Mexiko habe zu lange die wahren Daten geheimgehalten. Nur deshalb hätten sie ihre Milliarden in das vordem vielversprechende Entwicklungsland gepumpt. Derlei Behauptungen belegen aber bestenfalls eine kollektive Selbsttäuschung oder waren schlicht gelogen. Moody's und andere Rating-Agenturen verfügten über alle Daten und hatten Anlagen in mexikanischen Staatspapieren schon während des gesamten Jahres 1994 als hochriskant eingestuft. Aber in diesem Fall wollten selbst die Manager der größten Fonds den brancheneigenen Wachhunden nicht glauben. «Die Gewinne waren einfach zu sexy», gestand einer der beteiligten Händler. Schon für die «Tesobonos», die in Dollar nominierten Staatsanleihen, die nicht von Abwertung bedroht waren, bot das mexikanische Finanzministerium lange vor Ausbruch der Krise zweistellige Zinsraten und holte so 14 Milliarden Dollar von amerikanischen Anlegern ins Land. Ausgerechnet der größte Publikumsfonds der Welt, die Fidelity Investment Group, die das Geld von Millionen amerikanischen Sparern verwaltet, stieg zeitweilig zum größten Gläubiger Mexikos auf. Entsprechend panisch reagierte die US-Finanzbranche, als sich in Mexiko-Stadt die Zahlungsunfähigkeit der Regierung abzeichnete.

Plötzlich verpuffte der ansonsten so gern ventilierte Zorn über staatliche Regulierungswut und inflationstreibende Haushaltsdefizite. Statt dessen erklärten die Sprecher aller Märkte bei Angehörigen des US-Kongresses und in Kontakten mit dem IWF-Direktor die systemsprengenden Folgen eines weltweiten Domino-Effekts und mahnten jene Milliarden-Hilfe an, die Camdessus und Finanzminister Rubin schließlich mit ihrer Nacht-und-Nebel-Aktion aus Steuergeldern zusammenkratzten.

Die Peso-Krise enthüllte aber nicht nur die Schwäche der Staaten gegenüber der unkontrollierten Spekulation, sondern auch die Ohnmacht der Marktmacher gegenüber ihren eigenen

Schwächen. Die anarchische, antistaatliche Gesinnung der Lenker des Kapitalflusses dreht sich immer dann ins Gegenteil, wenn es gilt, die von ihnen verursachten Unfälle zu bewältigen. Die Märkte sollen zwar regieren, aber nur als Diktatur mit beschränkter Haftung. Für Krisen bleibt die internationale Staatengemeinschaft zuständig. Doch wie viele Mexikos wird diese Gemeinschaft noch aushalten? Längst kursiert ein weiteres Crash-Szenario. Um ihren angeschlagenen Finanzsektor zu sanieren, überschwemmt die Bank of Japan seit Anfang 1995 die Welt mit beinahe zinslos ausgegebenen Yen und beschert gewieften Anlegern eine sagenhafte Bonanza. Fonds und Banken aus aller Welt liehen sich billige Yen in Milliardenhöhe, tauschten in Dollar und kassierten Zinsmargen von bis zu sechs Prozent. 300 Milliarden Dollar aus japanischen Quellen flossen allein in den Erwerb von US-Anleihen. Den fetten Gewinnen folgte die Furcht vor dem dicken Ende. Wie sollte diese Geldwalze wieder abgebaut werden? Was würde geschehen, wenn die japanische Konjunktur anspringt und die Notenbank den Zins wieder hochsetzt? Bis August 1996 hielt der Yen-Segen noch an, der Japan-Zins blieb niedrig. Aber weltweit grübelten Analysten und Zentralbanker, ob womöglich ein erneutes Erdbeben an den Bond-Märkten bevorstehe wie schon im Frühjahr 1994, diesmal mit dem Epizentrum Tokio statt Washington.[79]

Aufruhr an den Märkten stiftet auch die Lage an den brasilianischen Börsen. Der US-Ökonom Rüdiger Dornbusch warnte im Juni 1996, Brasilien drohe Ähnliches wie Mexiko. Auch in Brasilien halte die Regierung an einem unrealistischen Dollarkurs für ihre Landeswährung Real fest und ziehe mit überhöhten Zinsen zuviel ausländisches Spekulationskapital in den Markt. Brasilien fahre «auf der falschen Straßenseite in der Erwartung, daß niemals Gegenverkehr kommt», spottete Dornbusch.[80]

So wächst Jahr für Jahr die Wahrscheinlichkeit, daß die wildgewordene Finanzmaschine weltweite Krisenwellen auslöst, die allein mit dem Glauben an die ordnende Kraft des Marktes nicht zu beherrschen sind. Aber bald schon könnte auch der Ruf nach dem Staat ins Leere zielen. Denn die Internationale der Hochfinanz untergräbt unentwegt, worauf sie im Krisenfall am dringendsten angewiesen ist: die Handlungsfähigkeit der Nationalstaaten und ihrer internationalen Institutionen.

Damit steht die Finanzbranche allerdings nicht allein. Am gleichen Ast sägt auch die zweite Gruppe der neuen, selbsternannten Weltenlenker im Zeichen der Globalisierung: die Dirigenten der transnationalen Konzerne aller Sparten. Im Gefolge der Zeitenwende von 1989 haben sie einen Siegeszug angetreten, der die Welt schneller und radikaler verändert als je irgendein Imperium oder eine politische Bewegung zuvor. Doch auch dieser Sieg schmeckt bitter. Und das Triumphgefühl wird nicht lange anhalten.

Das Gesetz der Wölfe

Die grenzenlose Jobkrise und die neue Transnationale

«Schafft die Zölle ab und unterstützt den Freihandel, dann werden unsere Arbeiter in jedem Bereich der Wirtschaft wie in Europa auf das Niveau von Leibeigenen und Paupern heruntergebracht.»
Abraham Lincoln, 16. Präsident der Vereinigten Staaten von Amerika
(1860–1865)

In Dearborn im US-Staat Michigan arbeiten im Schein zahlreicher Computer-Bildschirme die wertvollsten Ingenieure des Ford-Konzerns, des zweitgrößten Autobauers der Welt. Mühelos demonstrieren sie die Symbiose von Mensch und Maschine. Ein Karosserie-Designer fährt mit seinem verkabelten Stift über das elektromagnetische Zeichenfeld auf seinem Tisch. Ein schneller Druck hier, eine Linie dort, und auf seinem Monitor werden die Umrisse eines Fahrzeugs erkennbar, das vielleicht bald als das neueste Ford-Modell in Ausstellungsräumen in aller Welt die Blicke der Käufer auf sich ziehen wird. Plötzlich ertönt aus einem unscheinbaren Lautsprecher neben dem Monitor eine hohle Stimme: «Das gefällt mir ganz gut», kommentiert der Anonymus das Gezeichnete, «aber wie wäre es, wenn wir es so machen?» Und wie von Geisterhand gesteuert verändert sich die Fahrzeugskizze auf dem Schirm, wird oben ein wenig runder und seitlich noch schnittiger.

Das mitzeichnende Phantom sitzt in Köln, der Europa-Zentrale von Ford. Mal gleichzeitig, mal nacheinander im Schichtbetrieb arbeiten die Entwickler in Deutschland mit ihren Kollegen in Dearborn an denselben Projekten. Sie führen europäische, amerikanische und auch japanische Ideen und Vorstellungen zusammen. Silicon Graphics Computer stehen überall, fünf über die Kontinente verstreute Entwicklungslabors bilden ein einziges, globales Studio für die Autokonstruktion, in dem jeder virtuelle Crash-Test, jede aerodynamische Berechnung für jedes Modell nur noch in einer gemeinsamen Testserie durchgeführt werden muß.

Das Design per Video- und Rechnerschaltung über alle Ozeane und Zeitgrenzen hinweg ist Teil der bislang radikalsten Reorganisation des Ford-Konzerns. Seit Anfang 1995 entwickelt nicht mehr jede regionale Tochtergesellschaft ihre eigenen Modelle, wird nicht mehr das fertige Konstrukt der einen Division von der nächsten überarbeitet und in der dritten angepaßt. Statt dessen verordnete Ford-Chef Alex Trottman die Verschmelzung der alten Regionalkonzerne zu zwei großen Einheiten, die den Markt in Europa und den USA sowie in Asien und Lateinamerika bedienen werden. Was vor kurzem noch als schwerfällig und umständlich erschien – die Anwendung modernster Informationstechnik stößt die Tür auf für die global integrierte Unternehmensmaschine. Entwicklung, Einkauf, Vertrieb – Ford optimiert online im Weltmaßstab und vermeidet jede Doppelarbeit bis in die abgelegenste Provinzfiliale. Das Ergebnis sind «global cars», mit denen Ford einmal mehr den weltweiten Standard dafür setzt, wie die Herstellung von Automobilen auf größtmögliche Effizienz getrimmt werden kann. Die Umstellung spart Kosten in Milliardenhöhe und voraussichtlich mehrere tausend hochqualifizierte, gutbezahlte Jobs von Managern, Ingenieuren und Verkäufern. Für das zuletzt weltweit vermarktete Modell, den Mondeo, benötigten die Ford-Konstrukteure noch zwei Monate und 20 internationale Arbeitskonferenzen, ehe das Projekt beschlußbereit war. Für das neueste Modell Taurus waren gerade mal 15 Arbeitstage und drei Kontrollsitzungen nötig, bis der Vorstand grünes Licht für den Produktionsstart gab, ein Effizienzsprung von über hundert Prozent.[1]

Die «Revolution bei Ford», so das Wirtschaftsblatt *The Economist*, folgt nicht etwa dem Druck einer finanziellen Krise. Über sechs Milliarden Dollar Gewinn fuhr der Konzern im Jahr 1994 ein. Trottman und seine Führungsmannschaft verwirklichen lediglich, was ihnen die Anwendung modernster Technologie im globalen Netz ermöglicht – und alle anderen werden folgen, nicht nur im Automobilbau.

Branche für Branche, Beruf für Beruf wälzt eine Revolution die Arbeitswelt um. Kaum jemand bleibt verschont. Vergeblich suchen Politiker und Ökonomen noch nach Ersatz für die verlorenen Blaumann-Jobs, die im Vulkan-Schiffbau, in den Flugzeugwerften der Dasa oder an den Fließbändern bei Volkswagen verschwinden. Da hat die Angst um den Arbeitsplatz längst auch in den Angestelltenbüros Einzug gehalten und erfaßt die ehedem sichersten Sektoren der Wirtschaft. Aus Jobs fürs Leben werden Gelegenheitsarbeiten, und wer gestern noch einen Zukunftsberuf hatte, dessen Fähigkeiten können sich über Nacht in wertloses Wissen verwandeln.

So brechen für die knapp eine Million Angestellten des Banken- und Versicherungsgewerbes dunkle Zeiten an. Seitdem die Unternehmen der Finanzwirtschaft im Weltmaßstab gegeneinander antreten, verheißt ihnen der grenzenlose Wettbewerb ein Schicksal, wie es in der gleichen Härte vordem nur den Beschäftigten in der Textilbranche widerfuhr. Mit Geldautomaten und Kontoauszugs-Druckern ging es erst los. Nun drängen amerikanische und japanische Banken, Versicherungen und Investmentfonds auf den europäischen und vor allem auf den deutschen Markt für Sparer und Kreditnehmer. American Express zum Beispiel bietet seit 1995 Girokonten an, die ohne Kündigungsfrist höhere Zinsen bieten als das Sparbuch. Rund um die Uhr kann der Kunde telefonisch oder per PC Aufträge aller Art erteilen, Erspartes binnen Minuten in höher verzinste Anlagen umschichten und sich sogar das Bargeld nach Hause senden lassen. Auch Fidelity Investments, die weltgrößte Fondsgesellschaft mit Hauptsitz in Boston im US-Bundesstaat Massachusetts, verkauft von ihrer Niederlassung in Luxemburg aus in der ganzen Europäischen Union ihre Wertpapiere per Telefon. Diese Marktstrategie stellt die traditionellen Strukturen des Bankgeschäfts auf den Kopf. Dichte Filial-netze, die bislang wegen ihrer Nähe zum Kunden ein Vorteil waren, werden nun zum teuren Luxus und Wettbewerbsnach-teil. Mit selbständigen Tochtergesellschaften wie der Bank 24 oder der Advance Bank, hinter denen die Deutsche Bank und die Vereinsbank stehen, stellen derzeit alle großen deutschen Geldhäuser auf das Telegeschäft um. Der Anlaufphase wird in den kommenden Jahren eine radikale Ausdünnung der Filialen folgen.

Bankkaufleute mit Abitur, Lehre, aufwendiger betrieblicher Weiterbildung und entsprechend hohen Gehältern werden dann nur noch in kleiner Zahl gebraucht. Vom traditionellen Berufsbild des freundlichen, gutbezahlten Bankangestellten von nebenan bleibt nicht viel übrig. Bei VB-Dialog etwa, dem Direktbank-Ableger der Bayerischen Vereinsbank, gilt nicht mehr der Tarifvertrag mit der Gewerkschaft. Statt der üblichen 23 bis 30 Mark erhalten die Mitarbeiter nur 16 Mark die Stunde, wenig mehr als im Reinigungsgewerbe üblich ist. Das Urlaubsgeld spart die Münchner Großbank bei den neuen Mit-arbeitern ebenso wie das Weihnachtsgeld. Zudem müssen sie ohne Zuschlag rund um die Uhr einsatzbereit sein, selbst am Wochenende. Sogar für die hochspezialisierten Experten, die eine betuchte Klientel und Firmenkunden betreuen, wird es eng, ebenso für die Millionenjongleure auf dem elektronisch organisierten Weltfinanzmarkt. Schon fünf der großen deut-schen Finanzhäuser kauften sich bei Investmentbanken in Lon-don ein und konzentrieren dort ihr Großkundengeschäft. Bei Kleinwort Benson (Dresdner) oder Morgan Grenfell (Deut-sche) haben deutsche Jobbewerber, selbst wenn sie aus dem eigenen Haus kommen, nur geringe Chancen. Ihre Arbeitgeber setzen lieber auf angelsächsische Kräfte.

US-Finanzprofis in Washington und New York höhnen über das ihrer Meinung nach veraltete, ineffiziente und vor allem viel zu gewinnarme Bankensystem in Europa. «Das Manage-ment des großen Geldes in der Schweiz», erklärt ein führender

Wall-Street-Fondsmanager, «ist in einer anderen Welt aufgewachsen. Doch diese Leute werden alle das Boot verpassen, wenn die Anleger bei uns 30 Prozent Jahresrendite bekommen und Schweizer Banken vielleicht zwei oder drei Prozent bieten.» Binnen weniger Jahre, so sind viele amerikanische Großspekulanten überzeugt, werden sie auch Milliardenbeträge bislang vorsichtiger deutscher, Schweizer und österreichischer Sparer in ihre Risikofonds locken. «Zunächst eröffnen wir in der Züricher Bahnhofstraße eine auffällige Filiale. Die Schweizer Kunden werden die Nase rümpfen und uns mißtrauen. Wenn aber ein mutiger Nachbar, der bei uns sein Geld anlegt, nach wenigen Jahren mit einem Porsche vorfährt, den er sich bei uns verdient hat, wird sich das sofort ändern», erklärt ein Insider plastisch die Strategie.

Die Konsequenzen werden hart. «Die Banken sind die Stahlindustrie der neunziger Jahre», prophezeit Ulrich Cartellieri, Vorstandsmitglied der Deutschen Bank.[2] Das ist keine Übertreibung, ermittelten Marktforscher der Unternehmensberatungsgesellschaft Coopers & Lybrand. In einer Studie über die Pläne der 50 führenden Banken der Welt sagen sie voraus, daß im Geldgewerbe in den nächsten zehn Jahren die Hälfte aller Mitarbeiter ihren Job verlieren wird. Hochgerechnet auf die deutsche Finanzbranche bedeutet das den Verlust von einer halben Million gutbezahlter Arbeitsplätze.[3]

Drei Inder für einen Schweizer

Was bei Banken und Versicherungen gerade erst beginnt, hat eine vermeintliche Zukunftsbranche schon voll erfaßt: die Software-Industrie. Während an Deutschlands Universitäten im Herbst 1996 noch über 30 000 junge Leute Informatik studieren, ist bereits absehbar, daß ein großer Teil der angehenden Computerexperten auf dem Arbeitsmarkt nur noch wenig Chancen auf einen sicheren Job haben wird. Wie schnell der Wert ihres Wissens verfallen kann, wissen die Programmierer im kalifornischen Silicon Valley schon seit einiger Zeit. Bereits vor zehn Jahren begannen die Chef-Entwickler solcher Unternehmen wie Hewlett-Packard, Motorola oder IBM, neue Fachleute aus Indien zu Niedriglöhnen anzustellen. Zeitweilig orderten sie ganze Charterflugzeuge mit den begehrten Aushilfskräften. «Brain shopping», Hirne kaufen, nannten sie das Sparkonzept. Die örtlichen Software-Experten widersetzten sich zunächst der Billigkonkurrenz, und die Regierung unterstützte sie. Sie gewährte indischen Computerspezialisten nur noch in Ausnahmefällen die notwendigen Visa-Vermerke.

Doch den amerikanischen Software-Ingenieuren nutzte das wenig. Viele Firmen verlagerten einfach wichtige Teile ihrer Datenarbeit direkt nach Indien. Neu-Delhis Regierung bot ihnen in zehn eigens eingerichteten Sonderzonen die gesamte notwendige Infrastruktur fast kostenlos, vom klimatisierten Großraumlabor bis zur Satellitenverbindung. Binnen weniger Jahre stieg die «Electronic City» der Millionenstadt Bangalore im Zentrum des indischen Hochlandes zu Weltruhm auf. Siemens, Compaq, Texas Instruments, Toshiba, Microsoft und Lotus – alle Global Player der Computerbranche unterhalten inzwischen Filialen oder geben Entwicklungsarbeit bei ortsansässigen indischen Subunternehmen in Auftrag. Insgesamt beschäftigt die Software-Industrie des Subkontinents heute schon 120 000 Absolventen der Universitäten von Madras, Neu-Delhi und Bombay. Sie brachten ihren Unternehmen im Jahr 1995 umgerechnet über 1,2 Milliarden Dollar Umsatz ein, zu zwei Dritteln aus dem Export ihrer Dienstleistungen.[4] Weil jedoch der Boom in Bangalore den Autoverkehr vervielfachte und die Luftverschmutzung unerträglich werden ließ, aber auch das anhaltende Massenelend die Gemüter belastet, fällt die Stadt schon wieder zurück. Die Software-Schmieden weichen aus und bevorzugen neuerdings Poona.

Zehn Jahre nach dem harmlosen Start mit dem indischen Personalversand nach Kalifornien ist an den Heimatstandorten der Branche in den USA, Westeuropa und Japan nichts mehr wie es war. In Deutschland strichen allein die drei Computerriesen IBM, Digital Equipment und Siemens-Nixdorf seit 1991 mehr als zehntausend Stellen, nicht nur, aber auch wegen des Aufbaus ihrer Filialen in Bangalore. Ebenso nutzen viele Unternehmen, die umfangreiche Datenmengen zu verarbeiten haben, das Angebot von der anderen Seite des Planeten. Swissair, British Airways und Lufthansa gaben große Teile ihrer Buchhaltung bei indischen Subunternehmen in Auftrag. Die Deutsche Bank läßt von ihrer Tochterfirma in Bangalore die EDV-Systeme ihrer Auslandsfilialen warten und ausbauen. Inder entwickelten auch das Logistik-Konzept für die Containerkais in Bremerhaven oder Steuerprogramme für die Hamburger Intercope, die unternehmenseigene Telekomnetze organisiert. Das Motiv für die Expansion nach Indien ist stets das gleiche: Die dortigen Mitarbeiter sind an englischsprachigen Universitäten hervorragend ausgebildet und kosten dennoch nur einen Bruchteil ihrer Kollegen im Norden. Hannes Krummer, Sprecher der Swissair, formulierte die Faustformel der elektronischen Indienfahrer: «Für den Preis eines Schweizers können wir drei Inder einstellen.» Allein die Verlegung der Rechnungserstellung habe 120 Jobs in Zürich und Kosten von acht Millionen Franken jährlich eingespart.[5]

Und das ist noch immer erst der Anfang. Seit 1990 drängt eine weitere Million qualifizierter Informatiker auf den Markt – aus Rußland und Osteuropa. Schon erledigt eine Firma in Minsk arbeitsintensive Wartungsarbeiten für IBM Deutschland per Satellit. Die deutsche Software AG läßt in Riga programmieren, und die Daimler-Benz-Tochter Debis vergibt Programmieraufgaben nach St. Petersburg. «Dort wird noch günstiger angeboten als in Indien», sagt Debis-Chef Karl-Heinz Achinger. René Jötten, Indienexperte bei Siemens, pflichtet ihm bei. In Bangalore seien die Kosten schon wieder zu hoch, «wir überlegen, bald woandershin zu gehen».

Derweil wächst auch für die fleißigen und anspruchslosen

Datenarbeiter in Ost und Süd eine noch billigere Konkurrenz heran: Der Kollege Computer selbst wird unschlagbar. Branchenkenner wie Karl Schmitz von der Gesellschaft für Technologieberatung und Systementwicklung halten die Niedriglohnarbeit im EDV-Gewerbe für ein «vorübergehendes Phänomen». Fertige Software-Module und neue Programmiersprachen würden bald fast jede Arbeit überflüssig machen. Mit den neuen Werkzeugen könne ein Programmierer der Zukunft soviel leisten wie hundert seiner heutigen Kollegen – eine gnadenlose Prognose für einen Berufsstand, der bislang zur Arbeitselite an der Front des Fortschritts zählte.[6] Behält Schmitz recht, werden von derzeit 200 000 Arbeitsplätzen in der deutschen Software-Industrie nur 2000 übrigbleiben, in Worten: zweitausend.

Immerhin können die Computerexperten noch auf das Wachstum der Nachfrage für ihre Zunft hoffen. Weltweit konzentrieren sich Telefonunternehmen auf die Einrichtung von Hochleistungsnetzen, deren Datenautobahnen wiederum das Geschäft mit Multimedia-Dienstleistungen ankurbeln werden. Die Anwendungsprogramme zu schreiben wird noch viel Arbeit erfordern. 1995 stockten die deutschen Software-Unternehmen ihr Personal erst einmal wieder auf. Gleichzeitig werden aber mit dem bevorstehenden Online-Boom zahllose andere Dienstleistungsberufe im Cyberspace verschwinden. Archivare und Bibliothekare, Reisebürokaufleute, Einzelhandelsverkäufer, die Mitarbeiter von Regionalzeitungen und Anzeigenblättern, sie alle werden überflüssig. Wenn erst die Mehrzahl der Haushalte mit PC und Datentelefon ausgerüstet sein wird und die Kunden in Minutenschnelle aus einem weltweiten Angebot auswählen können, ohne auch nur ihre Wohnung zu verlassen, werden große Teile des Arbeitsmarktes einfach wegbrechen.

Millionenopfer für den Weltmarkt

Auslagern, vereinfachen, streichen und kündigen – die Hoch-
leistungs- und High-Tech-Ökonomie frißt der Wohlstandsgesellschaft die Arbeit weg und entläßt ihre Konsumenten. Ein
wirtschaftliches und soziales Erdbeben bislang unbekannten
Ausmaßes kündigt sich an. Gleich ob Automobil- oder Com-
puterbau, Chemie- oder Elektronik, Telekom oder Postdienste,
Einzelhandel oder Finanzwirtschaft: Wo immer die Produkte
oder Dienstleistungen über alle Grenzen hinweg frei gehandelt
werden, geraten die Beschäftigten in einen scheinbar unaufhaltsamen Strudel aus Entwertung und Rationalisierung. In der
westdeutschen Industrie gingen allein in den drei Jahren von
1991 bis 1994 über eine Million Arbeitsplätze verloren.[7] Und
Deutschland steht im internationalen Vergleich noch gut da.
In den anderen Ländern der OECD, der Organisation der 23
reichen Industrienationen und fünf ärmeren Nachbarn,
schrumpfte die Zahl der gutbezahlten Jobs noch schneller.[8]
Schon über 40 Millionen Menschen in den OECD-Staaten suchen im Jahr 1996 vergeblich nach Arbeit. Von den USA bis
nach Australien, von Großbritannien bis Japan schwindet in
den führenden Nationen der Weltwirtschaft der Massenwohlstand rapide.

Selbst das Gewerbe, das den Niedergang beschreiben sollte
und für das «bad news» stets «good news» bedeuten, bekommt die veränderten Zeiten zu spüren: Journalisten und
Dokumentaristen, Rechercheure und Schlußredakteure – auch
ihnen setzt die heraufziehende Tittytainment-Welt zu. Immer
weniger Medienleute produzieren immer schneller immer
mehr Stories; von Festanstellungen mit einem üppigen Spesen-
etat – wie in den Flaggschiffen der Printmedien und den öffent-
lich-rechtlichen TV-Anstalten so lange üblich – können Nach-
wuchsjournalisten nicht einmal mehr träumen. Was früher bei
Spiegel oder *Stern*, im WDR oder im Bayerischen Rundfunk
selbstverständlicher Standard war, ist heute langjährigen Mit-

arbeitern und einigen Jung-Stars vorbehalten. Berufseinsteiger müssen sich dagegen mit unsicheren Pauschalverträgen und kärglichen Zeilenhonoraren begnügen. Selbst Buchverleger und seriöse Fernseh- und Filmemacher greifen auf Billigarbeit zurück. Gutgehende Verlage zögern mit Neueinstellungen, man weiß ja nicht, was noch alles auf die Branche zukommt, die durch steigende Papierpreise und schwindendes Leserinteresse gebeutelt wird.

Gewaltige Jobeinbrüche stehen gerade auch in Branchen bevor, die ihren Mitarbeitern bis vor kurzem noch lebenslange Anstellung versprachen, unabhängig vom Auf und Ab der Weltkonjunktur. Nicht nur bei den Banken und Versicherungen droht Beschäftigungsabbau im großen Stil, sondern auch bei Telekom-Unternehmen, Fluggesellschaften und im öffentlichen Dienst. Nimmt man die Effizienz der jeweiligen internationalen Branchenführer zum Maßstab und rechnet auf dieser Basis die künftigen Arbeitsplatzverluste bei deutschen oder anderen europäischen Konzernen hoch, so zeichnen sich europaweit Massenentlassungen ab – siehe dazu die Schaubilder auf den Seiten 148 bis 151. Deutschland und die Europäische Union bieten den hungrigen Wölfen im globalen Wettbewerb eine fette Beute.

Ein Ende des Jobverfalls ist nicht in Sicht. Im Gegenteil: Nach einer Auswertung der Erhebungen von Weltbank, der OECD, des McKinsey Global Institute, der Forschungsgruppe des Weltmarktführers für Unternehmensberatung, sowie zahlreicher Branchendienste und Geschäftsberichte kommen die Autoren dieses Buches zu dem Schluß, daß in den kommenden Jahren weitere 15 Millionen Arbeiter und Angestellte in der Europäischen Union um ihre Vollzeitjobs fürchten müssen, beinahe noch einmal so viele, wie im Sommer 1996 schon arbeitslos gemeldet waren.

Allein in Deutschland sind mehr als vier Millionen Arbeitsplätze akut gefährdet. Damit könnte sich die Arbeitslosenquote von derzeit 9,7 Prozent auf 21 Prozent mehr als verdoppeln. In

Österreich könnte sie von gegenwärtig 7,3 auf 18 Prozent hochschnellen. Soweit wird es vermutlich nicht kommen, denn viele der verlorenen, soliden Arbeitsplätze werden voraussichtlich durch Teilzeitstellen, Zeitarbeit auf Abruf und Niedriglohnjobs ersetzt. Allerdings werden die Einkommen in der neuen Arbeitswelt, die Millionen Gelegenheitsarbeiter von einem Kurzzeitjob zum anderen springen läßt, deutlich geringer sein als im bisherigen Tariflohnsystem. Die 20 : 80-Gesellschaft rückt näher.

Die Folgen des Umbruchs spürt jeder, auch wenn die eigene Arbeit noch sicher scheint. Zukunftsangst und Unsicherheit greifen um sich, das soziale Gefüge zerbricht. Doch die Mehrzahl der Verantwortlichen verweigert die Verantwortung. Regierungen und Konzern-Vorstände geben sich ratlos und halten sich für unschuldig. Der vor kurzem noch unvorstellbare massenhafte Stellenabbau sei Folge eines unausweichlichen «Strukturwandels», erklären sie ihren Wählern und Beschäftigten. Bei fortwährend hohen Löhnen habe die Massenproduktion in Westeuropa keine Zukunft mehr, meint etwa Martin Bangemann, Wirtschaftskommissar der Europäischen Union, «mit China und Vietnam warten bereits Konkurrenten, deren Lohnkosten kaum noch zu unterbieten sind».[9] Und das Managerblatt *Wall Street Journal* konstatiert: «Die Konkurrenz in einer brutalen globalen Wirtschaft schafft einen globalen Arbeitsmarkt. Kein Job ist mehr sicher.»[10]

Gerne verklären die Nutznießer der entgrenzten Ökonomie die Krise zu einer Art naturgesetzlichem Vorgang. «Der Wettbewerb im globalen Dorf ist wie eine Sturmflut, keiner kann sich ihm entziehen», verhieß 1993 der damalige Daimler-Benz-Chef Edzard Reuter.[11] Drei Jahre und eine Million gestrichener Jobs später wiederholt Heinrich von Pierer, Konzernlenker bei Siemens, fast wortgleich dieselbe Botschaft: «Der Wettbewerbswind ist zum Sturm geworden, und der richtige Orkan steht uns noch bevor.»[12] Die Integration der Wirtschaft über

Der große Kahlschlag

Drohende Jobverluste bei wichtigen Dienstleistern

Banken

Überzählige Beschäftigte im In- und Ausland bei deutschen und österreichischen Finanzkonzernen gemessen an der Produktivität der amerikanischen Großbank Citicorp im Jahr 1995 (Betriebsergebnis pro Mitarbeiter = 68 769 US-Dollar).

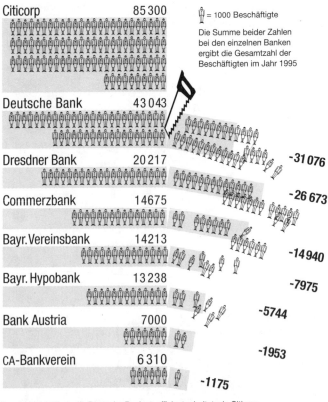

Citicorp 85 300

= 1000 Beschäftigte

Die Summe beider Zahlen bei den einzelnen Banken ergibt die Gesamtzahl der Beschäftigten im Jahr 1995

Deutsche Bank 43 043

Dresdner Bank 20 217 -31 076

Commerzbank 14 675 -26 673

Bayr. Vereinsbank 14 213 -14 940

Bayr. Hypobank 13 238 -7975

Bank Austria 7000 -5744

CA-Bankverein 6 310 -1953

-1175

Quellen: Geschäftsberichte der Banken

Lesebeispiel: Wenn die Deutsche Bank so effizient arbeitet wie Citicorp, dann werden bei gleichbleibendem Gewinn 31 076 weniger Angestellte benötigt, als im Jahr 1995 bei Deutschlands größtem Geldinstitut beschäftigt waren.

Telekom

Überzählige Beschäftigte bei europäischen Telekomunternehmen
gemessen an der Produktivität der US-Telefongesellschaft Pacific Telesis
im Jahr 1994 (296 Hauptanschlüsse pro Mitarbeiter).

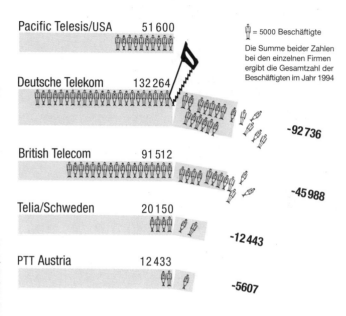

Pacific Telesis/USA   51 600

= 5000 Beschäftigte

Die Summe beider Zahlen
bei den einzelnen Firmen
ergibt die Gesamtzahl der
Beschäftigten im Jahr 1994

Deutsche Telekom   132 264

-92 736

British Telecom   91 512

-45 988

Telia/Schweden   20 150

-12 443

PTT Austria   12 433

-5607

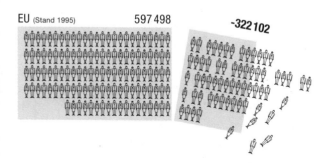

EU (Stand 1995)   597 498   -322 102

Fluggesellschaften

Überzählige Beschäftigte bei europäischen Luftfahrtunternehmen gemessen an der Produktivität der US-Fluggesellschaft United Airlines im Jahr 1995 (2,2 Millionen Passagierkilometer pro Mitarbeiter).

Quellen: Association of European Airlines, Yearbook; IATA, World Air Transport Statistics; Geschäftsberichte der Fluglinien

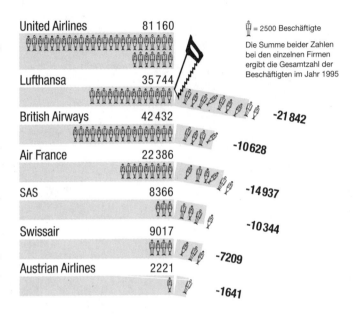

United Airlines 81 160

Lufthansa 35 744

British Airways 42 432 -21 842

Air France 22 386 -10 628

SAS 8366 -14 937

Swissair 9017 -10 344

Austrian Airlines 2221 -7209

-1641

AEA* 186 209 -125 124

Ŷ = 2500 Beschäftigte

Die Summe beider Zahlen bei den einzelnen Firmen ergibt die Gesamtzahl der Beschäftigten im Jahr 1995

*Association of European Airlines (Adria Airways, Aer Lingus, Air France, Air Malta, Alitalia, Austrian Airlines, Balkan, British Airways, British Midland, CSA, Cyprus Airways, Finnair, Iberia, Icelandair, JAT, KLM, Lufthansa, Luxair, Malev, Olympic Airways, Sabena, SAS, Swissair, TAP Air Portugal, Turkish Airlines)

Versicherungen

Überzählige Beschäftigte in der europäischen Versicherungsbranche gemessen an der Produktivität im französischen Assekuranz-Geschäft im Jahr 1994 (Prämieneinnahmen, Direct Total Gross Premiums, pro Mitarbeiter = 902 504 US-Dollar).

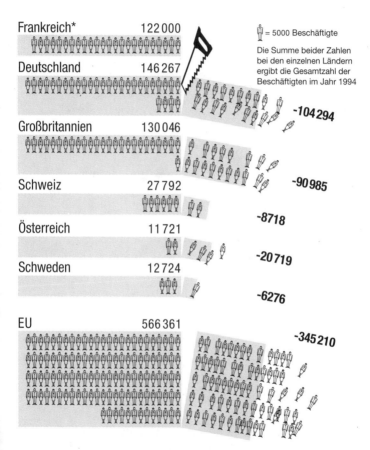

Frankreich* 122 000

Deutschland 146 267

-104 294

Großbritannien 130 046

Schweiz 27 792 -90 985

-8718

Österreich 11 721

-20 719

Schweden 12 724

-6276

EU 566 361

-345 210

= 5000 Beschäftigte

Die Summe beider Zahlen bei den einzelnen Ländern ergibt die Gesamtzahl der Beschäftigten im Jahr 1994

*In Frankreich ist das Bank- und das Versicherungswesen schon vielfach in sogenannten Allfinanz-Unternehmen zusammengefaßt, die für den Vertrieb der Versicherungsverträge und die Anlageverwaltung des Prämien-vermögens weit weniger Angestellte benötigen. In den anderen europäischen Ländern wird für die Finanzbranche eine vergleichbare Integration erwartet.

alle Grenzen folgt aber keineswegs einem Naturgesetz oder einem linearen technischen Fortschritt, der alternativlos hereinbricht. Sie ist vielmehr das Ergebnis einer seit Jahrzehnten bewußt durchgeführten Regierungspolitik der westlichen Industrieländer, die damit bis heute fortfahren.

Von Keynes zu Hayek: Freiheitskampf für das Kapital

Der Weg in den globalen ökonomischen Kurzschluß begann, als Europa noch die Folgen des Zweiten Weltkriegs bewältigen mußte. 1948 vereinbarten die USA und Westeuropa das allgemeine Zoll- und Handelsabkommen, das General Agreement on Trade and Tariffs (GATT), mit dem die beteiligten Staaten erstmals ein gemeinsames internationales Handelsregime errichteten. In bislang acht, oft mehrjährigen internationalen Verhandlungsrunden vereinbarten die GATT-Mitglieder in den folgenden Jahrzehnten eine fortwährende Absenkung der Zolltarife. Heute fallen Zölle im Handel zwischen den entwickelten Nationen kaum noch ins Gewicht. Seit Gründung der GATT-Nachfolgeorganisation Anfang 1994, der World Trade Organisation (WTO) mit Sitz in Genf, feilschen die Regierungen nicht mehr um Zollschranken, sondern um den Abbau anderer Handelsbarrieren, etwa von staatlichen Monopolen oder technischen Vorschriften.

Die Konsequenzen der zunehmenden Handelsfreiheit sind überwältigend. Seit vier Jahrzehnten wächst der weltweite Austausch von Gütern und Dienstleistungen schneller als die Produktion. Seit 1985 übersteigt das Wachstum des Handelsvolumens die Zunahme der Wirtschaftsleistung sogar um das Doppelte. 1995 wurde bereits ein Fünftel aller Güter und Dienstleistungen, die weltweit statistisch erfaßt werden, grenzüberschreitend gehandelt.[13]

Lange Zeit konnten sich die Bürger der Industrieländer sicher sein, daß die wachsende ökonomische Verflechtung auch ihren Wohlstand mehrte. Doch gegen Ende der siebziger Jahre setzte eine epochale Wende in der westeuropäischen und amerikanischen Wirtschaftspolitik ein, welche die Weltwirtschaft in eine neue Dimension stieß. Bis dahin waren die meisten Industrieländer den Prinzipien gefolgt, die der britische Ökonom John Maynard Keynes als Antwort auf die ökonomischen Katastrophen der Zwischenkriegszeit entwickelt hatte. Keynes erhob den Staat zum zentralen Finanzinvestor der nationalen Volkswirtschaften, der über die öffentlichen Haushalte korrigierend eingreift, wenn der Marktprozeß zu Unterbeschäftigung und Deflation führt. Mit steigenden Investitionen sollten die Regierungen bei nachlassender Konjunktur eine zusätzliche Nachfrage erzeugen und somit Wachstumskrisen vermeiden. In Zeiten der Hochkonjunktur mußten sie die entstandene öffentliche Verschuldung mittels gestiegener Steuereinnahmen wieder ausgleichen, um Boom und Inflation vorzubeugen. Viele Staaten förderten zudem gezielt Industrien, von denen schnelles Wachstum sowie Nachfrage nach Arbeit zu erwarten waren. Mit den Ölpreisschocks von 1973 und 1979 geriet dieses Konzept jedoch ins Wanken. Vielfach gelang es den Regierungen nicht mehr, Staatsdefizit und Inflation unter Kontrolle zu bringen. Die stabilen Wechselkurse für die Währungen waren nicht zu halten.

Die Konservativen erhoben darum nach ihren Wahlsiegen 1979 in Großbritannien und 1980 in den USA ein grundsätzlich anderes wirtschaftspolitisches Dogma zur Richtschnur ihrer Politik: den sogenannten Neo-Liberalismus solcher Ökonomen wie des Reagan-Beraters Milton Friedman oder des Thatcher-Mentors Friedrich August von Hayek, der in seiner geldpolitischen Variante auch als Monetarismus bezeichnet wird. Diese Theoretiker billigten dem Staat nur noch die Rolle des Ordnungshüters zu. Je freier private Unternehmen bei Investitionen und Beschäftigungen seien, desto größer werde auch Wachstum und Wohlstand für alle ausfallen, versprachen sie. Aus dieser Annahme entwickelten die mehrheitlich wirtschaftsliberalen Regierungen des Westens in den achtziger Jahren eine Art Freiheitskampf für das Kapital. Auf breiter Front schafften sie Kontrollen und staatliche Eingriffsmöglichkeiten ab und drängten unwillige Partnerländer durch Handelssanktionen oder andere Druckmittel, diesem Kurs zu folgen.

Deregulierung, Liberalisierung und Privatisierung: Diese drei -ungs wurden die strategischen Instrumente der europäischen und amerikanischen Wirtschaftspolitik, die das neoliberale Programm zur staatlich verordneten Ideologie erhob. Die regierenden Marktradikalen in Washington und London verklärten das Gesetz von Angebot und Nachfrage zum besten aller möglichen Ordnungsprinzipien. Die Ausweitung des Freihandels wurde zum Selbstzweck, der nicht mehr hinterfragt wurde. Mit der völligen Freigabe des internationalen Devisen- und Kapitalverkehrs setzte sich der radikalste Eingriff in die Wirtschaftsverfassung der westlichen Demokratien ohne nennenswerten Widerstand durch.

Schon bald offenbarte sich, wer das Marktrisiko künftig tragen würde. Vor allem in arbeitsintensiven Branchen, die noch viele ungelernte oder wenig qualifizierte Arbeitskräfte beschäftigten, waren Unternehmen aller Größen mit der Konkurrenz aus Billiglohnländern konfrontiert. Die Herstellung von Möbeln, Textilien und Schuhen, Uhren oder Spielzeug rechnete sich in Westeuropa und den USA nur noch, wenn große Teile der Produktion automatisiert oder ins Ausland verlagert wurden. Zugleich brach mit Japan erstmals ein neues Industrieland in die Phalanx der alten Weltmarktführer ein und setzte mit aggressiven Billigangeboten auch die übrige Industrie unter Druck. Der alte Westen antwortete zunächst mit neuen Schutzzöllen oder erzwang Abkommen zur angeblich freiwilligen Beschränkung der Importe. Gleichzeitig behielten aber die Förderer des Freihandels politisch und ideologisch stets die Oberhand. Sie beklagten, derlei Protektionismus behindere den technischen Fortschritt, und setzten durch, daß die meisten Abwehrmaßnahmen nur vorübergehend galten.

Weg von der arbeitsintensiven Massenfertigung, hin zur High-Tech-Produktion und zur Dienstleistungsgesellschaft – diese Entwicklung sollte die Wunden heilen, welche die internationale Konkurrenz und die Automatisierung schlugen. Die Hoffnung erfüllte sich nie. Trotz anhaltenden Wachstums fanden in allen OECD-Ländern mit Ausnahme von Japan mehr und mehr Menschen keine gut entlohnte Arbeit mehr.

Wohlstand durch Freihandel: Das gebrochene Versprechen

Wäre es nach der gängigen wirtschaftswissenschaftlichen Lehrmeinung gegangen, hätte es zu dieser Arbeitsmarktlage gar nicht kommen dürfen. Der unbegrenzte Austausch von Gütern über die Staatsgrenzen hinweg, so lehren die Apologeten des Freihandels bis heute, mehre den Wohlstand der Nationen zum Gewinn aller Beteiligten. Zur Begründung berufen sich Professoren wie Politiker stets auf die Theorie des «komparativen Kostenvorteils», die der britische Ökonom David Ricardo im 19. Jahrhundert ersann. Ricardo versuchte damals zu erklären, warum der internationale Austausch auch solchen Ländern zum Vorteil gereicht, die im Vergleich mit dem Handelspartner weniger produktiv sind. Als Beispiel wählte er das Geschäft mit Wein und Tuch zwischen England und Portugal. Beide Produkte wurden in beiden Ländern hergestellt, wobei die Engländer damals dafür mehr Arbeit aufwenden mußten, also unproduktiver waren, und ihre Güter daher eigentlich für den Export als zu teuer hätten gelten können. Gleichwohl konnte es sich für Portugal lohnen, Wein nach England zu verkaufen und mit dem Erlös englisches Tuch zu kaufen. Umgekehrt hatte England einen Gewinn vom Tuchverkauf in Portugal und dem Import von portugiesischem Wein. Ursache war das Preisverhältnis der beiden Güter innerhalb der jeweiligen Landesgrenzen. Denn – so Ricardos Beispielrechnung – in England produzierte eine Arbeitsstunde in der Tuchherstellung den Gegenwert, den 1,2 Stunden Arbeit bei der Weinkelterung einbrachten. In Portugal dagegen betrug das Verhältnis nur 1 : 0,8, Wein war also gegenüber Tuch bei dem iberischen Handelspartner weniger wert als in England. Daraus ergab sich für beide Seiten ein relativer, *komparativer* Kostenvorteil. Es lohnte sich für Portugal, mehr Arbeitskraft in der Weinherstellung einzusetzen und kein Tuch herzustellen, England spezialisierte sich umgekehrt. Über den Handel konnten beide Völker im Ergebnis mehr Wein *und* mehr Tuch konsumieren, ohne mehr arbeiten zu müssen.

Ricardos Theorie ist ebenso einfach wie genial. Sie erklärt, warum der Handel zwischen den Nationen seit je auch mit solchen Produkten blüht, die beide Seiten herstellen können. Nur: Mit der gegenwärtigen Welt hat all das nur noch wenig zu tun. Denn die brillante Handelslehre Ricardos gründet auf einer Annahme, die schon lange nicht mehr gilt: Komparative Kostenvorteile treiben den Handel nur an, solange Kapital und private Unternehmen nicht mobil sind und im Lande bleiben. Für Ricardo war dies noch selbstverständlich: «Die Erfahrung zeigt», schrieb er, «daß die Unsicherheit und die Abneigung jedes Menschen, das Land seiner Geburt zu verlassen und sich einer fremden Regierung anzuvertrauen, die Abwanderung von Kapital hemmen...»[14]

Anderthalb Jahrhunderte später ist Ricardos Grundannahme gänzlich veraltet. Nichts ist heute mobiler als Kapital. Internationale Investitionen lenken nun die Handelsströme, Milliardentransfers mit Lichtgeschwindigkeit bestimmen die Wechselkurse sowie die internationale Kaufkraft eines Landes und seiner Währung. Nicht mehr relative Kostenunterschiede sind der Motor des Geschäfts. Was zählt, ist der absolute Vorteil in allen Märkten und Ländern gleichzeitig. Wann immer transnationale Unternehmen ihre Produkte dort herstellen lassen, wo die Löhne am geringsten sind und Sozialabgaben oder Umweltschutzkosten gar nicht erst anfallen, senken sie die absolute Höhe ihrer Kosten. Damit fällt aber nicht nur der Preis der Waren, sondern auch der Preis für die Arbeitskraft.

Der Unterschied ist keine Kleinigkeit im akademischen Disput der verschiedenen Schulen der Wirtschaftswissenschaft. Denn die Jagd nach dem absoluten Vorteil hat die Mechanismen fundamental verändert, nach denen sich die Weltwirtschaft entwickelt. Je besser Produktion und Kapital grenzenlos disponierbar wurden, um so mächtiger und unregierbarer wurden jene zum Teil gigantischen Organisationen, die heute Regierungen und ihre Wähler gleichermaßen einschüchtern und entmachten: die Transnationalen Konzerne (TNC). Annähernd 40 000 Unternehmen, die in mehr als drei Staaten Betriebsstätten unterhalten, zählt die UN-Handelsorganisation Unctad. Die einhundert größten vereinen auf sich jährliche Umsätze von annähernd 1,4 Billionen Dollar. Transnationale Unternehmen bestreiten heute zwei Drittel des Welthandels, fast die Hälfte dieses Austauschs wickeln sie innerhalb der konzerneigenen Netzwerke ab.[15] Sie stehen im Zentrum der Globalisierung – und treiben sie unablässig voran. Moderne Logistik und niedrige Transportkosten erlauben es ihnen, über alle Kontinente hinweg einzelne Herstellungsschritte zu vereinheitlichen und zu konzentrieren. Gut organisierte Konzerne, wie etwa der Maschinen- und Anlagenbauriese Asea Brown Boveri (ABB) mit 1000 Tochtergesellschaften in 40 Ländern, können im Bedarfsfall die Herstellung jedes Produkts oder Einzelteils binnen weniger Tage von einem Land ins andere verlegen. Nicht mehr die einzelnen Staaten und ihre nationalen Unternehmen bieten im Welthandel die Waren an, um anschließend über die Verteilung des erzielten Gewinns innerhalb der Landesgrenzen zu verhandeln oder zu streiten. Statt dessen konkurrieren nun die Proletarier aller Länder um die Arbeit, die sie in der weltweit organisierten Produktion noch übernehmen dürfen.

Dieser Prozeß sprengt die Regeln der ehedem nationalen Volkswirtschaften: Zum einen hat er die Abfolge von technischen Neuerungen und Rationalisierungen ins Absurde beschleunigt. Die Produktivität wächst schneller als die Wirtschaftsleistung insgesamt. Die Konsequenz ist das sogenannte «jobless growth», Wachstum also, das keine zusätzlichen Arbeitsplätze hervorbringt. Zum anderen verändert sich das Kräfteverhältnis zwischen Kapital und Arbeit von Grund auf. Der Internationalismus, einst eine Propagandawaffe der Arbeiterbewegung gegen kriegslüsterne Regierungen und Kapitalisten, arbeitet nun für die andere Seite. Die beinahe ausschließlich national organisierten Arbeitnehmer stehen einer Internationale der Konzerne gegenüber, die mit dem Trumpf der Auslagerung jenseits der Grenzen jede Forderung aussticht. Für Kapitalanleger und Konzernmanager mag das Versprechen vom Wohlstand durch Freihandel noch gelten. Aber für ihre Angestellten und Arbeiter, erst recht für die wachsende Zahl der Arbeitslosen, geht die Rechnung nicht mehr auf. Der vermeintliche Fortschritt verkehrt sich ins Gegenteil.

Spätestens mit Beginn der neunziger Jahre wurde dieser Trend unübersehbar. Doch statt auf die Bremse zu treten, gaben die Regierungen nun erst richtig Gas. Die Staaten Westeuropas hoben den europäischen Binnenmarkt aus der Taufe. Unter dem Programmtitel «Europa '92» beseitigten sie von Lissabon bis Kopenhagen fast alle Hemmnisse für die grenzüberschreitende Bewegung von Kapital, Waren und Dienstleistungen. Die USA, Kanada und Mexiko antworteten ihrerseits mit der Gründung der Nordamerikanischen Freihandelszone Nafta, die mit der 100-Millionen-Nation südlich des Rio Grande erstmals sogar ein großes Entwicklungsland voll integriert. Gleichzeitig trieben alle gemeinsam im Rahmen des GATT die letzte Zollsenkungsrunde voran, die im Dezember 1993 auch viele Dienstleistungen weltweit handelbar machte.

All das sollte den beteiligten Ländern ein wahres Füllhorn der Wohlstandsmehrung öffnen. Sechs Millionen neue Arbeitsplätze, zwei Prozent weniger Haushaltsdefizit und 4,5 Prozent zusätzliches Wirtschaftswachstum versprach etwa der sogenannte Cecchini-Bericht, eine über 1000 Seiten umfassende Studie, mit der die EG-Kommission in Brüssel im Jahr 1988 das

Binnenmarktprojekt begründete.[16] Ähnliche Verheißungen begleiteten die Gründung der Nafta und der WTO. Tatsächlich ereignete sich genau das Gegenteil. Der Binnenmarkt geriet zur wahren «Wettbewerbspeitsche» *(Die Zeit)* für die europäische Industrie, die einen bis dahin ungekannten Rationalisierungsschub quer über den Kontinent auslöste. Die Arbeitslosenzahlen stiegen, ebenso die Haushaltsdefizite. Das Wachstum verlangsamte sich dagegen eher.

In Österreich, das dem Marktverbund erst 1995 beitrat, bekommen die Arbeitnehmer dies erst jetzt nachhaltig zu spüren. Als etwa der deutsche Einzelhandelsriese Rewe im Juli 1996 die österreichische Ladenkette Billa erwarb, ging fast die Hälfte des nationalen Lebensmittelmarktes in die Kontrolle eines europaweit tätigen Konzerns über. Seitdem müssen mindestens ein Drittel der rund 30 000 Mitarbeiter der alpenländischen Agrar- und Nahrungsmittelindustrie um ihren Arbeitsplatz fürchten. Ihre Produkte sind am EU-Markt kaum konkurrenzfähig, die Rewe-Einkäufer werden aber den Herstellern in Österreich lediglich die niedrigen europäischen Preise bezahlen oder, wie gewohnt, bei ihren bisherigen Stammlieferanten in den übrigen EU-Ländern bessere Produkte zu günstigeren Bedingungen einkaufen.

Ganz ähnliche Erfahrungen machten auch die Nordamerikaner mit ihrer Freihandelszone Nafta. Bis heute warten sie auf die versprochenen Segnungen. Dennoch wollen die Regierungen der WTO-Staaten ihre transnationale Integration noch weiter forcieren. Während des Jahres 1996 sind gleich drei weitere Freihandelsverträge in Vorbereitung: Der Gigant China soll dem Welthandelsabkommen beitreten, die nationalen Telecom-Monopole sollen fallen, und die WTO-Länder sollen die staatlichen Vorschriften für die Investitionen ausländischer Unternehmen auf niedrigem Niveau vereinheitlichen, damit die Konzerne noch freier agieren können. WTO-Generalsekretär Renato Rugiero plant sogar die endgültige Abschaffung aller Zölle – weltweit. Bis zum Jahr 2020, so fordert er seine Mitgliedsregierungen auf, mögen sie alle regionalen Verträge aufgeben und die ganze Welt zur Freihandelszone machen – nach allen bisherigen Erfahrungen ein Vorhaben, durch das die Jobkrise noch weiter eskalieren würde.[17] Trotzdem halten die meisten Wirtschaftspolitiker von Washington bis Brüssel und Bonn an diesem Konzept fest.

Die Globalisierungsfalle scheint endgültig zugeschnappt, und die Regierungen der reichsten und mächtigsten Länder der Welt erscheinen als Gefangene einer Politik, die einen Kurswechsel gar nicht mehr zuläßt. Nirgendwo bekommt die Bevölkerung das härter zu spüren als ausgerechnet im Mutterland der kapitalistischen Gegenrevolution: in den USA.

Der Sieg des Bulldozers

Schlimmer hätte es nicht kommen können. Mit versteinertem Gesicht sitzt Jack Hayes in seiner engen Küche und ringt um Fassung. Seit 29 Jahren arbeitet er als Dreher und Maschineneinrichter bei Caterpillar, dem weltgrößten Hersteller von Baumaschinen und Bulldozern. Im Hauptwerk und der Zentrale des Konzerns, in Peoria im Bundesstaat Illinois, hat er das ganze Auf und Ab der Firmengeschichte seiner «Cat» durchlebt, auch die schlimmen achtziger Jahre, als das Unternehmen beinahe bankrott ging. Unzählige Stunden verbrachte Hayes freiwillig und unbezahlt bei der Umgestaltung der Arbeitsabläufe, der Installation der neuen, computergesteuerten Maschinen und der Ausbildung von «teams of quality» in den Montagehallen, die das Unternehmen zurück an die Weltspitze brachten. Dann, im Jahr 1991, erinnert sich Hayes, als die Firma wieder Rekordumsätze und Gewinne einfuhr, erklärte das Management der Belegschaft den Krieg. Die Löhne sollten bis zu 20 Prozent schrumpfen, die Arbeitszeiten um zwei Stunden verlängert werden. Verhandlungen bot der Konzernvorstand gar nicht erst an. Für Hayes und die meisten seiner altgedienten Kollegen war die

Situation eindeutig: Mit ihrer Gewerkschaft, den United Auto Workers (UAW), mobilisierten sie an allen US-Standorten des Konzerns zum Streik. Das schien nur legitim. Schließlich hatten sie das Recht und die Moral auf ihrer Seite: Warum sollte die Belegschaft nicht einen Anteil am wachsenden Profit bekommen?

Vier Jahre später kennt Hayes noch immer nicht die Antwort. Mehrmals, zuletzt über 18 Monate lang, streikten die organisierten Cat-Arbeiter mal innerhalb, mal außerhalb der Werkshallen. Was als normaler Streik gegen eine wildgewordene Geschäftsleitung begann, wurde zum längsten und härtesten Arbeitskampf in der amerikanischen Nachkriegszeit und kostete die Gewerkschaft gut 300 Millionen Dollar Ausfallgelder für ihre Mitglieder – alles vergeblich.[18] Am Sonntagabend des 3. Dezember 1995 erfahren Hayes und seine Mitkämpfer aus dem Mund des UAW-Sekretärs Richard Atwood: «Die einzigen Leute, denen der Streik wirklich geschadet hat, sind unsere treuen Mitglieder.» Caterpillar habe man nicht treffen können, die Streikenden sollten wieder an die Arbeit gehen. Tage später hat Hayes schon wieder einige Arbeitsschichten hinter sich – zu den neuen Bedingungen. Aber er versteht nicht, wie es dazu kommen konnte. «Niemals», sagt er kopfschüttelnd, niemals habe er geglaubt, «daß die Firma uns so mies behandeln würde».

Die Firma, das ist Donald Fites, der Mann, der 1991 den Vorstandsvorsitz bei Caterpillar übernahm und wie kaum ein anderer von der Business Community Amerikas gefeiert wurde. Denn Fites demonstrierte, wie man der Macht der Gewerkschaften ein für allemal ein Ende bereiten kann. Was in den meisten Industrieländern noch schwer vorstellbar ist, der Bulldozer unter den US-Konzernchefs konnte es beweisen: Streiks, auch wenn sie Jahre dauern und von landesweiten Kampagnen und Demonstrationen begleitet sind, können keine Lohnerhöhungen mehr erzwingen. Für einen weltweit organisierten Konzern bieten sie vielmehr eine willkommene

Gelegenheit, Lohnkosten zu sparen und den Unternehmensgewinn zu steigern, wenn die Konzernführung nur entschlossen genug handelt.

Bis zum Beginn der achtziger Jahre wäre das noch undenkbar gewesen. Caterpillar war ein klassisches US-Unternehmen, in dem eine lange Herstellungskette beheimatet war – von der Schraubenproduktion bis zur Endmontage in den eigenen Werken. Ähnlich hielten es die Auslandsfilialen rund um die Erde. Ab 1981 begann der japanische Konkurrent Komatsu mit Dumpingpreisen den US-Markt aufzurollen. Die extreme und von Japans Notenbank eifrig geförderte Unterbewertung des Yen gegenüber dem Dollar erleichterte die Exportoffensive ungemein. Caterpillar sackte in die roten Zahlen, und die Konzernführung betrieb einen radikalen Umbau der Produktion. Die Manager begannen, zusehends mehr Einzelteile und Komponentengruppen bei kleineren Zulieferern zu kaufen, die oft eigens zu diesem Zweck gegründet wurden. Die Belegschaften solcher neuen Firmen waren in der Regel jung und billig, denn viele dieser Unternehmen siedelten sich in den ländlichen Südstaaten an, in denen die Gewerkschaften sich kaum organisieren können. Gleichzeitig integrierte die Cat-Führung die Auslandswerke in die Herstellungsabläufe und investierte in den Stammwerken 1,8 Milliarden Dollar in die Automatisierung. Die Gewerkschafter spielten mit, schließlich sollte doch wieder Gewinn erzielt werden. Die UAW vereinbarte sogar besondere Kooperationsverträge zur Steigerung der Produktivität, und widerstandslos fügte sie sich in die Schließung zahlreicher Fabriken. Damit veränderte sich allerdings die Zusammensetzung der Belegschaft. 1979 arbeiteten rund 100 000 Menschen im Konzern, davon waren fast die Hälfte UAW-Mitglieder. Acht Jahre später beschäftigte Caterpillar nur noch 65 000 Amerikaner, und lediglich ein Viertel der Mitarbeiter war in der Gewerkschaft. Dafür meldete die Konzernführung einen größeren Marktanteil ihrer Baugeräte und höhere Gewinne als je zuvor.

Nun kam Fites' Stunde. In Japan und Mexiko werde weniger Lohn bezahlt als in Peoria, erklärte er seinen Leuten. Darum würden Neueinstellungen nur noch unter Tarif erfolgen, die bisherigen Arbeiter sollten sich mit dem begnügen, was sie hatten. Reale Lohnsteigerungen werde es nicht mehr geben. Als die UAW zum Streik rief, konterte Fites mit der Drohung, er werde alle Streikenden durch neue Kräfte ersetzen. Zwar verbietet auch in den USA das Arbeitsrecht die Kündigung bei Streik, nicht aber die Anheuerung von Streikbrechern. In früheren Jahren konnten sich die Gewerkschafter darauf verlassen, daß es nicht genügend freie Fachkräfte gab, um die Produktion in Gang zu halten. Doch Rezession, Rationalisierung und Billigimporte aus Übersee haben ein Heer von arbeitslosen Facharbeitern hinterlassen, die sich nur zu gern anstellen lassen. Zudem hat die Automatisierung die komplizierten Arbeiten auf ein Minimum reduziert. Die Drohung des Cat-Chefs war deshalb ernst zu nehmen.

Die United Auto Workers versuchten daher, mit Dienst nach Vorschrift und Bummelstreiks die Produktion von innen lahmzulegen. Aber Fites feuerte kurzerhand alle Gewerkschaftsfunktionäre aus seinen Betrieben. Die aufgebrachten Arbeiter streikten erneut, diesmal siegesgewiß, schließlich waren solche Kündigungen rechtswidrig. Nach geltendem Recht durfte Fites diesen Streik auch nicht mit Arbeitskräften von außen brechen. Jetzt wagte Fites sein verwegenstes Unternehmen: Er schickte Büromitarbeiter, Ingenieure, das gesamte mittlere und untere Management und vor allem die knapp 5000 Teilzeitarbeiter des Konzerns in die Montagehallen. Zugleich orderte er soviel wie möglich bei den Auslandstöchtern – mit Erfolg. Während die Streikposten vor den Werkstoren Monat um Monat ausharrten, steigerte der Konzern sogar die Produktion und den Verkauf. Als die Streikenden schließlich kapitulierten, zwang Fites ihnen Arbeitsbedingungen auf, die es seit Jahrzehnten nicht mehr gegeben hatte. Seitdem muß bei Caterpillar im Bedarfsfall zwölf Stunden pro Tag gearbeitet werden, auch am Wochenende und ohne Zuschlag. Triumphierend gab Fites gleichzeitig bekannt, seine Reorganisation während des Streiks habe enorme Produktivitätsreserven offenbart. Man werde noch zusätzlich 2000 Jobs einsparen.[19]

Modell Amerika: Die Rückkehr der Tagelöhner

Fites' Krieg gegen seine Arbeiter war spektakulär, die Ergebnisse sind es nicht. Was bei Caterpillar brachial erzwungen wurde, setzten auch die meisten anderen großen US-Unternehmen durch, allenfalls mit subtileren Methoden. Nachdem japanische, aber auch europäische Konkurrenten in den amerikanischen Markt für höherwertige Konsumgüter wie Autos und Unterhaltungselektronik eingedrungen waren, blieb in der US-Wirtschaft nichts mehr, wie es war. Um die Produktivität zu steigern und die Kosten zu drücken, kannten die Konzerne nur noch eine Strategie: Rationalisierung und Lohnsenkung. «Downsizing» (Verkleinern), «outsourcing» (Auslagern) und «re-engeneering» (Umorganisieren) sind die Methoden, mit denen bald jeder amerikanische Arbeitnehmer konfrontiert wurde. Das Ergebnis scheint die Opfer zu rechtfertigen. Zehn Jahre nach den großen Einbrüchen habe Amerika nun die «produktivste Ökonomie der Welt», meldete das Wirtschaftsmagazin *Business Week* im Herbst 1995.[20] Und auch die Regierung frohlockt. Der US-Wirtschaft gehe es «so gut, wie seit 30 Jahren nicht mehr», trommelte Präsident Clinton 1996 während seines zweiten Wahlkampfes ums Weiße Haus unentwegt und verwies auf die Arbeitsmarkt-Statistik: Unterm Strich seien weit mehr Jobs entstanden als verlorengingen, allein während seiner ablaufenden Amtszeit fast zehn Millionen oder 210000 pro Monat. Die Arbeitslosenrate liege mit 5,3 Prozent niedriger als in allen anderen OECD-Staaten.[21]

Fürwahr, Amerika liegt wieder vorn. Aber seine Bürger müssen schmerzlich dafür zahlen. Denn das produktivste und reichste Land der Welt hat sich zugleich in das größte Billig-lohnland der Weltwirtschaft verwandelt. Die – im deutschen Jargon so genannten – «Standortvorteile» Amerikas sind heute nicht mehr der große Binnenmarkt oder die brillanten Wissenschaftler, sondern nur mehr die billige Arbeitskraft. Mehr als der Hälfte der Bevölkerung bescherte der forcierte Wettbewerb den neuen amerikanischen Alptraum: Abstieg ohne Ende. Im Jahr 1995 verdienten vier Fünftel aller männlichen Angestellten und Arbeiter in den USA pro Arbeitsstunde real elf Prozent weniger als 1973.[22] Das bedeutet: seit zwei Dekaden sinkt für die übergroße Mehrheit der tatsächliche Lebensstandard.

Ehedem konnte John F. Kennedy, Präsident in den Goldenen Sechzigern, die Erwartung auf steigenden Massenwohlstand auf eine einfache Formel bringen: «Wenn die Flut steigt, steigen mit ihr alle Boote auf dem Wasser.» Doch die Liberalisierungs- und Deregulierungswelle während der Reagan-Ära erzeugte eine Wirtschaftsform, auf die diese Metapher für die Volkswirtschaft nicht mehr zutrifft. Zwar wuchs auch zwischen 1973 und 1994 das Bruttosozialprodukt pro Kopf der US-Bevölkerung real um ein volles Drittel. Aber gleichzeitig fielen die durchschnittlichen Bruttolöhne für alle Beschäftigten ohne Leitungsfunktion, also für fast drei Viertel der Arbeitsbevölkerung, um 19 Prozent – auf nur noch 258 Dollar oder umgerechnet 380 Mark pro Woche.[23] Und das ist nur der statistische Durchschnittswert. Für das untere Drittel der Einkommenpyramide fiel der Lohnschwund noch dramatischer aus: dieser Millionenanteil an der Bevölkerung erhält sogar 25 Prozent weniger Lohn als vor 20 Jahren.

Trotzdem ist die amerikanische Gesellschaft insgesamt keineswegs ärmer als früher. Noch nie verfügten die US-Bürger über mehr Vermögen und Einkommen als heute. Nur kommt aller Zuwachs ausweislich der Statistik nur noch dem oberen Fünftel oder etwa 20 Millionen Haushalten zugute. Und auch innerhalb dieser Gruppe ist der Gewinn noch einmal extrem ungleich verteilt. Das reichste Prozent aller Haushalte verdoppelte seit 1980 die Einkommen, und die «oberen Zehntausend», etwa eine halbe Million Superreiche, besitzen heute ein Drittel des gesamten privaten Vermögens in den USA. Sichtbar gelohnt hat sich die völlige Veränderung der US-Wirtschaft auch für die Topmanager der großen Unternehmen: Im Schnitt stieg ihr ohnehin hohes Einkommen seit 1979 um netto 66 Prozent. Schon 1980 erhielten sie etwa 40mal soviel wie ihre einfachen Angestellten. Heute beträgt das Verhältnis 1 : 120 und schließt Spitzengehälter wie die von Anthony O'Reilly mit ein, der als Chef des Lebensmittelriesen Heintz im Jahr über 80 Millionen oder pro Stunde knapp 40000 Dollar verdient.

Die meisten Topleute wurden und werden dafür belohnt, die Kosten für Arbeit mit allen Mitteln nach unten zu fahren. Den einfachsten Weg ging die Low-Tech-Industrie für Kleidung, Schuhe, Spielzeug und Elektrogeräte. Der größte Teil der Fertigung in diesen Branchen verschwand aus «Gods own country». Aus Herstellern wurden Importeure, die entweder in Asien einkaufen oder selbst eigene Fertigungsstätten im Ausland unterhalten. Weltmarktführer wie der Sportschuhkonzern Nike oder der Spielwarenriese Martel betreiben heute gar keine Fabriken mehr in eigener Regie. Sie vergeben einfach Produktionsaufträge an wechselnde Hersteller, von Indonesien über Polen nach Mexiko oder auch in die USA, je nachdem, wo die Kosten jeweils am geringsten sind. Allein hinter der mexikanischen Grenze beschäftigen US-Unternehmen fast eine Million Menschen zu Hungerlöhnen von weniger als fünf Dollar am Tag in sogenannten «maquilladoras». Sozialleistungen wie Krankenversicherung oder Rentenfonds sind dort unbekannt. Zuerst traf dies die sogenannten «bluecollar»-Arbeiter, Ungelernte und Fließbandkräfte in der Massenproduktion. Während der achtziger Jahre, erinnert sich Joseph White, Ökonom bei der politisch neutralen Brookings Institution, «gab es keinen Gewerkschaftsfunktionär, dem am Verhandlungstisch nicht gesagt wurde, daß die Jobs seiner Mitglieder nach Mexiko wandern, falls er zuviel fordere».

Mit Gewerkschaften wollte Corporate America aber ohnehin nichts mehr zu tun haben. Quer durch alle Branchen entwickelten die leitenden Manager Strategien, mit denen sie jede Interessenvertretung ihrer Mitarbeiter verhindern konnten. Den Startschuß gab Präsident Ronald Reagan selbst, der 1980 kurzerhand alle Gewerkschafter bei der staatlichen Flugsicherung rauswerfen ließ. Anschließend lockerten Regierung und Kongreß mehrfach das Arbeitsrecht, so daß Konzernführer und Manager die Arbeitsbeziehungen radikalisieren konnten wie nie zuvor in der Nachkriegszeit. Man könne durchaus behaupten, schreibt Lester Thurow, Ökonom am Massachusetts Institute of Technology (MIT), daß Amerikas «Kapitalisten ihren Arbeitern den Klassenkrieg erklärten – und sie haben ihn gewonnen».[24]

Die Ausgliederung von Teilbereichen der Verwaltung und Produktion wurde das wichtigste Instrument der Unternehmensführung. Unzählige Angestellte in Bereichen wie der Lohnbuchhaltung, der Wartung von Computern und Gebäudetechnik oder bei der Steuerabrechnung erhielten Kündigungen. Ihnen wurde mitgeteilt, ihre Arbeit werde in Zukunft von einem Sub-Unternehmen übernommen. Viele fanden sich dann wenig später als Mitarbeiter solcher Unternehmen wieder, nur mit ungleich niedrigeren Bezügen, ohne Kranken- und Pensionskasse und fast überall mit der Auflage, sich am Arbeitsplatz gewerkschaftlich nicht zu organisieren.

Ein anderes beliebtes Modell ist die Verwandlung von Angestellten in Selbständige. Millionen ehemalige Angestellte erledigen heute als Computerexperten, Marktforscher oder Kundenbetreuer die gleiche Arbeit wie früher. Doch bezahlt werden sie pro Fall oder Vertrag und eben nur nach Bedarf, das Marktrisiko liegt allein bei ihnen. Wie die Scheinselbständigkeit, so wuchs auch die Zahl der Teilzeitkräfte und Leiharbeiter rasant. Parallel zur Just-in-time-Herstellung, der Produktion auf Bestellung und ohne teure Vorratslager, erfanden die Unternehmen auch den Just-in-time-worker, den Angestellten auf Abruf, der in früheren Zeiten schlicht Tagelöhner genannt wurde. Über fünf Millionen US-Bürger verdingen sich unfreiwillig in solchen unsicheren Arbeitsverhältnissen, manche in zwei oder drei Firmen zugleich. Mal inner-, mal außerbetrieblich stehen den Managern so kostenlose Kapazitätsreserven zur Verfügung, auf die sie je nach Marktlage zugreifen können. Amerikas größter privater Arbeitgeber heißt darum heute nicht mehr General Motors, AT&T oder IBM. Die Zeitarbeitsfirma Manpower führt unangefochten die Jobgeber-Statistik an.

Der Wandel erfaßte beinahe die gesamte Arbeitswelt. Zwischen 1979 und 1995 verloren 43 Millionen Menschen ihren Arbeitsplatz.[25] Die allermeisten fanden schnell einen neuen. Aber in zwei Dritteln aller Fälle mußten sie sich mit weit niedrigeren Gehältern und schlechteren Arbeitsbedingungen abfinden. Die vordem großen Betriebe schrumpften, und die Arbeit verteilte sich auf viele räumlich und rechtlich getrennte Einheiten. Mit der Zersplitterung der Arbeitsorganisation zerbrach aber – wie bei Caterpillar – auch die organisatorische Basis für die Gewerkschaften. Waren 1980 noch über 20 Prozent aller Angestellten und Arbeiter Mitglieder einer Gewerkschaft, so sind es heute noch zehn Prozent, mithin die Hälfte. Allein die United Auto Workers verloren mehr als eine halbe Million Mitglieder.

Frei von jeder Gegenmacht und staatlicher Kontrolle setzte sich so in der US-Wirtschaft Schritt für Schritt ein Prinzip durch, das nun die ganze amerikanische Gesellschaft durchdringt: «The winner takes all», der Gewinner bekommt alles, nannten die beiden Ökonomen Phillip Cook und Robert Frank das Schema, nach dem die meisten Unternehmen heute organisiert sind.[26] Ein lange selbstverständlicher sozialer Vertrag wurde ohne Vorwarnung gekündigt. Wenn es IBM, General

Motors oder jedem anderen Unternehmen gutging, war das ehedem auch gut für deren Angestellte. Dies trifft nicht mehr zu. Noch zu Beginn der achtziger Jahre, schätzt William Dickens von der Brookings Institution, teilten die meisten großen US-Unternehmen rund 70 Prozent ihres Gewinnpotentials mit ihren Beschäftigten.[27] Gerade die Konzerne zahlten ihren Angestellten mehr, als im Schnitt für vergleichbare Jobs auf dem Arbeitsmarkt geboten wurde. Gleichzeitig war es üblich, daß die rentableren Firmenzweige die weniger rentablen subventionierten. Nicht jeder Sektor mußte die höchstmögliche Rendite abwerfen, solange das Gesamtunternehmen schwarze Zahlen schrieb. Aber die deregulierte Finanzwirtschaft verwandelte diese soziale Stärke in eine Managementschwäche. Clevere Finanzmakler aus den Investmentbanken der Wall Street entdeckten als erste solche «Ineffizienzen» und erschlossen so das Dorado für die Spekulanten der Achtziger. Sie betrieben den feindlichen Aufkauf von Aktiengesellschaften auf Kredit, um sie anschließend mit Gewinn in Einzelteilen wieder auf den Markt zu werfen, befreit von jeder verzichtbaren oder überzahlten Arbeitskraft. Diese Jobkiller-Strategie kam mit dem Film «Wall Street», in dem der skrupellose Finanzmakler Gordon Gekko auf Kosten der Belegschaft eine Fluggesellschaft zerschlägt, zu Hollywood-Ruhm und machte weltweit Karriere.

Um solchen feindlichen Übernahmen zu entgehen, wurden die meisten Firmenchefs alsbald selbst zu Akteuren des Umbaus, und niemand blieb verschont. IBM etwa verwandelte sogar die Fahrer des einst konzerneigenen Wagenparks in selbständige Unternehmer und halbierte den Chefsekretärinnen das Gehalt. Vielfach bekamen die Mitarbeiter einzelner Divisionen das Angebot, mit dem auch die 14 000 Angestellten von IBM Frankreich zu Weihnachten 1994 konfrontiert wurden: Vor die Alternative gestellt, entweder Lohnkürzungen oder 2000 Kündigungen zu akzeptieren, verzichteten sie freiwillig auf ein Zehntel ihres Gehalts. Zwischen 1991 und 1995 reduzierte IBM so die Lohnkosten um ein Drittel und brachte 122 000 Menschen um ihren Job. Gleichzeitig vergütete der Verwaltungsrat den Exekutoren des Downsizing, den fünf Vorstandsmitgliedern, ihre Taten mit gehaltsunabhängigen Bonuszahlungen von 5,8 Millionen Dollar pro Kopf.[28] Die Botschaft, bei IBM wie überall sonst, ist eindeutig: Nur der «shareholder value», der Gewinn der Aktionäre, zählt als Maßstab für den Erfolg eines Unternehmens. Im Fall IBM schlagen Kurs und Dividende seit 1995 alle vorangegangenen Rekorde. Diese Logik erklärt, warum nun jederzeit auch die Mitarbeiter solcher Unternehmen, die ordentliche Gewinne abwerfen, mit Entlassung rechnen müssen.

Die Angst vor der Ungleichheit

So stellen mehr und mehr Unternehmen das Prinzip auf den Kopf, das einst dem amerikanischen Kapitalismus seine Vitalität verlieh und zum Siegeszug rund um die Welt verhalf: das Versprechen des Henry Ford. Als der amerikanische Ur-Kapitalist im Jahr 1914 den Tageslohn seiner Arbeiter auf fünf Dollar glatt verdoppelte, geißelte das *Wall Street Journal* sein Vorgehen als «Wirtschaftsverbrechen». Doch Ford hatte nur die Logik der späteren nationalen Wachstumswirtschaft entdeckt. Wollte er seine Autos zum Konsumgut für alle machen, mußten die potentiellen Kunden auch genügend verdienen, um sich die neuen Produkte leisten zu können. Seinen Arbeitern zahlte er darum in drei Monaten soviel, wie eines seiner T-Modell-Autos kostete. Dieses Verhältnis erreichen heute viele der Arbeiter bei den Autokonzernen nicht mehr, vor allem wenn sie in Mexiko, Südostasien oder den Südstaaten der USA beschäftigt sind. Der Wegfall der nationalen Handelsgrenzen und die Zerschlagung der Gewerkschaften habe «alle Hemmungen beseitigt», klagt Robert Reich, renommierter Wirtschaftswissenschaftler und zugleich Arbeitsminister der Clinton-Regierung.

Da die Unternehmen weltweit verkaufen, «hängt ihr Überleben nicht mehr von der Kaufkraft der amerikanischen Arbeiterschaft ab», die zunehmend zu einer «verängstigten Klasse» werde.[29]

Die offizielle Arbeitslosenstatistik der US-Behörden hält MIT-Ökonom Thurow daher für bestenfalls irreführend, kaum mehr als Propaganda. Zu den sieben Millionen offiziell genannten Jobsuchern im Jahr 1995, die das Arbeitsministerium lediglich auf das Basis von Umfragen ermittelt, müßten weitere sechs Millionen gezählt werden, die eigentlich Arbeit brauchen, aber die Suche aufgegeben haben. Außerdem gebe es annähernd 4,5 Millionen Beschäftigte, die unfreiwillig als Teilzeitkräfte arbeiten. Rechne man nur diese drei Gruppen zusammen, fehle eigentlich schon für 14 Prozent der arbeitsfähigen Bevölkerung ordentliche Arbeit. Auf einen Anteil von 28 Prozent wächst das Heer der Unterbeschäftigten, wenn man noch die Gruppen einbezieht, die nur phasenweise Arbeit haben: 10,1 Millionen Zeitarbeiter und Angestellte auf Abruf sowie 8,3 Millionen Selbständige, die als zumeist akademisch ausgebildete Fachkräfte nur selten genügend Aufträge haben.[30] Dem entspricht die Verteilung der Einkommen. Schon ein knappes Fünftel aller Beschäftigten arbeitet zu Löhnen unterhalb der offiziellen Armutsgrenze, meldete die Uno-Arbeitsorganisation ILO. Die «working poor», die arbeitenden Armen, sind inzwischen eine feste Kategorie der amerikanischen Soziologie. Gleichzeitig müssen die US-Arbeitnehmer heute im Durchschnitt länger arbeiten als ihre Kollegen in den meisten anderen OECD-Ländern, sie genießen den geringsten Versicherungsschutz, und sie müssen am häufigsten Arbeitsstelle und Wohnort wechseln.

So wird das von vielen europäischen Ökonomen gepriesene «Jobwunder in Amerika» für die Betroffenen zu einem bösen Fluch. «Eine niedrige Arbeitslosenrate bedeutet wenig», schrieb die Wall-Street-freundliche *New York Times*, «wenn ein Fabrikarbeiter mit 15 Dollar Stundenlohn gefeuert wird und in seinem nächsten Job nur noch die Hälfte verdient». Das US-Nachrichtenmagazin *Newsweek* versah Amerikas neue Wettbewerbsfähigkeit mit dem Attribut «Killer-Kapitalismus». Dabei ist die extrem ungleiche Verteilung des Reichtums für Amerika historisch nichts Neues. Schließlich war es die Suche nach wirtschaftlicher Freiheit, die zur Gründung der Vereinigten Staaten führte. Stets gönnten die Amerikaner ihren erfolgreichen Unternehmern alle Reichtümer, fiel doch für die meisten anderen am Ende auch etwas ab. Die US-Geschichte vor 1970 kennt jedoch keine längere Periode, in der die große Mehrheit der Bevölkerung stets nur noch Einbußen hinnehmen mußte, während eine Minderheit Vermögen und Einkommen vervielfachte.

Der Abstieg hat verheerende Folgen für das gesamte gesellschaftliche Leben und bedroht zunehmend die politische Stabilität. Mehr und mehr Amerikaner, auch aus der weißen und reichen Elite, halten darum den eingeschlagenen Weg für falsch. Edward Luttwak etwa, Ökonom am Center for Strategic and International Studies, einer der konservativen Washingtoner Denkfabriken, wurde vom früheren Kalten Krieger zum schärfsten Kritiker des neoliberalen Wirtschaftskurses. Der daraus hervorgegangene «Turbo-Kapitalismus» sei ein «böser Witz: Was die Marxisten vor 100 Jahren behaupteten und was damals absolut falsch war, wird jetzt Wirklichkeit. Die Kapitalisten werden immer reicher, während die Arbeiterklasse verarmt.» Der globalisierte Wettbewerb drehe «die Menschen durch den Fleischwolf» und zerstöre den gesellschaftlichen Zusammenhalt.[31]

Nicht nur wissenschaftliche Dissidenten wie Thurow, Reich und Luttwak denken um. Auch Praktiker aus Wirtschaft und Politik zweifeln zusehends an den orthodoxen Lehrmeinungen der Wirtschaftswissenschaft und fragen, ob nicht der Rückzug der Politik aus der Wirtschaft schon zu weit gegangen sei. Der republikanische Senator Conni Mack etwa brachte als Vorsitzender des Wirtschaftsausschusses im US-Senat selbst viele entsprechende Gesetze auf den Weg. Im Frühjahr 1996 bekannte Mack jedoch, daß «hart arbeitende Amerikaner mit Recht voller Skepsis» seien, «sie spüren, daß etwas faul ist».[32] Auch Alan Greenspan, der als Chef der US-Zentralbank Federal Reserve staatliche Umverteilungspolitik stets verdammte, warnte während einer Anhörung im Parlament, die wachsende Ungleichheit sei zur «bedeutenden Bedrohung unserer Gesellschaft» geworden.[33] Die spektakulärste Kehrtwende vollzog Stephan Roach, Chef-Ökonom bei Morgan Stanley, der viertgrößten New Yorker Investmentbank. Seit fast einem Jahrzehnt hatte sich Roach mit Büchern und wissenschaftlichen Studien einen Namen als Managementstratege erworben. In Talkshows, an den Universitäten, vor dem Kongreß und in exklusiven Manager-Seminaren empfahl er stets die konsequente Auslagerung der Arbeit und eine radikale Vereinfachung der Unternehmensorganisation. Am Donnerstag, den 16. Mai 1996 erhielten jedoch alle Firmenkunden seiner Bank ein Schreiben, mit dem Roach öffentlich widerrief, wie es sonst nur Reformer der katholischen Kirche tun. «Über Jahre habe ich die Tugend der Produktivitätssteigerung gepriesen», schrieb er. «Aber ich muß bekennen, daß ich nun sehr anders darüber denke, ob uns dies wirklich ins Gelobte Land geführt hat.» Der Umbau der US-Wirtschaft komme dem Prinzip der «Brandrodung» primitiver Bauern gleich, die zugunsten kurzfristiger Erträge den Boden zerstören, von dem sie leben, erklärte Roach seinen verblüfften Lesern. Die Strategie des Downsizing und Lean Management sei eine solche Falle. Würden die Unternehmensführer des Landes nicht bald einen anderen Weg einschlagen, der Arbeitskraft aufbaue statt sie zu dequalifizieren, werde es Amerika an Ressourcen fehlen, um auf dem Weltmarkt mithalten zu können. Roach: «Die Arbeitskraft kann nicht für immer weiter ausgepreßt werden. Der endlose Abbau von Arbeit und Löhnen ist letztlich ein Konzept zur Ausrottung unserer Industrie.»[34]

Wie der Kurswechsel vom Abbau zum Aufbau geschehen

soll, dazu haben bislang freilich auch Mahner wie Roach, Mack oder Reich wenig mehr anzubieten als den Appell an die Topmanager, die langfristigen und sozialen Folgen ihrer Handlungen zu berücksichtigen. Doch der Geist ist aus der Flasche entwichen. «Die traurige Wahrheit ist», kommentierte die *Financial Times* Roachs Vorstoß, «daß sich Downsizing für Aktionäre und Manager eben auszahlt. Wall Street zieht nun mal jeden Dollar Kosteneinsparung einem Dollar zusätzlicher Einnahmen vor.» Das demonstrierten die Aktienhändler an der New Yorker Börse am Tag nach dem spektakulären Rundbrief des Morgan-Stanley-Ökonomen deutlich. Die Führung des Nahrungsmittelkonzerns ConAgra gab bekannt, sie werde noch im selben Jahr 6500 Mitarbeiter entlassen und 29 Fabriken schließen. Allein diese Nachricht trieb den Kurs der ConAgra-Aktie so hoch, daß der Börsenwert des Unternehmens binnen 24 Stunden um 500 Millionen Dollar stieg.[35] So diktiert die schnelle Rückkoppelung zwischen dem Finanzmarkt und den mit Aktienoptionen geköderten Topmanagern die Fortsetzung des gnadenlosen Rennens um mehr Effizienz und billigere Arbeit. Doch selbst wenn es gelänge, das Diktat der Renditejäger mit dem kurzen Zeithorizont in den USA wieder einzudämmen, gleich ob durch Gesetz oder Gesinnungswandel bei den heimischen Kapitalanlegern, so wäre der Lohn- und Kaufkraftverlust der amerikanischen Arbeitsbevölkerung trotzdem kaum umzukehren. Denn während die amerikanische Elite erwacht und über Alternativen grübelt, hat die Transnationale der Konzerne längst in den anderen Industrieländern der OECD den gleichen Wettlauf wie in den USA in Gang gesetzt. Scheinbar unausweichlich geraten Europa und die fortgeschrittenen Länder Asiens nun ihrerseits in den Sog des American Way of Capitalism, und die Abwärtsspirale für Jobs und Löhne bleibt in Bewegung. Dieser Prozeß wird durch die unmittelbare Konkurrenz auf den Warenmärkten vielfach nur noch indirekt ausgelöst. Ein anderer Mechanismus greift schneller: das transnationale Netz.

«Was ist noch deutsch an Hoechst?»

Der Wandel in der Automobilindustrie illustriert das atemberaubende Tempo der globalen Integration. Die Ausdünnung des Fabrikpersonals, die Lean Production der achtziger Jahre, stand nur am Beginn. Sie verlagerte einen bis heute wachsenden Teil der Fertigung zu den Zulieferern, die nun komplette Module wie Achsen, Klimaanlagen oder Armaturenbretter fertig montiert anliefern. In den neuesten amerikanischen Automobilfabriken findet überhaupt nur noch ein Drittel der Herstellung statt, den Rest besorgen Zulieferfirmen, die ihrerseits unter dem Preisdruck ihrer Abnehmer fortwährend rationalisieren. Die neueste Dimension des Produktivitätsschubs eröffnete aber nunmehr die Verflechtung und Vereinfachung der Arbeit über alle Grenzen hinweg – jene der Staaten, aber auch die der Unternehmen.

Deutsche Autos gibt es nur noch in der Luxusklasse. Der neue Polo von VW, obwohl in Wolfsburg montiert, kommt fast zur Hälfte aus dem Ausland. Die Liste der Lieferländer reicht von Tschechien über Italien, Spanien und Frankreich bis zu Mexiko und den USA.[36] Toyota produziert bereits mehr in Übersee als in Japan, und umgekehrt würde die amerikanische Autoindustrie zusammenbrechen, wenn sie auf die Zulieferung japanischer Hersteller verzichten müßte.[37] Aber auch der Ersatz der Herkunftsbezeichnung «Made in Germany» durch «Made by Mercedes» oder «Made by Ford» führt in die Irre. Bei aller Konkurrenz entdeckten die Konstrukteure längst, daß sie viel Geld sparen können, wenn sie Einzelteile konzernübergreifend gemeinsam produzieren lassen. Statt hundert verschiedener Lichtmaschinen kommen in deutschen Wagen gleich welcher Marke heute nur noch ein gutes Dutzend der Minigeneratoren zum Einsatz. Die Verflechtung und Vereinheitlichung macht selbst vor dem Antrieb und ganzen Autos nicht halt. Volvos fahren mit Dieselmaschinen von Audi aus ungarischer Herstellung. Mercedes kauft den Sechszylindermotor für den neuen Minivan Viano bei Volkswagen, und sogar die Nobelmarke Rolls-Royce baut BMW-Maschinen in ihre Traditionskarossen.

Zugleich bilden die Konzerne unaufhaltsam Allianzen, Joint-Ventures und Fusionen, die den Effizienzgewinn auf die Spitze treiben. Volkswagen schluckte neben Audi auch Spaniens Seat-Konzern und den osteuropäischen Marktführer Škoda. BMW kaufte Britanniens größten Autokonzern Rover, und Ford übernahm bei Mazda, dem viertgrößten japanischen Autoproduzenten, die Regie. Gemeinsam mit dem VW-Konzern betreibt Ford südlich von Lissabon eine Fabrik für Großraumlimousinen, die lediglich unter zwei verschiedenen Namen vertrieben werden. Bei Ford heißt der Wagen Galaxy, VW verkauft ihn unter dem Namen Sharan. Das gleiche praktizieren Fiat und Peugeot. Chrysler wiederum läßt sich von Mitsubishi in Thailand Kleinwagen bauen, die in den USA unter amerikanischem Etikett vertrieben werden, in den Niederlanden produziert Mitsubishi gemeinsam mit Volvo.

So spinnt die Automobilindustrie an einem komplexen, weltumspannenden Netz, dessen Mobilität und Flexibilität ihren Produkten würdig ist. Die eigentlichen Produzenten sind nur noch ein Kostenfaktor, Spielfiguren ohne Rechte, die jederzeit an den Rand gedrängt werden können. Allein in der deutschen Autobranche gingen von 1991 bis 1995 mehr als 300 000 Arbeitsplätze verloren, während die Zahl der jährlich produzierten Fahrzeuge im gleichen Zeitraum annähernd konstant blieb. Ein Ende des Trends ist nicht absehbar. «Wir planen die Effizienz bis zum Jahr 2000 *jährlich* um sechs bis sieben Prozent zu steigern», verspricht Fords Europa-Chef Albert Caspers. «Heute brauchen wir noch 25 Stunden zur Produktion eines Escort. Bis 2000 sollen dies noch 17,5 Stunden sein.» Mehr Autos, weniger Arbeit, heißt auch die Devise bei VW. In nur vier Jahren soll die Produktivität um 30 Prozent gesteigert werden, kündigte Finanzvorstand Bruno Adelt an. Jahr um Jahr verschwinden so bei Volkswagen zwischen 7000 und

8000 Jobs. Im gleichen Zeitraum, so verspricht der VW-Vorstand seinen Aktionären, werde sich die Umsatzrendite verfünffachen.[38]

Die Jobverluste durch die transnationalen Verflechtungen sind bedrohlich. Noch schwerer wiegt aber, daß die alten Gegenstrategien der nationalen Sozial- und Wirtschaftspolitik ausgehebelt werden. Noch bis zu den neunziger Jahren folgten die führenden Wirtschaftsnationen unterschiedlichen Entwicklungspfaden. Japan kultivierte das Prinzip der lebenslangen Anstellung. Anpassungsopfer wurden gleichmäßig verteilt. Kollektive soziale Sicherheit rangierte nicht nur in der gesellschaftlichen Werteskala, sondern auch in der Unternehmenspraxis vor der höheren Kapitalrendite. In Frankreich betrieben Technokraten mit oft bemerkenswerter Wirkung eine nationale Industriepolitik, die Frankreichs Stellung in der Weltwirtschaft behauptete, ohne den allgemeinen Lebensstandard zu senken. Deutschland glänzte mit seinem hochentwickelten Ausbildungssystem und der engen Kooperation zwischen Kapital und Arbeit. Der hohe Standard von Technik, Personal und sozialem Klima kompensierte die Verluste in weniger anspruchsvollen Sektoren.

Heute scheint all das nicht mehr viel wert. Plötzlich frönen auch die japanischen Firmenchefs dem Lean Management und dem Outsourcing, als wären sie Klone ihrer amerikanischen Kollegen. Wo Entlassungen noch verpönt sind, degradieren sie ihre Belegschaft auf schlechter bezahlte Posten, verordnen Lohnkürzungen oder versetzen Mitarbeiter in kleine Filialen und verdammen sie zu Vertreterjobs, damit sie von sich aus kündigen. Aber auch die direkte Kündigung, welche die Samurai-Sprache mit der Metapher «Kopf abschneiden» umschreibt, ist nicht mehr gesellschaftlich tabuisiert. Zuerst traf es nur Zeitarbeiter, unverheiratete Frauen und junge Hilfskräfte. Inzwischen sind auch altgediente mittlere Manager betroffen, komplette Fabriken und Verwaltungszentren werden stillgelegt. «Früher teilten wir das Leid solidarisch und verließen uns auf die Regierung», erzählt Jiro Ushito, der Chef einer Elektronikfirma. «Künftig gelten nur noch die Regeln des Marktes.»[39] Die Folgen versucht die Regierung noch zu verschleiern. Offiziell sind nicht mehr als 3,4 Prozent der Erwerbstätigen arbeitslos gemeldet, eine simple Statistik-Lüge. Wer länger als sechs Monate nach Arbeit sucht, wird einfach nicht mehr registriert. Würde nur nach den – auch nicht gerade realitätsnahen – US-Methoden gezählt, läge die Rate schon bei 8,9 Prozent, ergab eine interne Studie des Wirtschaftsministeriums bereits im Jahr 1994.[40] Heute sucht jeder zehnte Japaner im Erwerbsalter nach Arbeit, kalkulieren Kritiker. Die Regierung, ehedem Hüter der sozialen Stabilität, treibt den Prozeß selbst voran. Deregulierung und Liberalisierung des Handels setzten ganze Branchen matt. Die früheren Handelsüberschüsse schrumpften auf einen Bruchteil. Dafür bietet Tadashi Sekizawa, Vorstand des Fujitsu-Konzerns, eine scheinbar simple Erklärung: Das japanische System habe sich «zu stark vom internationalen Durchschnitt entfernt», das müsse sich nun ändern.

Dasselbe Argument erobert auch die andere Seite des Planeten. Frankreichs Konzerne reduzieren seit fünf Jahren kontinuierlich ihr Personal. Nicht nur die enorme Arbeitslosigkeit von mehr als zwölf Prozent ist beängstigend. Außerdem müssen sich etwa 45 Prozent der Erwerbstätigen mit prekären Arbeitsverhältnissen als Zeitarbeiter und ohne Kündigungsschutz zufriedengeben. 70 Prozent aller Neueinstellungen im Jahr 1994 waren zeitlich befristet.[41] Die Gewerkschaften verlieren gleichzeitig an Mitgliedern, Einfluß und vor allem an Perspektive. Der transnationale Markt untergräbt ihre Machtbasis. So ergeht es fast allen EU-Ländern mit Ausnahme von Großbritannien, wo schon in den Thatcher-Jahren Regierung und Unternehmer gemeinsam Löhne und Arbeitsbedingungen auf das heutige Niveau von Portugal drückten.

Am radikalsten fällt der Systemwechsel im reichen Deutschland aus. Das demonstrieren eindrücklich die Vorstände der ertragsstärksten deutschen Industriebranche, der Chemieindustrie. Für das Geschäftsjahr 1995 meldeten die drei Giganten Hoechst, Bayer und BASF die höchsten Gewinne ihrer Unternehmensgeschichte. Gleichzeitig kündigten sie jedoch einen weiteren Personalabbau in Deutschland an, nachdem sie schon in den vorangegangenen Jahren 150000 Jobs gestrichen hatten. «Wir wissen, daß die Menschen das als Widerspruch empfinden», räumte Bayer-Chef Manfred Schneider ein. Aber der hohe Konzerngewinn dürfte nicht darüber hinwegtäuschen, daß «Bayer in Deutschland unter Druck steht».[42]

Mit zwei knappen Sätzen bringt Schneider so seine Perspektive auf den Punkt. Denn Bayer, genauso wie seine Konkurrenten, ist nur noch aus Tradition und wegen des Sitzes der Firmenzentrale ein deutsches Unternehmen. Im Schnitt machen die Nachfolger des I.G.-Farben-Konzerns schon 80 Prozent ihres Umsatzes im Ausland, nur noch ein Drittel der Belegschaften arbeitet in Deutschland. «Was ist noch deutsch an Hoechst?» fragt Jürgen Dormann, Top-Manager des Frankfurter Chemieriesen. «Unser größter Einzelmarkt sind die Vereinigten Staaten, unser kuwaitischer Aktionär hat mehr Anteile als alle deutschen Aktionäre zusammen, unsere Forschungskompetenz ist international.» Was nicht funktioniere, sei die deutsche Aktiengesellschaft, da verdiene man kein Geld mehr. Das mag überzeichnet sein, trifft aber vermutlich im Vergleich zu den amerikanischen oder asiatischen Konzernteilen zu. Im gleichen Atemzug versichert Dormann, sein Konzern habe natürlich in Deutschland einen «gesellschaftlichen Auftrag, weil wir uns – auch – als deutsche Staatsbürger sehen». Nur habe man bisher «den Patriotismus ein bißchen übertrieben».[43]

Gesellschaftliche Verantwortung kann sich ein Hochleistungsmanager im global organisierten Geschäft eben nicht mehr leisten – das ist nicht nur Dormanns Problem. Die soziale Vorgabe des Artikels 14 der deutschen Verfassung, wonach «Eigentum verpflichtet» und «dem Allgemeinwohl dienen soll», erscheint auch den meisten seiner Kollegen nicht mehr erfüllbar. Wie früher nur in den USA gliedern die Manager ihre Organisation nach Profit-Centern, die entweder höchste Erträge erwirtschaften oder abgewickelt werden. Hoechst stößt nach und nach die alten Chemiebetriebe ab, und die Agfa-Gruppe von Bayer gerät zum Sanierungsfall, obwohl sie Gewinn macht, aber eben nur drei Prozent ihres Umsatzes. So zerbricht das alte Konzept der Deutschland AG, und eine neue, ganz alte Unternehmerkultur hält Einzug: Shareholder Value ist in vielen deutschen Großunternehmen die Zauberformel der Stunde, die letztlich nichts anderes bedeutet, als die historisch vertraute Gewinnmaximierung zugunsten der Aktionäre. Das gleiche Ziel steht auch hinter der im Mai 1996 beschlossenen Fusion der Pharma-Giganten Ciba-Geigy und Sandoz, die viele Schweizer wegen der nun drohenden Massenentlassungen empört. Sogar der Wiener Erzbischof Christoph Schönborn, der lange Zeit an der Universität Fribourg lehrte, mischte sich in die Debatte ein. «Wenn zwei der weltgrößten Chemiekonzerne fusionieren», so Schönborn, «obwohl es beiden wirtschaftlich bestens geht, und dabei 15 000 Arbeitsplätze ‹freisetzen›, so ist das nicht ein Sachzwang, den der allmächtige Gott ‹Freier Markt› dekretiert hätte, sondern die Dividendengier einiger weniger.»[44]

Shareholder Value: Das Ende der Deutschland AG

Die Anpassung an das US-Prinzip folgt aber nicht einfach böser Kapitalistenwillkür. Der Druck auf die Unternehmen und ihre Topmanager geht vom transnationalen Finanzmarkt aus, dem Kraftzentrum der Globalisierung. Der grenzenlose Aktienhandel löst die nationalen Bindungen gründlicher noch als die Vernetzung der Produktion. Daimler-Benz-Aktien befinden sich schon zu einem Drittel in ausländischer Hand. Die Anteile des Hauptaktionärs Deutsche Bank werden zu 43 Prozent von ausländischen Anlegern gehalten. Bayer, Hoechst,

Mannesmann und viele andere sind mehrheitlich in ausländischem Besitz. Die meisten dieser Investoren sind jedoch weder machtlose Kleinaktionäre noch Banken und Konzerne, die in das enge Beteiligungsgeflecht der deutschen Industrie zu integrieren wären. Wirklich eingekauft in Deutschland haben sich hauptsächlich Investment-, Versicherungs- und Pensionsfonds aus den USA und Großbritannien. Deren Management bemüht sich nun, aus dem Auslandsengagement mindestens so viel Ertrag herauszuholen wie aus den jeweiligen heimischen Portfolios und stellt bei den betroffenen Unternehmen unnachgiebig Forderungen. «Der Druck ausländischer Aktionäre auf die deutschen Unternehmen steigt», gesteht Bayer-Finanzchef Helmut Loehr.[45] Gefürchtet sind neuerdings Abgesandte des kalifornischen Pensionsfonds der öffentlichen Angestellten, die über die Anlage von fast 100 Milliarden Dollar disponieren. Die Manager des California Retirement System (Calpers), die schon bei so mächtigen Konzernen wie General Motors und American Express ihre Gewinn- und Kurserwartungen durchsetzten, steigerten die Auslandsinvestitionen auf zuletzt 20 Prozent, weil «die Ineffizienzen auf den internationalen Märkten inzwischen größer sind als auf dem Heimatmarkt», begründete Calpers-Stratege Jose Arau die Expansion. Ineffizient sind in den Augen solcher Dirigenten der weltweiten Kapitalflüsse schon solche Unternehmen, in denen einzelne Konzernteile weniger als zehn Prozent Rendite auf das eingesetzte Kapital abwerfen – außerhalb der USA vollkommen üblich. Insbesondere in Japan, Frankreich und Deutschland gehen Arau und seine Mannschaft nun systematisch gegen unwillige Manager großer Aktiengesellschaften vor, «um diesen ausländischen Unternehmen die Interessen der Aktionäre bewußtzumachen», erklärt einer der Berater der Fondsgesellschaft.[46]

Teils als Antwort, teils im Vorgriff auf solche Herausforderungen kommen auch in Deutschland immer mehr «harte Hunde» auf die Chefsessel, beobachtete Frank Teichmüller, der norddeutsche Vorsitzende der IG Metall. Rücksichtslosigkeit bei Entlassungen und eine harte Hand gegen die Gewerkschaften fördern die Karriere. Ein Zeichen setzte Jürgen Schrempp, als er im Mai 1995 die Führung bei Daimler-Benz übernahm. Selbst mitverantwortlich für fast sechs Milliarden Mark Verlust im vorangegangenen Jahr, legte er den Flugzeugbauer Fokker sowie den AEG-Konzernteil still und kündigte an, das Unternehmen werde binnen drei Jahren 56000 Mitarbeiter auf die Straße setzen. Der Schnitt trieb den Kurs der Daimler-Aktie um fast 20 Prozent in die Höhe und machte die Inhaber von Daimler-Aktien, obwohl sie auf die Jahresdividende verzichten mußten, um knapp zehn Milliarden Mark reicher. Denselben Mann, der aus Sicht der Arbeitnehmer wie ein Versager dasteht, feierten *Wall Street Journal* und *Business Week* als Revolutionär, der den deutschen Schmusekurs mit den Arbeitnehmern aufbricht und die Struktur des Konzerns endlich am Wohl der Aktionäre ausrichtet. Anschließend ließ Schrempp (Jahresgehalt: 2,7 Millionen Mark) sich und 170 weitere Führungskräfte von den Aktionärsvertretern im Aufsichtsrat Aktienoptionen zuteilen, die ihm und seinen Mitbegünstigten durch den Kursanstieg ein Zusatzeinkommen von jeweils an die 300000 Mark bescheren werden.

Was der Daimler-Boß börsenkursträchtig in Szene setzte, praktizieren unzählige seiner Kollegen anderswo ganz ähnlich. Während jahrelang nur auffällige Einzelfälle wie die Tarifkündigung bei IBM oder Ausgründungen bei Siemens und der Deutschen Bank Schlagzeilen machten, fällt seit Frühjahr 1996 das gesamte deutsche System der Sozialpartnerschaft auseinander. Fast über Nacht entdecken Gewerkschafter, daß sie nicht mehr um ein paar Lohnprozente für ihre Mitglieder streiten, sondern ums Überleben der Gewerkschaften überhaupt. Ein Unternehmen nach dem anderen unterläuft die geltenden Tarifverträge oder tritt gleich aus dem Arbeitgeberverband aus. Mittelständische Unternehmen handeln mit ihren Betriebsräten Verträge aus, die Gewerkschafter das Fürchten lehren. Die Methode der Wahl ist fast überall die simple Erpressung. Beim Kasseler Heizkesselhersteller Viessmann etwa, der mit 6500 Mitarbeitern hochproduktiv 1,7 Milliarden Mark Jahresumsatz erwirtschaftet, reichte die Ankündigung der Geschäftsleitung, die nächste Gasthermen-Serie in Tschechien fertigen zu lassen. Anstandslos stimmten daraufhin 96 Prozent der Belegschaft dem Vorschlag zu, lieber unentgeltlich pro Woche drei Stunden länger zu arbeiten, als die Schließung eines deutschen Werkes zu riskieren.[47] Auch die «Modernisierung» des Lübecker Medizintechnik-Unternehmens Dräger erfolgt fast geräuschlos. Vom Packer über die Fahrer bis zu den Datenverarbeitern und Ausbildern fanden sich dort Hunderte von Mitarbeitern plötzlich in selbständigen Tochtergesellschaften wieder, in denen die alten Tarifverträge nicht mehr gelten. Bei verlängerter Arbeitszeit verdienen sie in den neuen Firmen nun sechs- bis siebentausend Mark weniger im Jahr.[48]

Während so in Deutschland die Löhne gedrückt werden, dient die gleiche Methode dazu, daß sie in Niedriglohnländern gar nicht erst steigen. Die Arbeiter der tschechischen VW-Tochter Škoda etwa stellten fest, ihre Produktivität habe seit dem Einstieg des Wolfsburger Autoriesen zwar um 30 Prozent zugenommen, ihre Löhne aber kaum. «Wenn es so weitergeht, erreichen wir nicht mal in 50 Jahren vergleichbare Verhältnisse wie in Deutschland», ärgerte sich der Sprecher des Škoda-Betriebsrates, Ždenek Kadleć. Doch VW-Chef Ferdinand Piëch blockte die Lohnforderungen seiner tschechischen Mitarbeiter nüchtern ab. Die Škoda-Belegschaft solle sich nicht selbst um ihre Standortvorteile bringen, warnte er. Andernfalls «müßten wir bestimmt erwägen, ob die Produktion beispielsweise in Mexiko nicht vorteilhafter wäre».[49]

Fast immer versuchen Gewerkschafter, sich gegen solche Nötigungsversuche zu stemmen, und fast immer verlieren sie den Konflikt, weil es den «Arbeitgebern gelingt, die Belegschaften gegeneinander auszuspielen, Standort gegen Standort», wie IG-Metall-Chef Klaus Zwickel beklagt.[50] Noch reden sich manche Funktionäre wie Zwickels Stellvertreter Walter Riester ein, wegen der gesetzlich verankerten Mitbestimmung in den Aufsichtsräten und aufgrund der Einheitsorganisation sei die «unheilvolle Entwicklung abzuwenden», die Amerikas Gewerkschaften niederzwang.[51] Aber die Mitgliederzahlen sprechen eine andere Sprache. Entlassungen, Ausgründungen und die Erfahrung, daß die Mitgliedschaft zwar Geld kostet, aber im Krisenfall nicht schützt oder gar der Karriere schadet, brachten den Deutschen Gewerkschaftsbund seit 1991 um ein Fünftel seiner Mitglieder. 755 000 Beitragszahler verlor allein die IG Metall. Zwar geht mehr als die Hälfte des Mitgliederschwunds auf den Niedergang der ostdeutschen Industrie zurück, aber auch im Westen gab eine knappe Million Gewerkschafter ihr Mitgliedsbuch zurück. Erpressungen wie im Fall Viessmann funktionieren nicht zuletzt deshalb, weil in diesem Betrieb nur noch zehn Prozent der Belegschaft organisiert sind.

Seit Anfang 1996 nutzen Deutschlands Unternehmerverbände nun die neue Schwäche ihrer früheren Sozialpartner und starten einen Großangriff nach dem anderen. Von der Bundesregierung ermutigt, forderte der Präsident des Bundesverbandes der Deutschen Industrie, Olaf Henkel, im Mai 1996 dazu auf, in allen Branchen die Manteltarife zu kündigen, um die Lohnfortzahlung im Krankheitsfall zu kürzen. Einen Monat später machte Werner Stumpfe, Präsident des Verbandes der Metallarbeitgeber, den ersten Anlauf zur Aufhebung des Streikrechts. Sein Verband will künftig überbetrieblich nur noch über Lohnprozente und die Jahresarbeitszeit verhandeln. Für alles übrige, etwa die wöchentlichen Arbeitsstunden, Urlaubsgeld oder die Vergütung bei Krankheit, sollen die Betriebsräte zuständig sein. Den Gewerkschaften will er das Recht entziehen, für Forderungen in diesen Bereichen den Ausstand zu organisieren, weil «Streik doch nicht mehr zeitgemäß» sei und die bestreikten «Unternehmen nur Marktanteile verlieren» würden. Daß Stumpfes Vorstoß gegen ein von der Verfassung garantiertes Grundrecht zielt, ist ihm offenbar gar nicht bewußt. Überdies verweigerten Henkel, Stumpfe und ihre Verbandskollegen ihr Einverständnis zur Einführung eines Mindestlohns im Baugewerbe, obwohl dies Arbeitgeber und Gewerkschaften der Branche gemeinsam forderten. Das entsprechende Bundesgesetz kann aus Rücksicht auf die deutsche Tarifautonomie nur mit Zustimmung der Arbeitgeber in Kraft gesetzt werden. Durch ihre Ablehnung nahmen die Unternehmervertreter in Kauf, daß die deutsche Bauindustrie in die größte Pleitewelle der Nachkriegszeit rutscht, weil sie dem Lohndumping ausländischer Anbieter nichts entgegensetzen kann. An die 6000 deutsche Baufirmen werden zusammenbrechen und 300 000 Arbeitsplätze verlorengehen, kündigte der Zentralverband des Deutschen Baugewerbes an.[52]

Deregulierung: Widersinn mit Methode

Fondsmanager und Konzernvorstände betreiben den Job- und Lohnverfall freilich nicht allein. Mitbeteiligt ist noch eine dritte Gruppe von Akteuren: die nationalen Regierungen. Nach wie vor glaubt die Mehrzahl der Minister und Regierungsparteien in den Ländern der OECD, der Einfluß des Staates in der Wirtschaft müsse nur weit genug zurückgedrängt werden, dann würden sich Prosperität und neue Jobs von selbst einstellen. Im Namen dieses Programms werden von Tokio über Washington bis Brüssel nach und nach alle noch staatlich gesteuerten und national begrenzten Monopol- oder Oligopolunternehmen geschleift. Wettbewerb bedeutet alles, Jobs sind nichts. Doch indem sie Post und Telefon, Strom- und Wasserversorgung, Luftfahrt und Eisenbahnen privatisieren, den internationalen Handel mit diesen Dienstleistungen liberalisieren und alles von der Technik bis zum Arbeitsschutz deregulieren, verschärfen die Regierungen die Krise, zu deren Bekämpfung sie gewählt worden sind.

In den USA und Großbritannien ist dieser Widerspruch seit langem offensichtlich. Das klassische Vorbild lieferte die Deregulierung des amerikanischen Luftverkehrs. Aus Gründen der Sicherheit und Kontrolle teilte ein staatlich organisiertes Kartell in den siebziger Jahren die Routen den einzelnen Gesellschaften zu, Wettbewerb war die Ausnahme. Damals waren die Flugunternehmen hinlänglich profitabel und boten ihren Mitarbeitern meist lebenslange Anstellung, allerdings lagen die Preise relativ hoch. Wer mehr Zeit und weniger Geld hatte, reiste per Bus und Bahn. Die Reagan-Administration krempelte alles um. Die Preise stürzten ab, aber auch zahlreiche Unternehmen. Sowohl die Luftfahrt- als auch die Flugzeugindustrie wurden hochgradig instabile Branchen. Massenentlassungen, feindliche Übernahmen mit anschließender Zerschlagung sowie chaotische Zustände auf den Flughäfen folgten. Am Ende blieben nur noch sechs maßgebliche Anbieter übrig. Sie verkaufen mit weniger Personal als vor 20 Jahren mehr Flüge denn je, und Fliegen ist so billig wie nie. Nur die guten Jobs sind für immer verloren.

In Westeuropas Management-Elite fand das Konzept in den achtziger Jahren begeisterte Anhänger. Nur waren dafür außerhalb Großbritanniens fast nirgendwo politische Mehrheiten zu gewinnen. Zum wahren Orden der Marktradikalen entwickelte sich jedoch die EG-Kommission in Brüssel, deren Beamte den größten Teil der europäischen Gesetzgebung in engster Kooperation mit industrieabhängigen Consulting-Unternehmen und Lobby-Organisationen gestalten.[53] Beinahe ohne öffentliche Debatte wurde die Privatisierung und Deregulierung aller staatlich gelenkten Sektoren fester Bestandteil des großen Binnenmarktplans. Der frühere EG-Kommissar Peter Schmidhuber nannte es folgerichtig «das größte Deregulierungsprojekt der Wirtschaftsgeschichte». «Europa 1992» setzte zunächst eine riesige Konzentrationswelle in der Privatwirtschaft in Gang, die mindestens fünf Millionen Arbeitsplätze kostete. Im zweiten Schritt müssen die EU-Länder jetzt auch die staatlich geschützten Sektoren und Monopole freigeben; ein weiterer Jobabbau ist damit programmiert.

Als erstes war im neuen Europa – wie einst in den USA – die Luftfahrt dran. Zum Startjahr 1990 gab die EU den gesamten grenzüberschreitenden Flugverkehr frei. Die Preise gerieten ins Rutschen und mit ihnen alle staatlichen Fluggesellschaften, mit Ausnahme der bereits zuvor privatisierten British Airways und der Lufthansa. Vor allem die Kleinen, darunter die Alitalia, Austrian Airlines, Iberia, Sabena und Swissair sind kaum noch konkurrenzfähig. Im ständigen Streit mit den Belegschaften folgt eine Sanierung auf die andere, zumeist mit Hilfe millionenschwerer staatlicher Finanzspritzen, jedoch ohne Aussicht auf Erfolg und unter Verlust von bislang schon 43 000 Jobs.[54] Ab April 1997 dürfen die Fluggesellschaften auch Binnenflüge innerhalb der einzelnen EU-Staaten anbieten, beispielsweise die British Airways die Strecke Hamburg–München. In Erwartung dieses neuen Effizienzschubes rollt eine zweite große Kündigungswelle durch die Branche. Allein die Deutsche Lufthansa will innerhalb von fünf Jahren 1,5 Milliarden Mark Lohnkosten einsparen. Neben einer ungenannten Zahl von Entlassungen kündigte Lufthansa-Chef Jürgen Weber einen Lohnstopp, längere Arbeitszeiten und eine Kürzung der Urlaubsansprüche an.[55] Am Ende des Kampfs um Marktanteile am europäischen Himmel werden nur vier oder fünf «Mega-Carrier» (Branchenjargon) übrigbleiben.

Schon dieses staatlich forcierte Jobkiller-Programm ist bei gleichzeitig grassierender Arbeitslosigkeit ein konfuses Politikkonzept. Gemessen am Gesamtvorhaben erscheint die Luftfahrt aber nur als kleines Laborexperiment. Ab Anfang 1998 wird auch der gesamte EU-interne Handel mit Telekom-Dienstleistungen freigegeben – für Anleger und kapitalstarke Konzerne ein neues Eldorado.[56] Von Helsinki bis Lissabon müssen nun die bisherigen staatseigenen Monopol-Unternehmen für den Wettbewerb «fit gemacht» werden, während private internationale Konsortien zum Sturm auf einen Milliardenmarkt rüsten, der mit zweistelligen Wachstumsraten und möglichen jährlichen Gewinnmargen von bis zu 40 Prozent jeden Aufwand rechtfertigt. Was das letztlich bedeutet, kann ein Vergleich zwischen der Deutschen Telekom und Amerikas AT & T illustrieren. Mit nur 77 000 Mitarbeitern brachte es der amerikanische Marktführer im Geschäftsjahr 1995 auf einen Gewinn von 5,49 Milliarden Dollar. Bei annähernd gleichem Jahresumsatz von 47 Milliarden Dollar beschäftigte die Telekom 210 000 Mitarbeiter, fast dreimal so viele wie AT & T, und wies umgerechnet nur 3,5 Milliarden Dollar Gewinn aus.[57] Bis 1998, so vereinbarte der frühere Sony-Manager und heutige Telekom-Chef Ron Sommer mit der Gewerkschaft, sollen zunächst 60 000 Telefonarbeiter mit Hilfe von Abfindungen und Vorruhestand abgeschoben werden. Um die Telekom konkurrenzfähig zu erhalten, werden bis zum Jahr 2000 aber an die 100 000 Mitarbeiter gehen müssen, ein in der deutschen Nachkriegsgeschichte beispielloser Kahlschlag.[58] Allenfalls ein Bruchteil dieser Arbeitsplätze wird bei den neuen Konkurrenz-Konsortien um die beiden Stromkonzerne VEBA und RWE (in Partnerschaft mit AT & T und British Telecom) neu entstehen, denn die Newcomer können sich auf ihre eigenen, internen Telefonnetze entlang der Stromtrassen stützen und verfügen als Monopolunternehmen für Elektrizität über beachtliche Personalreserven, die sie jetzt gewinnträchtig umschichten können. Außerdem sicherte ihnen der Gesetzgeber zu, daß sie kostengünstig das Telekom-Verteilernetz benutzen und sich vorerst nur auf die besonders lukrativen Ballungsgebiete konzentrieren dürfen, die weniger arbeitsintensiv zu versorgen sind.

Die beschlossene Steigerung der Arbeitslosigkeit wollen die regierungsamtlichen Macher allerdings nicht mehr selbst durchsetzen. Die Bundesregierung versilbert die Telekom ab November 1996 in mehreren Tranchen an allen großen Börsen der Welt. Den Rest werden anschließend die Jäger des Shareholder Value aus den großen Fondsgesellschaften besorgen. Das gleiche Drama wiederholt sich quer durch Europa und wird unausweichlich die EU-Arbeitslosenquote in die Höhe treiben. Und noch während sich die europäischen Telekom-Werker gegen ihre zukünftigen Konkurrenten rüsten, setzt die Politik schon die nächste Runde der Liberalisierung in Gang.

Im Frühjahr 1996 beschloß der US-Kongreß, den auch in Amerika bisher noch geschützten lokalen Telefonmarkt freizugeben. Die drei überregionalen Anbieter AT&T, MCI und Sprint werden zukünftig mit den bisherigen sieben regionalen Monopolgesellschaften auf allen Ebenen konkurrieren. Prompt fusionierten jeweils zwei der Regionalversorger zu größeren Einheiten bei gleichzeitigem Personalabbau. Auch AT&T kündigte die Streichung von weiteren 40000 Stellen an. Ebenso will die British Telecom noch einen großen Schritt auf dem Weg zur jobfreien Profitmaschine schaffen. Obwohl sie seit dem Start ihrer Privatisierung im Jahr 1984 schon 113000 Stellen und damit fast 50 Prozent der Belegschaft abbaute, sollen bis 2000 noch einmal 36000 Mitarbeiter gehen. Briten und Amerikaner bereiten sich so auf den totalen, weltweiten Wettbewerb vor, dem die Politik gerade den Weg bereitet. Am Genfer Sitz der Welthandelsorganisation WTO verhandeln Regierungsdelegationen seit Herbst 1995 über die Details eines weltweiten Freihandelsabkommens im Telekombereich. Tritt das Abkommen tatsächlich in Kraft – und die Konzernlobbies kämpfen darum –, werden weltweit «überhaupt nur noch vier oder fünf Riesen übrigbleiben», prophezeit Professor Eli Noam, ein Branchenforscher an der New Yorker Columbia-Universität.[59]

Mit der Telekom-Deregulierung wollen es die Marktgläubigen in Washington, Brüssel und in den meisten europäischen Hauptstädten nicht bewenden lassen. Geht es nach dem Willen der EU-Kommission, wird ab 2001 der Postdienst an der Reihe sein und mit ihm 1,8 Millionen Postbedienstete in Europa. Fallen werden auch die Strommonopole. Nach den Briten will dies auch die Bundesregierung im Alleingang durchziehen, ebenso einige amerikanische Bundesstaaten.

Meinen die europäischen Politiker ihre vielfach wiederholte

Beteuerung ernst, die Arbeitslosigkeit sei ihre größte Sorge, dann betreiben sie Wahnsinn mit Methode. Wissen sie noch, was sie tun? Zweifel sind berechtigt. Das belegt die Erfahrung, die Ron Sommer zum Jahresbeginn 1996 machte. Am 1. Januar stellte der Telekom-Stratege die Tarifstruktur um, Ferngespräche wurden billiger, Ortgespräche teurer. Um den deutschen Telefonriesen auf Wettbewerb und Börsengang vorzubereiten, ist das nur rational. Im Konkurrenzkampf gibt es für die Subvention der überwiegend privat geführten Gespräche im Nahbereich durch die weit häufiger überregional verbunden Geschäftskunden keinen Platz mehr, weil die neuen Konkurrenten zuerst versuchen werden, die Großkunden mit niedrigen Ferntarifen abzuwerben. Dagegen muß Sommer die Telekom wappnen. Doch kaum trat die neue Preisliste in Kraft, inszenierten Deutschlands Boulevardpresse und die Politik in trauter Einheit einen Ausbruch von Volkszorn gegen die böse Telekom, die nun die einsame, aufs Telefon angewiesene Großmutter abzockt und reichen Geschäftsleuten Rabatte einräumt. Die gleichen Wirtschaftspolitiker aller Bundestagsparteien, die zuvor den neuen Tarif genehmigt hatten, forderten nun einen Sozialpreis für Telefonate mit Freunden und Verwandten, allen voran CSU-Postminister Wolfgang Bötsch. Sommer blieb nur die Klage, derlei Populismus sei «ungeheuerlich».[60]

Der politische Neujahrstanz zwischen Empörung und Heuchelei war nicht nur absurd. Er belegte auch, daß die Mehrzahl der Regierenden die Konsequenzen der wirtschaftspolitischen Weltkonzepte gar nicht mehr durchschaut, auf denen ihre Gesetzgebung aufbaut. «Die Entscheidung, bestimmte Branchen zu liberalisieren, in denen öffentliche Dienstleistungen angeboten werden, ist keineswegs ideologischer Natur, sondern Ausdruck einer *natürlichen* Anpassungsbereitschaft an wirtschaftliche und technologische Entwicklungen», versichert Karel van Miert, der zuständige EU-Kommissar für Wettbewerbsfragen.[61] Allein van Mierts Wortwahl verrät aber schon die unhinterfragte Ideologie, die stets dann zu erkennen ist, wenn Politiker sich beim Verteilen von Staatseigentum, Steuergeldern und wirtschaftlichen Vorteilen auf die Natur berufen. Interessenvertreter wie Dirk Hudig, der für britische Industriekonzerne in Brüssel die Lobbyarbeit erledigt, werden da deutlicher. Die stolzen Preise für die öffentlichen Dienstleistungen in Europa seien das «Ergebnis der Ineffizienz der staatseigenen Unternehmen, die mehr ihren Angestellten dienen als dem Kunden», klagt er. «Wenn Europa wettbewerbsfähig werden soll, dann kann es diese Ineffizienzen nicht länger auf dem Rücken der produktiven Teile der Gesellschaft mittragen.»[62]

Das klingt zunächst logisch. Höhere Kosten für Telefon, Transport, Strom oder Geschäftsreisen sind im globalen Wettbewerb ein Nachteil für die europäische Ökonomie. Auch private Verbraucher zahlen den Monopolen überhöhte Preise und haben überdies Ärger mit dem oft unbeschreiblichen Service. Zweifellos arbeitet die Mehrzahl der betroffenen Unternehmen – gemessen am technischen Optimum – ineffizient. Aber in Zeiten der Krise bieten sie massenhaft sichere Arbeitsplätze. Wenn ohnehin schon Millionen Bürger marginalisiert sind oder um ihre Arbeit und die Zukunft ihrer Kinder fürchten, gerät Deregulierung darum zum politischen Amoklauf. Die meisten Regierungen halten dennoch daran fast, weil ihre Experten im festen Glauben an die neoliberale Theorie versprechen, daß die Kostensenkung den High-Tech- und Dienstleistungsbetrieben dazu verhilft, neue, bessere Arbeit zu schaffen.

Doch das Wunder tritt nie ein. Das wird auch in der vielbeschworenen Kommunikationsindustrie nicht anders sein, für deren Erfolg die Telekom-Privatisierung den Weg bereitet. Der vorausgesagte Multimedia-Boom, der sich mit Hilfe der kostengünstigen Datenautobahnen der Netzbetreiber entfalten soll, wird in erster Linie wieder nur ein Jobkiller-Programm sein. Je besser die Kunden Reisebuchungen, Kontoführung und Einkäufe aller Art online erledigen können, um so weniger Arbeitsplätze wird es bei Banken und Versicherungen, in Reisebüros und im Einzelhandel geben. Wenig spricht dafür, daß der Verlust auch nur annähernd bei den EDV-Dienstleistern ausgeglichen wird, mit deren Programmen und Computern die Zukunftswelt am Draht organisiert ist. In den wenigen beschäftigungsintensiven Zweigen der kommenden Multimedia-Industrie, etwa in der Film- und Unterhaltungsbranche, hätten Deutschland und Europa leider nur eine schwache globale Position, resümiert die Unternehmensberatungs-Gesellschaft Roland Berger, ein Tochterunternehmen der Deutschen Bank. Darum solle sich die Politik vom Aufbruch ins Informationszeitalter lieber nicht soviel versprechen.[63]

So überdreht die Deregulierungsstrategie den Effizienzwahn bis zur Selbstzerstörung. Gleichwohl mahnt die Mehrheit der Experten der führenden Institutionen der Weltwirtschaft, gleich ob OECD, Weltbank oder Währungsfonds, die Fortsetzung der weltweiten Integration an. Zwar sind ihre optimistischen Verheißungen durch die sich zuspitzenden Probleme in den hochentwickelten Ländern widerlegt. Aber unisono verweisen die Fachleute darauf, der grenzenlose Markt weise zumindest der Dritten Welt einen Weg aus Armut und Unterentwicklung. «Die Globalisierung verbessert für viele Entwicklungsländer die Chance, wirtschaftlich zu den Industrieländern aufzuschließen», schreiben etwa Erich Gundlach und Peter Nunnenkamp vom Kieler Institut für Weltwirtschaft, der wissenschaftlichen Hochburg der Neoliberalen in Deutschland.[64] Und die *Frankfurter Allgemeine*, publizistische Speerspitze im Freiheitskampf fürs Kapital, argumentiert, daß nur «durch die Globalisierung weitere 6000 Millionen Weltbürger Anteil an jenen Errungenschaften erhalten, an welchen bis in die achtziger Jahre nur 600 Millionen Menschen der alten Industrieländer partizipierten». Ein starkes Argument, aber trifft es auch zu? Sind es tatsächlich die Armen des Südens, denen die Wohlstandsverluste im Norden zugute kommen?

Bequeme Lügen

Die Legende vom Standort und der gerechten
Globalisierung

Stumm sitzt er da, die Hände zwischen den Beinen gefaltet, die
Lippen zusammengepreßt. Nie hätte der Mexikaner Jesus
Gonzalez gedacht, daß er hier landen würde. Lange Jahre rak-
kerte er sich ab, konnte sich zum Elektrotechniker hocharbei-
ten und fand schließlich einen der begehrten Jobs in der prosperierenden Fahrzeugindustrie, ordentlich bezahlt und
scheinbar gesichert. Stoßdämpfer für Mexikos Motorräder
und Traktoren wurden in seiner Fabrik montiert, da sollte
nichts schiefgehen. Doch dann brach alles zusammen, zuerst
die Währung, dann der Handel, schließlich die Volkswirtschaft. Seine Firma ging in Konkurs. Jetzt verbringt der dreißigjährige Familienvater seine Tage auf dem Gehsteig der lär-
menden Avenida San José im Zentrum von Mexico City. Er
sitzt auf einem blechernen Handwerkskasten, auf einem Stück
Pappe preist er sich in krakeliger Schrift als «Electricista» an
und hofft auf Gelegenheitsaufträge. Mit besseren Tagen rechnet er nicht mehr. Die Krise, sagt er, «wird viel länger dauern,
als wir gedacht haben».

Das Schicksal des Jesus Gonzalez ist in Mexiko im Jahr 1996
der Normalfall. Jeder zweite Mexikaner im erwerbsfähigen Alter ist ohne Job oder arbeitet unterbeschäftigt als Tagelöhner
in der Schattenwirtschaft. Seit anderthalb Jahren sinkt die
Wirtschaftsleistung je Einwohner. Politische Unruhen, Streiks
und Bauernaufstände erschüttern das Land. Dabei hatten die
Regierung und ihre amerikanischen Berater alles ganz anders
geplant. Zehn Jahre lang befolgten drei verschiedene Präsidenten folgsam die Ratschläge der Weltbank, des Internationalen
Währungsfonds und der US-Regierung. Sie privatisierten den

größten Teil der staatlichen Industriebetriebe, beseitigten Hindernisse für ausländische Investoren, bauten Einfuhrzölle ab und öffneten das Land dem internationalen Finanzsystem. 1993 schloß Mexiko mit den USA und Kanada sogar das Freihandelsabkommen Nafta ab, mit dem das Land binnen zehn Jahren voll in den nordamerikanischen Markt integriert werden soll. Die internationale Gemeinde der Neoliberalen hatte einen Musterschüler gefunden. Mit der Aufnahme Mexikos in die OECD honorierte der Club der reichen Länder 1994 schließlich den vermeintlich vorbildlichen Kurs der Mexikaner.

Auf den ersten Blick schien das Konzept auch zu funktionieren. Zahlreiche transnationale Konzerne eröffneten oder vergrößerten Fertigungsbetriebe. Die Exporte stiegen jährlich um sechs Prozent, und die Auslandsverschuldung des Staatshaushalts, die das Land 1982 noch kollabieren ließ, ging zurück. Erstmals erlebte Mexiko auch den Aufstieg einer zwar kleinen, aber kaufkräftigen Mittelklasse, die neue Unternehmen gründete und Steuern zahlte. Aber vom Wunder profitierte in Wirklichkeit nur ein kleiner Teil der Ökonomie und der Bevölkerung. Die neuen, dynamischen Wachstumsindustrien in der Chemie-, Elektronik- und Autobranche waren hochgradig importabhängig und boten nur relativ wenig neue Arbeitsplätze. Die ehedem staatliche Großindustrie fiel an einige wenige Großaktionäre. Lediglich 25 Holdinggesellschaften kontrollieren ein Firmenimperium, das die Hälfte des Bruttosozialprodukts hervorbringt.[1] Gleichzeitig setzte aber die rasante Öffnung gegenüber den Vereinigten Staaten wichtige nationale Wirtschaftsbereiche der US-Konkurrenz aus. Eine Importwelle überschwemmte das Land, und die arbeitsintensive, mittelständische Industrie ging in die Knie. Allein im Maschinenbau mußte die Hälfte aller Betriebe schließen, ebenso in der bis dahin stabilen Textilbranche. Das reale Wirtschaftswachstum sank unter die Zuwachsrate der Bevölkerung. Fatal wirkte sich die forcierte Kapitalisierung der Landwirtschaft aus, die den Export ankurbeln und helfen sollte, den riesigen amerikanischen Mitbewerbern Paroli zu bieten. Mehrere Millionen mexikanischer Landarbeiter verloren ihre Jobs an Maschinen und flohen in die ohnehin überfüllten Städte. Ab 1988 wuchsen die Einfuhren viermal schneller als die Ausfuhren und türmten ein Handelsdefizit auf, das 1994 eine Summe erreichte, die so groß war wie das Defizit aller anderen lateinamerikanischen Staaten zusammengenommen.[2] Doch nun konnten Mexikos Wachstumsstrategen nicht mehr zurück. Um die Wähler bei Laune und die Importe billig zu halten, verteuerte die Regierung die eigene Währung mit Höchstzinsen. Das würgte nicht nur die Binnenwirtschaft ab, sondern holte auch über 50 Milliarden Dollar kurzfristiger Anlagen von US-Investmentfonds ins Land. Im Dezember 1994 folgte das Unvermeidliche: Der Boom auf Pump brach zusammen, die Abwertung des Peso wurde unumgänglich. Aus Furcht vor dem Zorn geprellter US-Anleger und der Angst vor einem weltweiten Finanzkrach brachten Washingtons Finanzminister Rubin und IWF-Chef Camdessus den größten Notkredit aller Zeiten auf den Weg (siehe Kapitel: Diktatur mit beschränkter Haftung). Das rettete zwar die ausländischen Investoren, stürzte Mexiko allerdings in eine wirtschaftliche Katastrophe. Um das Vertrauen der internationalen Märkte wiederherzustellen, verordnete Präsident Ernesto Zedillo seinem Land eine weitere Schockbehandlung. Jährliche Zinsen von real über 20 Prozent und enorm eingeschränkte Staatsausgaben provozierten die schlimmste Rezession seit 60 Jahren. Binnen weniger Monate waren 15 000 Unternehmen bankrott, an die drei Millionen Menschen verloren ihre Arbeit, und die Kaufkraft der Bevölkerung schrumpfte um mindestens ein Drittel.[3]

Nach einem Jahrzehnt neoliberaler Reformen steht die 100-Millionen-Nation südlich des Rio Grande nun schlechter da als zuvor. Von der Bauernguerilla der Zapatisten im Süden bis zu den rund eine Million organisierten Mittelständlern, die ihre hochgeschnellten Kreditzinsen nicht zurückzahlen können, destabilisieren die verschiedensten Protestbewegungen den Staat. Mexiko sei noch immer ein Schwellenland, urteilt die Sozialwissenschaftlerin und Landeskennerin Anne Huffschmid, aber nicht auf dem Sprung in die Reichtumszone, sondern «an der Schwelle zur Unregierbarkeit, zum Bürgerkrieg».[4]

Damit fällt auch für den übermächtigen Nachbarn im Norden die Bilanz des Nafta-Abenteuers negativ aus. Als zunächst amerikanische Montagefabriken in den Süden abwanderten, konnte die Clinton-Administration noch argumentieren, in der US-Exportindustrie schaffe die wachsende Güterausfuhr nach Mexiko 250000 zusätzliche Arbeitsplätze in den Vereinigten Staaten. Mit dem ökonomischen Absturz verfiel aber auch die Nachfrage der Mexikaner nach US-Produkten, der Handelsüberschuß der Vereinigten Staaten gegenüber Mexiko von 1994 verkehrte sich ins Gegenteil. Vom erhofften Jobzuwachs in den Vereinigten Staaten blieb nichts übrig. Gewachsen ist dagegen der Gewinn für all jene Firmen, die mit der Billigarbeit in Mexiko ihre Lohnkosten gesenkt hatten. Die Abwertung des Peso verschaffte vielen US-Konzernen, aber auch zahlreichen deutschen und asiatischen Automobil- und Elektronikunternehmen, sogar noch einen zusätzlichen Vorteil auf dem Weltmarkt. Die Arbeitsplätze in diesen Firmen bieten vielen mexikanischen Familien eine Existenzgrundlage, aber sie gleichen nicht annähernd die Verluste aus, die der Zusammenbruch der Binnenwirtschaft verursachte. Darum stieg auch wieder die Zahl der mexikanischen Flüchtlinge, die illegal und oft unter abenteuerlichen Umständen den Rio Grande durchqueren und in den USA nach Überlebenschancen suchen, obwohl das Nafta-Abkommen mit Mexiko genau diese Migration verhindern sollte.

So entlarvt die mexikanische Erfahrung die Vision vom Wohlstandswunder durch den totalen Markt als naive Illusion. Wann immer ein weniger entwickeltes Land ohne gezielte Industrieförderung und den Schutz durch Zollschranken versucht, gegen die überlegene Konkurrenz aus den westlichen Industrieländern anzutreten, ist das Scheitern absehbar: Der

Freihandel bedeutet lediglich die Durchsetzung des Rechts der Stärkeren – nicht nur in Mittelamerika.

Europas Mexiko ist die Türkei. In der Hoffnung auf einen schnellen Modernisierungsschub schloß die Regierung in Ankara mit der Europäischen Union einen Vertrag über die Bildung einer Zollunion, der Anfang 1996 in Kraft trat. Türkische Industrielle erwarteten davon mehr Exporte in die EU. Doch die Modernisierer am Bosporus unterschätzten wie die Mexikaner die Folgen der Öffnung für ihre eigenen Märkte. Seitdem Waren aus aller Welt zu EU-Bedingungen in die Türkei importiert werden können, sind ausländische Billigprodukte ein Renner. Binnen eines halben Jahres rutschte die türkische Handelsbilanz tief in die roten Zahlen. Zwar legten die Exporte um zehn Prozent zu, die Einfuhren stiegen aber um 30 Prozent. Aus Angst um ihre gefährdeten Devisenreserven führte die neue Regierung unter Führung der islamistischen Wohlfahrtspartei sofort eine Importabgabe von sechs Prozent ein. Der Zollvertrag mit der EU erlaubt solche Schutzmaßnahmen aber nur 200 Tage lang. Die Türkei steckt in der Falle.[5]

Wiederum erweist sich, daß die ungeschützte Integration von hoffnungsvollen, aber kapitalschwachen Entwicklungsländern in die Freihandelszonen der hochentwickelten Industrienationen mehr Schaden stiftet als Nutzen. Diese Erkenntnis ist freilich alles andere als neu. Anders als die marktgläubigen Europäer und Amerikaner haben viele Regenten ärmerer Länder in der südlichen Hemisphäre dies schon vor Jahren begriffen und bahnten ihren Nationen einen weit klügeren Weg in den Wohlstand.

Drachen statt Schafe: Das asiatische Wunder

Nach Penang kommen Ausländer schon lange gern. Seeklima und fruchtbare Böden lockten im vergangenen Jahrhundert die britischen Kolonisatoren an, die auf der Insel vor der thailändisch-malaysischen Westküste einen Stützpunkt einrichteten. Auch heute herrscht in George Town, dem Hauptort des Eilands, reger Betrieb. Aber nicht mehr der Handel mit Plantagenfrüchten oder touristisch Sehenswertes zieht die Fremden an. Dennoch drängeln sich hellhäutige Besucher aus Japan, Europa und den USA in der Ankunftshalle des Flughafens an den Förderbändern fürs Fluggepäck. Penangs neue Attraktion ist sein Industriegebiet. Texas Instruments, Hitachi, Intel, Seagate und Hewlett Packard zeigen mit großen Schildern, daß es sich kein großer Elektronikkonzern leisten kann, hier nicht mit eigenen Betrieben vertreten zu sein. «Silicon Island» nennen die Malaysier stolz ihre ehemalige Badeinsel, deren Fabriken den südostasiatischen Staat zum weltgrößten Exporteur von Halbleiterprodukten aufsteigen ließen und schon 300 000 Menschen Arbeit geben.

Penang ist nur eines von vielen verblüffenden Zeichen der ökonomischen Revolution, die das frühere Agrarland seit 25 Jahren erlebt. Längst ist Malaysia kein Entwicklungsland mehr. Die Volkswirtschaft wächst seit 1970 jährlich durchschnittlich um sieben bis acht Prozent, die Industrieproduktion sogar um mehr als zehn Prozent. Statt fünf arbeiten heute 25 Prozent der Erwerbstätigen in der Industrie, die bereits ein Drittel der gesamten Wirtschaftsleistung hervorbringt. Von 1987 bis 1995 verdoppelte sich das Pro-Kopf-Einkommen des 20-Millionen-Volkes auf 4000 Dollar im Jahr. Bis 2020 soll es sich, wenn die Pläne der Regierung aufgehen, verfünffacht haben und damit US-Niveau erreichen.[6]

Auf spektakulärer Aufholjagd in den Wohlstand befindet sich nicht nur Malaysia. Südkorea, Taiwan, Singapur und Hongkong, schon früh als Asiens «Tiger» apostrophiert, erreichten Malaysias Standard schon fünf bis zehn Jahre vorher. Zuletzt starteten Thailand, Indonesien und Südchina durch und verzeichnen nun als «Drachen» ganz ähnliche Erfolge. Weltweit feierten Ökonomen und Industrielle das asiatische Wirtschaftswunder als vorbildlich, als lebendigen Beweis dafür, daß es doch einen marktwirtschaftlichen Ausweg aus Armut und Unterentwicklung gibt. Allein, mit dem Laisser-faire-Kapitalismus der meisten OECD-Länder hat der asiatische Boom wenig gemein. Ohne Ausnahme setzten die Aufsteiger des Fernen Ostens auf eine Strategie, die im Westen nachgerade verpönt ist: massive staatliche Intervention auf allen Ebenen des Wirtschaftsgeschehens. Statt sich wie ein Schaf zur Schlachtbank des internationalen Wettbewerbs führen zu lassen, wie es Mexiko wiederfuhr, entwickelten die Drachen des staatlich gelenkten Aufbaus von Djakarta bis Peking ein vielfältiges Instrumentarium, mit dem sie die Entwicklung unter Kontrolle halten. Für sie ist die Integration in den Weltmarkt nicht das Ziel, sondern nur ein Mittel, dessen sie sich – vorsichtig und wohlüberlegt – bedienen.

Die Öffnung der Wirtschaft für das Ausland folgt in allen asiatischen Wachstumsländern dem Flugzeugträgerprinzip, wie es die Japaner erfanden. Hohe Einfuhrzölle und technische Vorschriften behindern in all jenen Wirtschaftszweigen den Import, in denen die Planer ihre landeseigenen Unternehmen als zu schwach für die internationale Konkurrenz ansehen und die Beschäftigung schützen wollen. Umgekehrt fördern Behörden und Regierung mit allen Mitteln vom Steuererlaß bis zur kostenlosen Infrastruktur die Exportproduktion. Ein wichtiges Instrument dieser Strategie ist die Manipulation der Devisenkurse. Alle asiatischen Länder kopieren das japanische Vorbild und halten den Außenwert ihrer Währungen mittels Notenbankverkäufen künstlich niedriger, als es der realen Kaufkraft im Land entspricht. Darum liegt der Wert der durchschnittlichen Löhne in Südostasien nach Kurs bei nur einem Vierzigstel der westeuropäischen, obwohl sie gemessen an ihrer Kaufkraft immerhin einem Achtel des europäischen Niveaus entsprechen.[7]

Nicht nur in die kurzfristigen Kapitalströme auf den Finanzmärkten greifen die asiatischen Wachstumsingenieure ein, auch die direkten Investitionen der transnationalen Konzerne unterliegen präzisen Auflagen. Malaysia etwa organisiert systematisch die Beteiligung eigener staatlicher und privater Firmen an den Konzernfilialen. So ist sichergestellt, daß eine wachsende Zahl einheimischer Arbeitnehmer selbst das Know-how für den Weltmarkt erwirbt. Um die allgemeine Qualifikation ihrer Bevölkerung zu heben, investieren alle Staaten zudem einen erheblichen Teil ihres Budgets in den Aufbau eines leistungsfähigen Bildungssystems.

Wo das nicht reicht, sichern zusätzliche Verträge über Lizenzen und Patente den Technologie-Transfer. Vorschriften über den Anteil inländischer Hersteller an der Produktion für den Weltmarkt sorgen zudem dafür, daß genügend Gewinn aus dem Export im Land selbst bleibt und in den Aufbau nationaler Unternehmen fließt. Das günstigste Auto in Malaysia ist darum der Proton, der zwar unter Beteiligung von Mitsubishi hergestellt, aber zu 70 Prozent im Inland gefertigt wird. Gegen den vergeblichen Protest der Autokonzerne aus den OECD-Ländern verfolgt auch Indonesien die gleiche Strategie gemeinsam mit zwei koreanischen Autofirmen. Alle diese Maßnahmen dienen einem gemeinsamen Ziel: Die Regierungen bleiben ökonomisch souverän und stellen sicher, daß sowohl das einheimische als auch das ausländische Kapital die politisch gesetzten Ziele erfüllt. Wer nicht mitmacht, ist draußen.[8]

Der Erfolg gibt den asiatischen Wirtschaftsplanern recht. Fast alle ostasiatischen Boom-Staaten starteten zunächst wie Mexiko als bloße Zulieferer in der Funktion einer verlängerten Werkbank der Weltkonzerne. Aber die Lenker in den Regierungsbehörden verlieren bis heute nie den Schutz und das Wachstum ihrer Binnenwirtschaft aus den Augen, die sie mit den Exporten der Konzernfilialen nur finanzieren. Nach und nach schufen sie eigene, halb staatlich, halb privat kontrollierte Großunternehmen, die nun selbst auf dem Weltmarkt antreten. Nicht nur Korea hat seine gewaltigen, «Chaebol» genannten Unternehmens-Konglomerate wie Hyundai oder Samsung, die vom Auto über Computer bis zum Schiff gleich mehrere Branchen unter einem Konzerndach integrieren. Auch das vergleichsweise kleine Malaysia mit seinen 20 Millionen Einwohnern verfügt schon über sechs Multis. Deren größter, Sim Darby, beschäftigt in 21 Ländern und über 200 Tochterfirmen 50 000 Menschen. Sein Aktienkapital ist bereits mehr wert als etwa Asiens führende Fluggesellschaft, die Singapore Airlines.

So folgt die Globalisierung der Weltwirtschaft keineswegs einem einzigen, universalen Prinzip. Während die alten Wohlstandsländer den Rückzug des Staates propagieren und den Marktkräften immer größeren Raum geben, praktizieren die neuen Aufsteiger das genaue Gegenteil. Und die gleichen Konzernstrategen, die in den USA oder Deutschland jede Einmischung des Staates in ihre Anlageentscheidungen brüsk zurückweisen, unterwerfen bereitwillig milliardenschwere Investitionen in Asien den Auflagen staatlicher Bürokraten, die ohne jede Scheu ihre Arbeit als zentrale Wirtschaftsplanung bezeichnen. Die Gewinne, die bei zweistelligen Wachstumsraten winken, schieben alle ideologischen Vorbehalte beiseite.

Fairer Handel: Schutz für die Armen?

Freilich hat auch das asiatische Wunder seine dunkle Kehrseite: Der Boom geht Hand in Hand mit Korruption, politischer Unterdrückung, verheerender Umweltzerstörung sowie der oft maßlosen Ausbeutung rechtloser Belegschaften, in der Mehrzahl Frauen. Zum Beispiel Nike: Die teuren Sportschuhe, die in Europa und den USA bis zu 150 Dollar kosten, nähen und stanzen rund 120 000 Arbeiterinnen und Arbeiter bei Vertragsunternehmen des Konzerns in Indonesien zum Tageslohn von weniger als drei Dollar. Das ist auch für indonesische Verhältnisse ein Hungerlohn, entspricht aber dem gesetzlich vorgeschriebenen Minimum, das für mehr als die Hälfte der 80 Millionen Arbeitskräfte des Landes gilt.[9] Um sich diesen Vorteil zu erhalten, erstickt die Militärregierung des seit drei Jahrzehnten amtierenden Diktators Suharto jeden Arbeiterprotest im Keim. Als etwa Tongris Situmorang, ein 22jähriger Nike-Arbeiter in der Industriestadt Serang, seine Kollegen im Herbst 1995 für einen Streik mobilisierte, sperrten ihn lokale Militärs kurzerhand für sieben Tage in eine Vorratskammer auf dem Werksgelände und verhörten ihn rund um die Uhr. Immerhin kam er anschließend frei und verlor nur seine Arbeit. Andere, wie die beiden landesweit bekannten Gewerkschafterinnen Sugiarti und Marsinah, bezahlten für ihren Mut mit dem Leben. Ihre von der Folter verstümmelten Leichen wurden im Abfall der Fabriken gefunden, in denen sie versucht hatten, einen Streik zu organisieren. Industrieminister Tungki Ariwibowo verweist auf die Standortkonkurrenz, die sich längst auch unter den Niedrigstlohnländern entwickelt hat. In China, Vietnam und Bangladesch seien die Löhne auch nicht höher, rechtfertigt er die staatlich sanktionierte Ausbeutung. Würde man den Mindestlohn raufsetzen, «können wir mit denen nicht mehr konkurrieren». Die Strategie seiner Regierung sei es, nun möglichst höherwertige Produktion ins Land zu holen.[10]

Diesen Schritt hat das benachbarte Malaysia schon hinter sich. Der Aufstieg in der Wertschöpfungskette brachte Vollbeschäftigung und steigende Löhne für viele Malaysier, weil die Regierung immerhin Betriebsgewerkschaften zuließ. Ein freies Land mit demokratischen Grundrechten ist der Staat jedoch noch lange nicht. Das Regime des Premierministers Mohamad Mahathir, seit 15 Jahren an der Macht, bedient sich strikter Zensur aller Medien. Streiks und Versammlungen sind verboten, Oppositionsparteien dienen nur der Staffage bei den für die internationale Öffentlichkeit abgehaltenen Wahlen. Die zunehmende ökonomische Potenz einer wachsenden Mittelklasse geht einher mit oft unmenschlichen Arbeitsbedingungen für die Unterschicht und der Freigabe von mehr als einer Million Gastarbeitern aus den ärmeren

Nachbarländern zur beliebigen Auspressung. Nach drei Jahren müssen sie ohnehin ausnahmslos das Land wieder verlassen und Platz für neue Billigkräfte machen. Darum muß Siemens in seiner malaysischen Chip-Fabrik die einheimischen Fachkräfte schon relativ gut bezahlen, nicht aber die 600 indonesischen Fließbandarbeiterinnen, die sich der Weltkonzern wie Leibeigene hält. Für 350 Mark im Monat schuften sie sechs, oft sogar sieben Tage in der Woche und wohnen in einem werkseigenen Wohnheim, das nachts verschlossen wird wie ein Gefängnis. Um die Flucht der Arbeitsbienen vor Ablauf ihrer Dreijahresverträge zu verhindern, ließ ihnen der örtliche Siemens-Chef sogar den Paß abnehmen.[11]

Erst recht skrupellos gehen viele der schon über 150 000 chinesisch-ausländischen Joint-Venture-Unternehmen, mit denen Anleger aus aller Welt sich ihren Anteil an der explosionsartigen Entwicklung der sozialistischen Marktwirtschaft im Reich der Mitte sichern, mit ihren Arbeitern um. 15 Stunden täglich, im Bedarfsfall noch mehr, müssen viele der über eine Million Arbeiterinnen an ihren Werkbänken nähen, stanzen oder packen. «Die Leute werden gezwungen zu arbeiten wie Maschinen», schrieb eine Lokalzeitung. Vielfach müssen sie bei Eintritt in die Fabrik ein Pfand in Höhe von mehreren Monatslöhnen bezahlen, das sie nicht zurückbekommen, wenn sie gegen den Willen der Geschäftsführung die Firma verlassen. Nachts werden sie in engen Schlafsälen zusammengepfercht, die häufig verschlossen und im Brandfall zur Todesfalle werden. Sogar die Pekinger Zentralregierung räumte ein, die Arbeitsschutzgesetze würden ignoriert, innerhalb von nur sechs Monaten sei es im Jahr 1993 zu über 11 000 tödlichen Arbeitsunfällen und 28 000 Bränden gekommen.[12] Gleichzeitig unterbinden die Herrscher im Namen der chinesischen Arbeiterklasse aber jede Gegenwehr, insbesondere in den Sonderwirtschaftszonen für die ausländischen Investoren. «Wer sich beklagt oder versucht, Gewerkschaften aufzubauen, wird meist gleich zu drei Jahren Arbeitslager verurteilt, derzeit sitzen einige hundert Gewerkschafter im Gefängnis», berichtete die Internationale Konföderation der freien Gewerkschaften im Juni 1996.[13]

Gegenüber der – nach westlichen Maßstäben – unakzeptablen Praxis der ostasiatischen Feldzüge zur Eroberung von Weltmarktanteilen üben sich die meisten Regierungen des Westens in erstaunlicher Zurückhaltung. Die gewollte Blindheit führten Westeuropas Regierungschefs zuletzt Anfang März 1996 vor, als sie sich mit ihren Kollegen der acht führenden asiatischen Nationen in Bangkok zur Förderung der gegenseitigen Wirtschaftsbeziehungen trafen. Während im Konferenzzentrum ein Redner nach dem anderen die Völkerverständigung beschwor, protestierten die Vertreter von über 100 Basisorganisationen auf einer Gegenkonferenz gegen die unmenschlichen Arbeitsbedingungen in Asiens Fabriken. Zur selben Zeit demonstrierten über 10 000 Thailänder mit einem Dauerzeltlager vor dem Sitz ihres Regierungschefs gegen die ungleiche Verteilung des wachsenden Reichtums ihrer Nation.[14] Doch öffentlich verlor keiner der europäischen Gäste darüber auch nur ein Wort. Statt dessen zogen es der deutsche Bundeskanzler ebenso wie der britische Premierminister vor, bei Hinterzimmergesprächen eifrig um Großaufträge für Konzerne zu buhlen, die noch deutsche oder englische Namen tragen. Parallel ließ Daimler-Benz-Chef Jürgen Schrempp verbreiten, Deutschland müsse bereit sein, «von Asien zu lernen», und der Deutsche Industrie- und Handelstag legte eine Studie vor, in der die «politische Stabilität» und die «besonders guten Investitionsbedingungen» der indonesischen Diktatur gelobt wurden.[15]

Derlei Ignoranz transportiert eine verhängnisvolle Botschaft: Umwelt- und Gesundheitsschutz, Demokratie und Menschenrechte müssen zurückstehen, wenn es nur der Weltwirtschaft dient. «Wir dürfen aber nicht zulassen, daß autoritäre Regime als notwendige Voraussetzung für wirtschaftlichen Erfolg gelten», mahnt dagegen John Evans, Generalsekretär der internationalen Gewerkschaftsorganisation TUAC, der

Arbeitnehmervertretung bei der OECD in Paris. «Nur in Demokratien kann über die Verteilung der Gewinne gestritten werden.»[16] Wie die meisten Gewerkschafter in aller Welt macht sich Evans daher seit langem dafür stark, den Verstoß gegen Menschenrechts- und Umweltnormen mit Handelssanktionen gegen die entsprechenden Länder zu belegen.

Die mit Unterstützung der Gewerkschaften gewählte US-Regierung unter Bill Clinton machte sich diese Forderung pro forma sogar zu eigen. Zum Abschluß der Verhandlungen über die Gründung der Welthandelsorganisation plädierte der US-Vertreter für die Aufnahme einer Sozial- und einer Umweltklausel in den WTO-Vertrag. Demnach sollten Staaten, deren Exportprodukte nachweislich unter Bedingungen produziert werden, die gegen die Mindestnormen der Internationalen Arbeitsorganisation der Uno verstoßen, bei der WTO verklagt und notfalls mit Strafzöllen belegt werden. Doch dagegen wandten sich nicht nur die potentiell betroffenen Staaten. Deren Widerstand wäre zu überwinden gewesen, denn sie hatten mit dem neuen Vertrag viel zu verlieren, weil damit viele bisherige Schutzzölle und Handelshindernisse beseitigt wurden. Der Vorstoß scheiterte in erster Linie an den EU-Ländern, die sich – mit Ausnahme Frankreichs – dagegen aussprachen. Das Vorhaben traf insbesondere bei der deutschen und der britischen Regierung auf strikte Ablehnung, Staaten, wo «man an den Freihandel glaubt wie die Kinder an den Weihnachtsmann», wie die französische Zeitung *Le Monde diplomatique* bissig kommentierte.[17] So blieb die einmalige Chance ungenutzt, einen weltweit gültigen Handelskodex einzuführen, obwohl die Verhandlungen sich über insgesamt sieben Jahre hinzogen.

Dabei gibt es gegen die angemahnte Einhaltung von Mindeststandards kein stichhaltiges Argument. Die zentralen ILO-Normen wie Verbot von Kinder- und Zwangsarbeit sowie ethnischer oder geschlechtlicher Diskriminierung und die Garantie gewerkschaftlicher Freiheiten sind ohnehin Bestandteil von UN-Konventionen, die fast alle Staaten seit langem ratifiziert haben. Die Androhung von Handelssanktionen würde diese geltenden Verträge nur mit Zähnen ausstatten. Gegner wie Bundeswirtschaftsminister Günther Rexroth oder WTO-Generalsekretär Ruggiero behaupten dagegen, daß sich mit einer Sozialregel im Welthandel «über die Hintertür ein Neoprotektionismus einschleichen könnte». Unter dem Vorwand des Sozialen könnten die reicheren Länder versuchen, sich die billigere Konkurrenz aus dem Süden vom Leib zu halten. Genauso argumentierten auch alle Repräsentanten der Entwicklungsländer bei den Genfer Verhandlungen, mit einer Sozialklausel im WTO-Vertrag solle nur wieder den Armen des Südens die Teilhabe am Wohlstand verweigert werden.

Dieses Argument hat jedoch bestenfalls propagandistischen Wert, aus dem Mund europäischer Politiker grenzt es an Heuchelei. Wenn es um die Interessen einflußreicher Verbände und Kapitaleigner geht, sind EU-Kommission und -Regierungen mit ihrer Handelspolitik weniger zimperlich. Wann immer Europas Unternehmen sich nicht rechtzeitig selbst eine Basis an den Niedriglohnstandorten gesichert hatten, erhob die Kommission bislang noch immer auf Antrag klagender Branchenverbände harte Anti-Dumping-Zölle, vor allem auf Importe aus Asien. Von Kugellagern aus China über Videokameras aus Korea bis zu Grundchemikalien aus Rußland – bei weit mehr als hundert Produktkategorien verhängten die Brüsseler Handelsaufseher auch nach dem WTO-Abschluß solche Strafzölle mit dem zweifelhaften Argument, die Anbieter würden die Waren unter ihrem tatsächlichen Wert verkaufen, um sich unfair Marktanteile zu erobern.

Die Einführung von sozialen und ökologischen Mindestnormen wäre demgegenüber nichts prinzipiell Neues, nur ginge es dabei um Fairneß für die Arbeiter oder die unter Umweltvergiftung leidende Bevölkerung in den Entwicklungsländern. Die Behauptung der dortigen Regenten, gewerkschaftliche Freiheit oder ein Verbot der Kinderarbeit würde die Armen noch ärmer machen, ist nicht minder verlogen. Im Gegenteil, wären ihre

Handelsgewinne in Gefahr, kämen gerade die undemokratischen Eliten des Südens endlich unter Druck, größere Bevölkerungsschichten an den wirtschaftlichen Erfolgen ihrer Länder zu beteiligen. Der protektionistische Mißbrauch von Importbeschränkungen auf der Basis von Sozial-Klauseln im WTO-Vertrag wäre zudem leicht zu verhindern, wenn die Feststellung von Menschenrechtsverstößen den zuständigen Uno-Institutionen übertragen würde.

Protektionismus: Schutz für die Reichen?

So vernünftig und gerecht Handelssanktionen gegen autoritäre Regime wären, zur Minderung des Konkurrenzdrucks aus dem Süden würden sie dennoch wenig beitragen. Die Hoffnung vieler Gewerkschafter, damit ließen sich Lohndrückerei und Arbeitslosigkeit eindämmen, trügt. Die Kostenvorteile der Niedriglohnländer sind nicht ausschließlich politischer Unterdrückung oder Ausbeutungspraktiken unsozialer Unternehmen und Regierungsfunktionäre geschuldet. Die wachsenden Exporte der relativ kleinen Zahl erfolgreicher Entwicklungsländer beruhen in erster Linie auf dem allgemein niedrigeren Lebensstandard der Bevölkerung, die bei niedrigen Preisen für Wohnung und Nahrung auch geringere Ansprüche an ihr Einkommen stellt. Zudem brauchen die jungen Aufsteiger des Kapitalismus bislang keine Sozialversicherung, weil ihre Familienstrukturen noch weitgehend intakt sind. «Unser Sozialsystem ist die Familie», lautet die gängige Antwort asiatischer Politiker, wenn sie nach der Vorsorge für Krankheit und Alter gefragt werden. Noch mehr fällt das Währungs-Dumping der Boom-Staaten ins Gewicht, das ihre Exporte unschlagbar billig macht. Darum wäre die Siemens-Chipfabrik in Malaysia auch dann noch profitabel, wenn sie ihre Fließbandarbeiterinnen mit 700 Mark im Monat entlohnen müßte und das Land freie Gewerkschaften hätte. Die Herstellung der Nike-Sportschuhe in Indonesien und Bangladesch würde sich auch dann noch lohnen, wenn der Mindestlohn verdoppelt würde. Die Einhaltung von Mindestnormen ist notwendig und würde für mehr soziale Gerechtigkeit im Süden sorgen, Arbeitsplätze im Norden sind damit jedoch kaum zu sichern oder neu zu schaffen.

Viele französische Ökonomen, der protektionistischen Tradition ihres Landes folgend, fordern darum den gezielten Einsatz von Handelsauflagen. Gérard Lafay etwa, Wirtschaftsberater der Pariser Regierung, schlägt vor, Anti-Dumping-Abgaben gegenüber den asiatischen Exporteuren zu erheben, die zumindest die künstliche Unterbewertung der Währung in den asiatischen Exportländern ausgleichen. Die Zolleinnahmen sollen aber nicht in die Staatskassen fließen, sondern den entsprechenden Exporteuren in europäischer Währung gutgeschrieben werden. Damit könnten diese ihrerseits Importe aus Europa finanzieren und so ein besseres Gleichgewicht bei Handel und Wechselkursen herstellen. Das klingt plausibel, ist aber dennoch problematisch. Bei der Festsetzung der Abgaben wäre der Willkür Tür und Tor geöffnet. Niemand könnte objektiv entscheiden, welcher Ausgleich gerecht wäre und ob den betroffenen Ländern nicht tatsächlich der Zugang zu den Märkten des Nordens versperrt würde, auf den sie für ihre Entwicklung zwingend angewiesen sind.

Fraglich ist aber, ob eine Abschottung gegen die Niedriglohnkonkurrenz die galoppierende Entwertung der Arbeitskraft in den hochentwickelten Ländern überhaupt aufhalten könnte. Zweifellos hat der wachsende Import aus Ost und Fernost in den arbeitsintensiven Bereichen der Industrie Verluste verursacht. In der Schuh- und Textilindustrie, der Computertechnik, Feinmechanik und verwandten Sektoren gingen in allen Ländern der Triade Europa, Nordamerika und Japan Arbeitsplätze zugunsten der Newcomer in der Weltwirtschaft verloren. Darum sinkt vor allem die Nachfrage nach ungelernter Arbeit und mechanischen Fließbandtätigkeiten. Der britische Ökonom Adrian Wood führte in einer breitangelegten empirischen Studie den Nachweis, daß sich im Durchschnitt der Triadenländer seit 1980 infolge des verstärkten Handels mit aufstrebenden Entwicklungsnationen das Arbeitsangebot der Industrie um 15 Prozent verminderte.[18]

Volkswirtschaftlich gerechnet war diese Entwicklung bislang aber für die meisten Wohlstandsländer des Nordens ein blendendes Geschäft. Denn mit den Importen wuchsen zugleich die Einkäufe der Aufsteiger bei ihren Kunden. Von der Fabrikausrüstung bis zum Nachrichtensatelliten müssen sie schließlich alles kaufen, was sie selbst noch nicht herstellen. Kein OECD-Staat war dabei erfolgreicher als Deutschland. Bis heute ist der Wirtschaftsriese im Herzen Europas, relativ zum Bruttosozialprodukt, das exportstärkste Land der Welt. Sowohl im Austausch mit Südostasien als auch mit den neuen Marktwirtschaften in Mitteleuropa erzielt die Bundesrepublik sogar einen Exportüberschuß. Das Gros der Ausfuhrgewinne landet allerdings auf den Konten der kapitalintensiven und wissensorientierten Branchen wie Maschinen- und Anlagenbau, Chemie, Elektro- und Präzisionstechnik.

Diese Verschiebung ist die wichtigste Ursache für die Krise der Arbeit. Die meisten deutschen, aber auch französische oder japanische Unternehmen verdienen gut an der Globalisierung. Nur schrumpft unablässig der Anteil, den sie von ihren Einnahmen für die Arbeitskraft in ihren Stammländern ausgeben. Nicht der allgemeine Wohlstand vermindert sich, sondern nur die Lohnquote, also der Teil der Wirtschaftsleistung, der auf Löhne und Gehälter entfällt. Sogar im bis vor kurzem auf Ausgleich bedachten Deutschland schrumpfte der Lohnanteil seit 1982 um zehn Prozent. Zugleich wächst die ungleiche Verteilung der Lohnsumme unter den verschiedenen Berufsgruppen. Schwer ersetzbare Spezialisten oder qualifizierte Dienstleister, die kaum international konkurrieren, können durchaus noch auf wachsende Gehälter hoffen. Der große Rest und am meisten die Ungelernten rutschen nach und nach ab.

Dieser Prozeß geht jedoch nur zu einem geringen Anteil auf

die neuindustrialisierten Länder Asiens oder Mitteleuropas zurück. Die großen Einbrüche auf dem Arbeitsmarkt erzeugt in erster Linie die rasante Vernetzung der OECD-Länder untereinander. Auch während der neunziger Jahre gehen noch über zwei Drittel der grenzüberschreitenden Investitionen in diese Staatengruppe. Zwar wachsen die Investitionen von Unternehmen aus dem Norden in den Entwicklungsländern. Doch über die Hälfte dieses Kapitaltransfers dient der Ausbeutung von Rohstoffen und dem Aufbau von Dienstleistungsbetrieben wie Hotels oder Banken, haben mit Arbeitsverlagerung also wenig zu tun. Vor allem aber nehmen die grenzüberschreitenden Unternehmenskäufe und Investitionen zwischen den reichen Ländern noch schneller zu. Während die ausländischen Direktinvestitionen in den Entwicklungsländern von 1992 bis 1995 von knapp 55 auf 97 Milliarden Dollar pro Jahr stiegen, katapultierten die Konzerne den entsprechenden Wert für die OECD-Länder im gleichen Zeitraum von rund 111 auf 216 Milliarden Dollar jährlich.[19] Ebenso wickelt der Club der Reichen den boomenden Welthandel nach wie vor zum größten Teil unter sich ab.

Die Daten illustrieren, welches Ausmaß die Kapital- und Handelsverflechtung zwischen den OECD-Staaten erreicht hat. Die damit einhergehende Verschärfung der Konkurrenz unter den Wohlstandsnationen selbst führt aber dazu, daß die Produktivität seit Jahren schneller zunimmt als die Wirtschaftsleistung insgesamt. Der im Wettbewerb forcierte technische Wandel ist es, der immer mehr Arbeit überflüssig macht. Nicht die Billigarbeiter in Süd und Ost sind Schuld an Arbeitslosigkeit und Lohndrückerei. Sie sind allenfalls Instrument und Schmiermittel, um die Spirale aus Rationalisierung und Senkung der Arbeitskosten innerhalb der OECD-Welt in Gang zu halten.

Die neoliberale Schule der Wirtschaftswissenschaft hat ganze Bibliotheken mit Studien gefüllt, die versuchen zu beweisen, daß nur der Fortschritt von Technik und Managementmethoden die Jobkrise verursacht und nicht die transnationale Verflechtung und Konkurrenz.[20] Doch diese Unterscheidung ist rein akademisch. In der realen Welt sind beide Phänomene untrennbar miteinander verbunden, weil erst die globale Verstrickung dem technischen Fortschritt jene Durchschlagskraft verleiht, die heute Millionen an den Rand der Gesellschaft drängt. Gegen diese Entwicklung wäre aber der Einsatz von Handelshürden und Abwehrzöllen eine stumpfe Waffe, solange sich solcher Protektionismus nur gegen Billiglohnländer richtet. Nur wenn ein Staat sich auch gegen die Konkurrenz aus den anderen hochentwickelten Ländern abschotten würde, könnte er seine arbeitsintensiven Industrien wiederaufbauen. Dafür würde er jedoch alle eigenen Exportmärkte verlieren, weil die Konkurrenten mit gleicher Münze antworten würden – eine Chaosstrategie. Der Preis für den umgekehrten Strukturwandel wäre wiederum ein enormer Wohlstandsverlust, wenngleich bei höherer Beschäftigung.

Wo immer Ökonomen und Wirtschaftsweise mahnend darauf hinweisen, daß die Wohlstandsbürger sich künftig zu beschränken haben, weil überall neue billige Arbeiterheere auf den Markt drängen, verschweigen und verdrängen sie, daß die Gesamtleistung der reichen Länder ja nach wie vor wächst. Ebenso und sogar noch schneller legt die durchschnittliche Rendite auf das eingesetzte Kapital zu. So sind es keineswegs die armen Länder, die den Reichen den Wohlstand wegnehmen.

Andersherum ist es richtig: Es sind die Privilegierten in Nord und Süd, also Vermögende, Kapitalbesitzer und Hochqualifizierte, denen die Globalisierung der Ökonomie auf Kosten der übrigen Bevölkerung einen immer größeren Teil des weltweit erwirtschafteten – und wachsenden – Wohlstands einbringt. Die Statistik der Bundesbank über die Quellen der privaten Einkommen spiegelt wider, daß dieser Trend auch Deutschland, trotz seiner bisher starken Gewerkschaften und hoher Sozialtransfers, längst erfaßt hat. Noch 1978 entfielen 54 Prozent der verfügbaren Einkommen in Westdeutschland auf Löhne und Gehälter. Der Rest verteilte sich je zur Hälfte auf Zinseinkünfte und Gewinnentnahmen sowie die Zahlung von Renten und Sozialleistungen. 16 Jahre später ist der Anteil der Nettolöhne und Gehälter auf nur mehr 45 Prozent gesunken. Dafür entfällt nun schon ein volles Drittel des Volkseinkommens auf die bezahlte Nichtarbeit der Nutznießer von Wertpapier-Zinsen und Unternehmensgewinnen.[21]

So verstanden geht es bei den Konflikten, die mit dem wirtschaftlichen Zusammenwachsen der Welt einhergehen, um nicht mehr, aber auch nicht weniger als den Verteilungskampf, der so alt ist wie der Kapitalismus selbst. Verblüffend daran ist nur, daß es den Mystikern des Marktes noch immer gelingt, diese simple Wahrheit vor sich selbst und der breiten Öffentlichkeit zu leugnen. Zum Beispiel in Deutschland, dessen Debatte um den Wirtschaftsstandort zunehmend groteske Züge annimmt und grandios falsche Politik hervorbringt.

Modell Deutschland: Die Standortlüge(n)

Helmut Kohl war voll des Lobes. «Die Gewerkschaften haben sich außerordentlich kooperativ und gesprächsbereit gezeigt», schmeichelte er Deutschlands Arbeitnehmervertretern. Ihr Bündnis für Arbeit habe «positive Folgen». Der IG-Metall-Vorsitzende Klaus Zwickel sei ein «gut zupackender Mitbürger Deutschlands», und der IG Chemie müsse er «vollen Respekt und Dankbarkeit bekunden». Inbrünstig versicherte er den Umworbenen seinen Beistand in schwierigen Zeiten. «Ich bin ein Schüler Ludwig Erhards. Diese Partei wird niemals eine Politik machen, die nur am Markt orientiert ist, die soziale Bedingung gehört dazu, und deswegen gibt es keine Sozialdemontage.»[22] So sprach der Bundeskanzler noch im April 1996, für jedermann zu hören im ersten Fernsehprogramm zur besten Sendezeit. Nur zwei Monate später organisierten die

Adressaten der Lobhudelei in Bonn die größte Gewerkschafts-
demonstration der Nachkriegszeit, um gegen ebendiesen
Kanzler und seine Politik zu protestieren. Weit über 300 000
Menschen waren mit 74 Sonderzügen und 5400 Bussen zum
Teil 70 Stunden unterwegs, um ihren Protest gegen Sozialabbau, Arbeitslosigkeit und staatlich verordnete Lohnkürzung
zu bekunden. Halte die Bundesregierung an ihrem Programm
fest, werde « diese Republik Verhältnisse erleben, denen gegenüber Frankreich ein müder Auftakt war », kündigte DGB-Chef
Dieter Schulte an, in Anspielung auf den ganz ähnlichen Auf-
stand der französischen Kollegen ein halbes Jahr zuvor. Daraufhin fand Kohl für seine Kooperationspartner von einst nur
die Worte « Berufsnörgler und Bedenkenträger », die « nichts
anderes im Sinn haben als die Verteidigung von Besitzständen »
und die « die Zukunft Deutschlands verspielen ».[23]

Zeitenwende in Deutschland: Nicht mehr nur verdeckt, son-
dern pauschal und offensiv macht sich die konservativ-liberale
Regierung zu eigen, was die Kapitalelite des Landes schon seit
Jahren behauptet und fordert. «Wir sind zu teuer», sagt der
Kanzler, aber das Wir schließt nur die ein, die als Angestellte
und Arbeiter ihr Einkommen beziehen. Und ein Wort macht
Karriere: der Besitzstand. Sachsens Ministerpräsident und
CDU-Vordenker Kurt Biedenkopf hat sogar ein «ganzes Ge-
birge von Besitzständen» ausgemacht, das es zu «sprengen»
gelte.[24] Gemeint sind Lohnfortzahlung bei Krankheit, Kinder-
geld, Kündigungsschutz, Arbeitslosengeld, staatliche Arbeitsbeschaffung, die Fünf-Tage-Woche, 30 Tage Jahresurlaub und
vieles mehr, das bislang das soziale an der deutschen Marktwirtschaft ausmacht. Kein Zweifel, den meisten deutschen Arbeitnehmern geht es im internationalen Vergleich noch gut, ein
Zustand, der dem Land weltweit Bewunderung und Neid einbrachte und Deutschlands Parteien ehedem dazu veranlaßte,
das «Modell Deutschland» zum Leitmotiv ihrer Wahlkam-
pagnen zu erheben. Aber im Licht des globalen Wettbewerbs
mutierten Errungenschaften zu Besitzständen. «Für Wachs-

tum und Beschäftigung», so der Titel des im April 1996 aufgelegten Regierungsprogramms, machen Kohl und seine Minister sich nun an die Enteignung der Besitzständigen und kürzen quer durch das gesamte Spektrum der Sozial- und Tarifleistungen. Sogar Frauen, die ihren Besitzstand durch Schwangerschaft mehren und nicht mehr arbeitsfähig sind, sollen künftig mit Lohnabzug bestraft werden.

Die Absicht ist leicht erkennbar: Weil in der globalisierten Wirtschaftsmaschine für die Bezahlung der Arbeit immer weniger übrigbleibt, sollen die Bezieher von Löhnen und Sozialleistungen den verbliebenen Rest so unter sich aufteilen, daß alle etwas abbekommen und die Arbeitslosenzahl sinkt. Deutschland soll von Amerika lernen, wo anteilig mehr Menschen Arbeit haben, aber dafür niedrige Löhne, kaum Sozialleistungen, längere Arbeitszeiten und schlechtere Arbeitsbedingungen in Kauf nehmen müssen. Einer der Wortführer für höhere Kapitalrenditen in Deutschland spricht es immerhin offen aus: «20 Prozent Bruttolohnabschlag sind notwendig, um wieder Vollbeschäftigung zu bekommen», lautet die Formel von Norbert Walter, früher Direktor des Kieler Instituts für Weltwirtschaft und heute Chef der Wirtschaftsforschung bei der Deutschen Bank, deren Vorstand gerade mit Aktienoptionen für die Pflege des Shareholder Value ordentlich belohnt wurde.[25] Noch vor wenigen Jahren hätte sich der Bank-Ökonom mit diesem Vorschlag ins politische Abseits gestellt, heute weiß er die Regierung hinter sich. Den Durchbruch verdanken Walter und seine Mitstreiter einer über Jahre multimedial geführten Kampagne, in der für den Sieg keine Verdrehung und Fälschung zu plump war: die Mär vom Niedergang des Wirtschaftsstandorts Deutschland.

Eines der zentralen Argumente in dieser Propagandaschlacht lautet, der deutsche Sozialstaat sei zu teuer geworden, zu viele Bürger würden der «Vollkaskomentalität» (Walter) frönen und lieber Sozialleistungen beziehen, anstatt zu arbeiten. Sicher ist am deutschen Sozialsystem vieles reformbedürftig. Die insgesamt 152 verschiedenen Formen sozialer Leistungen sind zum Teil chaotisch organisiert, verursachen hohe Verwaltungskosten und begünstigen oft die Falschen, während es den wirklich Bedürftigen nicht einmal für ein Dach über dem Kopf reicht. Über acht Millionen Menschen leben schon unterhalb der Armutsgrenze, und es fehlt an Geld, um sie durch Ausbildung und Arbeitsbeschaffung wieder zu integrieren. Nur eines stimmt nicht: der Sozialstaat sei teurer geworden. Wohl wurden 1995 für alle sozialen Belange fast eine Billion Mark gezahlt, elfmal mehr als 1960. Aber genauso hat sich auch das gesamte Volkseinkommen vermehrt. Alle Sozialleistungen der Republik zusammengenommen kosteten im Jahr 1995 knapp über 33 Prozent des Bruttosozialprodukts der Republik. 1975, zwanzig Jahre zuvor, betrug der Wert für Westdeutschland exakt genausoviel, 33 Prozent.[26] Ohne die Zahlungen in Ostdeutschland wäre die Quote heute sogar um drei Prozent geringer.

Was sich dagegen dramatisch geändert hat, ist die Finanzierung dieser Lasten. Fast zwei Drittel der Sozialzahlungen finanzieren sich aus den Beiträgen, die auf das Einkommen von Lohn- und Gehaltsempfängern erhoben werden. Da deren Anteil am Sozialprodukt infolge der Arbeitslosigkeit und langsam wachsender Einkommen aber stetig sinkt, mußten die Beiträge mit den Jahren exorbitant erhöht werden, um Renten, Arbeitslosengeld und medizinische Behandlung zu finanzieren. Vier Millionen Arbeitslose bedeuten allein für die Rentenkassen Verluste von 16 Milliarden Mark im Jahr. Mithin ist die Krise des deutschen Wohlfahrtssystems fast ausschließlich eine Folge der Krise der Arbeit und nicht etwa ausufernder Selbstbedienung der faul gewordenen Bewohner eines Schlaraffenlandes. Um die Arbeitskraft nicht unnötig zu verteuern, wäre es angesichts des wachsenden Reichtums im Land nur logisch gewesen, mittels Steuern auch diejenigen an der Finanzierung zu beteiligen, die keine Sozialabgaben zahlen, also Beamte, Selbständige und Vermögende. Tatsächlich tat die Regierung

Kohl genau das Gegenteil. Im Zuge des Aufbaus Ost plünderte sie die Sozialkassen für alle möglichen Zahlungen, die mit dem eigentlichen Versicherungszweck gar nichts zu tun haben, von Ausgleichszahlungen für die SED-Opfer bis zu den Vorruhestandsgeldern für die entlassenen DDR-Staatsdiener. Würden die Renten-, Arbeitslosen- und Krankenkassen nur von den Lasten befreit, für die sie gar nicht eingerichtet sind, könnten die Sozialabgaben sofort um acht Lohnprozente gesenkt werden, kalkulierten die Verwalter der zuständigen Bundesbehörden.[27] Auch die Hauptankläger des ausufernden Sozialstaats bedienten sich ungeniert des Geldes der Sozialversicherten. Von 1990 bis 1995 schickten Deutschlands Unternehmer und Personalvorstände eine dreiviertel Million Mitarbeiter in die Frührente und verjüngten so auf Kosten der Beitragszahler ihre Belegschaften. Die dadurch verursachten Mehrausgaben für die Rentenkassen betragen 15 Milliarden Mark pro Jahr, entsprechend einem vollen Beitragssatzpunkt oder einem Prozent der Lohnsumme.[28]

Eine nicht minder fragwürdige Methode, den Bundesbürger zur Senkung seiner Ansprüche zu bewegen, ist der internationale Vergleich der Arbeitskosten, die tatsächlich nirgendwo höher sind als in Deutschland. Die Differenz der Stundenlöhne verschiedener Länder ist jedoch genauso aussagekräftig wie die Unterschiede bei den Neubaukosten in der Frankfurter City und einem Vorort von Perleberg. Was auf dem Weltmarkt tatsächlich zählt, sind dagegen die Lohnstückkosten, also der Produktwert, der mit einer Einheit Arbeit hergestellt wird. Mit der weltweiten Auswertung dieser Daten förderten die Ökonomen Heiner Flassbeck und Marcel Stremme vom Deutschen Institut für Wirtschaftsforschung in Berlin Erstaunliches zu Tage. Berechnet auf der Basis der jeweils einheimischen Währung stiegen die Lohnstückkosten in Westdeutschland zwischen 1974 und 1994 um insgesamt 97 Prozent, im Durchschnitt aller übrigen OECD-Länder dagegen um volle 270 Prozent.[29] Die deutsche Effizienzmaschine funktionierte also hervorragend. Genau deshalb haben deutsche Unternehmen auf vielen Märkten bis heute die Nase vorn. Zu dem gleichen Ergebnis kamen im Juli 1996 auch Ökonomen des Münchner Ifo-Instituts, einem der sechs Wirtschaftsforschungszentren, von denen sich die Bundesregierung beraten läßt. «Das durchschnittliche Realeinkommen je Arbeitnehmer ist nirgendwo schwächer gestiegen als in Deutschland», schrieben die Ifo-Experten in einem Gutachten für das Bonner Wirtschaftsministerium. «Ähnliche Werte ergeben sich nur für die USA. Die Daten bestätigen die These von den maßvollen deutschen Gewerkschaften und belegen, daß hohe Stundenlöhne bei kurzen effektiven Arbeitszeiten durch die Produktivität gerechtfertigt sind.»[30]

Kein Land kann freilich folgenlos über Jahrzehnte mehr in alle Welt verkaufen, als es selber importiert. Die zwangsläufige Folge ist, daß die D-Mark im Verhältnis zu anderen Währungen fortwährend an Wert gewinnt. Die Kostendisziplin der Deutschen, in jeder Tarifrunde neu durchgesetzt, wird stets durch den Wertverlust der Einnahmen in fremder Währung bald wieder aufgezehrt. So erzielten deutsche Exportprodukte 1994 einen um zehn Prozent niedrigeren Ertrag als 1992, weil die Krise im Europäischen Währungssystem und die Politik des billigen Dollar der US-Zentralbank den Kurs der D-Mark nach oben und den des Dollar nach unten trieb. Diese Wechselkursverschiebungen eingerechnet, verläuft die Kostenentwicklung in allen Industrieländern über die Jahre annähernd parallel mit der in Deutschland, ermittelten die DIW-Forscher. Darum entsprechen heute – auf Dollarbasis gerechnet – die deutschen Lohnstückkosten im verarbeitenden Gewerbe annähernd den amerikanischen, errechnete auch das Institut der Deutschen Wirtschaft in Köln, das den Unternehmerverbänden nahesteht.[31]

Vor diesem Hintergrund war es ein wahrhaft dreister Propagandacoup, den Olaf Henkel, Ex-IBM-Chef und Präsident des Bundesverbands der Deutschen Industrie, im Herbst 1995 gegen den teuren deutschen Arbeitnehmer landete. Weil Deutschlands Unternehmen jedes Jahr für viele Milliarden Mark im Ausland investieren, würden mit dem Kapital auch die Jobs auswandern. Henkel: «Arbeitsplätze sind der größte Exportschlager der Deutschen.»[32] Diese Behauptung schlug öffentlich ein wie eine Bombe, fand millionenfache Verbreitung im ganzen Land – und war doch grob falsch.

Zum Beleg seiner These machte Henkel folgende Rechnung auf: Seit 1981 hätten Unternehmer und Konzerne für 158 Milliarden Mark in ausländische Tochtergesellschaften investiert. Im gleichen Zeitraum habe die Zahl der dort Beschäftigten um 750000 zugenommen. Folglich «exportierte» Deutschland jährlich fast 70000 Arbeitsplätze. Die Realität sieht ganz anders aus. Ein Land, das kontinuierlich über viele Jahre Handelsüberschüsse erzielt, muß zwangsläufig mehr Kapital exportieren, als es importiert. Aus dem gleichen Grund investierten japanische Konzerne im gleichen Zeitraum sogar noch einmal 100 Milliarden Mark mehr in ausländische Tochtergesellschaften als die deutschen. Die Mehrzahl der Investitionen fließt auch nicht in Billiglohnländer, sondern in die anderen Industrienationen. Die wichtigsten Ziele der deutschen Auslandsexpansion sind Großbritannien, Spanien, die USA und Frankreich.

Vor allem aber sind die angeblichen zusätzlichen Arbeitsplätze im Ausland eine reine Luftnummer. Das kann der Ökonom Michael Wortmann vom Berliner Forschungsinstitut für Außenwirtschaft, das seit zehn Jahren die Auslandsinvestitionen deutscher Unternehmen erfaßt, schlüssig nachweisen.[33] Zwar wuchs die Zahl der Mitarbeiter deutscher Unternehmen im Ausland von 1989 bis 1993 ausweislich der Bundesbankstatistik um 190000 Menschen. Doch im gleichen Zeitraum kauften deutsche Investoren auch ausländische Unternehmen mit sogar über 200000 Beschäftigten. Die exportierten Arbeitsplätze waren also längst vorhanden. Natürlich haben viele Konzerne tatsächlich neue Fabriken errichtet. BMW baut im amerikanischen South Carolina, Siemens in Nordengland, Bosch in Wales und VW in Portugal und China. Gleichzeitig betreiben die deutschen Weltmarktstrategen aber in den gekauften und schon bestehenden Auslandsgesellschaften selbstverständlich das gleiche Geschäft wie zu Hause: rationalisieren, auslagern, konzentrieren. Viele Auslandskäufe dienen auch einfach dem Zweck der Marktbereinigung, den Käufen folgt nach kurzer Zeit die Schließung. Unterm Strich schaffen deutsche Unternehmen im Ausland also genauso wenig zusätzliche Jobs wie im Inland.

So ist die Debatte um die deutsche Wettbewerbsfähigkeit durchsetzt mit Ungereimtheiten, Widersprüchen und bewußter Täuschung des Publikums. Die Wirkung auf die Politik ist gleichwohl verhängnisvoll. Im festen Glauben an die Standortrhetorik der Marktradikalen überzieht die Bundesregierung ihr Land mit einem Sparprogramm, das mehr Schaden stiftet als Nutzen. Allein im öffentlichen Dienst werden bis 1998 an die 200 000 Arbeitsplätze wegfallen. Mit der Kürzung der Mittel für die Arbeitsbeschaffung werden zudem in Ostdeutschland zusätzlich 195 000 Menschen in die Arbeitslosigkeit gestürzt. Gleichzeitig wird die Kürzung der Sozialleistungen noch einmal die Kaufkraft auf dem Binnenmarkt senken. Mangels Kundschaft rechnet Holger Wenzel, Geschäftsführer des Hauptverbandes des deutschen Einzelhandels, mit dem Verlust von jährlich 35 000 Jobs in den Geschäften und Kaufhäusern.[34] «Die Arbeitslosigkeit füttert sich selbst», warnte sogar Wolfgang Franz, einer der fünf Wirtschaftsweisen im Auftrag der Bundesregierung.[35] Deren Minister beteuern jedoch, das Sparprogramm sei alternativlos, und verweisen zur Begründung auf die wachsenden Defizite der öffentlichen Kassen.

Aber auch dieses Argument ist fadenscheinig. Natürlich sinken bei wachsender Arbeitslosigkeit die Steuereinnahmen des Fiskus. Peinlich verschweigen die Verwalter des Finanzlochs jedoch stets, daß auch sie selbst die Einnahmen bewußt vermindert haben. Großzügig verteilen Bund und Länder jedes

Jahr mehr Steuererlasse für Unternehmen und Selbständige und tolerieren die zunehmende Verschiebung von Vermögen in Steueroasen. Mit der mehrmaligen Senkung der Körperschaftssteuer für Kapitalgesellschaften und einer Flut von Abschreibungsvorteilen sank die Steuerbelastung für Unternehmensgewinne von 1990 bis 1995 von 33 auf 26 Prozent, die Einnahmen daraus für den Staat sogar um 40 Prozent.[36] Noch 1980 trugen die Gewinnsteuern ein Viertel zu den gesamten Staatseinnahmen bei. Läge der Wert heute noch genauso hoch, wären die öffentlichen Kassen um 86 Milliarden Mark reicher, anderthalbmal mehr, als der Bundesfinanzminister im Jahr 1996 an zusätzlichen Schulden machte. Und selbst das vermeintliche Sparprogramm sieht noch einmal eine Senkung der Einnahmen vor. Mit der Streichung der Vermögens- und Gewerbekapitalsteuer werden zusätzlich elf Milliarden Mark an Einnahmen fehlen.

All das soll den Aufbau neuer Betriebe und zusätzlicher Arbeitsplätze in Deutschland erleichtern. Auch bei der Unternehmensbesteuerung gebe es Wettbewerb unter den Staaten, begründet Finanzminister Theo Waigel die Steuerreform zur Senkung der Staatseinnahmen. Aber auch die Hoffnung, höhere Gewinne würden sich quasi von selbst in mehr Wachstum und Arbeit umsetzen, ist längst widerlegt. Von 1993 bis 1995 legten die Unternehmensgewinne in der Bundesrepublik im Schnitt um volle 27 Prozent zu, die Investitionsquote blieb dennoch konstant.

Ausbruch aus der Abwärtsspirale

Die Widersprüche der deutschen Standortpflege dokumentieren den grundsätzlichen Denkfehler einer Politik, die den globalen Wettbewerb zum Selbstzweck erklärt: Sie ignoriert die Perspektive. Der schrankenlose Wettlauf um Anteile am Welt-(arbeits)markt entwertet in immer schnelleren Zyklen die Arbeitskraft und gestaltet sich aus der Sicht der übergroßen Mehrheit wie das Rennen zwischen Hase und Igel. Irgendein billigerer Konkurrent ist immer schon da oder wird spätestens morgen da sein. Wer sich «anpaßt», erzwingt nur die erneute Anpassung anderswo und ist bald schon selbst wieder dran. Egal, was sie tun, die meisten Arbeitnehmer können bei diesem Spiel nur noch verlieren. Nur die Minderheit der Vermögenden und zeitweilig Hochqualifizierten hat den Vorteil – im Schnitt etwa ein Fünftel der Bevölkerung in den alten Industrieländern. Diesen Trend zur 20:80-Gesellschaft können inzwischen auch berufsmäßige Verfechter des Wirtschaftsliberalismus, wie etwa die Ökonomen der OECD-Zentrale in Paris, nicht mehr leugnen. Zu deutlich dokumentiert die Einkommenstatistik die wachsende Kluft zwischen Arm und Reich.

Aber die endlose Fortsetzung dieser Abwärtsspirale ist weder Schicksal, noch ist sie überhaupt wahrscheinlich. Gegenstrategien sind möglich und in großer Zahl längst ausgearbeitet. Im Zentrum der Umsteuerung müßte die Aufwertung der Arbeit stehen. Unumstritten selbst unter liberalen Ökonomen sind die enormen Chancen, die eine ökologische Steuerreform eröffnen kann. Würde der Verbrauch von Energie mittels Besteuerung schrittweise und langfristig verteuert, würde dies nicht nur die bedrohliche Umweltbelastung zurückdrängen. Im gleichen Zug würde auch die Nachfrage nach Arbeitskraft steigen und der Einsatz von Technologie zur Automatisierung verlangsamt. Steigende Transportkosten würden zudem der transnationalen Arbeitsteilung neue Grenzen setzen. Das fahrende Lager für Zulieferteile in Form endloser Lkw-Schlangen auf den Autobahnen würde sich nicht mehr lohnen.

In einer Modellrechnung, deren Annahmen eher vorsichtig gewählt sind, wies das Deutsche Institut für Wirtschaftsforschung nach, daß mit einer jährlich in kleinen Schritten ansteigenden Öko-Steuer auf Heizöl-, Benzin-, Erdgas- und Stromverbrauch binnen zehn Jahren in Deutschland über 600000 zusätzliche Arbeitsplätze geschaffen werden könnten. Die

Minimierung des Energieverbrauchs würde zum großen Teil über handwerkliche Arbeit an Gebäuden und bei der dezentralen Energieerzeugung erfolgen und darum vielen Menschen Beschäftigung verschaffen.[37]

Noch mehr Arbeit würde gebraucht, wenn der Rohstoffverbrauch teurer würde. Dazu hat der Produktforscher Walter Stahel unter dem bezeichnenden Titel «Die Beschleunigungsfalle oder der Triumph der Schildkröte» eine bemerkenswerte Rechnung aufgemacht.[38] Höhere Preise für Ressourcen würden langlebigen Produkten deutliche Kostenvorteile gegenüber Wegwerfartikeln und kurzlebigen Konkurrenzangeboten verschaffen – zugunsten der Arbeit. Stahel kalkulierte diese Umkehrung des Trends am Beispiel der Automobilproduktion. Technisch ist es längst möglich, Fahrzeuge herzustellen, deren Karosserie und Motorblock 20 Jahre lang halten statt der heute üblichen zehn Jahre. Beim Zehn-Jahres-Mobil macht der Kaufpreis im Schnitt 57 Prozent der gesamten Kosten aus. Nur 19 Prozent der Ausgaben gehen für Reparaturarbeiten drauf. Bei 20jähriger Lebenszeit sinkt der Anteil, den die Verbraucher für die Anschaffung eines neuen Wagens ausgeben, auf 31 Prozent, während 36 Prozent der gesamten Autokosten für Reparaturen aufgewandt werden müssen. Unterstellt, die Verbraucher würden in beiden Fällen für ihr Automobil gleich viel Geld ausgeben, würde die Roboterarbeit in den Fabriken also ab-, die arbeitsintensive Instandhaltung dagegen aufgewertet werden.

Auch in anderen Sektoren der Gesellschaft mangelt es nicht an sinnvollen Aufgaben. Im Gesundheitswesen, in den überfüllten Universitäten und Schulen, bei der Wiederherstellung zerstörter Agrarlandschaften oder der Sanierung heruntergekommener Satellitenstädte: Arbeit gäbe es mehr als genug. Aber nichts davon können private Unternehmen und der Markt allein organisieren. Erst wenn der Staat und da in erster Linie die Städte und Gemeinden in solche Vorhaben investieren können, würden die entsprechenden Jobs auch geschaffen.

Die notwendigen Staatseinnahmen wären zu beschaffen. Ohne Schaden für die Wirtschaft ließe sich der grenzüberschreitende Kapitalverkehr besteuern und damit eine ergiebige Finanzquelle erschließen, die nicht die Arbeit verteuern würde. Noch mehr brächte das Verbot der Vermögensverschiebung in die Steueroasen von Liechtenstein bis zu den Kanalinseln, die wie ein schwarzes Loch der Weltwirtschaft jedes Jahr mehr Vermögen der Besteuerung entziehen. Eine solche Steuerreform würde auch der Umverteilung von unten nach oben entgegenwirken.

Der Einwand gegen solche Vorschläge liegt auf der Hand: Gerade wegen der Verstrickung in die globale Wirtschaft ist die Mehrzahl der einzelnen Nationalstaaten zumindest aus der Gruppe der reichen Länder des Nordens zu solch grundlegenden Reformen gar nicht mehr in der Lage. Obwohl alle Bundestagsparteien die ökologische Steuerreform im Prinzip unterstützen, reichte schon der Hinweis von Industrievertretern, höhere Energiepreise würden Tausende von Unternehmen ins Ausland treiben, um das Vorhaben scheitern zu lassen. Die Demokratie gerinnt zum folgenlosen Theater.

Die Rückgewinnung der politischen Handlungsfähigkeit, die Wiederherstellung des Primats der Politik über die Wirtschaft ist daher die zentrale Zukunftsaufgabe. Denn schon heute ist vorauszusehen, daß der bisherige Kurs sich nicht mehr lange fortsetzen läßt. Die blinde Anpassung an Weltmarktzwänge steuert die bisherigen Wohlstandsgesellschaften unausweichlich in die Anomie, den Zerfall der sozialen Strukturen, auf deren Funktionieren sie zwingend angewiesen sind. Gegen die Zerstörungskraft, die von der Radikalisierung einer wachsenden Minderheit von deklassierten und ausgegrenzten Menschen ausgeht, wissen Märkte und Multis aber keine Antwort.

Rette sich, wer kann. Nur: Wer kann?

Das Verschwinden der Mittelklasse und der Aufstieg
der radikalen Verführer

«Wird sich die ganze Welt in ein großes Brasilien verwandeln, in Länder voller Ungleichheit und mit Ghettos
für die reichen Eliten?»
«Mit dieser Frage packen Sie den Stier bei den Hörnern.
Es stimmt, sogar Rußland wird zu Brasilien.»

Michail Gorbatschow im Fairmont-Hotel
in San Francisco 1995 [1]

Verspätet, aber provokant gemächlich rollt der Canadair-Jet,
Lufthansa-Flug 5851, in Wien-Schwechat zur Startbahn, unterwegs nach Berlin-Tegel. In der 16. Reihe am Fenstersitz
rechts streckt sich der dreißigjährige Peter Tischler. Betont lok-
ker will er wirken, doch sein Körper signalisiert: Ich kann nicht
mehr. Abgekämpft starrt er auf das hochgeklappte Tischchen
vor ihm, sein Blick geht ins Leere, und er beginnt zu erzählen. [2]
   Um fünf Uhr früh ist er an diesem Freitagmorgen im Juni
1996 aufgestanden, mit einem Leihwagen raste er durch Mäh-
ren und das ostösterreichische Weinviertel, um die Neun-Uhr-
fünf-Maschine nach Berlin zu erreichen. Dort hat er noch am
Vormittag einen Termin, abends wird er zu Hause in Eitorf in
der Nähe von Bonn sein. Am Wochenende soll er nach Spanien, am Dienstag muß er in die USA. Fliegen ist für ihn so
selbstverständlich wie für andere das Straßenbahnfahren –
führt er damit ein beneidenswertes Leben?
   Tischler kennt die Welt, doch niemand kennt ihn. Er ist kein
Manager oder Tennisprofi, sondern eine Art Mechaniker im
Globalisierungszeitalter, genauer: Er korrigiert Fehler in den
Programmen computergesteuerter Spritzgußanlagen, er ist ge-
hetzt und frustriert, und er nimmt kein Blatt vor den Mund.

«Lohnt sich denn der Aufwand noch?» fragt er rhetorisch. «Ich arbeite 260 Stunden im Monat, davon knapp 100 Überstunden. Von 8000 Mark Gehalt bleiben mir gerade 4000 Mark, da ich in Steuerklasse eins veranlagt werde.» Für eine Familie fehle ihm die Zeit, «der Staat verpraßt mein Geld, und für meine Rente wird nichts übrigbleiben». Obwohl sein Arbeitgeber, die hochspezialisierte Maschinenbaufirma Battenfeld, schöne Gewinne schreibe, seien in jüngster Zeit ein Viertel aller Jobs gestrichen worden, «das macht doch keinen Spaß mehr». Ungefragt nennt Tischler diejenigen, die seiner Meinung nach schuld sind an dieser Freudlosigkeit, «die Aussiedler und die Türken». Außerdem «kann ich nicht nachvollziehen, warum wir so ein Heidengeld für Rußland und die Entwicklungshilfe ausgeben und auch an die Juden noch Kohle bezahlen». Dieser «Ausverkauf, der mit unserem Land und unseren Firmen gemacht wird, ist doch Wahnsinn». Als einer, der «reichlich internationale Erfahrung» hat, weiß er, wen er wählt: «Klar, die Republikaner», auch wenn das leider «noch nicht die richtige Partei» sei. Zwar dürfe er dies «nicht laut sagen», aber «es bewaffnen sich jetzt viele Bürger».

Szenenwechsel, ein anderer Flughafen, ein ähnliches Leben, eine ganz andere Reaktion: An einem schwülen Julinachmittag 1996 muß Lutz Büchner, stellvertretender Flugmanager bei der Lufthansa in Frankfurt, einen aufgebrachten Vielflieger beruhigen, der erst zwölf Minuten vor Abflug seiner Maschine am Gate B 31 eintrifft und nicht mehr an Bord gelassen wird, weil die minimale Abfertigungszeit vor wenigen Wochen von zehn auf 15 Minuten verlängert wurde. Gelassen erklärt Büchner die neuen Regeln und zeigt Verständnis für den eiligen Reisenden: «Man spürt den überall wachsenden Druck. Selbst Leute, von denen man es früher nie erwartet hätte, reagieren jetzt schon bei einem kleinen Mißgeschick mit Aggressionen.»[3] Dennoch, erklärt Büchner glaubwürdig, «freue ich mich, wenn ich jeden Morgen zur Arbeit komme. Ich stehe hinter dieser Firma.» Ein paar Tage zuvor stand er allerdings gemeinsam mit 1000 seiner Kollegen vor den Eingangstüren des Flughafens, weil trotz guter wirtschaftlicher Lage erneut 86 Lufthansa-Angestellte gekündigt werden sollten.

Wie der gestreßte EDV-Systemspezialist Peter Tischler hat der 35 Jahre alte Büchner keine Kinder, «weil die Arbeitslosigkeit bald auch mich treffen kann». Selbstverständlich sei er zu persönlichen «Einsparungen und Gehaltsverzicht bereit, wenn das unsere Jobs sichert». Doch die Abwärtsspirale der Globalisierung werde nicht unbeantwortet bleiben, «es wird eine Rebellion geben, ganz klar», meint Büchner. Er aber sei «absoluter Pazifist. Natürlich werde ich mich engagieren, aber bei einer Demonstration lasse ich mich nicht erschießen, vorher übersiedle ich mit meiner griechischen Freundin auf eine kleine Insel in der Ägäis.»

Verkörpern der moderne Radikale Peter Tischler und der verstörte, friedliche Lutz Büchner, zwei bislang gutsituierte, unscheinbare Bürger, die Prototypen der zukünftigen Entwicklung in Deutschland, vielleicht gar in Europa? Zeichnet sich entlang dieser Charaktere der politische Alltag um die Jahrtausendwende ab? Draufhauen oder abhauen, wird das zur alles entscheidenden Frage? Auch wenn sich Geschichte nicht zwangsläufig wiederholt, so spricht doch vieles für ein Wiederaufleben von Konflikten, wie sie in den zwanziger Jahren den europäischen Kontinent beherrschten.

Der soziale Kitt, der Gesellschaften zusammenhält, ist brüchig geworden. Das heraufziehende politische Erdbeben fordert alle modernen Demokratien heraus. Am augenfälligsten, wenn auch erstaunlich wenig untersucht, ist dies in den Vereinigten Staaten von Amerika.

«Warum bringt sich Europa gerade selbst um? Seht ihr denn nicht, daß ihr euch den ökonomischen Trends und globalen Veränderungen endlich anpassen müßt?»

Der Washingtoner Unternehmensberater Glenn Downing, der diese Sätze aus voller Überzeugung einem Gast aus dem offenbar suizidalen Kontinent entgegenschmettert, ist seit Kindheitstagen konservativ und investiert derzeit am liebsten in sibirisches Rohöl.[4] Seine Tochter Allison, eine promovierte Juristin, zählt zum ehrgeizigen Stab einer republikanischen Kongreßabgeordneten. Am Vorabend, dem letzten September-samstag des Jahres 1995, hat sie kirchlich und stilvoll geheiratet, Papa Downing ist in blendender Laune. «Endlich geschieht wieder etwas», freut er sich und meint damit die von Newt Gingrich, dem radikalen republikanischen Mehrheitsführer im Repräsentantenhaus, verheißene neue «American Revolution», die größte Hoffnung der US-Rechten seit Ronald Reagan.

Schluß soll endlich sein mit dem Gerede um sinkende Löhne, das hätten alles die Demokraten zu verantworten, «da ist doch einfach die Statistik gefälscht und die Inflation nicht richtig berechnet worden». «Lächerlich» mache sich, wer vom «Abstieg oder gar Zerfall der amerikanischen Mittelklasse» spreche oder davon, daß auch in weißen Mittelstandsehen inzwischen beide Partner hart arbeiten müßten, um annähernd jenen weltweit beneideten Lebensstandard zu erreichen, der in den siebziger Jahren noch selbstverständlich war. Damals hatten die Männer einen gutbezahlten sicheren Job, und ihre Frauen blieben als grüne Witwen im Eigenheim im Vorort, mit oder ohne Kinder. Die meisten jobbten allenfalls aus Langeweile, keineswegs aus Notwendigkeit.

Die Downings leben noch so, inmitten der Wälder des prosperierenden Fairfax County in Reston im Bundesstaat Virginia, nahe dem Dulles-Flughafen und auch nicht weit entfernt vom Hauptquartier der CIA. «Sehen Sie sich doch hier um», sagt der Unternehmensberater und steht selbstbewußt auf seiner neuen Terrasse, die er eigenhändig und rechtzeitig zum Familienfest mit frischen Ziegeln ausgelegt hat, braunrot die fünf Kontinente, hellrot die Ozeane, die ganze Welt eben, ganz platt.

Wie sehr dem Investor der Realitätssinn abhanden gekommen ist, zeigt sich ein knappes Jahr nach Allisons Hochzeit im Sommer 1996. Die heile weiße Mittelstandswelt existiert nicht mehr. Zwar wirbt die dreißigjährige Downing-Tochter liebevoll um Verständnis für ihren fast 60 Jahre alten Vater. «Leute seiner Generation bekommen die gesellschaftlichen Veränderungen nicht mehr so genau mit», erklärt sie in Gegenwart ihres Mannes Justin Fox, der in einem behüteten kalifornischen Vorort nahe Berkeley aufwuchs.[5] «Daß wir uns den Lebensstil unserer Eltern leisten könnten, no way, so ein Haus, wie es Dad schon kurz nach meiner Geburt kaufte, kostet heute etwa 400 000 Dollar und bleibt für uns unerschwinglich.»

Immerhin glückte Justin Fox ein bemerkenswerter Karrieresprung, er wurde «writer-reporter» beim florierenden Wirtschaftsmagazin *Fortune*, die Jungverheirateten leben nunmehr in Manhattan. Allison gab ihren Job in der Hauptstadt auf und verdient als Wahlkampfmanagerin einer republikanischen Kandidatin für die New York State Assembly kümmerliche 1100 Dollar im Monat. Justins Lohnzettel weist alle zwei Wochen allerdings auch nur den Betrag von netto 1157 Dollar aus. Allein die Monatsmiete für ihr behagliches, aber winziges Apartment an der 39. Straße beträgt 1425 Dollar, fast die Hälfte ihres gemeinsamen Einkommens, Strom und Telefon nicht mitgerechnet. 45 000 Dollar wird das Bruttojahresgehalt von Justin Fox betragen. «Es reicht hinten und vorne nicht», sagt Allison und ist trotzdem nicht unzufrieden. «Schau dir doch die Leute an, die noch jünger sind als wir und mit 22 oder 23 Jahren soeben das College abschließen. Die kriegen oft nur noch einen Job als Bedienung im Lokal oder dürfen für einen Botendienst Fahrrad fahren.» Allisons Ehemann kommentiert journalistisch knapp: «Die Mittelklasse schwindet und verschwindet.»

Aus Sorge um ihre Zukunft stecken die verbliebenen US-Mittelständler der neunziger Jahre ihre geringen Ersparnisse in Aktien, Downing und Fox setzen unter anderem auf Coca-Cola und freuten sich heimlich über die Olympiade im Zeichen des Softdrinks. Während der sechzehntägigen Jahrhundertspiele in Atlanta stieg der Coca-Cola-Kurs an der Wall Street um 4,2 Prozent.[6]

20 Millionen US-Haushalte zocken schon im Aktienroulette, sie setzen zumindest auf einen von über 6000 Spekulationsfonds, die mit insgesamt sechs Billionen Dollar weltweit jonglieren können. Während noch vor zwanzig Jahren 75 Prozent der privaten Ersparnisse in den Vereinigten Staaten in Sparbüchern oder festverzinslichen Wertpapieren angelegt wurden – wie heute in Europa noch üblich –, hat sich in den neunziger Jahren das Verhältnis umgekehrt: Mit Dreiviertel der Rücklagen wird an der Börse spekuliert. So geben erst die Sparer den Fondsmanagern die Macht, überall auf Lohnkürzung und Jobabbau zu drängen, oft auch in den Unternehmen, die diesen Kleinanlegern bislang Arbeit boten.[7]

Für jeden einzelnen sei es trotzdem «eine Regel der Vernunft, mit Aktien zu spekulieren», eröffnete ein Foxscher Berufskollege seinen Essay in der anspruchsvollen US-Zeitschrift *Harper's Magazine* im Oktober 1995.[8] Der Beitrag von Ted C. Fishman aus Chicago verrät 15 Jahre nach dem Beginn der Reaganomics mehr über die ökonomische Lage und seelische Befindlichkeit dieser politisch überwiegend dünn- und fast ausnahmslos hellhäutigen Wohlstandsschicht als unzählige Zahlenreihen oder Analysen.

«Obwohl ich ein 37 Jahre alter, weißer, Ivy-League-gebildeter (Eliteuniabsolvent) Mann bin und deshalb, allen Statistiken zufolge, in den Genuß fast jedes Vorteils gelange, den man in der amerikanischen Gesellschaft haben kann», schreibt Fishman, «kann ich keineswegs erwarten, mit einem ausreichenden Geldbesitz das Rentenalter zu erreichen, um noch meinen gegenwärtigen Lebensstandard aufrechtzuerhalten. Ich betrachte den Aktienmarkt als den einzigen Weg, um jene Beträge anzusammeln, die ich brauchen werde, um mich in den Ruhestand zurückziehen zu können. Darum bin ich ein Spieler wie 51 Millionen andere Amerikaner. Ich zahle jeden Monat in vier verschiedene Mutual Fonds ein und habe in sieben weiteren Geld angelegt, wobei ich die Aufteilung dieser Gelder gelegentlich ‹anpasse›.»

Doch anders als in den achtziger Jahren, als die boomenden Aktienmärkte noch «durch einen gewissen reaganesken Optimismus angeheizt wurden, weil es Leuten, die schon Geld hatten, möglich war, noch viel mehr daraus zu machen, wird der Aktienmarkt heutzutage von der Angst beherrscht», schreibt der Chicagoer Essayist.

«I need all the friends I can get», ich brauche alle Freunde, die ich kriegen kann, stand noch in den siebziger Jahren in fetten schwarzen Lettern auf der Rückseite grellorangefarbener T-Shirts, die kalifornische High-School-Kids gern trugen. Von der Brust strahlte die Cartoonfigur Charlie Brown von den «Peanuts». Die Kids aus dieser Zeit sind inzwischen besorgte Familienväter, das unbeschwerte Lachen ist ihnen zumeist vergangen, und Freunde, Freunde zu finden ist schwerer denn je. Denn die gefeierte amerikanische Wettbewerbsgesellschaft frißt ihre Kinder, zu den jämmerlichen Gehältern der Baby-Boom-Generation fiele nicht einmal mehr dem Peanuts-Star etwas Tröstliches ein.

Täglich fiebern nun Millionen Familien mit, wenn sich der Dow-Jones-Index auch nur wenige Punkte bewegt, und sie diskutieren oft stundenlang mit ihren Fondsbetreuern und Börsenmaklern über die Schlußfolgerungen. Fast alle Spieler wissen, daß nur wenige letztlich groß gewinnen werden, nicht selten auf Kosten von Freunden, die auf die falschen Aktien oder Anleihen gesetzt haben. So ist es verdammt einsam geworden um Charlie Brown.

Wenn sich schon Akademiker wie die Downings, Fox' und Fishmans so in die Enge getrieben fühlen, daß sie glauben, ihre Zukunft in Wohlstand sei nur durch Aktienspekulation abzusichern: In welcher Verfassung sind dann alle jene Amerikaner, die nicht mehr so jung oder privilegiert oder gesund oder sogar nicht einmal hellhäutig sind?

Mehrere Millionen der bislang noch 18,2 Millionen Bürokräfte beispielsweise, so berichtete die *New York Times* Anfang Februar 1996, müssen damit rechnen, in den kommenden Jahren ihre Arbeit zu verlieren, Kollege Computer übernimmt ihren Job.[9] An jenem Tag, als die Zeitungszusteller diese neue Schreckensmeldung frühmorgens vor die Wohnungen und in die Büros legten, kam der seit Wochen andauernde Streik der New Yorker Maintenance-Arbeiter, also der Liftboys, Putzfrauen und einfachen Hausgehilfen, in seine entscheidende Phase. Die Arbeitgeberverbände hatten verlangt, der Anfangslohn aller neuen Beschäftigten müsse um 40 Prozent gesenkt werden. Die bislang recht gut bezahlten Pförtner sollten gerade noch 352 Dollar pro Woche verdienen.[10] Die Gewerkschaft der Service Employees wollte dies nicht hinnehmen, sie fürchtete, im Falle ihrer Zustimmung würden schon bald die erfahrenen Arbeiter gekündigt und durch neue, billige Kräfte ersetzt werden. Da entschieden die vereinigten Unternehmer, nachts mehr als 15 000 Streikbrecher anzuheuern, die sich artig für jeden Neun-Dollar-Stundenlohn bedankten.

In New York, das immer als «Gewerkschaftsstadt» galt und solche «scabs» schon so oft lautstark vertrieben hatte, blieb diesmal der öffentliche Aufschrei aus – selbst als viele Arbeiter ihren Job nicht zurückbekamen und der Ausstand mit einem Vergleich bei minus 20 Prozent beim Einstiegslohn endete. Zu viele US-Bürger haben inzwischen am eigenen Leib erlebt, daß sie mit dem Argument verjagt wurden: Die Hungrigen von der Straße sind einfach besser.

Sicherlich, die Vereinigten Staaten verstanden sich nie als eine homogene oder gar solidarische Gesellschaft, doch dies? Der

Angriff auf die gesamte Mittelklasse wird zu neuem, explosivem Zündstoff für ein Feuer, das sich ohnehin schon in weite Teile der weltführenden Gesellschaft hineingefressen hat. Unüberbrückte Rassengegensätze, die bekannten Drogenprobleme, die ebenfalls bekannten Kriminalitätszahlen, der Verfall der einst gerühmten High-Schools, an denen Lehrer für Löhne arbeiten, für die sich in Deutschland nicht einmal eine Haushaltsgehilfin anstellen läßt. Der Zerfall scheint grenzenlos, und so hält auch die Revolution der oben Verbliebenen gegen die da unten an.

Europa, du machst es besser? Derzeit verbietet sich jede Hochnäsigkeit zwischen Lissabon und Helsinki von selbst. Zwar hat Investor und Unternehmensberater Glenn Downing glücklicherweise unrecht, daß der alte Kontinent auf den Selbstmord zusteuere. Doch wie soll sich Europa, aus dem einst die Planungsväter des amerikanischen Traums hervorgingen, nunmehr behaupten, wenn der verwirklichte amerikanische Alptraum plötzlich wie ein Bumerang zurückkehrt.

Das Ende der deutschen Einheit

Die Preisgabe des Konzepts der wohlhabenden Volkswirtschaften, eine möglichst breite Mittelklasse mitverdienen zu lassen, ist begleitet von wachsendem sozialem Zerfall.

In Deutschland hat sich zumindest schon ein Viertel der Bevölkerung vom Wohlstand verabschiedet, die untere Mittelschicht verarmt schleichend. Die noch immer reichste Gesellschaft Europas läßt vor allem ihre Jugend verkommen, eine Million Kinder lebt bereits von Sozialhilfe.[11] Der Bielefelder Jugendforscher Wilhelm Heitmeyer warnt: «Jugendliche haben in ihrer Biographie immer die Aufgabe zu bewältigen, den Status der Herkunftsfamilie zu erhöhen oder mindestens zu halten. Damit aber wird es heute arg eng, denn die praktischen

Chancen auf Arbeits- und Ausbildungsplätze werden enorm knapp. Diese Planungsunsicherheit sickert nach und nach in alle Milieus durch. Und Gewalt ist eine Möglichkeit, mit dem Streß und Konkurrenzkampf umzugehen.» [12]

Seit 1989/90 verzeichnen die Statistiker in Deutschland einen krassen Anstieg der Kinder- und Jugendkriminalität. Gängigen Erklärungsmustern, die dies mit einem «Verfall von Moral und Sitten» begründen, hält Heitmeyer entgegen, daß «die auffälligen Jugendlichen die Ideale der ‹marktradikalen Gesellschaft› nicht ablehnen, sondern im Gegenteil übererfüllen». [13]

«Klauben, rauben, treten für den schnellen Genuß», charakterisiert die Berliner *Tageszeitung* gewohnt knackig das Lebensgefühl der jungen Generation: «Der Konkurrent lauert überall.» [14] Die «Eltern vernachlässigen die Erziehung», erklärt der Vorsitzende im Bundestags-Innenausschuß, der SPD-Abgeordnete Wilfried Penner, doch Millionen Eltern kontern: Wieviel Zeit bleibt uns, die wir zum Doppelverdienen gezwungen und völlig gestreßt sind, denn noch für die Erziehung übrig, und überhaupt, wie viele Kinder wachsen denn noch bei beiden Elternteilen auf? [15]

Der Absturz von Millionen wohlsituierter Mitglieder der deutschen Mittelschicht in eine neue bescheidene Mittelmäßigkeit läßt sich auch mit einer umfassenden und zweifellos notwendigen Bildungsoffensive in den kommenden Jahren nicht mehr bremsen, so schnell schaffen auch die klügsten kleinen Bengel und Mädchen nicht den Schulabschluß.

Die Kluft zwischen Arm und Reich vertieft sich, wer zu den Besserverdienern zählt, will sich mit dem immer aggressiver erscheinenden Volk immer weniger gemein machen. Die deutsche Einheit zerfällt, obwohl sie geographisch doch erst vollzogen wurde. Statt dem «Wohlstand für alle», so im Jahr 1957 das damals richtungweisende Buch von Ludwig Erhard, setzt sich jetzt überall «die Revolte der Eliten» durch, entsprechend der These des 1995 postum veröffentlichten letzten Werks des amerikanischen Historikers Christopher Lasch. Die Abkapselung der Reichen wird zur Norm, Brasilien zum Vorbild.

Der Verrat der Eliten: Weltmodell Brasilien

Den Kräuterkäse drücken die Gäste aus der Tube aufs Salzgebäck, das dünne Bier kommt im vorgefrosteten Alu-Becher auf den Klapptisch. Stattliche Steaks brutzeln am Holzkohlegrill, während der achtjährige Sohn im T-Shirt einer «Miami National Football League» aus dem Garten in sein Zimmer läuft, um den goldgelben Plastikpokal herbeizuholen, den er beim letzten Judoturnier in der Schule gewonnen hat – Wochenend-Idyll in einer unscheinbaren amerikanischen Vorstadt?[16]

Abends radelt Familienvater Roberto Jungmann mit dem kleinen Judoka und der noch kleineren Luisa durchs Wohnviertel – vorbei an frisch gepflanzten Eukalyptusbäumen und herausgeputzten Häuschen mit alpenländischem Holzbalkon oder postmoderner Fassade. Straßenschwellen bremsen den ohnehin mäßigen Autoverkehr, vor den Garageneinfahrten thronen die Müllsäcke in hochbeinigen Blechkörbchen, wegen der Hunde. «Hier ist das Paradies», sagt Robertos Ehefrau Laura. Das Paradies heißt Alphaville, liegt im Westen von Groß-São-Paulo und mißt exakt 322581 Quadratmeter, die Fläche von fast 44 Fußballfeldern. Es ist von meterhohen Mauern umgeben, bestückt mit Suchscheinwerfern und elektronischen Sensoren, die jede Bewegung erfassen: ein idealer Fluchtort für Einwohner der Metropole, die sich im Stadtzentrum vor Kriminellen und Aufständischen fürchten; die wie Durchschnittsfamilien in Europa oder in den noch wohlhabenden Regionen der USA leben wollen, ohne sich der gesellschaftlichen Realität im eigenen Lande stellen zu müssen.

Auf der Suche nach Eindringlingen kreuzen private Schutzmänner, im Zweitjob zumeist noch bei der Militärpolizei aktiv, rund um die Uhr auf Motorrädern und in Einsatzfahrzeugen mit martialischen Signalleuchten durch Alphaville – wie einst im TV-Hit «Die Straßen von San Francisco». Selbst wenn sich nur eine Katze ins Wohlstandsghetto schleicht, rasen die Alphaville-Guards sofort zum Ort des Geschehens.

«Das System muß perfekt sein», verlangt die Dolmetscherin Maria da Silva, «weil gleich in der Nähe sehr viele arme Leute wohnen.» Nur die «wirklich reichen Leute» können sich mehrere eigene Wächter leisten. Für den Mittelstand, meint Bauherr Renato de Albuquerque, «ist Alphaville ein Modell mit Zukunft». – «Mein Sohn», freut sich Jurist Jungmann, «kann hier den ganzen Tag herumtollen, ohne daß ich Angst habe.» Kinder unter zwölf Jahren dürfen ohne Erziehungsberechtigten die Stahlgitter am Eingang nicht passieren, Minderjährige nur mit schriftlicher Genehmigung der Eltern.

Jeder Besucher muß sich ausweisen, erst nach telephonischer Rücksprache mit dem jeweiligen Ghettobewohner wird er eingelassen. Größere Fahrzeuge werden penibel durchsucht, die Wachmänner tasten Lieferanten und Bauarbeiter stets am ganzen Körper ab – sie könnten etwas gestohlen haben.

Die Herrschaft der Miliz, der sich die Bewohner freudig überantworten, ist fast unumschränkt. Hauspersonal, in Brasilien keineswegs Privileg einer kleinen Oberschicht, darf nur dann eingestellt werden, wenn die Schutztruppe zustimmt. Ob Kindermädchen, Küchengehilfin oder Chauffeur – das Vorleben aller wird anhand der Akten der Militärpolizei genau überprüft. «Wer gestohlen oder geraubt hat», erklärt Kobauherr Yojiro Takaoka, «hat bei uns keine Chance.»

Mit dem vor mehr als 30 Jahren gedrehten Science-fiction-Thriller «Alphaville» des französischen Regisseurs Jean-Luc Godard, der die totale Überwachung in einer übertechnisierten Welt prophezeite, habe das wirkliche Alphaville nichts zu tun, beteuert der Bau-Tycoon japanischer Abstammung. Der Name sei das Phantasiekonstrukt eines brasilianischen Architekten – und ist damit wohl eine Freudsche Fehlleistung über die Kontinente hinweg.

Grundstücke verkauft Takaoka «nur an Leute, die keinen schlechten Ruf haben». Der Quadratmeterpreis liegt bei 500 Mark – nicht nur im Dritte-Welt-Land Brasilien lediglich für wenige erschwinglich.

Das Konzept der konsequent vollzogenen sozialen Apartheid, laut Takaoka «eine Lösung für unsere Probleme», hat beängstigenden Erfolg. Mehr als ein Dutzend gleichförmiger Alphaville-«Inseln» (so der Sprachgebrauch der Bewohner) sind fertiggestellt, zahlreiche weitere im Bau oder geplant. Etwa 120 000 Menschen, kalkuliert Takaoka-Partner Albuquerque, können in Alphaville und im Nachbarghetto Aldeia da Serra auf etwa 22 Quadratkilometern leben.

Industriebetriebe, Büros, Einkaufszentren und Restaurants haben sich in der Umgebung niedergelassen, auch sie streng bewacht. Die staatliche Polizei, als korrupt und unfähig verschrien, läßt sich kaum blicken.

Statt dessen schützen 400 Sicherheitsmänner, an der Hüfte sechsschüssige Revolver, diese schöne Oasenwelt. Zusätzlich umkreisen schwerbewaffnete Sondereinheiten die Ghettos, in der Hand Taurus-Gewehre, Kaliber .12, mit abgesägtem Lauf, «um gleichzeitig fünf oder sechs Personen treffen zu können», wie der Sicherheitschef von Alphaville 1, José Carlos Sandorf, bereitwillig erläutert.

Innerhalb der Ghetto-Mauern dürfen die Wachleute auf jeden Fremden schießen, auch wenn er niemanden bedroht und nicht bewaffnet ist. «Wer einen Eindringling auf seinem Privatbesitz erschießt», so Sandorf, «ist in Brasilien immer im Recht.»

«Das ist de facto ein Bürgerkrieg der Leute, die das Geld und die Macht haben, sich zu schützen», meint Vinicius Caldeira Brant, Soziologe beim brasilianischen Zentrum für Analyse und Planung Cebrap. «In Europa», so Brant, der selbst wiederholt Opfer der bis 1985 herrschenden Militärs wurde, «leben die Gewalttäter hinter den Mauern, bei uns sind es die Wohlhabenden.» Alphaville, rechtfertigt sich Bauherr Takaoka, sei «eine Notwendigkeit des Marktes. Wir schaffen die Bedingungen für irdisches Glück.»

Wenn die Alphaville-Guards bislang ihre Colts erst selten benutzen, «so liegt es daran, daß der Mob weiß, wie gut die Sicherheit hier ist», erklärt Boß Sandorf. Nur bei seinem zweiten Arbeitgeber, der Militärpolizei, kommen keine Spinnweben in den Lauf, da auf der Straße das Gesetz gelte: «Wer mehr kann, weint weniger.» Und falls rund um Alphaville einmal Hungeraufstände stattfinden sollten? «Hoffentlich habe ich an diesem Tag Dienst», sagt Sandorf mit einem kleinen, fast genießerischen Lächeln. «Dann könnte ich draufhalten.»

Alphaville – ein Weltmodell? Seit die Folgen der Globalisierung auch die sozialen Gefüge in den bisherigen Wohlstandsländern zerreißen, gibt es immer mehr Kopien dieser perfiden Enklave: in Südafrika um Kapstadt oder um die Weinregion Stellenbosch etwa, wo auch nach dem Ende der staatlichen Apartheid die Trennung der Rassen und des Reichtums kultiviert wird; selbstverständlich in den Vereinigten Staaten, wo die hohen Mauern um die Grundstücke von Beverly Hills und die privaten Wachdienste als Statussymbol auch Vororte wie Buckhead bei Atlanta oder Mirinda bei Berkeley eroberten; oder in Frankreich, aber auch an der Mittelmeerküste Italiens, Spaniens und Portugals oder in Neu-Delhi und in den von Blockwarten kontrollierten Wohnanlagen und Hochhäusern von Singapur. Sogar ehemalige Gefängnisinseln für politische Häftlinge, die für soziale Gerechtigkeit stritten, verwandeln sich nunmehr, weil die Reichen die Zeche für ihre Arroganz nicht bezahlen wollen, in Refugien für die verbliebenen Wohlhabenden, beispielsweise die verwunschen wunderbare Ilha Grande vor Südamerikas Ostküste.

Auch dem neuen Deutschland sind brasilianische Werte nicht mehr fremd: Auf der Suche nach Investoren ist Deutschlands ältestes Seebad Heiligendamm an die Kölner Immobiliengruppe Fundus geraten. Die gerühmte «weiße Stadt» mit ihren zwei Dutzend klassizistischen Villen an der Ostsee nahe

Rostock war zu Kaiser Wilhelms Zeiten beliebte Sommerfrische des Adels, ehe sie verfiel. Jetzt soll sie, aufgepeppt mit weiteren 150 bis 250 neuen Luxusbleiben sowie einem renovierten und erweiterten Grand Hotel, zum neuen, exklusiven Rückzugsort einer sonnen- und oft auch lichtscheuen Hautevolee und Hautefinance werden. Bedingung: Die öffentliche Straße muß verlegt und strenge Zugangsbeschränkungen möglich werden. Ein neuer Zaun in der ehemaligen DDR? «Hauptsache, hier geschieht endlich etwas», sagt Günter Schmidt, gekündigter Pächter eines stimmungsvoll heruntergekommenen Cafés, das vor allem von den Kunststudenten lebt, die noch in Heiligendamm untergebracht sind. «Natürlich haben besondere Herrschaften ein besonderes Sicherheitsbedürfnis, sonst kommen die doch gar nicht.»[17]

So sähe sie dann aus, die vollendete 20:80-Gesellschaft. Doch schon lange, ehe sie sich verwirklichen läßt, regt sich Widerstand, der die Vergangenheit verklärt und zusehends autoritäre Züge trägt.

Wohlstands-Chauvinismus und Irrationalität:
Der moderne radikale Bürger Peter Tischler

«Die werden sich wundern», droht der radikalisierte deutsche Fluggast Peter Tischler immer wieder, ehe er in Berlin-Tegel landet, und meint damit fast alle unter ihm. «200 000 Aussiedler im Jahr nehmen wir auf, da lachen uns doch alle aus, die Franzosen, die Spanier, daß wir das machen. Das Boot ist voll, und jetzt kommen die aus dem Osten. Denen wird alles bezahlt, und wir müssen uns abrackern. In meiner Nachbarschaft haben Rußlanddeutsche ein tolles Grundstück. Wir bräuchten dafür Sicherheiten bei der Bank, denen zahlt es der Staat.»

Die Wut des patriotischen Computerfachmanns auf die heimgeholten Deutschen verbindet sich übergangslos mit vertrauter Fremdenfeindlichkeit. «Die Zahl der Ausländer ist viel zu hoch geworden, und jetzt steigt die Arbeitslosigkeit. Das soziale System wird ausgebeutet, gerade von arbeitslos gemeldeten Schwarzarbeitern. Die müssen aufpassen, daß das nicht ganz schön gefährlich wird in Deutschland.»

Die? «Die in der Regierung und die Ausländer natürlich auch», erläutert Tischler. «Es ist doch kein Wunder, daß wir jetzt auch als Wirtschaftsstandort solche Probleme haben. Ich wollte Jungunternehmer werden, doch die staatlichen Förderungen kann man vergessen, die machen Auflagen, da läßt man besser die Finger davon.» Gleichzeitig glaubt er zu wissen, warum die deutschen Unternehmen in Turbulenzen sind: «Wir kaufen doch für die Fertigung viel zu viele Teile im Ausland ein, darunter leidet die Qualität, das sind doch gar keine deutschen Produkte mehr.»

Bis Ende der achtziger Jahre sei es noch aufwärtsgegangen, an die Stärken dieser Zeiten müsse man anknüpfen. Deutschland, der Exportweltmeister, das wäre die Vorgabe für die Politiker, «und man muß wieder an die Bürger denken». So könne es doch nicht angehen, daß «Kurden einfach die Autobahn blockieren». Tischler war auf dem Weg zum Düsseldorfer Flughafen, er mußte nach Algerien, «die warten da ja auch nicht auf mich». Die Lösung aus der Sicht des EDV-Globetrotters: «Ich hätte die Grenzschützer oder die GSG 9 geholt und in fünf Minuten räumen lassen.»

Er teilt sein Gefühl mit Millionen anderen Deutschen: Obwohl sie alle mehr arbeiten müssen, bekommen sie weniger dafür. Da unter Wohlstands-Chauvinisten der Wohlstand ein Recht ist, muß am Wohlstandsverlust doch jemand schuld sein. Lieber Ausländer und Asylanten raus als selbst zu analysieren, lautet die Devise.

Als Wähler hat Tischler aber auch bei den Republikanern, trotz deren anerkannten Parolen, noch keine Heimat gefunden. «Das Problem ist leider, wir haben in Deutschland noch keine richtige Partei.» Allerdings werde alles anders, «wenn wir einen kriegen wie den Jörg Haider in Österreich».

So beschreibt Tischler im alpenländisch-preußischen Luftraum die Konturen einer modernen radikalen Bürgerbewegung, die «unser Land wieder in Ordnung bringt. 20 bis 30 Prozent der Stimmen könnte so eine Partei sicher bekommen.» Als er schließlich in der deutschen Hauptstadt wieder Boden unter den Füßen verspürt, ist er minutenlang zutiefst zufrieden. Obwohl der Lufthansa-Flug zwei Städte innerhalb der Europäischen Union verbindet, sitzen im engen Ankunftsraum bei Gate 14 penible Grenzschützer in ihren Kabinen. «Das gefällt mir, daß die hier trotzdem die Pässe checken», meint der sonst so eilige EDV-Systemspezialist, «auch wenn ich da eine Stunde warten muß.» Nach der Kontrolle gibt es aber kein Halten mehr. Im Laufschritt macht sich der ordentliche Bürger davon, der Termine wegen.

Fundamentalisten an die Macht: Scientology, Ross Perot und Jörg Haider, rettet uns!

Die Größe des Helmut Kohl mag in Deutschland noch verdecken, was beinahe in allen anderen bisherigen Industriestaaten nicht mehr zu übersehen ist: Immer mehr Wähler wenden sich von ihren herkömmlichen Repräsentanten ab. Sie entziehen, wie von unsichtbarer Hand gelenkt, den Parteien der Mitte die Zustimmung und suchen Zuflucht bei Rechtspopulisten. Die alten politischen Institutionen verfallen, am sichtbarsten in den Vereinigten Staaten. Traditionellerweise beteiligen sich die US-Bürger nur zurückhaltend an Wahlen, selbst bei spektakulären Auseinandersetzungen um die Präsidentschaft wie 1960 zwischen John F. Kennedy und Richard M. Nixon waren es nicht mehr als 60,7 Prozent. 1992 allerdings gaben gerade noch 24,2 Prozent aller Wahlberechtigten dem Sieger Bill Clinton ihre Stimme, der Rechtspopulist Ross Perot kam bei seinem ersten Antreten auf 10,6 Prozent, mithin 19 Prozent aller gültigen Wählerstimmen.

Im Sommer 1996 lag Perot wie vier Jahre zuvor in den Umfragen weit abgeschlagen, doch diesmal konnte er sich schon auf den straff geführten Apparat der von ihm initiierten Reformpartei stützen, die ihre Mitglieder sogar per Internet abstimmen läßt.[18] Daneben nominierten auch die Grünen nach der Enttäuschung über Clintons minderheitenfeindlichen und antiökologischen Populismus erstmals offiziell einen eigenen Bewerber, den Konsumentenanwalt Ralph Nader, der den «Aufbau einer aggressiven politischen Kraft der Zukunft» voranbringen will.[19]

Gleich wie diese Kandidaten bei den Wahlen abschneiden, die integrative Kraft der beiden großen amerikanischen Parteien schwindet weiter – und öffnet viel Platz für zusehends irrationale Entscheider und Entscheidungen. Noch vor wenigen Jahren wäre es etwa im Welthauptland der Einwanderung undenkbar gewesen, daß die Kandidaten der Republikaner und Demokraten sich im Ausgrenzen von Zuwanderern überbieten. Doch im August 1996 mußte der populäre ehemalige Football-Spieler Jack Kemp als Preis für seine Nominierung als Bob Doles Mann für die Vizepräsidentschaft seine bisher vergleichsweise tolerante Position zur Integration illegaler Ausländer wie ein reuiger Renegat revidieren.[20]

Sensible politische Beobachter kommentieren die gegenwärtigen Veränderungen in der bislang beständigsten parlamentarischen Demokratie der Welt mit alarmierenden Warnungen: «Wir befinden uns in einer präfaschistischen Situation», sagt der prominente Washingtoner Journalist und Autor William Greider, der schon des öfteren gesellschaftspolitisches Gespür bewies. Bereits 1987 beschrieb er anschaulich in «Secrets of the Temple», wie die US-Notenbank «das Land regiert», 1992 veröffentlichte er den späteren New-York-Times-Bestseller «Who will tell the People» über das zweifelhafte politische System seines Landes, Untertitel: «Der Verrat der amerikanischen Demokratie».[21]

Radikal rechte Republikaner mit engen Verbindungen zum

Neonazi-Spektrum und zu bombenlegenden selbsternannten «militias», daneben all die sogenannten «Verrückten», die etwa in Wyoming ihre «unabhängigen Staaten» gegen die Zentralgewalt Washingtons ausgerufen haben und oft nichts anderes als verlassene Wohlstandsverlierer sind, durchmischt mit Sekten bis zu Scientology, die von Experten als «neue Form des politischen Extremismus» eingestuft wird – da braut sich Unheilvolles zusammen.[22]

«Faschismus entspringt aus bestimmten ökonomischen und finanzpolitischen Trends. Jeder autoritäre amerikanische Politiker, der mit einiger Glaubwürdigkeit auftreten kann und dem Volk verheißt, daß er ihm Brot verschafft, und dies auch noch mit rassistischen Untertönen mischt, wird bald hoch gewinnen», prophezeit Greider.

Dies wäre beinahe schon passiert, als der Nationalist und Protektionismus-Befürworter Pat Buchanan 1996 bei den Vorwahlen der Republikaner für die Präsidentschaftskandidatur anfangs von Sieg zu Sieg eilte. Der Gießener Politikwissenschaftler Claus Leggewie, der nunmehr an der New York University lehrt, hält es «nicht für übertrieben, in Buchanans Programm Anklänge an frühe europäische Faschismus-Arten zu entdecken».[23] Vor allem Buchanans populärer Angriff auf die Praktiken des Big Business, in denen auch Antisemitisches und Fremdenfeindliches durchklang, ging dem republikanischen Establishment und der hervorragend organisierten Christian Coalition, die mit 1,7 Millionen Mitgliedern zu einer zentralen Kraft bei den Republikanern wurde, denn doch zu weit, seine Kandidatur wurde abgeblockt.

Aber «die ‹Buchanan-Bewegung› erinnert an aktuelle europäische Nationalpopulisten wie Jörg Haider, Umberto Bossi und Jean-Marie LePen, die sich ebenso als Außenseiter und Gegner der politischen Klasse präsentieren, gegen Einwanderer zu Felde ziehen und für radikale Entstaatlichung und moralische Säuberung fechten», zieht Leggewie die Parallelen. «Was für sie Wien, Rom, Paris oder Brüssel ist, ist für Buchanan Washington, und auch er bedient steuerrebellische Ideen.» Die Stärke dieser neuen Rechten sind noch nicht überall ihre Repräsentanten, vielmehr die Verführungskraft ihrer Ideen. Zu Beginn der heißen Phase im US-Wahlkampf 1996 war Buchanan als Person kein Thema mehr, aber seine Themen spielten eine herausragende Rolle.

Der Autoritarismus jagt als Reaktion auf zuviel Neoliberalismus wie ein Flächenbrand auf dürren Feldern um die Welt. Neuseeland etwa, das den Deregulierern schon sehr früh die Tore öffnete, hat jetzt mit einer irrationalen, rassistischen Abwehrbewegung zu kämpfen, die sich «New Zealand First» nennt und deren Anführer Winston Peters schon in Kürze Regierungschef werden könnte. Das Nachbarland Australien, sonst kaum weltweite Aufmerksamkeit gewohnt, gelangte Mitte August 1996 in die internationalen Schlagzeilen, weil die neue konservative Regierung so harte neue Arbeitsgesetze und Kürzungen öffentlicher Ausgaben plant, daß Eingeborene, Arbeiter und Studenten das Parlament stürmten.[24] Selbst im früher so weltoffenen Schweden sind die Fremdenfeinde auf dem Vormarsch, ebenso in der Schweiz, in Italien, Frankreich oder Belgien.

Fundamentalismus, das belegen diese Beispiele, ist weiß Gott kein Problem des Islam allein. «Wir alle haben unsere Zyuganows», kommentierte die *International Herald Tribune* in Anspielung auf den russischen Rückwärts-Kommunisten Gennadi Zyuganow.[25] Am weitesten haben es wieder einmal die Österreicher gebracht: Seit 1986 legt der radikale Rechtspopulist Jörg Haider einen politischen Parforceritt hin, der ihn nicht nur nach seiner eigenen Einschätzung noch vor der Jahrtausendwende ins Wiener Kanzleramt bringen wird. Nur seine verbalen Ausrutscher, die im tausend Jahre alten Österreich die Erinnerung an das tausendjährige Reich wecken, haben ihm bisher geschadet, jedoch immer nur für kurze Zeit.

Der mit Mitte Vierzig noch immer jugendlich wirkende Profipopulist profitiert wie kein anderer seiner weltweiten Gesinnungsgenossen von der besonders kultivierten Insellage seines Landes. Schon durch den Beitritt zur Europäischen Union im Januar 1995, zu dem es keine Alternative gab, den Haider aber vehement bekämpfte, ist das Alpenland einem subjektiv schwer verkraftbaren Anpassungsschock an europäische Effizienzstandards ausgesetzt. Gleichzeitig sind außerdem die Folgen der Globalisierung zu bewältigen, die der ganzen EU so zu schaffen machen. Für die Mehrheit der Österreicher, die im Zweifelsfall stets zu Verdrängung und Flucht neigen, ist dies eine doppelte Herausforderung, die sie heillos überfordert. «Wir werden vom natürlich denkenden Volk gewählt», sagt Haider – und dieses bemerkt nicht, daß der Auserwählte seine Wähler nur noch weiter in Bedrängnis bringt. Denn der Verführer ist auch ein Marktradikaler, der damit prahlt, vom Neoliberalen Jeffrey Sachs an der Harvard-Universität vieles gelernt zu haben, «nämlich wie man die Wirtschaft auf die globalen Herausforderungen vorbereitet». Entlang den Straßen Wiens lies er allerdings im Herbstwahlkampf 1996 plakatieren: «Wien darf nicht Chicago werden.» – «Damit uns Wien Heimat bleibt», gelte: «Wahltag ist Zahltag.» Der sozialdemokratische Staatssekretär Karl Schlögl bekannte: «Wir befinden uns in einer gefährlichen Situation», der ehemalige rote Partei-Zentralsekretär Peter Marizzi prophezeite: «Es wird ein Desaster.»[26]

Erste Hochrechnung: Die Wiederkehr der k. u. k. Hauptstadt

Müßte wie bei Wahlen auf der Basis von Trends und der Auszählung erster Stimmen eine Vorhersage über die Sieger der Zukunft abgegeben werden, die ehemalige kaiserliche und königliche Reichshauptstadt Wien läge voran. Die zur vergangenen Jahrhundertwende siebtgrößte Metropole des Erdballs liegt zwar heute im Rennen um die schiere Menschenmasse im Feld von inzwischen 325 Millionenstädten weit hinten. Aber schon bald kann sie von einstiger Größe gleichermaßen profitieren wie von ihrer gegenwärtigen Überschaubarkeit.

Wenn spätestens im Jahr 2050 der klimabedingt absehbare Anstieg des Meeresspiegels die meisten Stadtungetüme bedrohen wird und Bergregionen weltweit mit unfaßbaren Schlammlawinen kämpfen, ist der Geburtsort der Moderne um die Wiener Secession fein raus: Trotz höherer Temperaturen noch immer gemäßigtes Kontinentalklima, kein Meer in Sicht, nur die sanften Hügelketten des vielbesungenen und schon gegen die Türkenheere verteidigten Wienerwalds.

Die Regenten von heute haben aus den Fehlern der Habsburger gelernt: Anders als in den Wirren der vergangenen Fin de siècle ist der Zuzug unerwünschter Fremder gestoppt, ehe er noch richtig einsetzen konnte. Keine ungewaschenen Bosniermassen, Zigeunerhorden oder gar schwarzafrikanische Schwarzhändler sollen die neuen Oberschichtidyllen um den Wiener Prater stören, in dessen unmittelbarer Nähe vor 100 Jahren mehr als 100 000 Juden Zuflucht vor noch schlimmerer Armut und neuen Pogromen in Osteuropa suchten.

Keine Angst, mit einer zweiten Judenvertreibung ist kaum zu rechnen, das würde sich doch gar nicht auszahlen, es sind ja bloß noch ein paar da, so die keineswegs nur an Wiener Stammtischen vernehmbare Infamie. Dennoch hat das so effiziente österreichische Exportprodukt Antisemitismus à la viennoise ein zeitgemäßes, nicht minder erfolgversprechendes Nachfolgemodell gefunden: die Xenophobie, die Fremdenfeindlichkeit, ohne Ausländer.

Die Österreich noch regierende Große Koalition aus Sozialdemokraten und Volkspartei reagierte bereits 1994 mit weiser Voraussicht, natürlich nur aus Furcht vor der in Jörg-Haider-Stimmen so eindeutig vernehmbaren Volksseele. Wie stets einstimmig verabschiedete der Ministerrat ein Gesetzespaket, das die Alpenrepublik bei der Integrationspolitik von Ausländern an die letzte Stelle aller westeuropäischen Staaten beförderte. Jedes Jahr erhalten nur noch wenige tausend Fremde, die keinen EU-Paß vorweisen können, eine erstmalige Arbeitsbewilligung, es sind vor allem hochqualifizierte Managertypen oder Profisportler.

Doch Haider schadet das keineswegs, im Gegenteil, die Fremdenfeindlichkeit ist so endgültig salonfähig geworden. Und Haider gewinnt weiter, die Politik verhaidert, auch ohne ihn an der Macht. Wenn der sozialdemokratische Innenminister Caspar Einem, ein direkter Nachfahre des deutschen Reichskanzlers von Bismarck, wenigstens einen Hauch von Großzügigkeit bei der Familienintegration anmahnt, müssen sich seine Berater vor ihres sozialdemokratischen Kanzlers engstem Vertrauten wie dumme Schulbuben rechtfertigen, als hätten sie dem Innenminister gerade geraten, für die Straffreiheit für Heroin-Dealer einzutreten.

In ihrer Not, im Oktober 1996 bei den Wiener Stadtparlamentswahlen die jahrzehntelang bewahrte absolute Mandatsmehrheit zu verlieren, propagierten die Sozialdemokraten in Person ihres Verkehrsstadtrates Johann Hatzl den Rechtsweg: «Also ich kann mir durchaus vorstellen, daß wir bei einer Überprüfung feststellen, daß jemand mit Aufenthaltsgenehmigung (damit ein legal in Österreich lebender Ausländer) laufend Verkehrsstrafen wegen Schnellfahrens oder Falschparkens hat. Das ist auch mangelnder Integrationswille. Dann ist die Aufenthaltsgenehmigung zu entziehen.»[27]

Trotz solcher Säuberungen sind mit der wachsenden ökonomischen Zuspitzung die unappetitliche Armut und lästige Aggression auch von Nicht-Ausländern nicht mehr vollständig zu verhindern. In den goldenen roten zwanziger Jahren mühten sich die Sozialdemokraten noch, den Gürtel, einen beinahe geschlossenen Straßenkreis um die inneren Wiener Stadtbezirke, nach dem Vorbild des prachtvollen Rings mit Sozialwohnbauten zu einer «Ringstraße des Proletariats» aufzuwerten. Der Straßenzug ist inzwischen zur Verkehrshölle verkommen, entlang der Parkspur drängen sich Prostituierte, vor allem aus Osteuropa. Haider geißelt instinktsicher die «Verslumung» dieser Gegend und einiger angrenzender Bezirke, in deren Billigquartieren vor allem Gastarbeiter aus Südosteuropa leben. Die Stadtverwaltung bemüht sich neuerdings mit einer sogenannten «Urban Gürtel-plus»-Initiative um eine Aufwertung des Gebiets.

Visionär ist das nicht. Es würde sich im Sinne Hatzls und Haiders doch anbieten – anstatt wie bis 1850 am Ring gegen die Türken und andere Eindringlinge –, nunmehr entlang des Gürtels eine Stadtmauer hochzuziehen, diesmal allerdings von High-Tech-Format. In der traditionsreichen k. u. k. Metropole wären damit nicht nur durch die Krise sichere Arbeitsplätze geschaffen, Wien hätte auch ein weltweit beachtetes Renommier- und Pilotprojekt vorzuweisen. Die gegenwärtig politisch so bewegte Bundeshauptstadt, die nie eine Stadt der Bewegung sein wollte, könnte in ihrem gesunden Kern damit auch bald wieder zu jener Ruhe kommen, die ihr in ihrer Geschichte doch immer so wertvoll war.

Willkommen bleiben dagegen Fluchtgelder aller Art, wie sie in den durch ein strenges Bankgeheimnis geschützten Filialen der sehenswert renovierten Innenstadt seit Jahrzehnten diskret verbucht werden. Die wenigen, ausgesuchten russischen Besucher, so meldete das österreichische Fernsehen im Sommer 1996 anläßlich der Ermordung eines zweifelhaften georgischen Geschäftsmannes im Stadtzentrum, geben in Wien schon mehr Geld aus als die tägliche Flut aller deutschen Touristen.[28] Besonders geschätzte Kunden sind die Gäste aus Rußland bei Immobilienmaklern, die ihre Villen früher mit Vorliebe saudischen Millionären anboten, und bei Juwelieren. Der Edelsteinverkauf bricht die Rekorde, Schmuck-Boutiquen führender Händler werden aufwendig umgebaut.

«Luxus ist weltweit gesellschaftsfähig, er versteckt sich nicht mehr, wird akzeptiert, respektiert und tritt gar in den Mittelpunkt öffentlichen Interesses. Dieser Trend ist ein Leitmotiv der neunziger Jahre. Durch die Umgestaltung der Boutique in Wien bestimmt Cartier diesen Trend maßgeblich mit», ließ Cartier Joalliers im Juli 1996 seine Kunden wissen und heftete diesen Brief selbstbewußt auch an den Bauzaun vor der Filiale am noblen Kohlmarkt in unmittelbarer Nachbarschaft des wohlriechenden, aber berüchtigten k. u. k. Hofzuckerbäkkers Demel.

Doch, wie unpäßlich, das Schreiben wurde mehrfach heruntergerissen, die Wand sogar mit primitiven antikapitalistischen Schmierereien verunziert, flanierende Passanten zeigten sich indigniert. Die Cartier-Geschäftsführerin mußte schließlich den ganzen Bauzaun mit kostbar bedrucktem Firmenpapier neu tapezieren lassen. Solche Irritationen ließen sich mit einer laserunterstützten Bewachung der Stadtmauern, persönliche Daten speichernden Chip Karten und durch effiziente Personenkontrollen an den Durchgängen und U-Bahn-Stationen durchaus vermeiden. Leichtsinnigerweise steuert dieses schicke Verkehrsmittel auch die Außenbezirke an. Ignoranterweise bietet es aber keine Fluchtverbindung zum Flughafen. Vernünftigerweise sind aber innerhalb des Wiener Gürtels die Mieten und Wohnungspreise schon heute so hoch, daß die Bewohner beruhigenderweise dem Cartier-Kundenstamm und nicht diesen arbeitsscheuen Schmierfinken zugerechnet werden dürfen.

Tempo, Tempo, Tempo: Der Turbo-Kapitalismus überfordert alle

Nein, will man da aufschreien, nein und nochmals nein. Eine Wiedergeburt Wiens auf diese Weise möge nur ein Traum sein, ein schlechter oder schlimmstenfalls ein erfolgreicher Hollywood-Thriller, jedenfalls nichts Reales, schon gar nicht die Wirklichkeit der Zukunft. Als völlig falsche Prognose wie zuletzt bei Wahlgängen üblich, als verzerrte Phantasie möge sich all dies erweisen, als Fiebertraum, den das viel zu schnelle Tempo provoziert, mit dem die Globalisierung voranrast und für nüchterne Überlegungen kaum noch Zeit läßt.

Gerade die Geschwindigkeit, «die Beschleunigung des Prozesses der kreativen Zerstörung ist das Neue am marktwirtschaftlichen Kapitalismus von heute», analysiert der amerikanische Ökonom Edward Luttwak, der dafür den Begriff des «Turbo-Kapitalismus» prägte.[29] Das «horrende Tempo der Veränderung», so der gebürtige Rumäne, der sich auch als Militärstratege und Historiker einen Namen machte, wird zum «Trauma für einen Großteil der Bevölkerung».[30]

Luttwak, der in den USA den Republikanern nahesteht, greift seine Gesinnungsgenossen frontal an, wenn sie wie der Präsidentschaftskandidat Bob Dole in ihren Reden die «family values» beschwören, aber die gegensätzliche Politik betreiben: «Wer die Stabilität von Familien und Gemeinschaften für wichtig hält, kann nicht gleichzeitig für Deregulierung und Globalisierung der Wirtschaft eintreten, denn diese sind die Wegbereiter des schnellen technologischen Wandels. Die Auflösung der amerikanischen Familien, der in vielen Teilen der Welt zu beobachtende Zusammenbruch sinnstiftender Gemeinschaften und Unruhen in Ländern wie zum Beispiel Mexiko sind Ergebnisse derselben zerstörerischen Kraft.»[31]

Ein «inzwischen schon klassisches Beispiel für die Folgen des Turbo-Kapitalismus» nennt Luttwak die Deregulierung des Luftverkehrs in den USA, die zwar zu niedrigen Ticketpreisen, aber eben auch zu Kündigungswellen und «chaotischen und instabilen Fluggesellschaften» führte. Diese Entwicklung «wäre ein interessanter Gegenstand für eine soziologische Studie: Wie viele Scheidungen und damit Problemkinder mag sie verursacht, wieviel wirtschaftlichen Streß für die Familien der bei den Fluglinien beschäftigten Arbeitnehmer mit sich gebracht haben?»[32]

Eine andere, nicht minder schwerwiegende Konsequenz der unheimlichen Geschwindigkeit: Im internationalen Wettbewerb verändert sich das Warenangebot so schnell, daß selbst Dreißigjährigen die Konsumwelt von wenige Jahre jüngeren

Teenagern fremd ist. Unterhaltungs- und Computerelektronik überfordern das Verständnis. Millionen Arbeitnehmer müssen sich in ihrem Berufsleben mehrmals grundlegend neu orientieren, wer vorankommen will, muß «Mobilität» beweisen und häufig den Wohnort wechseln. «Es ist doch Wahnsinn», sagt Herbert Huber in der Wiener Herrengasse, in der schon im Revolutionsjahr 1848 Karl Marx Brandreden gegen die Ausbeutung hielt, «früher genügte es, einen Rohrbruch pro Tag zu reparieren, heute sind es mindestens acht. Auch am Bau muß ein Bruchteil der Leute ein Vielfaches der früher üblichen Arbeit erledigen.»

Bei diesem Entwicklungstempo bleiben zwangsläufig immer mehr Menschen zurück, die nicht bereit oder in der Lage sind, ihr Weltbild fortwährend zu verändern und ein Leben lang Höchstleistungen zu erbringen. Auch grundsätzliche Entschlüsse über Lebensentwürfe oder Unternehmensziele werden oft in gefährlicher Hektik getroffen, von Politikern wird stets eine «Instant-Reaktion» erwartet. Parteipräferenzen können sich noch in der Wahlzelle ändern und lassen sogar aktuellste Prognosen obsolet werden. Zufällige Stimmungen und Eindrücke werden auf diese Weise zu Grundlagen weitreichender Entscheidungen. Huber, der 25 Jahre lang als Installateur Arbeit fand, sie dann verlor und jetzt als Portier jobbt, wählte stets sozialdemokratisch, seit 1994 aber «selbstverständlich Jörg Haider. Man muß ihn doch probieren lassen.»[33]

Aus Notwehr «entwickle ich in Zeiten wie diesen eine Sympathie für gewisse Ineffizienzen oder gar Schlamperei», meint Ehrenfried Natter, Volkswirt und Organisationsberater in Wien.[34] Das vermeintlich so altmodische «Innehalten», zu dem etwa der behutsame westösterreichische Nachdenker Franz Köb mahnt und der für eine individuelle «Verlangsamung der Zeit» wirbt,[35] wird plötzlich zum globalen «talk of the town», zum Stadtgespräch in der einen Welt.

«Die Globalisierung führt zu einem Tempo des Strukturwandels, der von immer mehr Menschen nicht verkraftet wird», bemerkt nunmehr sogar Tyll Necker, der langjährige Präsident des Bundesverbandes der Deutschen Industrie (BDI), der noch immer mit Stolz darauf verweist, «daß ich sehr maßgeblich an der Entstehung der (deutschen) Standort-Diskussion beteiligt war».[36] Jetzt hält der sonst so selbstbewußte Industrieführer «eine seriöse Diskussion der Auswirkungen der Globalisierung» für «längst überfällig». Die gegenwärtige Dynamik überfordert offenbar alle – keineswegs nur die einfachen Wähler, sondern auch die vermeintlich so unverwundbaren Global Player.

Täter oder Opfer?

Die armen Global Player und die willkommene
Rückkehr des Sachzwangs

«Ich weiß schon, meine Damen und Herren, alles ist sehr kompliziert, so wie diese Welt, in der wir leben und handeln.»
Der österreichische Bundeskanzler Fred Sinowaz in seiner
Regierungserklärung 1983

Attentatssicherer Personenschutz bleibt beunruhigend unbeständig wie das Wetter. Wer in New York bei den welterfassenden Uno-Konferenzen am East River dabeisein will, erhält nach aufwendigen Befragungen einen auffälligen, in Plastikfolie verschweißten Lichtbildausweis. In langen Schlangen muß er dann auf die peniblen Kontrollen warten, um das Hauptquartier der Vereinten Nationen zu betreten, das nach Ideen des Architekten Le Corbusier vor knapp 50 Jahren so offen und einladend angelegt wurde. Jeder Körper wird abgetastet, jede Tasche durchleuchtet und von aufmerksamen Händen durchsucht. Die Angst vor Anschlägen ist allgegenwärtig.[1]

Wer sich allerdings auf einen persönlichen Termin beim Generalsekretär berufen kann, gelangt durch die Sperren wie ein unsichtbarer Geist. Das Nennen des Namens genügt, der Wachbeamte will keinerlei Ausweis sehen, nach einem kurzen Anruf in der Chefetage ist der Weg frei. Im 38. Stock des Uno-Hochhauses erwarten den Gast dann die phantasielosen Insignien der Macht, eine abweisende Sterilität und menschenverkleinernde Riesenräume, aber kein einziger bewaffneter Wachmann.[2]

Butros Butros-Ghali lebt gefährlich angreifbar. Wie so viele Weltberühmtheiten wirkt er lebensgroß viel kleiner und fragiler als auf dem Fernsehschirm, die permanenten Konflikte um sein globales Engagement haben sichtbare Spuren hinterlassen. Seit drei Uhr morgens ist er am 22. Juli 1996 schon auf den Beinen, wieder einmal hat er vergeblich versucht, die Weltgemeinschaft rechtzeitig wachzurütteln, ehe sie erneut nur auf die Folgen eines Konflikts reagieren kann. Ihm wurde berichtet, daß in Burundi mindestens 300 Hutu-Zivilisten ermordet wurden, weitere Massaker zeichnen sich ab. Doch Frankreich schweigt und die USA auch, schließlich ist die Clinton-Administration mitten im Wahlkampf bei Olympia.

Die Globalisierung ist das zentrale Thema, das Butros-Ghali seit einiger Zeit umtreibt. Um darüber zu sprechen, verlängert er seinen 15-Stunden-Tag noch um eine weitere Arbeitsstunde. «Es gibt nicht nur eine, sondern viele Globalisierungen, etwa die der Information, die der Drogen, der Seuchen, der Umwelt und natürlich vor allem die der Finanzen. Eine große Komplikation entsteht außerdem, weil die Globalisierungen mit sehr unterschiedlichen Geschwindigkeiten vorankommen», redet er sich langsam warm. «Nehmen Sie ein Beispiel: Zwar sprechen wir, wie zuletzt in Neapel, auf globalen Konferenzen über transnationale Verbrechen, doch das ist nur eine äußerst langsame Reaktion im Vergleich zu dem Tempo, das die Globalisierung des Verbrechens eingeschlagen hat.»

Die vielfältigen und nicht synchronen Weltveränderungen, so Butros-Ghali, «verkomplizieren die Probleme ungemein und können gefährliche Spannungen hervorrufen». Zu seiner größten Sorge wurde die Zukunft der Demokratie. «Das ist die wirkliche Gefahr: Wird ein autoritäres System die Globalisierung steuern oder ein demokratisches? Wir brauchen dringend eine Agenda, einen Weltplan für die Demokratisierung.» Das gelte für alle Mitgliedsstaaten der Uno und deren Verhältnis zueinander. «Was nützt es uns», mahnt der Mann an der Spitze der Vereinten Nationen, «wenn die Demokratie in einigen Ländern verteidigt wird, während das globale System von einem autoritären System dirigiert wird, mithin von Technokraten?»

Als Globalisierungsfolge «werden die Einflußmöglichkeiten der einzelnen Staaten geringer und geringer, während die Kompetenzen der Global Player etwa im Finanzbereich wachsen und wachsen, ohne daß sie von irgend jemandem kontrolliert würden». Ist dies den wichtigsten Staatschefs, mit denen Butros-Ghali ständig Kontakt hält, bewußt? «Nein», schüttelt der Uno-Generalsekretär resigniert den Kopf, «als Führer ihrer Länder stehen sie noch immer unter dem Eindruck, sie verfügten über nationale Souveränität, und sie könnten auf nationaler Ebene mit der Globalisierung zurechtkommen.» Diplomatisch fügt er hinzu: «Ich will natürlich nicht die Intelligenz der politischen Führer bezweifeln.»

Dann aber bricht es aus dem Ägypter, der selbst 14 Jahre lang Erfahrungen als Regierungsmitglied in Kairo sammelte, hervor: «Die politischen Führer besitzen doch in so vielen Bereichen nicht mehr die wirkliche Souveränität der Entscheidung. Sie haben aber die Vorstellung, daß sie die zentralen Fragen noch selbst regeln könnten. Ich sage, sie haben nur die Illusion, die Einbildung, daß es so sei.»

Die alte Klage, wonach das aufreibende Tagesgeschäft die Politiker vom Nachdenken über Langzeitprobleme abhält, ist für Butros-Ghali weltweit berechtigt. «In einem sehr, sehr armen Land irgendwo in Zentralafrika sind die Preisveränderungen bei Kakao oder Saatgut so wichtig wie Regen oder Nicht-Regen. Da ist sich niemand der Globalisierungsprozesse bewußt. In einem so mächtigen Land wie Deutschland wiederum, das mit der Vereinigung zweier Staaten beschäftigt ist, glauben die politischen Führer, die Globalisierung sei mit Umweltproblemen vergleichbar, da könne man warten und sie später lösen.»

Kronzeuge und Opfer dieser verhängnisvollen Strategie ist der langjährige deutsche Umwelt- und derzeitige Bundesbauminister Klaus Töpfer. «Wir hecheln bestenfalls hinterher und sehen im Zweifelsfall ganz gerne weg, weil wir vor der Dramatik der Aufgabe Angst bekommen», reflektiert er an einem Julinachmittag in Bonn, direkt nach seiner Rückkehr aus Berlin und unmittelbar vor einem Flug nach New York.[3] «Man guckt vielleicht unterbewußt schon weg, weil die Frage, wie wir das denn alles lösen wollen, fast zu schwer wird.»

Bei der Uno-Umweltkonferenz in Rio de Janeiro 1992 profilierte sich Töpfer als begehrter Vermittler zwischen Nord und Süd. In dieser Zeit agierte die US-Administration, die ansonsten bei internationalen Auseinandersetzungen stets dominiert, verblüffend orientierungslos, weil ihr die im Kalten Krieg «eingeübte Verfahrensweise der Gegenwucht im bipolaren Verhandeln» (Töpfer) plötzlich nichts mehr nutzte. Vier Jahre nach seinem bestaunten Rio-Management, das dem deutschen Minister sogar Lob in der *New York Times* einbrachte, kann der Weltverhandler nur noch kopfschüttelnd den Scherbenhaufen kommentieren, der sich heute vor ihm ausbreitet.

Im Frühjahr 1996 hielt er sich einige Zeit am Elite-College Dartmouth inmitten der Wälder von New Hampshire auf. «Was mich unglaublich beeindruckt hat, ich will nicht sagen frustriert», erzählt der ehemalige Universitätsprofessor, «war, daß Studenten und selbst Professoren sowie Dozenten dort zum Ergebnis kommen, daß es bei der heraufziehenden Klimaerwärmung zwei Möglichkeiten gibt: Entweder, die wissenschaftlichen Prognosen sind falsch, dann wäre das ja prima. Oder sie sind wahr, dann können wir die Folgen ohnehin nicht verhindern, weil die Kosten den Bürgern psychologisch nicht vermittelbar sind. Die zur Abwehr notwendigen wirtschaftlichen Umstrukturierungen können damit politisch und gesellschaftlich auch nicht durchgestanden werden.»

Mit solch berechnendem und vielleicht nicht einmal zynischem Kalkül startet eine Generation von jungen Wissenschaftlern und zukünftigen Führungskräften aus aller Welt ins dritte Jahrtausend nach Christi. Der CDU-Spitzenpolitiker Töpfer ist nach all seinen Erfahrungen «schon sehr überrascht, wie schnell sich die Globalität der Probleme als Sonnenschein-Aufgabe herausgestellt hat, also als Herausforderung, an die man sich nur heranmacht, wenn es sonst keine Probleme gibt. Die Ergebnisse der Rio-Konferenz, so dachte ich, hätten eine höhere Krisenbewahrungskraft. Doch all diese Konventionen und Abmachungen fielen ganz schnell in einen Kasten hinein, auf dem draufsteht: bei guter wirtschaftlicher Lage wieder öffnen».

Die große Politik verschließt die Augen. Ohne die Supermacht USA geht gar nichts, doch in den USA ist gar nichts los. «Die Leidensgeschichte der Diskussion über eine Energiesteuer ist noch sehr frisch», analysiert Töpfer und bezieht sich auf die stümperhaften Versuche von Bill Clinton und dessen Mannschaft, im Frühjahr 1993 mit der Ökosteuer wenigstens zu beginnen. Al Gore, in Rio 1992 als kundiger US-Senator bei Einladungen auf Terrassen hoch über der Copacabana ein bestaunter Hoffnungsträger, ist als Vizepräsident die «Wege zum Gleichgewicht», die er in seinem Bestseller propagierte, vollständig schuldig geblieben. Auch nach einem neuerlichen Wahlsieg des populistisch agierenden Clinton-Gore-Teams, in dem sich der kenntnisreiche Vize ja bald selbst profilieren müßte, um seinerseits im Jahr 2000 in die Top-Position gewählt zu werden, bleibt Töpfer pessimistisch: «Ich glaube nicht, daß in Amerika jemand einen besseren Start für die Präsidentschaft hat, wenn er sich ökologisch profiliert.»

Dabei zeichneten sich noch bei der Uno-Weltbevölkerungskonferenz im September 1994 im 5000 Jahre alten Kairo, gerade fünf Jahre nach dem Fall der Berliner Mauer, ermutigende neue Weltkonturen ab. Al Gore pries damals vor Delegierten aus 155 Ländern mit jenem Pathos, in das Amerikaner sonst nur verfallen, wenn sie ihr eigenes Land bejubeln, das südindische Kerala für dessen umsichtiges Gesundheitssystem. Dabei hatten jahrzehntelang Amerikas Systemfeinde diesen Bundesstaat regiert, Kommunisten eben.

«Es kam dazu, daß die Wachstumsrate der Bevölkerung auf nahe null fiel», staunte der US-Vize.[4] Selbstkritisch räumte er sogar ein, daß Erfolge wie in Kerala und «Einsichten aus Entwicklungsländern viel zuwenig beachtet werden». Er wolle jetzt «Grenzen überwinden». Hohle Worte?

Die versammelte Weltgemeinschaft hörte zu und schwieg. In warmherzigem Applaus konnte Gore schließlich baden, als er der Konferenz wie ein aufgeregter Junge von einem Sonntagmorgen vor vier Jahren erzählte. Da saß er mit seinem jüngsten Sohn gebannt vor dem Fernseher, um die Freilassung «des mutigen und visionären Nelson Mandela» mitzuerleben – auch er ein lange geächteter Kommunist.

Kaum war der fesche US-Vize abgereist, übernahm der Clinton-Intimus Timothy Wirth das Kommando der amerikanischen Delegation. Der Absolvent der Universitäten von Harvard und Stanford zählte schon zu den liberalen Kongreßveteranen, ehe ihn der Präsident 1993 zum ersten US-Staatssekretär «für globale Angelegenheiten» ernannte. «Alles ist möglich», schwärmte Wirth in Kairo und schmunzelte über «bizarre Koalitionen».[5] Aufgekratzt berichtete er von einem Treffen mit Regierungsvertretern des US-Feindes Iran, «der jetzt unsere Position bei der Familienplanung zur Gänze unterstützt».

Der Kontrast zu Rio 1992 konnte kaum schärfer ausfallen. Gefielen sich George Bushs Republikaner unter dem Zuckerhut als ignorante Blockierer, so profilierten sich Clintons Demokraten als flexible Antreiber am Nil. Beinahe spielerisch schienen sie sich in der verwirrenden neuen Welt der Blockfreiheit zurechtzufinden. Bevölkerungspolitik muß sein, sie nutzt allen, arm wie reich, argumentierten sie. Es klang so überzeugt und überzeugend, daß nicht einmal mehr die örtlichen islamischen Fundamentalisten bei ihren ägyptischen Landsleuten Gehör fanden.

Plötzlich waren es die so lange verhaßten Amerikaner, die in Menschheitsfragen kompetente und liberale «leadership» zeigten, die der veränderten Weltrealität entsprach. Gore und Wirth, beide bewährte Global-Aktivisten, verzichteten auf vordergründige Großmachtallüren, und niemand konnte sich ihrem Charme und ihrer Umtriebigkeit entziehen. «Es wurde lange ignoriert, daß der Aphorismus ‹Denke global, handle lokal› zusehends Wirklichkeit wird.» Allmählich wächst das Gefühl, daß sich die Völker durch neue internationale Institutionen statt auf rein nationaler Ebene regieren können. «Die neue

Weltordnung wird auf solchen Uno-Konferenzen entworfen», verkündete Wirth. Aktionen wie in Bosnien oder Ruanda seien dagegen nur «Feuerwehreinsätze».

Wenige Monate später illustrierte kaum ein intellektueller Kopf anschaulicher als jener von Wirth, welche Wendehälse die US-Administration aus Opportunismus gegenüber ihren verunsicherten Wählern hervorbringt. Nach dem Wahlsieg von Gingrichs radikalen Republikanern im Kongreß im November 1994 war Wirth bei den Verhandlungen für den Kopenhagener Weltsozialgipfel im Januar 1995 nur noch ein Schatten seiner selbst. Lustlos und schmallippig schmetterte er die Vorschläge verschiedener Gruppen ab und erwähnte beständig «die republikanischen Mehrheiten im US-Kongreß, die unser internationales Engagement so schwierig machen» – Sachzwang pur statt mutige, aber eben auch angreifbare Leadership.

Im Stile der neuen parlamentarischen Machthaber verkündete Wirth den Abschied von dem Ritual, «als jeweils am letzten Tag einer Uno-Konferenz um Mitternacht ein Haufen Geld auf den Tisch gelegt wurde, um es aufzuteilen», das sei doch «altes Denken». Folgerichtig führte die Clinton-Administration 1996 einen unwürdigen Propaganda-Feldzug gegen die Vereinten Nationen und betrieb grundlos die Ablösung von Butros-Ghali, um bei den eigenen uninformierten, Uno-feindlichen Wählern zu punkten.

Atemlos zu reagieren, statt überlegt zu agieren, aufwendig zu reparieren, statt umsichtig Fehlentwicklungen zu verhindern, mehr ist nach Einschätzung der Global Player in der großen Politik nicht mehr möglich. Michel Camdessus, als Chef des Internationalen Währungsfonds (IWF) in Washington ein Bindeglied zwischen der politischen Welt und dem Reich der Finanzmärkte, betont, «man muß wissen, daß das eigene Handeln, aber auch Nichthandeln inzwischen stets weltweite Konsequenzen nach sich zieht».[6] Damit rechtfertigt er nicht nur seinen nächtlichen Mexiko-Coup im Januar 1995, als er

18 Milliarden Dollar der IWF-Zahler auslegte, um «die erste Krise des 21. Jahrhunderts» zu bewältigen. Camdessus vertritt auch die Überzeugung, daß «man es sich in einer globalisierten Welt nicht mehr leisten kann, sich nicht anzupassen». Er läßt keinen Zweifel aufkommen, die Wall Street und ihre Fondsmanager sind es, die anschaffen: «Die Welt ist in den Händen dieser Burschen.»

«These guys», wie Camdessus sie im Englischen nennt, weisen die Einschätzung des IWF-Chefs rundweg zurück. Nein, auch sie sitzen nicht im «driving seat», nein, auch sie tragen nicht die Verantwortung, argumentieren sie. «It is not us, it is the marketplace», nicht wir, sondern der Markt habe die Macht, sagen sie unisono – von Michael Snow, der soeben in New Yorks Park Avenue für die Schweizer UBS einen Hedge Fund, einen risikoreichen Anlegerfonds, aufbaut[7], bis zum Milliardenspekulanten Steve Trent in Washington, von dessen exquisitem Krähennest-Büro aus das Weiße Haus wie ein unscheinbares Legohäuschen wirkt.[8]

«Denken Sie beispielsweise an Belgien oder Österreich», erklärt Trent. «Es sind doch immer die nationalen Investoren, die mit ihrem Geld abwandern und so die Probleme in den jeweiligen Ländern schaffen. Wenn das Risiko gering und die zu erwartenden Erträge hoch sind, werden es doch die österreichischen und belgischen Versicherungsgesellschaften und Banken sein, die mehr und mehr Ersparnisse aus ihren Ländern etwa in Argentinien anlegen werden. Und warum werden sie sich so verhalten? Sie tun es für die österreichischen Anleger und ihre österreichischen Kunden. Es wird keine amerikanische Finanzinstitution, sondern es werden die einzelnen Entscheidungsträger sein, welche die bestmögliche Entscheidung für sich treffen. Da können Sie doch uns als globale spekulative Firma nicht für einen daraus folgenden nationalen Währungsverfall oder einen umfangreichen Kapitalabfluß verantwortlich machen. Wir operieren allenfalls in den Märkten großer Länder oder mit wichtigen Währungen.»

Die Rechtfertigung von Vincent Truglia[9], Vizepräsident beim New Yorker Moody's Investors Service, ist noch einfacher gestrickt. «Unser Beratungsservice mit seinen drei A's wurde zur Metapher des Marktes. Wir können uns doch einzelnen Ländern oder Firmen gegenüber keinerlei Emotionen leisten. Ich denke bei meiner Arbeit nur an diese alten Großmütter, die ihr Geld in Fonds angelegt haben. Sie sind darauf angewiesen, eine möglichst hohe Rendite zu erzielen, sei es, daß sie sonst keine ordentliche Rente haben oder einfach, weil ihre Enkel nur aufgrund der Fondserträge ein gutes College besuchen können, das ja hohe Studiengebühren verlangt. Wenn ich also diesen Großmüttern helfe, so helfe ich allen, die investieren.»

Welche Auswirkungen die neue weltweite Selbstherrlichkeit der Investoren aus Fonds und Industrie auf ein kleines Land haben kann, erlebte der österreichische Ökonom Ferdinand Lacina, der zum Zeitpunkt seines Rückzugs aus der Regierungspolitik im April 1995 Europas erfahrenster Finanzminister war. «Die Manager der Investmentfonds sind weitgehend unpolitisch», urteilt Lacina[10], «und dennoch ist die Liberalisierung der Märkte eine Ideologie.» Zu oft hat er mitverfolgt, daß «alle, die verbal für Wettbewerb sind, ganz schnell der Meinung sind, der Markt sei zerstört, und es bedürfe staatlicher Hilfe und Zuschüsse, sobald wirkliche Konkurrenz stattfindet.»

Auch wenn innerhalb der Europäischen Union Subventionen verpönt sind, «so läuft jetzt eben vieles über Steuervergünstigungen. Ehe sich ein Investor für einen Standort entscheidet oder ein Industriebetrieb ein neues Werk errichtet, wird einem doch sehr deutlich gesagt, ob und an welchen Steuerschrauben man noch drehen müsse.» Während sich aber Unternehmen beispielsweise mit einem Stahlwerkbau früher auf Jahrzehnte auf einen Produktionsort festlegten und Tausende Arbeitsplätze schufen, gelten diese Entscheidungen im Zeitalter der Mikroelektronik etwa bei Siemens «oft nur noch für wenige

Jahre und bringen nur ein paar hundert Jobs». Die Globalisierung mit ihrem «wachsenden Streß» hat die nationale Souveränität sehr eingeschränkt, bekennt Lacina, der heute die österreichische Giro-Credit-Bank der Sparkassen leitet: «Nur welcher Politiker gibt schon gerne zu, daß er in Wirklichkeit dem Sachzwang unterliegt?»

Sicherlich nicht Michail Gorbatschow, der mit dem Mauerfall dem grenzenlosen Markt zwar das letzte Drittel der Welt öffnete, aber unverbrüchlich an sein Comeback und an den demokratischen Sozialismus glaubt. Souverän genießt er den Applaus, der ihn im Fairmont-Hotel bei jener denkwürdigen Tagung im September 1995 empfängt. Kalifornien hat wohl als letzter wichtiger Weltteil die fundamentalen Veränderungen im Osten zur Kenntnis genommen, jetzt ist es die letzte Weltregion, in der Gorbatschow noch als Held gefeiert wird. «Das internationale System ist nicht stabil», doziert der erste und letzte Präsident der Sowjetunion in seiner Suite im Fairmont, die ihm US-Mäzene finanzieren.[11] «Die Politik läuft hinter den Ereignissen her. Wir agieren wie eine Feuerwehr, die zu den Bränden fährt, in Europa und in der Welt. Wir alle handeln zu spät.»

Dann attackiert der legendäre Mann, der wie ein kräftiger, fahrbereiter Jaguar mit acht Zylindern wirkt, dem aber seit dem aufgezwungenen Rückzug aus der Politik die Räder fehlen, die wachsende «soziale Polarisierung, die zur Spaltung führt, die letztlich so groß wird, daß ein Klassenkampf unvermeidbar wird. Wir brauchen statt dessen eine soziale Partnerschaft und Solidarität».

Beim Stichwort Partnerschaft kann sich auch US-Medienmogul Ted Turner angesprochen fühlen, der wie Gorbatschow im Fairmont hofhält. Selbstzufrieden verweist Turner darauf, sein CNN-Fernsehen räume neben dem spektakulären Tagesgeschehen auch den zukunftsbestimmenden Themen unzählige Sendeminuten ein und fördere damit die «eine Welt». Während der Weltbevölkerungskonferenz 1994 in Kairo ließ er etwa demonstrieren, wie sehr ihm die Geburtenkontrolle ans Herz gewachsen ist. Sein Globalsender peitschte die Konferenz zu einem «historischen Ereignis» hoch. Kein Verhandlungshäppchen war zu banal, um daran nicht gleich wieder eine mit Millionenetat vorbereitete Sondersendung («Beyond the numbers») über die Überbevölkerung des Planeten zu hängen.

Kritik an der offensichtlichen Manipulation ertränkten CNN-Mitarbeiter mit dem gefährlichen Argument, alles diene dieser «verdammt guten Sache». Bei offiziellen Uno-Einladungen wetteiferten Turner-Vertraute trunken mit altgedienten CNN-Produzentinnen, wer «Ted» und seine Oscar-Frau «Jane» Fonda auf den richtigen grünen Kurs gebracht habe. Im persönlichen Gespräch kann der Mann, den das Magazin *Forbes* zu den 400 reichsten Personen des Erdballs zählt, den Eindruck nachhaltig bestätigen, er habe begriffen, was heutzutage auf dem Spiel steht.[12] «Die großen Milliardäre sind damit beschäftigt, die Mitglieder ihres mittleren Managements gerade noch vor dem Tag loszuwerden, ehe sie der Firma gegenüber Rentenansprüche anmelden können. Wir sind dabei, wie Mexiko und Brasilien zu werden, wo die Reichen hinter Zäunen leben wie in Hollywood. Manche meiner Freunde beschäftigen eine Armee von Leibwächtern aus Angst, gekidnappt zu werden.»

Dabei, so empört sich der kantige Selfmade-Dollarmilliardär im bescheiden geschützten CNN Center von Atlanta, spenden die Megareichen für soziale und ökologische Zwecke alljährlich im Vergleich weit weniger als die einfachen Millionäre. «Das ist ungeheuerlich», sagt Turner. «Die Bundesregierung ist pleite, die Regierungen der einzelnen Bundesstaaten sind pleite, ebenso die Stadtregierungen. Das ganze Geld befindet sich in den Händen dieser wenigen reichen Leute, und keiner von ihnen gibt etwas ab. Das ist gefährlich für sie und für das Land. Wir könnten eine neue Französische Revolution erleben, bei der eine andere Madame Defarge strickend zusieht, wie solche Leute auf kleinen Ochsenkarren auf den Stadtplatz gebracht werden, und ‹boom›, weg sind ihre Köpfe.»

Der TV-Kabelvisionär trennte sich zugunsten einiger Universitäten und Umweltinitiativen im Jahr 1994 von 200 Millionen Dollar, jedoch schweren Herzens. «Als ich die Papiere unterschrieb, zitterte meine Hand, weil ich wußte, daß ich mich damit aus dem Rennen um den reichsten Mann Amerikas genommen hatte.» Statt sich am Geben zu erfreuen, nagte an ihm die Angst vor sozialer Zurückstufung, menschlich verständlich, wenngleich pervers. Turner, der sich auch als Sportler einen Namen machte, glaubt inzwischen, daß «diese *Forbes*-400-Liste unser Land zerstört, weil die neuen Superreichen deshalb ihre Banknotenbündel nicht öffnen.» Er möchte eine Initiative starten, ein neues Ranking der großzügigsten Spender, und gleichzeitig einen Reichtums-Abrüstungsvertrag durchsetzen. «Wenn jeder von uns auf eine Milliarde verzichtete, gingen wir alle gemeinsam in der Liste nach unten.»

Turner wird auch nach so einem Verzichtsfall ganz oben bleiben, seine Geschäfte blühen in Atlanta und in Hollywood, bald kann er Nachrichten und Dokumentationen über den US-Kabelkanal HBO abspielen, ein neues Superbusineß, über das in Atlanta im Juli 1996 in einer CNN-Runde am Rande der Frauen-Radrennen bei den Olympischen Spielen spekuliert wird. Turner sorgt sich allenfalls um die Zukunft seines Medienreiches, da seinen lebensfrohen Kindern die vorgegebenen Fußabdrücke zu groß geraten sind. Der Markt hat gesiegt, das ist gut für alle, alles andere ist eine Frage der Anpassung.

«Wirkliche Fortschritte werden wir allerdings nur erzielen, wenn wir uns der Unvermeidlichkeit der Veränderungen bewußt werden», gibt in Europa der langjährige Präsident des Bundesverbandes der Deutschen Industrie, Tyll Necker, den Kurs vor.[13] Auf der Kommandobrücke des Schiffes der Getriebenen in den Ozeanen der Weltmarkt-Konkurrenz steht auch Hermann Franz, 13 Jahre Vorstandsmitglied bei Siemens und jetzt Aufsichtsratschef des Konzerns. Jahr um Jahr meldet das transnationale Unternehmen bemerkenswerte Gewinne, 1995 waren es weltweit 1,27 Milliarden Dollar, 18,8 Prozent mehr als 1994. Und doch baut der mit 383 000 Beschäftigten fünftgrößte Weltkonzern in Deutschland weiter Arbeitskräfte ab.

«Schauen Sie», sagt Franz in den barocken Räumen der Firmenzentrale am Wittelsbacherplatz in München, «die Arbeitsstunde einer Frau in der Kabelbaum-Herstellung für Volkswagen kostet uns in Nürnberg 45 Mark. In Litauen sind das nicht einmal eine Mark fünfzig, und die Werkshalle wird uns noch kostenlos bereitgestellt. Da müssen wir doch auch an Volkswagen denken und möglichst preiswert produzieren.»[14] Vermutlich plagen den Siemens-Vormann dabei Skrupel und Unbehagen über die neue soziale Frage, immerhin prophezeit er, es werde «Friktionen geben», fügt aber sofort hinzu: «Doch die Industrie ist dafür nicht verantwortlich.» So wird Franz selbst zum Gefangenen in dem Netz, das er eigenhändig mitgeknüpft hat. Sehenden Auges treibt er so die soziale Spaltung mit voran und fühlt sich doch nur als gehorsamer Vollstrecker der Gesetze des Weltmarktes. Siemens sei ein global tätiges Unternehmen, das zwar in Deutschland seinen Sitz habe, «aber wir sind doch allen unseren Beschäftigten in aller Welt verpflichtet». Würde sich die EU abschotten wollen, müßte der Konzern, wenn auch schweren Herzens, seine Zentrale in die USA oder nach Fernost verlagern. Vor allem im Osten gebe es neue Chancen, schwärmt der Global Player. Schon 1993 prophezeite Franz den Deutschen ein radikal verändertes Land: «Wir müssen alle zur Kenntnis nehmen, daß bei uns die Arbeit zu teuer geworden ist, auch wenn das vielen Arbeitnehmern noch nicht bewußt ist.» Dabei, so Franz, «werden wir uns von vielen einfachen industriellen Tätigkeiten in Deutschland verabschieden. Anstelle der Bank- und Kaffeeautomaten müssen wieder mehr Menschen aus Fleisch und Blut arbeiten» – zu entsprechend verringerten, zumeist wohl extrem niedrigen Löhnen.

Markante Sätze sind dies, insbesondere in Deutschland, Sätze, in denen Bauchweh mitschwingt. Denn unter den Managern in Europas Republiken geht eine merkwürdige, dumpfe Angst um. Immer häufiger reflektieren sie im kleinen Kreis und unter Vertrauten über die unkalkulierbaren Risiken, die sie im neuen globalen «Casino-Kapitalismus» (so die britische Ökonomin Susan Strange) eingehen, oder vielmehr glauben, eingehen zu müssen. China, Südkorea, Indonesien, Saudiarabien, all diese Hoffnungsmärkte müssen erschlossen werden, argumentieren die Wirtschaftsführer in der Öffentlichkeit, man könnte ja sonst die Chance auf weitere Umsatzzuwächse und Gewinnsteigerungen verpassen. Doch ruhig schlafen kann beim Nahost- und Asien-Gamble keiner mehr.

«Das Hauptproblem sind die so unterschiedlichen Kultursysteme dieser Welt», beginnt Topmanager Anton Schneider seine Analyse. Schneider ist ein «Sennerbua», der Sohn eines Molkerei-Käsemeisters aus dem Bregenzerwald. Er wuchs mit sechs Geschwistern im schweizerisch-deutsch-österreichischen Dreiländereck auf, war ein scharfzüngiger linker Gewerkschaftsökonom und startete von der internationalen Industrieberatungsfirma Boston Consulting aus eine bemerkenswerte Sanierer-Karriere, die ihn 1995 auf den Chefsessel beim schwer angeschlagenen Klöckner-Humboldt-Deutz-Konzern (KHD) in Köln führte.[15]

«Was die einen als Fair Play und Fair Treatment bezeichnen, ist für die anderen kulturhistorisch überhaupt nicht verständlich. Ein Koreaner beispielsweise betreibt mit dem größten Selbstverständnis einen ausgeprägten Protektionismus und erzählt der Welt, daß dies Fair Play sei, was für uns wiederum unvorstellbar ist, es nachzuvollziehen. Auch die Saudis sind doch unfaßbar, die sind Mitglieder in der neuen Welthandelsorganisation WTO und werden auch noch von den Amerikanern gut geschützt, und dennoch haben sie ganz andere Werte. Das ist der Grundfehler dieses Konzeptes eines weltweit verschmolzenen Marktes.»

In Nordwesteuropa und in den USA, so Schneider, «hat sich im Verlauf von 200 Jahren ein vergleichsweise puristischer protestantischer Kapitalismus und eine Marktwirtschaft mit Regeln durchgesetzt, an die wir uns im Prinzip halten. Im katholischen Bereich wird vielleicht mehr gesündigt, aber doch auch gebeichtet. Im asiatisch-buddhistischen Bereich werden unsere Regeln hingegen nicht besonders ernst genommen, da zählt das Land und die Familie viel mehr.»

Die Globalisierung führt die Spieler aller Firmen und Nationen zusammen, wie bei einer Fußball-Weltmeisterschaft. Bildlich gesprochen bedeutet dies jedoch, daß es in der Welt der großen wirtschaftlichen Entscheidungen noch nicht einmal gemeinsame Spielregeln gibt, geschweige denn bestimmte Schiedsrichter. «Genau so ist es», bestätigt der KHD-Chef. «Viele Kulturen bringen ganz andere Spielregeln mit. Ich will das gar nicht werten, ob die jetzt besser oder schlechter sind. Jedenfalls wissen und verstehen viele neue Spieler und Mannschaften gar nicht, was wir unter fairem Wettbewerb verstehen.»

Schneider zieht Bilanz: «Ich glaube, daß fast alle großen europäischen Firmen sich als Getriebene der ökonomischen Globalisierung begreifen. Oder wer glaubt denn ernsthaft, daß irgendeinem großen europäischen Konzern wohl ist bei seinen Investitionen in China? Nicht einem einzigen, weil jeder weiß, die haben kein Rechtssystem, das unsere Rechte schützt. Und das trifft nicht nur auf China zu. Es gibt keinen Investitionsschutz, keinen Know-how-Schutz, das kann man alles vergessen. Jedes unterschriebene Joint Venture hat eine maximale Lebensdauer von 30 Jahren, danach gehört alles den Chinesen.»

Warum dann dieses weltweite Engagement? «Wir müssen es machen», antwortet der Industrieführer. «Wir wollen an diesen Märkten teilhaben und steigen eben zu den Bedingungen ein, die uns geboten werden. Wir müssen in die Märkte reinkommen. Denn natürlich ist es besser, ich bin da drin als der Wettbewerber. Aber es ist niemandem wohl dabei.»

Die Angst allerdings, und die Spitzenmanager wissen das ebenso wie der Volksmund, ist ein schlechter Ratgeber. Wie immer man sich verhält, schwerwiegende Fehler scheinen unausweichlich. Wer als leitender Manager die Sorgen, die angesichts der derzeitigen Entwicklung mehr als nachvollziehbar sind, einfach wegsteckt und durchstartet, läuft schnell Gefahr, mit übertriebenem Re-engeneering (Umorganisieren), Outsourcing (Auslagern) und Downsizing (Verkleinern) mehr zu zerstören, als zu retten. Wer aber vor den neuen Zeiten flieht und nur defensiv versucht, nur möglichst nichts falsch zu machen, macht schon fast alles falsch.

Was sind sie damit, die Global Player der Politik, Finanz, Medien und Wirtschaft: nur getriebene Mitläufer oder vorsätzliche Täter?

Wem gehört der Staat?

Der Niedergang der Politik und die Zukunft der
nationalen Souveränität

«Zwischenstaatlich organisiert sind in Europa nur das Verbrechen
und der Kapitalismus.»

Kurt Tucholsky 1927

«Wenn die Unternehmer alles Geld ins Ausland geschafft haben,
nennt man das den Ernst der Lage.»

Kurt Tucholsky 1930

Armer reicher Martin. Als Anfang März 1996 in der Frankfurter Zentrale der Commerzbank 250 Steuerfahnder die Büros der Auslands- und Steuerabteilung nach belastenden Dokumenten durchsuchten, ging das dem Chef des viertgrößten deutschen Bankhauses an den Nerv. Er, Martin Kohlhaussen, einer der Großen in der Welt der Hochfinanz, und mit ihm seine Bank, eine der besten Adressen der deutschen Wirtschaft, sollten Opfer einer staatlich organisierten Verschwörung werden, wähnte der Spitzenmanager. Die Durchsuchung sei eine «gezielte Aktion gegen unsere Bank, unsere Kunden und uns», schrieb er in einer Hausmitteilung an seine Mitarbeiter. Kein Vorstandsmitglied habe «gegen bestehende Gesetze verstoßen. Unsere Bank hat sich nichts vorzuwerfen», lamentierte er. «Wir alle werden in ungerechtfertigter Weise kriminalisiert.»

Kohlhaussen wußte es besser. Noch am Tag, als sein Dementi für Ruhe an der PR-Front sorgte, formulierten seine beiden Vorstandskollegen Klaus Patig und Norbert Käsbeck einen Brief an das zuständige Frankfurter Finanzamt III, in dem sie schwere Verstöße gegen das Steuerrecht einräumten, um eine mögliche Strafverfolgung noch abzuwenden. Die gegenüber den Steuerbehörden erklärten Bilanzen enthielten «Unrichtigkeiten», gestanden die Banker. «Wertberichtigungen betreffend die den ausländischen Betriebsstätten zuzuordnenden Forderungen hätten nicht mit steuerlicher Wirkung in das ausländische Ergebnis einfließen dürfen.» Im Klartext: Indem die Bank die Verluste aus ausländischen Tochtergesellschaften mehrfach gegen den Gewinn der deutschen Konzernmutter aufrechnete, minderte sie ihren inländischen Gewinn und damit die Steuerlast. Weil sie dabei allzu plump vorging, war die Verlustverschiebung in diesem Fall rechtlich unzulässig, berichtete *Der Spiegel* kurze Zeit später unter Berufung auf die Fahnder. Die Bank habe seit 1984 ein Jahrzehnt lang falsche Steuererklärungen abgegeben. So sollen die Steuerstrategen der Commerzbank allein im Jahr 1988 den zu versteuernden Gewinn ihres Instituts um 700 Millionen Mark heruntergerechnet haben. Insgesamt seien dem Fiskus über die Jahre Einnahmen in Höhe von einer halben Milliarde Mark entgangen.[1]

Am konkreten Fall und mit handfesten Beweisen führten die hessischen Steuerfahnder so der Öffentlichkeit erstmals vor, was Insider und Finanzbeamte schon seit Jahren berichten: Im Zuge der globalen Verflechtung operieren transnationale Unternehmen in einer steuerrechtlichen Grauzone, in der sich die Besteuerung der Erträge leicht auf ein Minimum reduzieren läßt. Mit der spektakulären Durchsuchungsaktion in der deutschen Bankenhauptstadt markierten die Finanzbehörden den vorläufigen Höhepunkt ihrer seit zwei Jahren andauernden Offensive gegen die Steuerflucht deutscher Bürger und Firmen ins Ausland. In über 40 Filialen solch renommierter Geldinstitute wie der Dresdner Bank, der Bayerischen Hypotheken- und Wechselbank und dem US-Bankhaus Merrill Lynch beschlagnahmten sie Kontounterlagen von mehreren tausend Kunden, die im Verdacht stehen, Teile ihres Vermögens nach Luxemburg, Liechtenstein und anderswohin verschoben zu haben, um sie der Besteuerung zu entziehen. Endlich, so schien es vielen Beobachtern, war es vorbei mit dem laisser-faire der Behörden gegen die von den Banken organisierte Steuerfreiheit für die Vermögenden. Sogar Helmut Kohl bekundete seine «Schadenfreude» angesichts der Ermittlungen, schließlich habe ein Land, in dem Steuerhinterziehung nur noch als Kavaliersdelikt angesehen werde, «seine Zukunft schon verloren».

Die Gefahr schätzt der Kanzler richtig ein, doch zur Freude besteht kein Anlaß. Gleich wie oft und wie hart die Finanzbehörden prüfen und ermitteln, den seit Jahren latenten Krieg um die steuerliche Erfassung von Vermögens- und Unternehmenserträgen können sie nicht gewinnen. Denn nur schlecht informierte Privatleute oder besonders dreiste Manager bedienen sich illegaler Methoden, um Vermögen und Zinserträge der Steuer zu entziehen. Gut geführte Konzerne und Vermögensverwaltungen haben das nicht nötig. Auch ohne Gesetzesbruch läßt sich im Dschungel des transnationalen Finanzmarkts die Steuerbelastung beliebig herunterfahren, notfalls auf unter zehn Prozent.

«Von uns kriegt ihr nichts mehr!»

Wie das geht, demonstrieren Deutschlands Großunternehmen seit langem. BMW etwa, das gewinnstärkste Autounternehmen der Republik, überwies noch 1988 gut 545 Millionen Mark an deutsche Finanzämter. Vier Jahre später waren es gerade noch sechs Prozent dieser Summe, nur 31 Millionen Mark. Im darauffolgenden Jahr wies BMW – trotz insgesamt steigender Gewinne und unveränderter Dividende – im Inland sogar Verluste aus und ließ sich 32 Millionen Mark vom Finanzamt zurückerstatten. «Wir versuchen die Aufwendungen dort entstehen zu lassen, wo die Steuern am höchsten sind, und das ist im Inland», erklärte BMW-Finanzvorstand Volker Doppelfeld freimütig. Insgesamt habe der Konzern auf diese Weise zwischen 1989 und 1993 über eine Milliarde Mark an Abgaben an den Staat gespart, kalkulieren Branchenkenner.[2]

Auch der Elektrotechnik-Riese Siemens verlegte seinen Konzernsitz steuerrechtlich ins Ausland. Von den 2,1 Milliarden Mark Gewinn des Geschäftsjahres 1994/95 bekam der deutsche Fiskus nicht einmal mehr 100 Millionen, im Jahr 1996 zahlte Siemens gar nichts mehr.[3] Auch im Geschäftsbericht 1994 von Daimler-Benz heißt es nur lapidar, die Ertragssteuern seien «im wesentlichen im Ausland» angefallen. Und selbst Commerzbanker Kohlhaussen bewies Ende März 1996, daß seine Steuerexperten inzwischen gelernt haben, wie sich die Steuerpflicht legal aushebeln läßt. Wie zum Trotz legte er drei Wochen nach dem Einfall der Fahnder in sein Büro eine Bilanz vor, die einer Verhöhnung des gewöhnlichen Steuerzahlers gleichkommt. Demnach verdoppelte sich der Commerz-Gewinn 1995 gegenüber dem Vorjahr auf 1,4 Milliarden Mark, die Abgaben an den Staat halbierten sich jedoch auf weniger als 100 Millionen.[4]

Der dramatische Steuerschwund ist keine Spezialität der großen Konzerne. Das gleiche gelingt auch zahllosen mittelständischen Unternehmen. Indem sie die Unterschiede zwischen den jeweiligen nationalen Besteuerungssystemen systematisch nutzen, können sie ihre Steuerlast international optimieren. Die einfachste Methode der im Expertenjargon sogenannten Steuerplanung ist das «transfer pricing». Die Basis dafür ist ein grenzüberschreitender Verbund von Tochtergesellschaften und Niederlassungen. Weil sie untereinander mit Vorprodukten, Dienstleistungen oder auch nur Lizenzen handeln, können die Firmen sich selbst Kosten in beinahe beliebiger Höhe in Rechnung stellen. Darum fallen die Ausgaben international operierender Unternehmen immer dort am höchsten aus, wo auch die Steuersätze am höchsten sind. Umgekehrt erwirtschaften Tochterfirmen in Steueroasen oder Niedrigsteuerzonen stets exorbitant hohe Gewinne, selbst wenn sie dort nur ein Büro mit Fax-Anschluß und zwei Mitarbeitern unterhalten.

Gegen diese Praxis haben die behördlichen Prüfer nichts in der Hand. Ob die Preise im Intra-Konzern-Handel überhöht

sind, läßt sich oft gar nicht beweisen, weil es für viele der ver-
rechneten Leistungen kaum vergleichbare Marktpreise gibt.
Nur wenn die Konzernplaner allzu offensichtlich mogeln, können die Steuereintreiber nachhaken. So gingen im Hochsteuer-
land Japan zahlreiche transnationale Unternehmen Anfang der
neunziger Jahre mit ihrer Steuermanipulation wohl zu weit. Im
Herbst 1994 trieb das Finanzministerium in Tokio bei über
sechzig Unternehmen, darunter solche Weltfirmen wie Ciba-
Geigy und Coca-Cola, Nachzahlungen in Höhe von umgerechnet knapp zwei Milliarden Mark ein, weil sie überhöhte Trans-
ferpreise in ihre Bilanzen eingerechnet hatten. Mit dabei war
auch der deutsche Pharma-Multi Hoechst, dem die Behörden
vorwarfen, er habe zwischen 1990 und 1992 für Rohstoff-
lieferungen anderer Konzerntöchter rund 100 Millionen Mark
zuviel berechnet.[5]

Solche kleinen Befreiungsschläge genervter Finanzbeamter
tun der organisierten Steuervermeidung freilich keinen Ab-
bruch. Wo das Transfer Pricing nicht mehr genug einbringt,
helfen andere Tricks weiter. Vielfache Verwendung findet
etwa das «double-dip leasing». Dabei nutzen die Unternehmen die national unterschiedlichen Abschreibungsvorschrif-
ten für geleaste Anlagen so aus, daß sich die Anschaffungsko-
sten für Maschinen, Kraftwerke oder Flugzeuge gleich in zwei
Ländern steuermindernd niederschlagen. Große Verbreitung
fand auch das «Dutch sandwich». Diese Methode kombiniert
eine Tochtergesellschaft in den Niederlanden mit einer Be-
triebsstätte in einer Steueroase wie den Niederländischen An-
tillen oder der Schweiz. Die Nutzung der beiden Steuergesetz-
gebungen ermöglicht es, auf neun Zehntel des Unternehmens-
gewinns nur noch fünf Prozent Steuern zu entrichten.

Gegen solche und ähnliche Praktiken versuchen Regierungen und Gesetzgeber rund um die Welt selbstverständlich mit
verbesserten Prüfungsmethoden und der Schließung von Ge-
setzeslücken vorzugehen. Aber in der Regel bringt das nicht viel
ein. «Letztlich kann man alle Verschiebungen durch die Kom-

plexität der Firmenkonstruktionen verschleiern», versichert ein Steueranwalt, der einen weltweiten Kundenkreis betreut. In diesem Bereich «geht es zu wie bei einem Hase-und-Igel-Spiel», meint auch der leitende Steuerexperte des Bundeswirtschaftsministeriums, Johannes Höfer. «Die wirklich guten Steuerberater sind dem Fiskus immer einen Schritt voraus.»[6]

So konnten die grenzüberschreitend operierenden Unternehmen im Laufe des vergangenen Jahrzehnts fast alle Staaten der Welt in einen «Wettbewerb der Steuersysteme» verstricken, wie Bonns Finanzstaatssekretär Hansgeorg Hauser gesteht. Weil die einzelnen Länder um die Investitionen international konkurrieren, bleibt ihnen angesichts der Ohnmacht ihrer Steuereintreiber nur die Angleichung auf niedrigem Niveau. Der Abwärtstrend begann im Jahr 1986, als die US-Regierung die Ertragssteuer für Kapitalgesellschaften von 46 auf 34 Prozent senkte und damit einen neuen weltweiten Standard setzte. Mit den Jahren mußten die meisten anderen Industrieländer dieser Vorgabe folgen.

Innerhalb der Europäischen Union hat der Wettlauf inzwischen groteske Formen angenommen. Belgien offeriert seit dem Jahr 1990 Unternehmen, die in mindestens vier Ländern tätig sind, die Einrichtung sogenannter Coordination Centers. Dort dürfen die Konzerne alle Arten von Dienstleistungen wie Werbung, Marketing, Rechtsberatung und vor allem ihre Finanzgeschäfte zentralisieren, müssen aber nicht die dabei erzielten Gewinne versteuern, sondern nur einen kleinen Teil ihrer örtlichen Betriebsausgaben. Das Modell wurde ein Renner. Die Liste der Begünstigten reicht von den Ölmultis Exxon und Mobil bis zum Reifenhersteller Continental. Opel spart Steuern mit einer Finanzzentrale in Antwerpen, Volkswagen schickte seine Finanzer nach Brüssel, Daimlers Steuervermeider sitzen im Vorort Zaventem, und die Kollegen von BMW logieren in Bornem. Dank belgischer Großzügigkeit avancierten die Finanzableger im Herzen der EU zu den gewinnträchtigsten Tochtergesellschaften überhaupt. Ausweislich der Bilanz erwirtschaftete etwa BMW in der belgischen Filiale angeblich ein Drittel des gesamten Konzerngewinns, ohne daß dort ein einziges Auto produziert worden wäre.[7] Noch attraktiver ist das Steuerfluchtangebot, das die irische Regierung all jenen bietet, die ihre Finanzgeschäfte von einem Büro in den «Dublin Docks» managen lassen. Von jeder Zinsmark, die formal über eine Niederlassung in Irland verdient wird, gehen nur zehn Pfennig an die irische Staatskasse. In den Glaspalästen rund um den ehemaligen Stadthafen residieren darum inzwischen Kleinfilialen von fast 500 transnationalen Unternehmen – «nur erste Adressen», wie der Geschäftsführer der deutsch-irischen Handelskammer versichert. Neben Mitsubishi und Chase Manhattan sind alle deutschen Großbanken und Versicherungen vertreten, und selbst die Evangelische Kreditgenossenschaft aus Kassel läßt hier ein Vermögen verwalten. Insgesamt versteckten allein bundesdeutsche Unternehmen auf dem Irlandpfad bis 1994 an die 25 Milliarden Mark vor dem deutschen Fiskus, schätzt das Bundesamt für Finanzen.[8]

Die Folgen des grenzenlosen Steuertourismus sind offensichtlich und doch in der politischen Debatte weitgehend tabuisiert: Neben der Geldpolitik, der Steuerung von Zinshöhe und Wechselkurs, geht in der transnationalen Ökonomie ein weiterer Kernbereich nationaler Souveränität nach und nach verloren: die Steuerhoheit. Anders als die gesetzlich vorgeschriebenen hohen Steuersätze den Anschein geben, sank in der Bundesrepublik die *durchschnittliche* effektive Besteuerung der Gewinne von Unternehmen und Selbständigen seit 1980 von ehedem 37 auf nur noch 25 Prozent im Jahr 1994, ermittelte das Deutsche Institut für Wirtschaftsforschung in Berlin. Und das ist kein spezifisch deutsches Phänomen. Im Steuerwettbewerb sinkt die Quote für die Unternehmen nicht nur in einzelnen Ländern, sondern weltweit. Das Imperium Siemens führte noch 1991 fast die Hälfte des Gewinns an die 180 Staaten ab, in denen es Filialen unterhält. Binnen vier Jahren schrumpfte diese Quote auf nur noch 20 Prozent.

Somit entscheiden aber nicht mehr demokratisch gewählte Regierungen über die Höhe der Besteuerung, vielmehr legen die Dirigenten der Kapital- und Warenströme selbst fest, welchen Beitrag sie zur Erfüllung staatlicher Aufgaben noch leisten wollen. Wie bewußt dies so manchem Global Player inzwischen ist, brachte Ende April 1996 Jürgen Schrempp, der Vorstandschef von Daimler-Benz, den Haushaltsexperten des Deutschen Bundestages schmerzhaft bei. Mindestens bis zum Jahr 2000, erklärte Schrempp beiläufig während eines gemeinsamen Abendessens mit den Abgeordneten, werde sein Konzern in Deutschland keine Ertragssteuern mehr bezahlen. Schrempp: «Von uns kriegt ihr nichts mehr.» Die anschließenden Ausführungen des Finanzvorstands Manfred Genz über die Gewinnverrechnung mit dem Ausland und den Investitionen in Ostdeutschland konnten die Volksvertreter nur noch mit betretenem Schweigen zur Kenntnis nehmen.[9]

Schwarze Löcher in den Staatskassen

Die Austrocknung der Staatsfinanzen durch die entgrenzte Wirtschaft geschieht jedoch nicht nur auf der Einnahmenseite. Die neue Transnationale lenkt gleichzeitig auch einen wachsenden Anteil der staatlichen Ausgaben in ihre Kassen. Der Wettlauf um die niedrigsten Abgaben ist begleitet vom Wettstreit um die großzügigsten Subventionsgeschenke. Dabei zählt die kostenlose Bereitstellung von Grundstücken einschließlich aller benötigten Straßen-, Schienen-, Strom- und Wasseranschlüsse schon zum weltweiten Mindeststandard. Wo immer ein Konzern einen Produktionsbetrieb errichten will, können die Kostenplaner zudem auf Zuschüsse und Beihilfen aller Art rechnen. Wenn sich der koreanische Multi Samsung in Nordengland den Bau seines neuen Elektronikwerkes mit einem Investitionswert von einer Milliarde Dollar mit gut 100 Millionen vom Finanzministerium bezahlen läßt, ist das schon äußerst preiswert. Staaten und Regionen, die einen Standort im Netzwerk von Mercedes-Benz stellen wollen, müssen da erheblich mehr anlegen. Beim zukünftigen Werk für den neuen Mercedes-Kleinwagen im lothringischen Lorraine stehen die Steuerzahler der EU und Frankreichs mit direkten Zuschüssen schon für ein Viertel der gesamten Investition gerade. Rechnet man die in Aussicht gestellten Steuernachlässe hinzu, summiert sich die Staatsbeteiligung ohne Stimmrechte auf ein Drittel.[10] Das ist keineswegs ungewöhnlich. Außerhalb der Ballungsräume entspricht diese Subventionstiefe dem europäischen Durchschnitt. Abhängig vom Grad der Arbeitslosigkeit und der Ratlosigkeit der Politik ist die Skala aber nach oben offen. Im vergleichsweise armen US-Bundesstaat Alabama etwa bezahlte Mercedes-Benz 1993 für einen neuen Fertigungsbetrieb nur noch 55 Prozent der anfallenden Kosten. Dagegen ist die zehnjährige völlige Steuerfreiheit, die sich General Motors ab 1996 in Polen und Thailand ausbedungen hat, geradezu bescheiden.

Den bisherigen Höhepunkt der Investitionslenkung mittels verschenkter Steuergelder setzt die Bundesregierung in Ostdeutschland. Da bekommt etwa der amerikanische Elektronikkonzern Advanced Micro Devices (AMD) für ein neues Chipwerk in Dresden 800 Millionen Mark oder 35 Prozent der geplanten Investitionssumme ersetzt. Zusätzlich übernehmen der Bund und das Land Sachsen eine Kreditbürgschaft in Höhe von einer vollen Milliarde Mark. Weitere 500 Millionen Mark steuert ein Bankenkonsortium bei, an dem staatseigene Landesbanken beteiligt sind. Unterm Strich muß der Konzern daher nicht einmal ein Fünftel der Gesamtinvestition selbst finanzieren, fast das gesamte Marktrisiko liegt beim Steuerzahler.[11] Ganz ähnlich sind die Verhältnisse bei den Opel- und VW-Werken in Chemnitz, Mosel und Eisenach. Die Modernisierung der Ostseewerften unter der Regie des Bremer Vulkan und des norwegischen Schiffbauriesen Kvaerner, die faktisch einer Neugründung gleichkommt, verschlingt laut Plan

6,1 Milliarden Mark. Nach dem Bankrott des Vulkanverbundes, der einen Teil der Subventionen in marode westdeutsche Betriebe steckte, ist vermutlich eine weitere halbe Milliarde fällig. Wie der Versuch, über Subventionen Weltkonzerne anzulocken, zum schwarzen Loch für die Staatsfinanzen werden kann, erfuhr die Regierung Kohl aber erst richtig im Fall der Chemieindustrie in der alten DDR-Industrieregion um Buna, Leuna und Bitterfeld. Dort tappte der Kanzler selbst blind in die Falle.

«Denkt an unsere Familien!»

Als Helmut Kohl am 10. Mai 1991 mit dem Hubschrauber in Schkopau landete, war das zunächst nur ein Wahlkampftermin wie viele andere. Im Kulturhaus der Buna-Werke wollte er um Vertrauen werben und «Hoffnung demonstrieren». Doch dann erfuhr er die Verzweiflung der von Verarmung bedrohten Bevölkerung hautnah. «Denkt an unsere Familien», rief ihm ein Arbeiter gleich hinter der ersten Absperrung zu. Drinnen im Saal mahnte ihn die Betriebsratsvorsitzende der Buna-Werke, doch endlich die Privatisierung voranzubringen, um wenigstens die verbliebenen 8000 von ehedem 18 000 Arbeitsplätzen zu erhalten. «Bitte stellen Sie die Weichen, bitte enttäuschen Sie uns nicht», flehte die Sprecherin den Kanzler an. Das ging dem Elefanten der deutschen Politik offenbar unter die Haut. Selbst aufgewachsen in der BASF-Stadt Ludwigshafen, konnte Kohl den Bitten der Chemiewerker nicht widerstehen. Er verwarf sein Redemanuskript und erklärte es zur «Selbstverständlichkeit», daß ihr Vertrauen nicht enttäuscht werde. Persönlich gab er sein Wort «für den Fortbestand dieser Standorte».

Das war gut gemeint, menschlich verständlich und doch einer der teuersten Fehler in Kohls Amtszeit. Denn fortan war die Bundesregierung beliebig erpreßbar. Die Vorstände der drei deutschen Chemieriesen winkten, trotz Kohls Engagement, angesichts des desolaten Zustands der alten Betriebe ab. Dafür erkannten aber einige Manager des US-Konzerns Dow Chemical die Gunst der Stunde. Mit Bernhard Brümmer, dem früheren Chef der Gulf Coast Operation des Konzerns, der für die Treuhandanstalt die Geschäfte des früheren Buna-Kombinats führte, saß auch ein ehemaliger Dow-Mann an der Quelle für alle notwendigen Informationen. Zunächst signalisierte die Führung des fünftgrößten Chemieunternehmens der Welt nur Interesse und machte vage Angebote. In einem jahrelangen Verhandlungsmarathon zogen die Konzernanwälte sodann die Vertreter der Treuhand regelrecht über den Tisch. Dank des Kanzlerwortes waren sie zum Erfolg verdammt und verstrickten sich immer tiefer in ein Dickicht von Zusagen und Absicherungen. Am 1. Juni 1995 gingen schließlich die drei größten Betriebe des früheren Buna-Kombinats unter dem Namen BSL Olefinverbund in den Besitz von Dow Chemical über, die Firmenanwälte hielten einen Vertrag in den Händen, der ihnen ein risikoloses Milliardengeschäft versprach. Demnach wird der Konzern von den vorgesehenen Investitionen in Höhe von vier Milliarden Mark lediglich 200 Millionen Mark selbst bestreiten, und dies auch nur in Form eines verzinslichen Darlehens der Muttergesellschaft. Gleichzeitig mußte die BVS, die Nachfolgegesellschaft der Treuhand, zusichern, daß sie bis Ende 1999 alle Verluste der BSL bis zur Höchstgrenze von 2,7 Milliarden Mark ausgleicht. Weil die Gesellschaft schon mit einem buchhalterischen Verlustvortrag von 3,2 Milliarden Mark starten durfte, bleibt Dow zudem auf unabsehbare Zeit steuerfrei, auch wenn Gewinne anfallen. Daneben darf der Konzern 30 Jahre lang alle giftigen Altlasten im Boden auf Staatskosten sanieren lassen und bekommt zudem eine Pipeline zum Rostocker Überseehafen. Demgegenüber fallen die Gegenleistungen beinahe lächerlich aus. Lediglich 1800 Arbeitsplätze sicherte Dow zu. Diese sind nur bis 1999 garantiert, und wenn es weniger werden, ist das für die Dow-Manager auch kein Problem. Für jeden fehlenden Job müssen sie 60 000 Mark Vertragsstrafe entrichten, gemessen an der Gesamtsumme ein Trinkgeld.

Unterm Strich wird die Bundesrepublik so jeden Job bei der Dow-Tochter BSL mit voraussichtlich über fünf Millionen Mark subventionieren, insgesamt fast zehn Milliarden Mark, ein aberwitziger Preis. Selbst wenn mit dem Geld im Thüringer Wald Wolkenkratzer auf Kosten der öffentlichen Hand gebaut würden, brächte das mehr Menschen in Lohn und Brot. Investiert in die Sanierung der Städte, das Tourismusgewerbe und die Universitäten, hätte die gleiche Summe den deutschen Osten sicher einen Schritt näher an das Westniveau geführt. Daß die Öffentlichkeit überhaupt von den grotesken Konditionen des Buna-Deals erfuhr, ist nur einigen *Spiegel*-Kollegen zu verdanken, die monatelang die Geschichte des Vertrags recherchierten. Dow Chemical werde, ohne irgendein Risiko einzugehen, mindestens 1,5 Milliarden Mark Gewinn machen, selbst wenn das gesamte Unternehmen scheitert, resümierten sie unter Berufung auf BVS-Mitarbeiter.[12] Als die Story erschien, erhob sich trotzdem kaum Protest. Aber welcher führende Politiker hätte auch Einspruch erheben sollen? Kohl mochte es in Buna schlimm ergangen sein, doch ähnliche Erfahrungen haben inzwischen fast alle Wirtschaftspolitiker, und schließlich zählt jeder Job.

Genauso wahllos verteilen die Forschungsminister aller Länder das ihnen anvertraute Steuergeld. So strich etwa der Daimler-Konzern, der selbst derzeit keine Steuern mehr zahlt, vom Bundesforschungsetat im Jahr 1993 über 500 Millionen Mark ein. Mehr als ein Viertel der gesamten Wissenschaftsförderung des Bundes kam damit einer Firma zugute, die mit den subventionierten Ergebnissen schon morgen am anderen Ende der Welt Geld verdienen kann, ohne daß auch nur ein deutscher Job dadurch geschaffen wird. Mit der Verunsicherung der Politik über die neuen Regeln im globalen Wirtschaftsspiel machte auch Siemens einen guten Schnitt. Über Jahre warnten

Anhänger der alten nationalen Industriepolitik wie etwa Konrad Seitz, der frühere Chef des Planungsstabes im Auswärtigen Amt, vor der drohenden Monopolstellung Japans und der USA bei der Herstellung des technischen Rohstoffs für das Informationszeitalter, der Mikrochip-Fertigung. Brav investierten darum der Bund und die EG-Kommission einige Milliarden Mark Forschungsgelder bei europäischen Elektronikkonzernen, allen voran Siemens – völlig umsonst. Heute entwickelt der Konzern mit dem Münchner Hauptquartier die Chips der nächsten Generation gemeinsam mit den vermeintlichen Rivalen IBM und Toshiba. Ab 1998 wird Siemens mit dem US-Technologiekonzern Motorola sogar eine gemeinsame Fabrik im amerikanischen Richmond betreiben, wo der bislang leistungsfähigste, mit europäischer Unterstützung entwickelte 64-Megabit-Speicherchip hergestellt werden soll.[13]

Der ruinöse und vielfach unsinnige Subventionswettlauf verrät, wie sich Politik und Regierungen im Labyrinth der Globalökonomie verlaufen haben. «Der Druck des internationalen Wettbewerbs treibt Regierungen dazu, finanzielle Anreize zu bieten, die unter objektiven Kriterien nicht mehr zu rechtfertigen sind», konstatiert die UN-Handelsorganisation Unctad, die fortlaufend die weltweite Subventionspraxis untersuchen läßt. Dringend müsse nach Wegen gesucht werden, «solche Exzesse zu vermeiden», mahnen die UN-Experten.[14] Doch unter dem Zwang, ihren Wählern überhaupt Taten gegen die Arbeitslosigkeit vorzuweisen, realisieren die politischen Vollstrecker der Weltmarktintegration nicht mehr, daß sie mit ihren teuren Lockgaben an die Unternehmen ihren Ländern langfristig nur schaden. Indem sie ihre Haushalte plündern, um den nationalen Anteil am weltweiten Wirtschaftskuchen zu erhalten, zwingen sie ihren Staaten eine betriebswirtschaftliche Logik auf, die in den volkswirtschaftlichen Ruin führt. Selbst wenn man die klassischen Subventionssektoren Landwirtschaft, Bergbau, Wohnungswirtschaft und den Bahnverkehr nicht einrechnet, kosten Wirtschaftssubventionen allein in der Bundesrepublik inzwischen vorsichtig geschätzt über 100 Milliarden Mark im Jahr.

Die Dimension dieses Vermögenstransfers verwandelt zusehends die Struktur des Staatswesens. Die neoliberalen Vordenker des Kieler Instituts für Weltwirtschaft (IfW) bedienen sich mittlerweile einer Metapher aus dem Reich der Biologie, um die neue Rolle des Staates zu definieren. Dieser übernehme nur noch die Funktion des «Wirtes» für die transnationale Ökonomie, heißt es in einer IfW-Studie. Das bedeutet umgekehrt, die grenzenlos verflochtenen Unternehmen erhalten zunehmend parasitären Charakter. Ihre Waren werden auf öffentlich finanzierten Straßen und Schienen transportiert, die Mitarbeiter schicken ihre Kinder in öffentliche Schulen, auch das Management genießt die Aufführungen in den staatlichen Theatern und Opernhäusern. Zum Unterhalt dieser und anderer Einrichtungen tragen sie jedoch nur noch über die Steuern bei, die auf Löhne und Gehälter sowie den Konsum ihrer Angestellten und Arbeiter erhoben werden. Weil aber auch die Arbeitseinkommen im Wettbewerb tendenziell sinken und viele Lohnempfänger ohnehin die Schmerzgrenze des staatlichen Zugriffs erreicht sehen, gerät ein Staat nach dem anderen in die strukturelle Finanzkrise. Die staatlichen Haushalte unterliegen dem gleichen Abwärtssog wie die Einkommen der Bevölkerung. Zugleich nehmen aber in den hochorganisierten Industriegesellschaften die Anforderungen an den Staat eher zu als ab. Neue Technologien machen die Unterhaltung der Infrastruktur immer teurer, Umweltschäden verlangen immer größere Reparaturmaßnahmen, das wachsende Lebensalter der Bevölkerung erfordert mehr Aufwand für medizinische Leistungen und Renten. In der Folge bleibt den verantwortlichen Politikern vielerorts keine andere Wahl, als das Angebot staatlicher Leistungen überall da zu kürzen, wo keine mächtigen Interessengruppen dies verhindern, also im Sozialsystem, bei kulturellen Einrichtungen und öffentlichen Dienstleistungen – von den Schwimmbädern über die Schulen bis zu den Universitäten. So werden die Staaten schließlich selbst zu Agenten der Umverteilung von unten nach oben. Das belegt eindrücklich das Jahressteuergesetz, mit dem die Bundesregierung im Sommer 1996 die Haushaltsverhandlungen für das nächste Jahr eröffnete. Demnach werden die Einnahmen der privaten und öffentlichen Haushalte um 14,6 Milliarden Mark pro Jahr gekürzt, Unternehmen und Selbständige dagegen um die gleiche Summe von Abgaben entlastet.[15]

In den USA und Großbritannien, deren Regierungen den Rückzug des Staates aus eigener Initiative schon frühzeitig in Gang setzten, läßt sich beobachten, wohin die Abmagerung der Staatsfinanzen zugunsten der freien Wirtschaft führt. Für die Instandhaltung oder gar den Ausbau der öffentlichen Infrastruktur fehlt es überall an Geld. Gemessen am Bruttosozialprodukt investiert die öffentliche Hand in den USA lediglich ein Drittel dessen, was sich Japan seine Straßen und Schienenwege, seine Schulen, Universitäten und Krankenhäuser kosten läßt.[16] In Washington zum Beispiel sind die Mehrzahl der Schulen abrißreif. 1,2 Milliarden Dollar wären nötig, versichert der Bürgermeister, wollte man die Gebäude wieder in Schuß bringen. Eine ähnlich hohe Summe veranschlagt die städtische Polizei für die Instandsetzung ihrer Technik und des Wagenparks. Doch der Kongreß verweigert die Zahlung. Nur noch, wo Freiwillige einspringen, läßt sich der Schulbetrieb sinnvoll gestalten, die Polizeibeamten müssen zuweilen die Reparaturen auf eigene Kosten durchführen, um überhaupt arbeiten zu können.[17] Auch auf der britischen Insel, dem europäischen Modellstaat des Neoliberalismus, nähert sich das Bildungs- und Sozialsystem dem Stand eines Entwicklungslandes. Jedes dritte britische Kind wächst heute in Armut auf, und 1,5 Millionen Kinder unter 16 Jahren müssen mangels sozialer Unterstützung arbeiten. Während auf dem Kontinent vier Fünftel aller 18jährigen einer Ausbildung nachgehen, lernt in Britannien weniger als die Hälfte der Jugendlichen in diesem Alter noch etwas dazu. Gleichzeitig steigt die Rate der Analphabeten steil an. Bereits ein Fünftel aller 21jährigen konnte bei einer repräsentativen Umfrage einfache Kopfrechenaufgaben nicht lösen, ein Siebtel konnte nicht lesen und schreiben.[18]

Im vergleichsweise reichen Deutschland, dessen Wohlstand bislang noch breit verteilt ist und wo die Bürger vom Staat traditionell ein Rundumangebot erwarten, hat dieser Prozeß erst begonnen. Exemplarisch ist aber das böse Erwachen in der reichsten und gleichzeitig am höchsten verschuldeten Stadt der Republik, in Frankfurt am Main. Noch 1990 verkündete der damalige sozialdemokratische Oberbürgermeister Volker Hauff: «Frankfurts Reichtum ist für alle da.» Sechs Jahre später bleibt dem grünen Stadtkämmerer Tom Königs nichts anderes übrig, als dieses Versprechen Zug um Zug zurückzunehmen. Während die wichtigste Einnahmequelle der Stadt, die Gewerbesteuer, trotz 440 Bankniederlassungen und über 20 Prozent Wirtschaftswachstum heute weniger einbringt als 1986, haben sich die bislang noch gesetzlich vorgeschriebenen Sozialausgaben annähernd verdreifacht. Nun müssen 30 von 46 Nachbarschaftszentren geschlossen werden. Ein halbes Dutzend Schwimmbäder stehen zum Verkauf oder – alternativ – vor der Schließung. Für soziale Initiativen wie Stadtteil- und Immigrantentreffs gibt es kein Geld mehr, Musikschulen und Museen werden verkleinert. Die Saison im Theater am Turm läuft ganze sechs Wochen, der Opernintendant droht wegen gekürzter Zuschüsse mit dem Ausfall der Vorstellungen. Noch sind die Opfer gering, aber Königs plagen finstere Vorahnungen. «Wir laufen Gefahr, daß die Fähigkeit zum sozialen Ausgleich erlahmt», beklagt er. Setze sich der Trend fort, «wird das friedliche Zusammenleben der Klassen, Nationen und Lebensstile in Frankfurt explodieren».[19]

Die erzwungene Kürzung der Budgets stuft Politiker zu bloßen Mangelverwaltern herab, die unter Verweis auf die höheren Mächte des ökonomischen Fortschritts die Verantwortung für die Misere nicht mehr übernehmen können. Das untergräbt die Grundlage des demokratischen Staatswesens. Für den Niedergang der Politik sind die chronischen Finanzprobleme gleichwohl nur ein Symptom unter vielen. Schon schwankt, neben der Währungs- und Steuerhoheit, eine weitere Säule des Nationalstaates: das staatliche Gewaltmonopol. Denn genauso wie Banken und Konzerne profitieren auch kriminelle Multis von der Abschaffung der gesetzlichen Fesseln für die Ökonomie. Quer durch alle Industrieländer berichten Polizei- und Justizbehörden vom sprunghaften Wachstum der organisierten Kriminalität. «Was für den Freihandel gut ist, ist auch gut für die Kriminellen», stellt ein Interpolbeamter nüchtern fest.[20] Nach Schätzungen einer Expertengruppe, die 1989 von den sieben größten Wirtschaftsnationen eingesetzt wurde, haben sich bis 1990 binnen zwei Jahrzehnten die Umsätze auf dem Weltmarkt für Heroin verzwanzigfacht, der Kokainhandel legte um das Fünfzigfache zu.[21] Wer weiß, wie man Drogen verkauft, kann auch jeden anderen illegalen Markt erschließen. Steuerfreie Zigaretten, Waffen, gestohlene Autos und illegale Einwanderer laufen dem Drogengeschäft inzwischen den Rang als Haupteinnahmequelle der Untergrundökonomie ab. Allein mit dem Einschleusen von Migranten, der modernen Form des Sklavenhandels, erwirtschaften chinesische Gangs («Triaden») in den USA Gewinne von 2,5 Milliarden Dollar pro Jahr, schätzt eine US-Behörde.[22]

In Europa zeugt die explosionsartige Entwicklung des Zigarettenschmuggels von der neuen Macht der illegalen Handelskonzerne. Bis in die späten achtziger Jahre war die Umgehung der Tabaksteuer hauptsächlich ein italienisches Problem. Ab 1990 erschlossen sich dann straffgeführte Organisationen den europäischen Binnenmarkt. Zwei Jahre später wurden in Deutschland schon 347 Millionen unverzollte Zigaretten beschlagnahmt, und 1995 waren es bereits 750 Millionen. Fahnder schätzen diese Menge auf etwa fünf Prozent des gesamten Umsatzes. Den jährlichen Steuerausfall taxiert das Kölner Zollkriminalamt auf 1,5 Milliarden Mark in Deutschland, europaweit fallen Einnahmen von sechs bis acht Milliarden Mark aus.

Der Schmuggelboom ist keine Folge mangelhafter Polizeiarbeit. Die Organisationen und ihre Abläufe sind ziemlich genau bekannt, berichtet Oberstaatsanwalt Hans-Jürgen Kolb, Leiter der Schwerpunktgruppe Wirtschaftskriminalität in Augsburg, der seit 1992 das Geschäft studiert.[23] Die Ware stammt in der Regel aus US-Zigarettenfabriken, deren ganz reguläre Europaexporte zunächst in den (Zoll-)Freihäfen von Rotterdam oder Hamburg sowie deren Schweizer Pendants, den sogenannten Freilagern, zwischengelagert werden. Dort bestellen, neben den legalen westeuropäischen Importeuren, auch anonyme Gesellschaften mit Geschäftssitz in Zypern, Liechtenstein oder Panama große Mengen für den Export nach Osteuropa oder Afrika. In verplombten LKWs geht der Stoff dann auf die Reise durchs EU-Gebiet, kommt aber am Bestimmungsort nie an, sondern wird vor dem erneuten Grenzübertritt gegen Tarngüter ausgetauscht. Gerät ein Transporter ins Visier der Fahnder und vermutet der Fahrer eine Beobachtung, erteilen ihm seine Auftraggeber per Satellitentelefon die Anweisung, die Fahrt regulär fortzusetzen, bis er genügend Grenzen passiert hat, um die Verfolger abzuschütteln. Weil pro LKW gut 1,5 Millionen Mark Gewinn winken, kann die eine oder andere Ladung problemlos geopfert oder verzollt werden. Angesichts der enorm gewachsenen Handelsströme kann die Polizei ohnehin nur einen Bruchteil aller Zigarettentransporte kontrollieren. Dabei kann sie vielerorts erstaunlich große Mengen des Schmuggelguts beschlagnahmen. Doch dem illegalen Geschäft schadet das wenig, denn die Ermittler können stets nur die Handlanger auf der Verteilungs- und Transportebene dingfest machen. Die Organisatoren sind als honorige Geschäftsleute nicht angreifbar. «Wir kennen die Namen dieser Leute, kommen aber nicht ran», klagt Kolb. Liechtenstein oder Panama seien eben nicht zugänglich, spätestens dort ende die überstaatliche polizeiliche Zusammenarbeit.

Noch weit härter macht den Fahndern zu schaffen, daß es unmöglich geworden ist, das Vermögen der kriminellen Konzerne zu beschlagnahmen. Gleich wie effizient Polizei und Justiz arbeiten, die gesammelten Gewinne bleiben im rechtsfreien Raum des globalen Finanzmarkts unantastbar. Das von der internationalen Finanzcommunity mit Zähnen und Klauen verteidigte Bankgeheimnis der Kapitalfluchtzonen schützt nicht nur die Steuerhinterzieher. Nicht zufällig haben sich die wichtigsten Steueroasen entlang der Hauptrouten des Drogenhandels entwickelt. «Panama und die Bahamas sind bekannt als finanzielles Clearing-Zentrum für den Kokainschmuggel. Die gleiche Rolle kommt Hongkong für die Heroingewinne aus Südostasien zu, während Gibraltar und Zypern das Kapital der Drogendealer des Nahen Ostens und der Türkei hüten», resümiert die britische Ökonomin Susan Strange die Funktion der Off-shore-Plätze für die Untergrundwirtschaft.[24] Gleichzeitig ist die Unterwanderung der legalen Sektoren durch kriminelle Investoren mit keinem noch so strengen Gesetz gegen die Geldwäsche aufzuhalten. «Wenn Sie kriminell erworbenes Geld waschen wollen, dann können Sie das heute fast überall in der Welt problemlos tun», räumt der Banker Folker Streib unumwunden ein, der für die Commerzbank in Asien und Amerika arbeitete und heute deren Berliner Niederlassung leitet.[25]

Die Konsequenzen sind furchterregend. Die organisierte Kriminalität gilt unter Experten schon heute als der weltweit am schnellsten expandierende Wirtschaftszweig, der jährlich Gewinne von 500 Milliarden Dollar einfährt. In einer Studie für das Bundeskriminalamt prognostizieren Wissenschaftler der Universität Münster bis zum Jahr 2000 in Deutschland eine Zunahme von Verbrechen wie Menschenhandel, illegale Leiharbeit, Autohehlerei und Schutzgelderpressung um 35 Prozent.[26] Mit ihrem Kapitalstock steigt unablässig auch die Macht der kriminellen Kartelle, legale Unternehmen und staatliche Behörden zu korrumpieren oder gleich ganz zu übernehmen. Das wird um so bedrohlicher, je schwächer das Staatswesen entwickelt ist. In Rußland und der Ukraine, in Kolumbien und Hongkong gehen illegale und legale Geschäftstätigkeit fließend ineinander über. Niemand kann mehr einschätzen, welche Teile des Staatsapparates noch das Recht verteidigen oder nur im Auftrag von Kriminellen einen Krieg gegen deren Konkurrenten führen. Auch Italien hat seine Schlacht gegen die Mafia trotz spektakulärer Festnahmen nicht gewonnen. Das Kapital der alten Bosse ging reibungslos in die Hand unbekannter Erben über, die nur ihre Organisationen modernisieren müssen. Vom Vermögen der vier großen italienischen Syndikate, das auf umgerechnet 150 bis 200 Milliarden Mark geschätzt wird, wurden bis Juni 1996 gerade mal 2,2 Milliarden beschlagnahmt – und dies nur vorläufig. Um zwei Drittel dieser Summe prozessieren Mafia-Anwälte gegen den Staat auf Herausgabe, weil es sich um Vermögen aus legalen Geschäften handeln soll.[27]

Von den Basisländern aus und mit ihren Banken im Rücken dehnen sich die kriminellen Netzwerke nach und nach in die reichen und scheinbar noch gut funktionierenden Staaten aus. Auftragsmord ist auch in Deutschland kein exotisches Verbrechen mehr. Im Krieg zwischen rivalisierenden vietnamesischen Banden, die für die Zigarettenmafia in Ostdeutschland den Vertrieb organisieren, starben im ersten Halbjahr 1996 in Berlin 36 Menschen. Zugleich verschwimmt die Grenze zwischen Legalität und Illegalität im Geschäftsleben. Ohne Wissen der Unternehmensführung können leicht auch seriöse Konzerne und Banken in krumme Geschäfte verstrickt werden. Wenn ein von Kriminellen kontrolliertes Konkurrenzunternehmen sich illegaler Methoden bedient, sind Mitarbeiter schnell versucht gleichzuziehen. Auch die beliebig hohen Bestechungssummen drücken die Hemmschwelle. Eine anonyme Umfrage der Prüfungsgesellschaft KPMG bei den Führungskräften mehrerer hundert Unternehmen in 18 Ländern ergab, daß fast die Hälfte der Befragten die zunehmende Wirtschaftskriminalität als großes Problem ansieht.[28]

So geraten Staat und Politik überall auf der Welt zusehends in die Defensive. Auch das Kartellrecht, ehedem eine Grundfeste der Marktwirtschaft gegen unternehmerische Konspiration zu Lasten der Verbraucher oder Steuerzahler, verliert seine Wirkung. Auf global organisierten Märkten, wie Luftfahrt, Chemie oder dem Handel mit Film- und Übertragungsrechten, wird es de facto außer Kraft gesetzt. Wie soll noch kontrolliert werden, ob sich die drei europäisch-amerikanischen Großallianzen, die Lufthansa, British Airways und Air France mit ihren jeweiligen US-Partnern eingegangen sind, absprechen, wenn sie erst einmal alle kleineren Konkurrenten auf den Transatlantikstrecken in die Pleite konkurriert haben? Wer sollte Medienmogule wie Leo Kirch, Rupert Murdoch und die drei Giganten Time Warner/CNN, Disney/ABC und Bertelsmann/CLT daran hindern, hier und da preistreibende Absprachen zu treffen und Einflußzonen abzustecken?

Auf der Strecke bleibt ebenso die Umweltpolitik. Im Wettbewerb um die Jobs der Konzerne haben die meisten Regierungen alle ökologischen Reformvorhaben aufgegeben oder vertagt. Im Sommer 1996 deuteten die meisten Klimaforscher die chinesische Flutkatastrophe und die dritte amerikanische Jahrhundertdürre in Folge als Vorboten der kommenden Klimakatastrophe infolge der steigenden Konzentration von Treibhausgasen in der Atmosphäre. Doch nichts geschieht, selbst der Appell manches Umweltministers klingt nur noch müde.

Der Katalog dieses Staatsversagens vor der Anarchie des Weltmarktes läßt sich beinahe beliebig verlängern. Nach und nach verlieren die Regierungen in aller Welt die Fähigkeit, überhaupt noch steuernd in die Entwicklung ihrer Nationen einzugreifen. Auf allen Ebenen offenbart sich der Systemfehler der globalen Integration: Während der Fluß von Waren und Kapital weltweit disponierbar geworden ist, sind Regulierung und Kontrolle eine nationale Aufgabe geblieben. Die Ökonomie frißt die Politik.

Entgegen der weit verbreiteten Vorstellung führt die zunehmende staatliche Impotenz jedoch keineswegs zur generellen Schrumpfung des Staatsapparats oder gar, wie der japanische Visionär und ehemalige Asien-Chef von McKinsey, Kennichi Ohmae, vermutet, zum «Ende des Nationalstaats».[29] Denn der Staat und dessen Regierung bleiben die einzige Instanz, bei der Bürger und Wähler Gerechtigkeit, Verantwortung und Veränderungen einklagen können. Auch die Vorstellung, der Verbund der Weltkonzerne könnte selbst staatliche Funktionen übernehmen, wie das US-Nachrichtenmagazin *Newsweek* in einer Titelgeschichte ankündigte, ist illusionär.[30] Kein noch so mächtiger Konzernchef käme auf die Idee, die Verantwortung für Entwicklungen zu übernehmen, die sich außerhalb seines Unternehmens abspielen. Dafür wird er nicht bezahlt. Die Konzernlenker sind die ersten, die staatliche Intervention fordern, wenn es brennt. Statt des generellen Abbaus bürokratischer Verwaltung tritt darum vielerorts das Gegenteil ein. Unfähig zu weitreichenden Reformen, sehen sich Minister und Beamte gezwungen, Ersatzpolitik zu betreiben. Das deutsche Umweltrecht beispielsweise umfaßt inzwischen mehr als 8000 Vorschriften. Der Grund ist nicht der deutsche Hang zur Regelungsperfektion. Vielmehr müssen die Verantwortlichen die Bürger vor Gesundheitsgefahren schützen, während sie gegenüber dem allgemeinen Trend der antiökologischen Entwicklung ohnmächtig bleiben. Die Folge ist bürokratischer Ballast ohne Ende. Das gleiche gilt für das Steuerrecht. Weil eine sozial gerechte Steuerreform gegen die Wirtschaft nicht durchzusetzen ist, haben Politiker aller Parteien ein Gestrüpp von Vergünstigungen für diese und Ausnahmen für jene Gruppe geschaffen, in dem auch Finanzbeamte längst den Überblick verloren haben.

Dem gleichen Muster, nur mit weitaus riskanteren Methoden, folgt die Reaktion der Politik auf die kriminelle Bedrohung. Weil sie die Machtbasis, das Kapital, der vom bayerischen Innenstaatssekretär Herrman Regensburger treffend so bezeichneten «marktwirtschaftlich orientierten Tätergruppen» nicht angreifen können, verlegen sich Innenpolitiker in aller Welt auf den Ausbau des Polizeiapparats.[31] Gegen den energischen Protest der Datenschutzbeauftragten einigte sich auch in Bonn im Juni 1996 eine große Koalition aus CDU und SPD auf die Legalisierung des «großen Lauschangriffs» bei polizeilichen Ermittlungen. Bürger können in Zukunft auch dann in ihren Wohnungen abgehört werden, wenn Fahnder ihre Verstrickung in die organisierte Kriminalität lediglich vermuten. Das Bundesland Bayern führte schon ein Jahr zuvor die sogenannte Schleierfahndung ein. Seither dürfen Polizisten an jedem Ort und zu jeder Zeit «verdachts- und ereignisunabhängige Fahndungskontrollen» durchführen und auf bloße Mutmaßung hin jeden Bürger erst einmal festsetzen. Der Ausbau des Überwachungswesens läßt ahnen, wohin die Entwicklung geht: Wenn sich der anarchische Druck, der von den integrierten Märkten ausgeht, politisch nicht mehr begrenzen läßt, müssen die Folgen eben repressiv bekämpft werden. Der autoritäre Staat wird die Antwort auf die Ohnmacht der Politik gegenüber der Ökonomie.

Die notwendige Gegenstrategie drängt sich geradezu auf: internationale Kooperation. Engagierte Wissenschaftler, Umweltschützer und Politiker klagen seit langem die enge Verzahnung aller nationalen Politik über die Staatsgrenzen hinweg ein. Und tatsächlich haben insbesondere die reichen Industrieländer ihre Zusammenarbeit während des vergangenen Jahrzehnts stark intensiviert. Die Zahl internationaler Regierungstreffen und grenzüberschreitender Vereinbarungen vervielfachte sich.

Westeuropa etablierte mit den Verträgen über den Binnenmarkt und die Europäische Union sogar eine transnationale Form der Gesetzgebung. Eine lange Kette von Uno-Konferenzen, vom Umweltgipfel in Rio de Janeiro im Jahr 1992 über die Weltbevölkerungskonferenz in Kairo 1995 bis zum Uno-Treffen über die Zukunft der Städte in Istanbul 1996, signalisieren eine durchgehende Internationalisierung der Politik. Nach und nach, so scheint es, schält sich eine Art weltweiter Regierungskoordination heraus. UN-Generalsekretär Butros Butros-Ghali berief eigens eine Kommission führender Staatsmänner und -frauen ein, die 1995 ein umfangreiches Programm vorlegten, mit dem das weltweite Regieren, die «Global Governance», optimiert werden sollte. Im Zentrum ihres Konzepts stand die Reform des Uno-Sicherheitsrates und dessen Ergänzung durch einen «Rat für ökonomische Sicherheit». Dies sollte die Uno demokratischer gestalten und ihr zu neuer Handlungsfähigkeit verhelfen.[32] Gleichzeitig haben auch private politische Initiativen ihre Arbeit globalisiert. Greenpeace und Amnesty International dehnten ihren Kampf für Umwelt und Menschenrechte in fast alle Länder der Erde aus und sind vielerorts so bekannt wie Coca-Cola und der Musiksender MTV. Der Sieg der Umweltschützer über den Ölmulti Shell und die britische Regierung beim Streit um die Versenkung der Ölplattform Brent Spar im Sommer 1995 deuteten viele schon als die neue Form supranationaler Politik, als einer Art Verbraucherdemokratie durch weltweite Medienpräsenz.

Nähert sich die Welt also der globalen Zusammenarbeit zur Rettung der sozialen und ökologischen Stabilität? Bedarf es nur noch einiger Anstöße, um der Global Governance zum Durchbruch zu verhelfen? Ginge es nach der Zahl der wissenschaftlichen Konferenzen und Publikationen zum Thema, dann müßte die neue Ära kurz bevorstehen. Doch die bisherigen Resultate sind ernüchternd.

Weltweit regieren: Die nützliche Illusion

Als Ende März 1995 im Berliner Kongreßzentrum an die 500 Diplomaten aus 130 Staaten zusammenkamen, um ein Weltabkommen zum Schutz des irdischen Klimas zu verhandeln, lag Hoffnung in der Luft. Aufgeregt liefen Umweltschützer und Delegierte durch die Gänge des raumschiffartigen Betonlabyrinths und sammelten die Zustimmung der Regierungen zu einer Initiative ein, welche die vom Untergang bedrohten Inselstaaten des Pazifiks und des Indischen Ozeans vorgelegt hatten. Japan, Deutschland, die Skandinavier und viele andere waren bereit, einen Vertrag zu unterzeichnen, der die Industriestaaten verpflichten sollte, ihren Ausstoß von Treibhausgasen um ein Viertel zu reduzieren. Die Abwendung des drohenden Klimachaos schien machbar. Doch mindestens einer der Konferenzteilnehmer wußte es von Beginn an besser. Sein kantiger Schädel mit den Hängebacken auf dem schmächtigen Körper, seine zu kurz geratenen Hosen und die ausgetretenen Gesundheitsschuhe gaben ihm das Aussehen eines harmlosen Hinterwäldlers. Aber der Schein trog. Donald Pearlman, Anwalt der Washingtoner Societät Patton, Boggs & Blow, war die wichtigste Figur der Berliner Regierungskonferenz. Jeden Morgen wartete er vor dem Plenarsaal auf die Delegierten und erteilte seinen Verbündeten im Flüsterton die Instruktionen für den Tag.

Daß sich jede Initiative zum Schutz des Klimas nach dem zweiwöchigen Verhandlungsmarathon wieder im Nirgendwo einer wolkigen Erklärung verlor, daran war Pearlman wesentlich beteiligt. Offiziell war der Mann mit dem Bulldoggengesicht ohne jedes Mandat. Das Washingtoner Lobbyisten-Handbuch weist seine Kanzlei jedoch als Vertreter des Chemieriesen DuPont und der drei Ölkonzerne Exxon, Texaco und Shell aus. An deren gut organisiertem Widerstand war schon der anfängliche Umwelt-Elan der im November 1992 gewählten Clinton-Regierung zerbrochen. Mit «systematischer Desinformation» überzeugten sie die amerikanische Öffentlichkeit, daß die Klimagefahr noch nicht erwiesen sei, berichtete in Berlin der Vizepräsident des Worldwatch Institute, Christopher Flavin.

Als Hauptverursacher der globalen Erwärmung können sich die USA jedoch nicht offen gegen die von den meisten Staaten geforderte Schutzkonvention stellen. International mußte die Öl- und Kohleindustrie andere Wege gehen. Das war Pearlmans Job und er meisterte ihn mit Bravour. Drei Jahre lang reiste er zu jeder der über 20 Vorbereitungskonferenzen in aller Welt und brachte dort die Vertreter der arabischen Ölstaaten gegen den Klimaschutz in Stellung. Unter seiner Anleitung verwandelte sich deren anfänglich nur hinhaltender Widerstand in eine ausgeklügelte Blockadestrategie. Pearlmans größtes Problem waren die Klimaforscher, die sich über die heraufziehende Gefahr weitgehend einig sind. Im zuständigen UN-Expertengremium, das die Erkenntnislage für die Berliner Konferenz zusammenfassen sollte, ließ der Ölanwalt daher Wissenschaftler aus Kuwait und Saudi-Arabien auftreten, die viele bis dahin unumstrittene Aussagen in Frage stellten. Zuweilen reichten sie gar Pearlmans handschriftliche Anweisungen als Änderungsantrag ein und betrieben «endlose Haarspalterei», ärgerte sich der holländische Klimatologe Joseph Alcamo. Aus dessen Entwurf für den Abschlußbericht wurde zuletzt ein unverbindliches Dokument ohne klare Aussage, und Pearlman triumphierte, es gebe «gar keinen wissenschaftlichen Konsens» über die Klimagefahr. In den anschließenden Regierungsverhandlungen setzten die Ölstaaten sodann durch, daß Beschlüsse nur einstimmig gefaßt werden durften, die Verabschiedung einer wirksamen UN-Klimakonvention rückte endgültig in die ferne Zukunft. Auch die Folgekonferenz im Juli 1996 in Genf endete ohne greifbares Ergebnis.

Der deprimierende Schneckengang der Klimadiplomatie legt die prinzipielle Schwäche der schönen Idee von der Global Governance bloß: Der Versuch, eine weltweite Konzertierung zwischen den verschiedenen Staatengruppen zu erreichen, verleiht den Einzelinteressen gut organisierter Lobbygruppen sowie einzelner Regierungen ein maßloses Übergewicht und räumt ihnen ein faktisches Vetorecht ein. Zieht einer der wichtigeren Akteure nicht mit, ist der Stillstand programmiert. Zugleich bekommen Regierungen, deren Wähler eigentlich reformbereit sind, ein willkommenes Argument, mit dem sie ihre Untätigkeit entschuldigen können.

Das heißt nicht, daß weltweite Kooperation grundsätzlich scheitern muß. Die bisherige Geschichte der Global Governance kennt auch einige spektakuläre Erfolge. Vergleichsweise schnell und wirksam reagierte die Weltgemeinschaft zum Beispiel auf die Entdeckung des Ozonlochs über der Antarktis im Herbst 1985. Innerhalb von zwei Jahren handelten Industrie- und Entwicklungsländer eine Uno-Konvention aus, die mit dem 1987 unterzeichneten Protokoll von Montreal und zwei anschließenden Verschärfungen alle Mitgliedsländer verpflichtete, die Produktion ozonzerstörender Chemikalien bis zum Jahr 1996 einzustellen.

Eine Art provisorisches Weltregime zum Schutz der Finanzmärkte vor sich selbst etablierten die Notenbanken der führenden Industrieländer bei der Bank für Internationalen Zahlungsausgleich. Dort einigten sich Regierungsvertreter auf Mindeststandards für die Global Player der Finanzszene. Seit 1992 müssen die Geldhäuser an allen wichtigen Finanzplätzen Eigenkapital im Wert von wenigstens acht Prozent ihrer ausgeliehenen Kredite bereithalten, sonst verlieren sie ihre Lizenz und den Zugang zum Netz. Das Kapitalpolster dämpfte das Risiko einer erneuten Schuldenkrise im Bankensystem, die Anfang der achtziger Jahre vor allem die amerikanischen Großbanken an den Rand des Kollaps geführt hatte. Trotz aller Rückschläge im Einzelfall ist auch der Vertrag gegen die Weiterverbreitung von Atomwaffen ein Beleg dafür, daß die weltweite Zusammenarbeit der Staaten sehr wohl funktionieren kann. Kein Verbrechen wird energischer unterdrückt als der

Handel mit Technik und Materialien für den nuklearen Massenmord.

All diese Fälle haben freilich eines gemeinsam: Die Durchsetzung der entsprechenden Weltverträge kam stets erst dann richtig in Fahrt, wenn die Regierung der Vereinigten Staaten das Steuer in die Hand nahm. Dabei war die Initiative der US-Regierung allein noch keine Garantie für das Gelingen. Auch Rußland, Westeuropa und die führenden Nationen des Südens können bremsen. Aber alle gemeinsam sind in der einen oder anderen Form auf das Wohlwollen der USA angewiesen, allein schon wegen der Bedeutung des amerikanischen Marktes. Bis heute gilt darum im globalen Regierungsgeschäft, daß Amerika zwar nicht alles ist, aber ohne Amerika war bislang alles nichts.

Amerika, geh du voran?

Globalisierung, verstanden als die Entfesselung der Kräfte des Weltmarktes und die ökonomische Entmachtung des Staates, ist für die meisten Nationen ein erzwungener Vorgang, dem sie sich nicht entziehen können. Für Amerika war und ist es ein Prozeß, den seine wirtschaftliche und politische Elite willentlich in Gang gesetzt hat und aufrechterhält. Allein die USA konnten Japans Regierung dazu bewegen, den japanischen Binnenmarkt für Importe zu öffnen. Nur die Regierung in Washington kann das chinesische Regime zwingen, 30 Video- und CD-Fabriken zu schließen, die Milliarden mit dem Klau von Urheberrechten und Produktpiraterie verdienten. Letztlich konnte auch nur die Clinton-Regierung den Russen die Zustimmung zur militärischen Intervention in Bosnien abhandeln, die dem Gemetzel am Balkan ein Ende machte. Der Zehn-Milliarden-Dollar-Kredit des IWF rechtzeitig zum Wahlkampf von Boris Jelzin war im Sommer 1996 die Belohnung.

So ist die einzig verbliebene Supermacht auch die letzte Nation, der nach wie vor ein hohes Maß an nationaler Souveränität erhalten geblieben ist. Über die ganze Breite der Wirtschafts-, Handels-, Sozial-, Finanz- und Währungspolitik sind es letztlich Washingtons Politiker und ihre Berater, welche die Regeln für die globale Integration vorgeben, auch wenn sie sich dessen oft nicht bewußt sind. Nicht koloniales Vormachtstreben, auch nicht die militärische Überlegenheit, sondern die pure Größe der amerikanischen Ökonomie macht die USA zum letzten Ordnungsfaktor im Chaos der globalen Verflechtung. Darum ist es durchaus möglich, daß es am Ende auch eine amerikanische Regierung sein wird, die als erste aus der Globalisierungsfalle ausbricht. Schon heute wird das Modell Amerika, die totale Unterwerfung unter den Markt, nirgendwo härter kritisiert als in den Vereinigten Staaten selbst. Wenn zwischen Kalifornien und New Hampshire genügend Menschen zu dem Schluß kommen, daß der Rückzug des Staates auch ihr Land ruiniert, können sie schon morgen einen abrupten Richtungswechsel herbeiführen. Schließlich wurde auch der Wohlfahrtsstaat, der jetzt im Räderwerk der planetaren Wirtschaftsmaschine zermahlen wird, zuerst in den USA etabliert. Als der letzte Globalisierungsschub der Weltökonomie in den dreißiger Jahren dieses Jahrhunderts in der Katastrophe endete, war es die Regierung des Franklin Roosevelt, die mit dem New Deal den modernen Sozialstaat erfand, um der Not Herr zu werden. Nicht auszuschließen ist also, daß der sprichwörtliche amerikanische Pragmatismus schon in ein paar Jahren die Glaubenslehren der Marktradikalen genauso schnell verwirft, wie er sie 1980 zum Dogma erhoben hat.

«Amerika, geh du voran!» lautet darum nur zu oft die unausgesprochene Leitlinie der europäischen Politik, wenn es um die großen Zukunftsfragen der Menschheit geht. Doch für das Ziel, den sozialen Sprengstoff zu entschärfen, den der grenzenlose Markt erzeugt, kann Europa vorläufig kaum mit amerikanischer Führung rechnen. Bislang widersetzte sich noch jede US-Regierung allen Vorschlägen, das Tempo der wirtschaftlichen Integration zu bremsen und wieder staatlicher Steuerung zu unterwerfen. Deshalb verkam die einzig gewichtige Institution der globalen Regierungszusammenarbeit, die G-7-Runde der sieben führenden westlichen Industrienationen, zu einem folgenlosen Palaverforum. Während der Gipfelkonferenz der sieben Regierungschefs Ende Juni 1996 in Lyon plädierte Frankreichs Präsident Jacques Chirac zwar für eine «kontrollierte Globalisierung». Gemeinsam mit dem deutschen Bundeskanzler und seinem Finanzminister machte er sich dafür stark, den ruinösen Steuerwettlauf zu beenden und die Weltfinanzmärkte stärker zu kontrollieren. Doch dank des amerikanisch-britischen Widerstands stand am Ende doch nur wieder ein harmloses Kommuniqué, mit dem die Gipfelfürsten lediglich der OECD-Bürokratie den Auftrag erteilten, im nächsten Jahr einen Vorschlag zu formulieren.

Genauso sabotieren der US-Kongreß und die Clinton-Administration bislang alle Versuche, die Uno-Institutionen aufzuwerten, um mit ihrer Hilfe die Verschmelzung der Märkte und Nationen wieder regierbar zu machen. Bedenkenlos denunzieren amerikanische Politiker regelmäßig die Vereinten Nationen als wuchernde, nutzlose Bürokratie, die nichts zustande bringe. Damit tun sie nicht nur der Mehrzahl der rund 9000 Uno-Mitarbeiter unrecht, die das magere Budget von jährlich 2,4 Milliarden Dollar zu über 70 Prozent für humanitäre Zwecke und den Einsatz von Uno-Friedenstruppen verwenden. Der Vorwurf verkehrt auch Ursache und Wirkung. Während einerseits der US-Vertreter im UN-Sicherheitsrat immer neue Blauhelm-Missionen und Hilfsaktionen mitbeschließt, verweigert seine Regierung unter Bruch ihrer völkerrechtlichen Verpflichtungen die Zahlung ihres Beitrags zum UN-Budget und ist mittlerweile 1,3 Milliarden Dollar schuldig.[33] Weil die Organisation ständig am Rande der Zahlungsunfähigkeit laviert, arbeitet der Uno-Apparat zwangsläufig immer schlechter.

Daß die von Populismus und Demagogie geprägte US-Politik der Welt einen Ausweg aus der Globalisierungsfalle weist, ist daher vorerst kaum zu erwarten. Das ist jedoch nicht nur schlecht. Denn die amerikanische Verweigerung eröffnet den Staaten Europas eine historische Chance, wie es sie noch nie gab: Die Europäische Union kann Wirklichkeit werden, und ihre Lenker können ihrerseits das Ruder der Weltwirtschaftspolitik in die Hand nehmen.

Die europäische Chance

Würde man die Terminkalender der Minister, Staatssekretäre und anderer leitender politischer Beamter aus den 15 Staaten der Europäischen Union miteinander abgleichen, das Ergebnis wäre erstaunlich: Mit Ausnahme der Wochenenden und Ferienzeiten würde sich kein Tag im Jahr finden, an dem nicht mindestens eine, meistens aber gleich zehn oder zwanzig 15-köpfige Gruppen von ihnen in Brüssel zusammenkommen, um ein europäisches Gesetzesvorhaben voranzutreiben. Von der Lebensmittelkontrolle bis zu den Mindestlöhnen im Baugewerbe, von der Einwanderungspolitik bis zur Bekämpfung der Drogenkriminalität, ohne Brüssel geht in der europäischen Politik gar nichts mehr. Längst hat die überstaatliche Integration der Gesetzgebung in den EU-Staaten ein Niveau erreicht, das noch vor zwei Jahrzehnten als unerreichbar galt. Die wachsende innereuropäische Verflechtung zwingt die Mitgliedsländer zu immer engerer Koordination in beinahe allen Sektoren des öffentlichen Lebens.

Daß dieser Prozeß trotz aller Rückschläge heute so weit vorangekommen ist, verdankt Europa zu einem erheblichen Teil dem seit 1982 amtierenden deutschen Bundeskanzler. Die größte Leistung von Helmut Kohl ist nicht die Verwirklichung der deutschen Einheit, sondern sein unbeirrbares Drängen auf die Europäisierung der nationalen Politik. Wie ernst es Kohl damit ist, bewies er aber erst im Dezember 1991, als er im niederländischen Maastricht den Vertrag paraphierte, der die alte Europäische Gemeinschaft in eine Union überführen soll. Gegen den massiven Widerstand der Bundesbank, seiner eigenen Partei und großer Teile der konservativen Elite setzte er damals im Bündnis mit Frankreich den alten Traum von der gemeinsamen Währung auf die europäische Tagesordnung. Mit sicherem Machtinstinkt erkannten Kohl und sein damaliger Partner François Mitterrand die Bedeutung dieses Schrittes lange vor ihren Wählern und sogar der Mehrzahl ihrer Berater: Das gemeinsame Geld könnte der Schlüssel zur politischen Einigung des Kontinents werden und die Ablösung von der amerikanischen Dominanz herbeiführen. Denn die Währungsunion wird, auch wenn sie vielleicht erst im Jahr 2001 in Kraft tritt, Europa die Möglichkeit geben, im Bereich der Währungs-, Finanz- und Steuerpolitik einen wichtigen Teil staatlicher Souveränität zurückzugewinnen. Europas Zinsraten und Wechselkurse werden dann weit weniger vom US-Markt abhängig sein als heute.

Am Fundament für ein politisch geeintes Europa ist der wichtigste Stein damit schon gelegt. Finden die EU-Staaten auf diesem Weg auch zu einer gemeinsamen Wirtschafts- und Sozialpolitik, würde sich die Rollenverteilung auf der Weltbühne der Macht nachhaltig verändern. Gestützt auf einen Markt mit mehr als 400 Millionen Verbrauchern, hätte ein politisch geeintes Europa nicht weniger Gewicht als die Vereinigten Staaten. Eine Europäische Union, die dieser Bezeichnung gerecht wird, könnte mit guten Erfolgschancen auf die Trockenlegung der Steueroasen drängen, die Einhaltung von sozialen und ökologischen Mindeststandards einklagen oder eine Umsatzsteuer auf den Kapital- und Devisenhandel erheben. Wenn es überhaupt eine Möglichkeit gibt, die entfesselte Weltökonomie politisch und sozial zu bändigen, dann auf diesem Weg.

Aber so schnell Kohl und seine Partner die Einigung technisch und organisatorisch voranbrachten, so grandios haben sie bisher dabei versagt, die EU tatsächlich in eine handlungsfähige politische Einheit zu verwandeln. Der EU-Apparat und seine Methoden der Meinungsbildung und Beschlußfassung sind im Zustand der bloßen zwischenstaatlichen Diplomatie hängengeblieben. Und zu Recht sieht die Mehrheit der Bürger in dem bisherigen EU-Projekt eher ein undemokratisches Monstrum der Technokratie als eine Zukunftsalternative zu ihren Nationalstaaten.

Eine einfache Analogie verdeutlicht die bizarre Verfassung des europäischen Staatenbunds: Angenommen, in der Bundesrepublik würde nicht der Bundestag, sondern der Bundesrat, also die Abgesandten der Länderregierungen und -ministerien, alle Gesetze beschließen. Die jeweiligen Vertreter wären jedoch gegenüber den Länderparlamenten weder weisungsgebunden noch rechenschaftspflichtig. Zudem würden alle Verhandlungen unter Ausschluß der Öffentlichkeit stattfinden, die einzelnen Länderdelegierten dürften sogar geheimhalten, wie sie abgestimmt haben. Auch auf die Gesetzentwürfe hätten die Parlamentarier keinen Einfluß. Statt dessen würden die Beschlußvorlagen von einer 12 000 Köpfe starken Zentralbehörde verfaßt, die keiner parlamentarischen Kontrolle unterliegt, dafür aber von einer ganzen Heerschar Industrielobbyisten beraten wird. Nur Zyniker würden einem solchen System das Etikett demokratisch zugestehen. Doch genau so findet Woche für Woche europäische Gesetzgebung statt – in Brüssel.

Dort, in einem Bürogebäude im Marmor-Glas-Einheitsdesign am Rondpoint Schuman, versammeln sich beinahe täglich führende Ministerialbürokraten der EU-Staaten, zusammengestellt nach ihren jeweiligen Ressorts. Häufig tagen mehrere Ausschüsse gleichzeitig. Sobald Minister, Staatssekretäre, Botschafter oder ihre niederrangigen Vertreter das Gebäude betreten, erhalten sie verfassungsrechtlich eine zweite Identität: Aus Beamten der Verwaltung werden die Mandatsträger des wichtigsten Gesetzgebungsorgans in Europa, des Ministerrats. Sie verändern und verabschieden die Vorschläge der Zentralbehörde, der EU-Kommission. Was dann als «Richtlinie» oder «Verordnung» diese Gremien verläßt, ist bindendes Recht in allen 15 Mitgliedsländern, unabhängig vom Willen der jeweiligen nationalen Parlamente. Diese werden bei der Umsetzung in nationale Gesetze zu bloßen Akklamationsorganen reduziert. Dergestalt schreibt sich die Exekutive der EU-Staaten ihre Gesetze selbst, unter Ausschluß der Öffentlichkeit und in stetig wachsendem Ausmaß. Mindestens ein Drittel der bundesdeutschen Gesetze des vergangenen Jahrzehnts wurde nach diesem Prinzip geformt.

Die faktische Aufhebung der Gewaltenteilung zugunsten der Brüsseler Räteherrschaft ist die Wurzel für das Unbehagen der Bürger gegenüber der europäischen Einigung. Schon die Wahlen zum sogenannten Parlament in Straßburg sind eine wiederkehrende massive Mißachtung des Souveräns. Egal für welche Parteien die Wähler votieren, keiner der Mächtigen auf dem Brüsseler Parkett muß hernach seinen Sessel räumen. Ganze gesellschaftliche Interessengruppen bleiben systematisch von der Entscheidungsfindung auf EU-Ebene ausgeschlossen. Gegen die international organisierte Industrie mit ihren rund 5000 bezahlten Lobbyisten können Gewerkschaften, Umwelt- und Verbraucherschützer in Brüssel nicht einmal auf die Öffentlichkeit hoffen. Eine schlechte Presse ist für die Eurokraten allenfalls so unangenehm wie schlechtes Wetter.

Diese Fortsetzung der Demokratie mit technokratischen Mitteln mag für die beteiligten Regierungsapparate bequem sein, die Belästigung durch öffentliche Debatten bleibt den Beamten erspart. Als Regierungsform treibt sie Europa aber immer tiefer in die Sackgasse der Handlungsunfähigkeit. Denn die vermeintliche Stärke der EU-Verwalter ist ihre größte Schwäche: Mangels demokratischer Legitimation können in wichtigen Fragen keine Mehrheitsentscheidungen gefällt werden. Darum krankt das EU-System an dem gleichen Fehler wie die Global Governance: Es versagt immer dann, wenn die Regierungen sich nicht einig sind. Niemand kann alle 15 Länder gleichzeitig zum Handeln zwingen. Jedes Reformvorhaben, das nicht die Unterstützung der transnationalen Industrie fand, ist darum bislang gescheitert. Sinnvolle Umwelt-, Sozial- und Steuerpolitik findet auf europäischer Ebene nicht mehr statt. Zugleich können aber auch die nationalen Parlamente der destabilisierenden Kraft der Märkte nicht mehr entgegentreten. Der Verweis auf die internationale Konkurrenz erstickt jeden Ansatz zum nationalen Alleingang im Keim. Darum hat die wirtschaftliche Verflechtung bisher eben nicht die Vereinigten Staaten von Europa hervorgebracht, sondern nur einen Markt ohne Staat, in dem die Politik ihre eigene Selbstentmachtung betreibt und mehr Konflikte erzeugt, als sie lösen kann.

Markt ohne Staat

Dieses System muß scheitern. Es bedarf keiner Prophetie, um vorherzusehen, daß mit dem Räte-Prinzip der Minister der Reformstau binnen weniger Jahre unerträgliche Ausmaße annehmen wird. Je größer die sozialen Spannungen in Frankreich, Italien, Österreich, Deutschland und anderswo werden, um so stärker werden sich die Regierungen gezwungen sehen, nationale Notlösungen zu finden, wenn die EU ihnen keine Perspektive bietet. Die Schwäche des Europas der Regierungen bereitet all jenen Populisten den Weg, die ihren Wählern versprechen, die Politik ließe sich wieder renationalisieren. Auch wenn Propheten der nationalen Wiedergeburt wie Jean-Marie LePen, Jörg Haider oder Gianfranco Fini nicht die parlamentarische Mehrheit erobern, werden sie die regierenden Parteien erheblich unter Druck setzen. Der «nationale Reflex», wie die EU-Beamtenelite spöttisch den Widerstand gegen ihr Regime nennt, wird immer schwerer zu kontrollieren sein, egal wie irrational und ökonomisch unsinnig das Ausscheren aus dem EU-Verband auch sein mag.

Spätestens mit der Währungsunion werden zwischen den EU-Staaten Konflikte erwachsen, die mit der bisherigen Verfassung der Union und ihrer Gesetzgebung im Hinterzimmer unmöglich zu schlichten sind. Wenn etwa eines der beteiligten Länder im Wettlauf um steigende Produktivität nicht mithalten kann, gerät seine Wirtschaft unweigerlich in die Krise. Mit der Abwertung der eigenen Währung können die einzelnen Notenbanken solche Entwicklungen bisher noch dämpfen und zumindest ihre Exportbetriebe stützen. Dieser Puffer entfällt mit der Währungsunion. An seine Stelle werden Ausgleichszahlungen treten müssen, mit denen die prosperierenden Länder den notleidenden Regionen unter die Arme greifen. Innerhalb der Staaten ist ein solcher Finanzausgleich längst gang und gäbe. Aber wie sollten die Ministerräte das auf europäischer Ebene organisieren? Ein Vermögenstransfer, der aus Steuergeldern gespeist wird, ist ohne demokratische Legitimation, ohne das breite Einverständnis der Bevölkerung, in den reicheren Ländern niemals durchsetzbar. Dies wäre aber nur herzustellen, wenn die Brüsseler Ratsentscheidungen ans Licht der Öffentlichkeit gezerrt würden und die Wähler sicher sein können, daß sie darauf mit dem Wahlzettel Einfluß nehmen können. Erst dann wären die Möchtegern-Gesetzgeber in den Ministerräten gezwungen, ihren Wählern etwa in Deutschland zu erklären, warum ihnen das Wohl der Griechen nicht gleichgültig sein kann. An dem gleichen Hindernis scheitert bisher auch die Schaffung einer gemeinsamen Polizeibehörde. So dringend das «europäische FBI» (Helmut Kohl) gebraucht wird, so unvorstellbar ist innerhalb des heutigen EU-Systems eine mit exekutiven Befugnissen ausgestattete Polizeitruppe, die europaweit ermittelt. Ohne die Kontrolle durch unabhängige Gerichte und ein Parlament würde sie sich nur selbst in mafiose Strukturen verstricken.

Schon in allernächster Zeit werden sich die EU-Regenten daher der Frage stellen müssen, wie die Union eigentlich noch funktionieren soll, die sie da schmieden, und wie sie zu demokratisieren ist. Anders als gemeinhin angenommen, liegt der Schlüssel zur Öffnung Europas für seine Bürger aber am wenigsten beim Europäischen Parlament in Straßburg. Schon heute verfügen die 568 Euro-Abgeordneten theoretisch über alle Rechte, die notwendig sind, um die bisherige Debattenrunde in ein echtes demokratisches Kontroll- und Gesetzgebungsorgan zu verwandeln. Sie könnten, wenn es dafür eine Mehrheit gäbe, die EU-Kommission schon morgen entlassen. Indem das Parlament den Haushalt und den Abschluß aller internationalen Verträge blockiert, kann es auch den Ministerrat zu Erfüllung jeder Forderung zwingen.[34] Würden die Euro-Parlamentarier es mit ihrem Ruf nach einem demokratischen Europa ernst meinen, wären sie ohne weiteres auch in der Lage, die hierfür erforderlichen Kompetenzen einfach an sich zu ziehen. Mit einer schlichten Begehung wäre von einem Tag auf den anderen die Öffentlichkeit der Ministerratsrunden zu erzwingen. Kein Minister würde es wagen, die mit bis zu einer halben Million Stimmen gewählten Abgeordneten durch Polizisten entfernen zu lassen. Mit dem demokratischen Elan der Straßburger Parlamentarier ist es jedoch deshalb nicht so weit her, weil auch ihre insgesamt 76 Heimatparteien das europäische Demokratieproblem nicht ernst nehmen. Darum läuft die Mehrheit in Straßburg stets am Gängelband der nationalen Regierungen, die im Konfliktfall klare Anweisungen für das Abstimmungsverhalten geben.

Das Versagen der Straßburger Versammlung legt den Schluß nahe, Europa sei noch nicht reif für die kontinentale Demokratie. Die Union sei schließlich kein Staat, die Politik überwiegend national orientiert, rechtfertigt Parlamentspräsident Klaus Hänsch die Unterwerfung der Euro-Parlamentarier unter das Diktat der Regierungsfürsten und spricht damit sicher für die große Mehrheit seiner Kollegen. Auch das Bundesverfassungsgericht argumentierte in seinem Urteil über den Maastricht-Vertrag, die EU sei nur ein «Staatenverbund», dem ein «europäisches Staatsvolk» fehle. Darum seien es «zuvörderst die Staatsvölker der Mitgliedsstaaten, die über die nationalen Parlamente die EU-Entscheidungen demokratisch zu legitimieren haben». Schon aus Mangel an einer gemeinsamen Sprache werde es «einen breiten öffentlichen Diskurs auf europäischer Ebene noch auf lange Sicht nicht geben», erläuterte Verfassungsrichter Dieter Grimm. Mangels wirklich europäischer politischer Kommunikation werde jedes Euro-Parlament immer wieder «in nationale Partikel zerfallen», und darin liege auch «der fundamentale Unterschied zur deutschen Reichsgründung» im vorigen Jahrhundert oder zur Gründung der Vereinigten Staaten. Folglich bleibe vorerst nur ein Ausweg: Die «beschleunigte Kompetenzabwanderung von den Nationalstaaten zur EU» sei «zu bremsen», die einzelstaatlichen Parlamente brauchten «stärkeren Einfluß auf die Positionen, die die Regierungen im Ministerrat einnehmen».

Das klingt plausibel, doch die vorgeschlagene Lösung ist keine. Denn Sprachenvielfalt hin, europäisches Staatsvolk her, Märkte und Mächte sind in Westeuropa längst untrennbar miteinander verwoben. Die eigentliche europäische Revolution war die Herstellung des offenen Marktes, der die beteiligten Länder auf Gedeih und Verderb aneinander schmiedet. Die Währungsunion wird die gegenseitige Abhängigkeit noch einmal verstärken. Wollen Helmut Kohl und seine Partner ihre Union handlungsfähig machen, wird ihnen darum nichts anderes übrigbleiben, als selbst den ersten Schritt zu gehen. Zwei Veränderungen würden ausreichen, den gesamten Entscheidungsprozeß der EU vom Kopf auf die Füße zu stellen: Die Räte müßten künftig mit qualifizierter Mehrheit entscheiden können, wie es bisher nur in Detailfragen zulässig ist. Die Gewichtung der Stimmen würde den kleineren Mitgliedsstaaten ausreichend Einfluß sichern. Und die Minister müßten ihre Gesetze in aller Öffentlichkeit beraten und beschließen. Sofort würde europaweit eine demokratische Dynamik einsetzen, die turbulent und widersprüchlich, aber nicht mehr aufzuhalten wäre. Plötzlich müßten sich die Deutschen damit auseinandersetzen, daß das Elend der spanischen Jugend auch ihr Problem ist. Dann erst würden die Niederländer erfahren, wie borniert ihre Regierung das Recht heimischer Spediteure verteidigt, einen endlosen Treck umweltschädlicher 40-Tonner über die Autobahnen der Nachbarn zu schicken. Und alle gemeinsam würden lernen, welche Finanzminister dafür verantwortlich sind, daß Unternehmen und Vermögende kaum noch Steuern zahlen. Binnen kurzem würden sich politische Allianzen nicht mehr an Staatsgrenzen, sondern an Interessenlagen orientieren, und der Aufstieg des Europarlaments zum Kraftzentrum der europäischen Politik wäre nur eine Frage der Zeit. Daß demokratische Prozesse auch europaweit möglich sind, erlebten die EU-Bürger nach der Vertragsunterzeichnung in Maastricht. Weil ausnahmsweise die Wähler in Frankreich und Dänemark mitentscheiden durften, setzte im Vorlauf zu den beiden Referenden eine wahrhaft europäische Debatte ein, die bis heute anhält. Wo immer sich politisch denkende EU-Bürger verschiedener Nationalität begegnen, haben sie seitdem ein gemeinsames Thema, dessen Für und Wider sie erörtern können, weil auch ihre Regierungspolitiker gezwungen waren, ihr Vorhaben öffentlich zu rechtfertigen.

Schon im Vorlauf zu einer demokratischen EU-Reform müßte allerdings die andere prinzipielle Zukunftsfrage der Union beantwortet werden: die nach der Mitgliedschaft Großbritanniens. In der bisherigen Geschichte der europäischen Integration haben die Regierungen des Vereinigten Königreichs eine verhängnisvolle Rolle gespielt. Sie blockierten jeden Fortschritt im Umweltschutz, insbesondere die europaweite Einführung einer Ökosteuer auf den Energieverbrauch. Am britischen Widerstand scheiterten alle Anläufe, die Sozialpolitik der Mitgliedsländer einander anzunähern. Britannien widersetzt sich einer gemeinsamen Außenpolitik der Union ebenso wie einem Handelsregime, das auch die Interessen der Arbeitnehmer schützt. Die Bändigung der Finanzmärkte ist mit den

Sachwaltern der Londoner City schon gar nicht zu machen. Ihren Gipfel erreichte die britische Sabotage an Europa im Juni 1996, als Premier John Major in Antwort auf das Exportverbot für BSE-verseuchtes Rindfleisch mit der Blockade aller anstehenden Entscheidungen die ganze EU-Maschinerie lahmlegte. Seit 23 Jahren verstoßen die Briten so gegen den Artikel fünf des EU-Vertrages, der jedem Mitgliedsstaat alle «Maßnahmen untersagt, welche die Erfüllung der Ziele dieses Vertrages gefährden».

Ironischerweise rührt der Widerstand gegen die EU-Integration bei den meisten britischen Euro-Gegnern aus einem tief verwurzelten demokratischen Bewußtsein. «Die Demokratie findet bei uns zu Hause statt», sagt Premier John Major und trifft damit den Kern des Unbehagens seiner Landsleute gegenüber dem EU-Projekt, die sich eben nur dem Mehrheitswillen im eigenen Land unterwerfen wollen, nicht aber dem in allen EU-Nationen gemeinsam. Dabei erkennen die Euro-Kritiker auf der Insel nicht, daß es auch ihre nationale Souveränität, die sie so verbissen verteidigen, gar nicht mehr gibt. Gleichwohl ist das grundsätzliche Mißtrauen, das die Mehrheit der Briten und ihrer Politiker der europäischen Einigung entgegenbringt, zu akzeptieren, auch wenn es sich zuweilen in chauvinistischen Anwürfen gegen die Nachbarn auf dem Kontinent äußert.

Doch umgekehrt werden die übrigen Länder alsbald die britischen Wähler und ihre Regierung mit den Alternativen konfrontieren müssen, ob sie nun kooperieren oder den Staatenbund nicht besser verlassen wollen. Mit den Risiken eines solchen Vorhabens konfrontiert, könnte die britische Europa-Debatte vielleicht in rationalere Bahnen gelenkt werden. Schließlich wäre der Austritt aus der Union für die britische Wirtschaft «ein Alptraum», wie der Chef des Unilever-Konzerns und Europasprecher des britischen Industrieverbandes, Niall FitzGerald, seine Landsleute mahnt.[35] Abgekoppelt vom Kontinent verlöre der letzte britische Trumpf im Wettbewerb, die Rolle als gewerkschaftsfreie Niedriglohnzone für den EU-Binnenmarkt, schnell seinen Wert. Gelingt die politische Einbindung jedoch nicht, und vieles spricht dafür, kann Europa nur ohne Britannien vorankommen. Denn bliebe es bei der britischen Bremse, müßten alle übrigen EU-Staaten auch künftig auf jeden Eingriff in die ökonomische Sphäre verzichten. Das groteske Ergebnis wäre aber, daß der Kontinent sich dem britischen Modell anpaßt – eine wenig erstrebenswerte Entwicklung. Kein anderes der großen EU-Länder hat so niedrige Einkommen, ein so heruntergekommenes Bildungssystem und eine so weitgehende Polarisierung in Arm und Reich wie Großbritannien. Das qualifiziert das Land besser für den Status eines 51. Bundesstaats der USA als für die Europäische Union, wo nach wie vor die Mehrheit der Wähler und Politiker den sozialen Ausgleich wenigstens sucht.

Eine demokratische Union, die eine neue europäische Souveränität begründet und gemeinsam antritt, die destruktive Kraft der Märkte zu bändigen – es liegt nahe, dieses Ziel als utopische Vision abzutun. Aber was geschieht, wenn die Nationen des alten Kontinents nicht diesem Weg folgen? Gegen Konzerne, Kartelle und Kriminelle bedarf es staatlicher Gegenmacht, die sich auf den Willen der Mehrheit ihrer Bürger stützen kann. Im grenzenlosen Markt ist aber jeder europäische Staat dazu allein nicht mehr fähig. Die europäische Alternative zum Laisser-faire-Kapitalismus amerikanisch-britischer Prägung wird entweder in einer demokratisch legitimierten Union stattfinden oder gar nicht. Helmut Kohl hat recht mit der Mahnung, die europäische Einigung habe existentielle Bedeutung, sie entscheide über Krieg und Frieden im 21. Jahrhundert. Aber er irrt, wenn er behauptet, es gebe «kein Zurück zur nationalen Machtpolitik und zu überkommenem Gleichgewichtsdenken». Die Apologeten der Renationalisierung sind längst europaweit angetreten, und jede weitere Drehung der globalisierten Abwärtsspirale für Einkommen, Arbeitsplatzsicherheit und sozialen Ausgleich treibt ihnen Millionen Anhänger zu. Entweder es gelingt, die Europäische Union so weit zu entwickeln, daß sie die Balance zwischen Markt und Staat wiederherstellen kann, oder sie wird über kurz oder lang auseinanderfallen. Für die Entscheidung zwischen diesen beiden Wegen bleibt nicht mehr viel Zeit.

Das Ende der Orientierungslosigkeit
Der Sackgasse entkommen

«Man kann die internationale Technokratie nur wirksam bekämpfen, wenn man sie auf ihrem bevorzugten Gebiet herausfordert, dem der Wirtschaftswissenschaft, und indem man dem verstümmelten Wissen, dessen sie sich bedient, ein Wissen entgegenstellt, das mehr Respekt vor den Menschen und den Realitäten hat, denen diese gegenüberstehen.»

Pierre Bourdieu, Professor am Collège de France, in einer
Rede zu den Streikenden am Pariser Gare de Lyon am
12. Dezember 1995

Wieviel Markt hält die Demokratie aus? Noch bis vor wenigen Jahren schien es müßig, dieser Frage nachzugehen. Schließlich waren es die demokratischen Gesellschaften des Westens, in denen die Marktwirtschaft zusehends mehr Menschen ein Leben ohne große materielle Sorgen ermöglichte. Markt plus Demokratie, so lautete die Siegerformel, die am Ende die Parteidiktaturen des Ostens in die Knie zwang.

Doch das Ende der kommunistischen Regime markierte eben nicht das Ende der Geschichte, sondern die ungeheure Beschleunigung der gesellschaftlichen Veränderungen. Gut eine Milliarde Menschen sind seitdem zusätzlich in die Sphäre der Weltmarkt-Ökonomie integriert worden, und die Verflechtung der nationalen Volkswirtschaften kam erst richtig in Fahrt. Nun aber wird immer deutlicher sichtbar, was schon die Begründer der Wohlfahrtsstaaten der Nachkriegszeit aus bitterer Erfahrung gelernt hatten: Marktwirtschaft und Demokratie sind keineswegs unzertrennliche Blutsbrüder, die einträchtig den Wohlstand für alle nähren. Vielmehr stehen die beiden zentralen Leitbilder der alten Industrienationen des Westens fortwährend im Widerspruch zueinander.

Eine demokratisch verfaßte Gesellschaft ist nur dann stabil, wenn die Wähler spüren und wissen, daß die Rechte und Interessen eines jeden zählen, nicht nur die der wirtschaftlich Überlegenen. Demokratische Politiker müssen daher auf den sozialen Ausgleich dringen und die Freiheit des einzelnen zugunsten des Gemeinwohls beschneiden. Gleichzeitig bedarf aber die Marktökonomie unbedingt der unternehmerischen Freiheit, wenn sie prosperieren soll. Erst die Aussicht auf den individuellen Gewinn setzt jene Kräfte frei, die durch Innovationen und Investitionen neuen Reichtum schaffen. Unternehmer und Aktionäre versuchen deshalb seit je, das Recht der (Kapital-) Starken durchzusetzen. Die große Leistung der westlichen Nachkriegspolitik bestand in dem gelungenen Versuch, zwischen diesen beiden Polen die richtige Balance zu finden. Nichts anderes steht hinter der Idee der sozialen Marktwirtschaft, die den Westdeutschen vier Jahrzehnte lang Stabilität und Frieden sicherte.

Doch dieses Gleichgewicht geht jetzt verloren. Der Verfall der staatlichen Lenkungsmöglichkeiten im Weltmarkt läßt das Pendel immer weiter zugunsten der Starken ausschlagen. Mit erstaunlicher Ignoranz werfen die Ingenieure der neuen Globalökonomie die Einsichten der Begründer ihres Erfolges über Bord. Anhaltende Lohnsenkungen, längere Arbeitszeiten, gekürzte Sozialleistungen, in den Vereinigten Staaten gar der vollständige Verzicht auf ein Sozialsystem sollen die Völker «fit machen» für den globalen Wettbewerb. Den meisten Konzernlenkern und liberalen Wirtschaftspolitikern gilt jeder Widerstand gegen dieses Programm nur als nutzloser Versuch, einen Status quo zu verteidigen, der nicht zu halten ist. Die Globalisierung sei unaufhaltsam, sagen sie, vergleichbar nur der industriellen Revolution. Wer sich ihr entgegenstelle, werde am Ende untergehen wie die Maschinenstürmer im England des 19. Jahrhunderts.

Vorwärts in die dreißiger Jahre?

Das größte Unheil, das geschehen könnte, ist, daß die Globalisierer mit dieser Analogie recht behalten. Der Einstieg ins Industriezeitalter war eine der furchtbarsten Perioden der europäischen Geschichte. Als sich die alten Feudalherrscher mit den neuen Kapitalisten vereinten und mit brachialer Regierungsgewalt die alte Werteordnung, die Zunftregeln der Handwerker und die Gewohnheitsrechte der Landbevölkerung auf ein armes, aber sicheres Überleben beseitigten, verursachten sie nicht nur millionenfaches menschliches Elend. Zugleich riefen sie unbeherrschbare Gegenbewegungen in ihren Nationen hervor, deren destruktive Kräfte zunächst zum Zerfall des anfänglichen internationalen Freihandelssystems führten und sich schließlich in zwei Weltkriegen sowie der Machtergreifung der Kommunisten im Ostteil Europas entluden.

Der in Wien geborene und in die USA emigrierte Sozialhistoriker Karl Polanyi hat in seinem 1944 erschienenen brillanten Werk über die «Große Transformation» detailliert nachgezeichnet, wie die Durchsetzung der Marktgesetze für die menschliche Arbeitskraft und damit die Auflösung der alten Sozialstrukturen die europäischen Staaten dazu zwang, sich immer tiefer in irrationale Abwehrmaßnahmen zu verstricken. Die Errichtung freier Märkte, so Polanyi, «führte keineswegs zur Abschaffung von Reglementierungen und Interventionen, sondern vielmehr zu deren enormer Ausweitung».[1] Je häufiger die ungeregelte Marktwirtschaft mit ihren Konjunkturkrisen Pleitewellen und Armutsrevolten hervorbrachte, desto mehr sahen sich die Regierenden gezwungen, das freie Spiel der Kräfte zu beschränken. Zunächst unterdrückten sie nur die verschiedenen Protestbewegungen der Arbeiter. Später griffen sie zur Abschottung der Märkte gegen allzuviel Konkurrenz, vor allem aus dem Ausland, das seinerseits sofort mit gleicher Münze antwortete. Nicht der Freihandel, sondern der Protektionismus, im Wortsinne «Schutzpolitik», wurde spätestens seit der Jahrhundertwende und erst recht in den zwanziger Jahren das Tagesgeschäft der Regierungen. Ungewollt stürzten sie schließlich mit den eskalierenden Handels- und Währungskriegen die auch damals schon hochgradig verflochtene Weltwirtschaft in die große Depression der frühen dreißiger Jahre.

Die von Polanyi beschriebenen Reaktionsmuster auf die Freisetzung der Marktkräfte sind sicher nicht schematisch auf die globale High-Tech-Ökonomie von heute zu übertragen. Seine Schlußfolgerung gilt gleichwohl. Die Vorstellung der regierenden Wirtschaftsliberalen des 19. Jahrhunderts, ihre Gesellschaften ließen sich mittels eines internationalen, selbstregulierenden Marktsystems formen, kennzeichnete Polanyi als gefährliche «Utopie», die ihr Scheitern in sich trug, weil die Politik des laisser-faire fortwährend die soziale Stabilität zerstörte.

Der gleichen Utopie vom Markt, der sich selbst regelt, frönen auch heute wieder all jene, welche die Schleifung des Wohlfahrtsstaates und die bedingungslose Deregulierung auf ihre Fahnen geschrieben haben. Doch ihr «Marktfundamentalismus ist eine Form demokratischen Analphabetentums», charakterisiert der Soziologe Ulrich Beck die geschichtsvergessene Hingabe der vermeintlichen Modernisierer an das Gesetz von Angebot und Nachfrage. Die Zähmung des Kapitalismus durch soziale und ökonomische Grundrechte war keine gnädige Wohltat, die man aufgeben kann, wenn es knapp wird. Sie war vielmehr die Antwort auf die schweren gesellschaftlichen Konflikte und das Scheitern der Demokratie im Europa der zwanziger Jahre. Beck: «Nur Menschen, die eine Wohnung und einen sicheren Arbeitsplatz und damit eine materielle Zukunft haben, sind Bürger, die sich die Demokratie zu eigen und sie lebendig machen. Die einfache Wahrheit lautet: Ohne materielle Sicherheit keine politische Freiheit. Also keine Demokratie, also Bedrohung aller durch neue und alte totalitäre Regime und Ideologien.» [2]

Aus eben diesem Grund gewinnt der Widerspruch zwischen

Markt und Demokratie auch in den neunziger Jahren wieder quälende Brisanz. Wer will, kann die Tendenz schon lange erkennen. Die anhaltende Welle der Fremdenfeindlichkeit in der europäischen und amerikanischen Bevölkerung ist ein untrügliches Zeichen, dem die Politik längst Rechnung trägt. Für Flüchtlinge und Migranten werden die Menschenrechte mit immer schärferen Einwanderungsgesetzen und immer strengeren Überwachungsmethoden in fast allen Ländern Europas und in den USA zusehends beschränkt.

Die nächste Ausgrenzungsbewegung richtet sich nun gegen die wirtschaftlich schwachen Gruppen der Gesellschaft: Sozialhilfeempfänger, Arbeitslose, Behinderte und Jugendliche ohne Ausbildung erfahren zunehmend, wie die Noch-Gewinner ihnen die Solidarität aufkündigen. Selbst vom Abstieg bedroht, verwandeln sich friedliche Mittelschicht-Bürger in Wohlstands-Chauvinisten, die für Verlierer im Weltmarktroulette nicht mehr zahlen wollen. Politiker dieser Fraktion der Neuen Rechten, in Deutschland vor allem bei der FDP konzentriert, setzten das populäre Ressentiment vom Sozialschmarotzer in die These um, die Vorsorge für Alter, Krankheit und Jobverlust müsse wieder dem einzelnen überlassen werden. In den Vereinigten Staaten, wo die Hälfte der Bürger, vor allem aus den Unterschichten, schon nicht mehr zur Wahl geht, eroberten die neuen Sozialdarwinisten sogar die parlamentarische Mehrheit und spalten nun ihre Nation nach brasilianischem Vorbild.

Als nächstes, die Logik ist unausweichlich, wird es die Frauen treffen. Der Beschluß von Deutschlands christdemokratischen Familienpolitikern, Schwangere, die sich krankschreiben lassen, mit Lohnabzug zu bestrafen, läßt ahnen, was auf die Frauen zukommt. Alleinerziehende Mütter, die auf Sozialhilfe angewiesen sind, kämpfen ohnehin schon täglich um ihre Existenz. Wie sich der Ausschluß von Frauen weiter begründen ließe, dafür entwickelte die liberale *Financial Times* schon mal ein Argumentationsmodell. Das gefährlichste Folgeproblem der wachsenden Ungleichheit seien in erster Linie die unqualifizierten jungen Männer, die mangels Jobchancen zu Gewalt und Kriminalität neigen, analysierte ein männlicher Kommentator messerscharf. Diese hätten aber am meisten unter der Konkurrenz durch die weiblichen Erwerbstätigen zu leiden, die schon fast zwei Drittel der Stellen für Ungelernte im Lande besetzen. Das Beste sei folglich, «den Zugang [zum Arbeitsmarkt] für Frauen zu beschränken, die ja nicht so schnell gefährliche Kriminelle werden». Die künftige Maxime der Wirtschaftspolitik müsse daher lauten, «more jobs for the boys».[3]

So laden sich die bisherigen Wohlstandsnationen mit einem wachsenden Konfliktpotential auf, das die einzelnen Staaten und ihre Regierungen bald nicht mehr entschärfen können. Gelingt es nicht, rechtzeitig gegenzusteuern, wird sich unvermeidlich eine gesellschaftliche Abwehrreaktion im Sinne Polanyis formieren. Und vorhersehbar ist, daß sie wiederum protektionistische, national orientierte Züge tragen wird.

Die wacheren Geister unter Konzernlenkern und Ökonomen haben die Gefahr längst erkannt. Nicht nur der langjährige BDI-Präsident Tyll Necker, sorgt sich, daß «die Globalisierung zu einem Tempo des Strukturwandels führt, der von immer mehr Menschen nicht verkraftet wird. Wie können wir diesen Prozeß so steuern, daß die Märkte offen und die Veränderungen trotzdem beherrschbar bleiben?»[4] Percy Barnevick, Chef des Maschinenbau-Riesen Asea Brown Boveri (ABB) mit 1000 Tochtergesellschaften in 40 Ländern, warnte sogar, «wenn die Unternehmen die Herausforderung von Armut und Arbeitslosigkeit nicht annehmen, werden die Spannungen zwischen den Besitzenden und den Armen zu einem deutlichen Anstieg von Gewalt und Terrorismus führen.»[5] Auch Klaus Schwab, Gründer und Präsident des World Economic Forum in Davos und als solcher jeder Sozialromantik unverdächtig, sieht die Zeichen an der Wand. «Die menschlichen Kosten der Globalisierung», mahnt Schwab, erreichen «ein Niveau, mit dem das ganze Sozialgefüge der Demokratien in nie dagewesener Weise auf die Probe gestellt wird.» Die sich ausbreitende «Stimmung aus Hilflosigkeit und Angst» sei der Vorbote eines plötzlichen und ungelenkten Rückschlags («disruptive backlash»), eine Gegenbewegung, die «unbedingt ernst zu nehmen» sei. Schwab: «Die politischen und wirtschaftlichen Führer sind herausgefordert zu demonstrieren, wie der neue globale Kapitalismus so funktionieren kann, daß er auch der Mehrheit [der Bevölkerung] Nutzen bringt und nicht nur Konzernmanagern und Investoren.»[6]

Doch diesen Beweis können die Marktgläubigen eben nicht erbringen. Jederzeit läßt sich belegen, wie die zunehmende internationale Arbeitsteilung dazu beiträgt, die weltweite Wirtschaftsleistung zu steigern. Ökonomisch ist die Weltmarktintegration hocheffizient. Aber bei der Verteilung des so erzeugten Reichtums arbeitet die globale Wirtschaftsmaschine mangels staatlicher Eingriffe alles andere als effizient, die Zahl der Verlierer übersteigt die der Gewinner bei weitem.

Genau deshalb hat die bisher betriebene Politik der globalen Integration keine Zukunft. Der weltweite Freihandel ist ohne sozialstaatliche Absicherung nicht aufrechtzuerhalten. Sicher, Bonn ist nicht Weimar, und die Nationen Europas sind heute, mit Ausnahme der Nachfolgestaaten des früheren Jugoslawien, nach innen und außen ungleich friedlicher als vor 70 Jahren. Keine kommunistische Bewegung trachtet nach Umsturz, und nirgendwo in Europa sinnen Generäle und Rüstungsindustrielle auf Eroberungsfeldzüge gegen ihre Nachbarländer. Aber die Gefahr, die von der anarchischen Entwicklung der transnationalen Märkte ausgeht, ist heute die gleiche wie damals. Wieder liegt ein weltweiter Börsen-Crash in der Luft, die Billiarden-Spieler auf dem elektronisch vernetzten Marktplatz der Weltfinanz wissen das selbst am besten. Und wieder verfallen in einem Land nach dem anderen die demokratischen Parteien in Agonie, weil sie nicht wissen, wie und wo sie das Ruder wieder in die Hand nehmen können. Erschöpfen sich die Regierungen aber darin, der Bevölkerung Opfer für einen

Fortschritt abzuverlangen, der nur einer Minderheit zugute kommt, müssen sie mit ihrer Abwahl rechnen. Mit jedem zusätzlichen Prozent Arbeitslosigkeit oder Lohnsenkung steigt deshalb das Risiko, daß ratlose Politiker zur Notbremse des Protektionismus greifen und wieder Handels- und Abwertungskriege anzetteln, die zu chaotischen wirtschaftlichen Verwerfungen und Wohlstandsverlusten für alle Nationen gemeinsam führen. Dazu müssen gar nicht erst Nationalisten oder andere Sektierer Wahlen gewinnen. Nein, auch die bisher regierenden politischen Freihändler werden sich von einem Tag zum anderen in Protektionisten verwandeln, falls sie sich genügend Wählerstimmen davon erhoffen.[7]

Das kann so kommen, aber es muß nicht. Schließlich verfügen wir heute über den unschätzbaren Vorteil der historischen Erfahrung, daß es im nationalen Alleingang kein Entkommen aus der Weltmarktfalle gibt. Darum müssen wir andere Auswege suchen und gehen. Wer den Rückfall in den wirtschaftlichen Nationalismus verhindern will, muß folglich darauf bestehen, den grenzenlosen Markt mittels eines erneuerten wohlfahrtsstaatlichen Systems so zu regeln, daß die enormen Effizienz-Gewinne auch bei allen Bürgern ankommen. Nur so läßt sich die bisher noch vorhandene breite Zustimmung zum weltoffenen Marktsystem erhalten.

Aber die Hoffnung, allein mit der Wahl der richtigen Parteien ließe sich in Deutschland, in Frankreich oder jedem anderen europäischen Land die wirtschaftliche und soziale Stabilität mittels eines politischen Willensaktes wiederherstellen, ist trügerisch. Es führt kein Weg zurück in die Zeit der sechziger und frühen siebziger Jahre, als nationale Regierungen in relativer Unabhängigkeit mittels Besteuerung das richtige Maß der Verteilungsgerechtigkeit für ihre Nationen bestimmten und die Krisenzyklen der Konjunktur mit staatlicher Investitionsplanung dämpften. Dafür ist die ökonomische Vernetzung viel zu weit fortgeschritten. Im globalen Rennen um Anteile am Weltmarktkuchen fahren die Nationen auf einer vielspurigen Hochgeschwindigkeitsstrecke, auf der – bis zum großen Crash – einzelne Länder nur bei Gefahr des eigenen Untergangs umkehren können.

Eine Umkehr ist jedoch auch gar nicht wünschenswert. Die weltweite wirtschaftliche Integration birgt schließlich ungeheure Chancen. Der phantastische Zuwachs an Produktivität könnte ebensogut dazu verwandt werden, immer mehr Menschen aus der Armut zu befreien und in den bisherigen Wohlstandsländern den ökologischen Umbau der Verschwendungswirtschaft zu finanzieren. Dann aber käme es darauf an, das bislang selbstmörderische Weltmarktrennen in sozial- und demokratieverträgliche Bahnen zu lenken und die Globalisierung der Ungerechtigkeit in eine Entwicklung für den globalen Ausgleich zu verwandeln.

Entwürfe und Strategien, wie der Trend zur Ein-Fünftel-Gesellschaft aufzuhalten wäre, liegen vor. Der wichtige erste Schritt wäre, die politische Macht der Akteure an den Finanzmärkten zu beschränken. Bei Erhebung einer Umsatzsteuer im Devisenhandel und auf Auslandskredite müßten sich die Notenbanken und Regierungen der G-7-Länder nicht mehr bedingungslos den überzogenen Forderungen der Geldhändler beugen. Statt mit fortwährend überhöhten Zinsen die Investitionen zu bremsen und eine Inflation zu bekämpfen, die gar nicht droht, könnten sie gemeinsam beginnen, die unternehmerische Freiheit wieder durch niedrig verzinste Notenbankkredite zu verbreitern, und so mehr Wachstum und Beschäftigung fördern.[8]

Unverzichtbar müßte dies mit einer ökologischen Steuerreform verknüpft werden, die den Ressourcenverbrauch rigoros verteuert und die Arbeitskraft durch die Senkung der Sozialabgaben aufwertet. Nur so läßt sich verhindern, daß der Raubbau an der ökologischen Basis allen Wirtschaftens sich fortsetzt und die kommenden Generationen ihrer Chancen beraubt.

Breiter Konsens besteht zudem über die Notwendigkeit, die

Reichweite und Effizienz der Bildungssysteme zu verbessern. Wenn es stimmt, daß die Industriegesellschaft der Informationsgesellschaft weichen wird, dann ist es ein permanenter Skandal, daß in Europa und den USA immer mehr Jugendliche keine Ausbildung erhalten und die Universitäten verkommen, weil der Steuerboykott der Konzerne und Vermögenden die Staatshaushalte austrocknet.

Um mehr Menschen ausbilden zu können, aber auch um durch staatliche Investitionen zum Beispiel in ein umweltgerechtes Verkehrssystem mehr Arbeitsplätze zu schaffen, müssen neue Einnahmequellen für die öffentlichen Haushalte erschlossen werden. Schon darum dürfen die Zinsgewinne der Vermögensbesitzer nicht länger steuerfrei bleiben. Ebenso könnten hohe Mehrwertsteuern auf Luxusgüter für mehr Steuergerechtigkeit sorgen.

Der gefährliche Weltpolizist

Alle diese Vorschläge fußen jedoch auf einer gemeinsamen Voraussetzung, die derzeit nicht gegeben ist: Handlungsfähige Regierungen, die mit solchen Reformen der neuen Transnationale entgegentreten können, ohne dafür mit Kapitalflucht bestraft zu werden. Die einzige Nation, die noch aus eigener Kraft eine Wende anstoßen könnte, ist die ökonomisch-militärische Supermacht USA. Doch die Chancen auf eine amerikanische Initiative zur sozialen Bändigung der Marktkräfte zugunsten aller Völker gehen derzeit gegen Null. Zu erwarten ist vielmehr, daß künftige US-Regierungen wieder vermehrt auf protektionistische Scheinlösungen setzen und versuchen werden, ihrem Land auf Kosten anderer Handelsvorteile zu verschaffen.

Das widerspricht auch nicht der amerikanischen Tradition. Das selbstlose Amerika, das der übrigen Welt hilft, ihre Probleme zu bewältigen, hat es nie gegeben. US-Regierungen, gleich welcher Couleur, folgen seit je fast ausschließlich dem, was sie für das nationale Interesse halten. Solange im Osten das Reich des Bösen bekämpft werden mußte, zählte dazu auch ein prosperierendes stabiles Westeuropa, das dem Kommunismus die Schokoladenseite des Kapitalismus vorhielt. Für diesen Zweck wird Europa in Washington aber nun nicht mehr gebraucht. Wenn sich durch die Verdrängung von ausländischen Produkten und Dienstleistungen aus dem amerikanischen oder anderen wichtigen Märkten Gewinne für die eigenen, in den USA angesiedelten Betriebe ziehen lassen, werden kommende US-Regierungen sicher nicht davor zurückschrecken, den Marktkräften politisch nachzuhelfen. Einen Vorgeschmack auf die kommenden transatlantischen Konflikte lieferte die Clinton-Administration schon mit der Dollarkrise 1995. Im August 1996 folgte ein weiterer Schlag. Unter dem Vorwand der Terrorismusbekämpfung unterzeichnete der US-Präsident ein Gesetz, das alle europäischen und japanischen Unternehmen insbesondere aus der Öl- und Bauindustrie vom amerikanischen Markt verbannen soll, die mit Libyen und dem Iran Geschäfte machen. Prompt sahen sich die EU-Staaten gezwungen, mit passenden Vergeltungsmaßnahmen zu drohen. Gerade weil der amerikanische Wohlfahrtsstaat in Trümmern liegt und seine Bürger nicht gegen die Krisenschübe aus dem Weltmarkt absichert, wird der «backlash» gegen die Globalisierung also voraussichtlich aus jenem Land kommen, das die Unterwerfung unter den totalen Markt in die Welt getragen hat. Nicht nur als militärischer Weltpolizist wird der nordamerikanische Riese immer unberechenbarer. Auch als Hüter des freien Welthandels fällt er aus.[9]

Die europäische Alternative

Gegen diese Gefahr können und müssen die Staaten Europas gemeinsam antreten. Doch der Ausweg besteht nicht darin, der kommenden Festung Nordamerika eine Festung Europa entgegenzusetzen. Eine der europäischen Stärken ist ja das Wissen um die verheerenden Konsequenzen, die der gegenseitigen wirtschaftlichen Abschottung unter den Völkern folgen können. Statt dessen gilt es, dem destruktiven angelsächsischen Marktradikalismus eine lebensfähige und machtvolle europäische Alternative entgegenzustellen. Eine politische Union, verbunden durch eine gemeinsame Währung und eine leidvolle, aber überwundene gemeinsame Geschichte, hätte im Kräftespiel der Weltpolitik nicht weniger Gewicht als die USA und die kommenden Großmächte China und Indien. Wirtschaftliche Größe ist der einzig wichtige Machtfaktor auf den globalisierten Märkten, das beweisen Amerikas Handelsstrategen seit vielen Jahren. Gestützt auf einen Markt von rund 400 Millionen Verbrauchern, könnte daher auch ein geeintes Europa die Kraft entwickeln, erst nach innen und später auch nach außen eine neue Wirtschaftspolitik zu entwickeln, die den Prinzipien von John Maynard Keynes und Ludwig Erhard näher steht als denen von Milton Friedman und Friedrich von Hayek. Nur ein geeintes Europa kann im entfesselten Global-Kapitalismus neue Regeln des sozialen Ausgleichs und der ökologischen Umgestaltung durchsetzen.

Um so verhängnisvoller ist, daß die vielen überzeugten Europäer in den Regierungszentralen von Lissabon bis Helsinki die europäische Einigung bislang ausschließlich auf dem technokratischen Weg betrieben und die Wähler von der Gestaltung der europäischen Zukunft ausgeschlossen haben. Die Konsequenz war das Europa der Konzerne, in dem anonyme Beamte, beraten von allgegenwärtigen Industrie-Lobbyisten, das Marktprogramm der sozialen Spaltung nach amerikanischem Vorbild in EU-Gesetze gießen, ohne daß die Bürger über deren

Vor- und Nachteile auch nur ernsthaft informiert worden wären. Mit der Vollendung des Binnenmarktes rutschten Europas Staaten so in die Reformunfähigkeit. Alleine können sie wegen der gegenseitigen Abhängigkeit nicht mehr handeln. Für Mehrheitsentscheidungen fehlt ihnen aber die demokratische Legitimation. Die conditio sine qua non eines lebensfähigen europäischen Staatenbundes ist daher die rigorise Demokratisierung seiner Entscheidungsprozesse. Erst wenn die Hinterzimmer-Gesetzgebung der Ministerräte ans Licht der Öffentlichkeit gezerrt wird, erst wenn jedes der EU-Gesetze in den nationalen Parlamenten unter Beteiligung ausländischer Redner debattiert wird, hat die europäische Alternative eine reelle Chance. Die Fähigkeit zur Reform ist nur wiederherzustellen, wenn der Aufbruch europäisch *und* demokratisch zugleich organisiert wird.

Das bedeutet keineswegs den Aufbau einer erneut ausufernden staatlichen Bürokratie, die alles und jedes regelt. Das Gegenteil würde möglich. Die europäische Wiederherstellung des Primats der Politik über die Wirtschaft würde der Hydra des Bürokratismus den Nährboden entziehen, auf dem ihr bislang unablässig neue Köpfe wachsen. Würden etwa die Grundlinien der Steuer- und Finanzpolitik auf europäischer Ebene politisch und nicht per Beamtenkonsens entschieden, entfiele die Basis für das in allen EU-Staaten zunehmend chaotische Steuereintreibungswesen, durch dessen internationale Lücken den öffentlichen Haushalten jährlich dreistellige Milliardenverluste entstehen. Das gleiche gilt für den wild wuchernden Apparat zur Verteilung von Subventionen aller Art, der nur deshalb unkontrollierbar wurde, weil die beschlußunfähige EU keinen simplen Finanzausgleich zwischen den nationalen Haushalten herbeiführen kann.

Wer behauptet, für ein geeintes Europa fehle die Zustimmung der EU-Bürger, zäumt das Pferd von hinten auf. Demokratie ist kein Zustand, sondern ein Prozeß. Sicher ist nur, daß die EU der Technokraten auf wenig Gegenliebe bei den Wählern stößt, und das zu Recht, haben sie doch die nationalen Demokratien der Einzelstaaten seit Jahren bis zur Lächerlichkeit ausgehöhlt. Sicher ist aber auch, daß die übergroße Mehrheit der Europäer nicht aus freien Stücken dem amerikanisch-britischen Weg der gesellschaftlichen Selbstzerfleischung folgen will. Wenn die demokratisierte Europäische Union der einzige Weg ist, um soziale Stabilität, ökologische Zukunftsfähigkeit und staatliche Souveränität herzustellen, dann sind diesem Projekt zumindest in Frankreich sowie in den Staaten Südeuropas und Skandinaviens große politische Mehrheiten sicher.

Aber gibt es die politische Kraft, welche die Union aus der bürokratischen Sackgasse herausführen kann? Noch nicht, aber möglich wäre sie schon. Sie sind ja da, die vielen Millionen europäischer Bürger, die sich am Arbeitsplatz, in ihrer Nachbarschaft und in zahllosen sozialen und ökologischen Initiativen in der einen oder anderen Form für Alternativen zum Weltmarktwahn und für den gesellschaftlichen Zusammenhalt einsetzen. Gleich ob bei Greenpeace, im Stadtteilzentrum oder im Frauenhaus, in den Gewerkschaften oder den Kirchen, ob bei der Hilfe für Alte und Behinderte, bei Solidaritätsaktionen für die Entwicklungsländer oder den vielen Unterstützergruppen für Immigranten, überall bringen viele Menschen jeden Tag erhebliche Opfer für ihr ziviles Engagement zugunsten des Gemeinwohls. Es gibt sie, die Bürgergesellschaft, und sie ist stärker, als ihren vielen Aktiven bewußt ist. Auch die organisierten Arbeitnehmer müssen sich nicht einreden lassen, daß ihre Auflehnung gegen die Entwertung der Arbeit nicht berechtigt sei und lediglich das Unvermeidliche hinauszögere. Gerechtigkeit ist keine Markt-, sondern eine Machtfrage. Darum setzten die Massenstreiks in Frankreich, Belgien und Spanien das richtige Zeichen. Auch wenn sie zum Teil der Interessenverteidigung privilegierter Staatsangestellter dienten, als Protest gegen die Umverteilung von unten nach oben waren sie legitim, und genauso verstand es auch die Mehrheit der Bürger in diesen Ländern. Andernfalls wäre die öffentliche Unterstützung aus der Bevölkerung nicht so breit gewesen. Genauso sind die gewerkschaftlichen Großdemonstrationen in London, Bonn und Rom ein Zeichen der Stärke, die sich europaweit ausbauen läßt, bis die Regierungen sie nicht mehr ignorieren können.

Für die gleichen Ziele streiten ebenso zahlreiche Aktive und Repräsentanten der großen christlichen Kirchen, denen die passiven Mitglieder zwar davonlaufen, die dafür aber um so mehr engagierten jungen Leuten Raum für eigene soziale Initiativen bieten. Die wiederholte Massenbeteiligung an Deutschlands evangelischen Kirchentagen signalisiert das breite Bedürfnis nach Orientierung und Solidarität in der Hochleistungsgesellschaft.

Unterdessen gärt es auch in den wirtschaftlichen und politischen Eliten Europas. Viele ihrer Mitglieder empfinden tiefes Unbehagen bei der Vorstellung, der alte Kontinent werde sich weiter amerikanisieren, auch wenn sie das nur hinter vorgehaltener Hand einräumen. Einige Mutige haben damit begonnen, sich öffentlich für einen Kurswechsel einzusetzen. Rolf Gerling zum Beispiel, Milliardär und Hauptaktionär des größten europäischen Industrieversicherers, streitet gemeinsam mit anderen Repräsentanten seiner finanzstarken Branche für den ökologischen Umbau der Industrieländer. «Unser Weltbild kippt», sagt Gerling und prophezeit einen Epochenwechsel «wie vom Mittelalter zur Neuzeit».[10] Einen Teil seines Kapitals will er dafür einsetzen, Unternehmen mit tatsächlich zukunftsfähigen Produkten zum Durchbruch zu verhelfen. Weit mehr noch als in Deutschland zweifeln einflußreiche Industrielle in den romanischen Ländern am gegenwärtigen Kurs ihrer Nationen. Die Forderung des französischen Präsidenten Jacques Chirac, der Globalisierungsprozeß müsse «kontrollierbar» gestaltet werden, spiegelt den wachsenden Unwillen von Frankreichs Unternehmensführern, einen Lohn- und Arbeitsplatzabbau zu exekutieren, den sie gar nicht wollen. Auch in Italien mahnte der frühere Fiat-Chef Umberto Agnelli, «wenn die sozialen Kosten [der Weltmarktanpassung] untragbar werden», dann werde sich in den verschiedenen Staaten wieder «Festungsmentalität entwickeln.»

So gibt es in fast allen westeuropäischen Ländern genügend soziale Energie, um für demokratische Reformen gegen die Diktatur der Märkte einzutreten und sich der Entsolidarisierung und der Neuen Rechten entgegenzustellen. Bisher ist daraus nirgendwo in Europa auch politische Gestaltungskraft geworden. Aber muß das so bleiben? Die Schwäche der europäischen Alternative ist nicht die fehlende Unterstützung durch die Wähler, sondern ihre Zersplitterung in nationale oder regionale Initiativen. Doch eine Reform-Perspektive, die an den Staatsgrenzen endet, ist im Zeitalter der transnationalen Ökonomie keine mehr. Warum also sollte es nicht möglich sein, viele Millionen engagierter Bürger zu einer Allianz der Glaubwürdigen zusammenzuführen und ihnen eine grenzüberschreitende, eben europäische Perspektive zu geben? Die Europäische Union gehört uns allen, nicht nur den Beamten und Technokraten.

Ob es noch rechtzeitig zur Aneignung der Union durch ihre Bürger kommt, bevor sie wieder in nationale Partikel zerfällt, darauf wird nicht zuletzt der Ausgang der deutschen Globalisierungsdebatte wichtigen Einfluß haben. In allen Parteien gibt es genügend Politiker, die ahnen, daß der derzeitige Weltmarktkurs sich nicht mehr lange fortsetzen läßt. Helmut Kohl und seinen sozialdemokratischen Widerpart Oskar Lafontaine eint zumindest die Einsicht, daß die Europäische Union die einzige Chance bietet, die Handlungsfähigkeit des Staates wiederherzustellen. Sie haben es nicht allein in der Hand, aber auch von ihnen wird es abhängen, ob ihre Parteien aus dem nationalen Käfig ausbrechen und die europäische Vision ihrer Vordenker mit demokratischem Leben füllen. Würden sie gemeinsam mit ihren politischen Freunden jenseits der Grenzen für die Demokratisierung der Union wirklich kämpfen, bekäme die paneuropäische Bürgergesellschaft vielleicht die Hoffnung, die sie so dringend braucht. Selbst bei den Liberalen müßte sich dafür Unterstützung gewinnen lassen, zumindest bei jenen, die sich als Verteidiger der Bürgerrechte verstehen. Wenn die organisierte Kriminalität auf dem Nährboden des europäischen Marktes ohne Staat weiter wächst, werden sie der Forderung nach dem Ausbau des polizeilichen Überwachungsapparats wenig zugkräftige Argumente entgegenhalten können.

Nicht minder gefährdet ist das zentrale Anliegen von Europas größter grüner Reformpartei: der ökologische Umbau der Industriegesellschaft. Es trifft sicher zu, daß die reichen Länder zugunsten der übrigen Welt «auf einen Teil ihres Wohlstands verzichten müssen», wie der grüne Steuerpolitiker Oswald Metzger das Credo seiner Partei formuliert.[11] Auf die bisher in verschwenderischem Massenkonsum schwelgenden Nationen des Nordens kommen unausweichlich einschneidende Veränderungen zu, für die wir erhebliche Opfer bringen müssen. Nur die Überwindung der Wegwerfökonomie durch eine Dienstleistungs- und Solarwirtschaft und die Zurückdrängung der Verkehrslawine mittels eines menschen- statt autogerechten Städtebaus bieten die Möglichkeit, den Ländern des Südens den ökologischen Raum zu verschaffen, den sie für ihre eigene Entwicklung brauchen. Doch die globalisierte Umverteilung zugunsten der Kapitalstarken bringt uns diesem Ziel nicht einen Schritt näher, sondern rückt es in immer weitere Ferne. Die Lohneinbußen der Arbeiter und Angestellten sowie die Kürzungen der Sozialtransfers kommen eben nicht den Entwicklungsländern zugute, sondern lediglich jenem Fünftel der Gesellschaft aus Vermögenden und Hochqualifizierten, deren Zinseinkünfte und Gehälter in dem Maße steigen, wie der große Rest mit weniger auskommen muß. Wenn aber erst die Mehrheit der Wähler in der Furcht lebt, bald selbst auf der Verliererseite zu stehen, haben ökologische Reformprogramme keine Chance mehr auf politische Mehrheiten, so auch nur die Ahnung des Konsumverzichts damit verbunden ist. Der aufgeklärte Mittelschicht-Bürger in sicherer Stellung mag sein Auto vielleicht noch stehenlassen, der Wohlstands-Chauvi nimmermehr.

Wenn die in weiten Teilen der EU durchaus mehrheitsfähigen politischen Reformer für den sozialen Zusammenhalt die Ziele ernst nehmen, die in ihren Programmen stehen, werden sie sich also der Herausforderung durch die internationalisierte Ökonomie tatsächlich stellen müssen. Dann aber kann es nur darum gehen, auf europäischem Weg die Instrumente und Institutionen zu entwickeln, mit denen die gestaltende Politik wieder möglich wird. Den Schlüssel für den europäischen Aufbruch wird Helmut Kohls Europa noch frei Haus liefern: die Währungsunion. Mit ihr eröffnet sich die Möglichkeit, in der Schaltzentrale der Globalisierung, dem internationalen Finanzmarkt, sozialverträgliche Regeln durchzusetzen. Zugleich wird sie die Unionsstaaten aber so eng aneinander binden, daß sie entweder demokratische Formen der gemeinsamen Gesetzgebung erfinden oder scheitern werden. Wie diese Chance genutzt wird, wird maßgeblich davon abhängen, ob die bisher noch nationale Politik rechtzeitig aus ihrem europäischen Winterschlaf erwacht und den Horizont der jeweiligen Reformträume über die nationalen Grenzen hinaus ausdehnt.

Einer der kritischen Ökonomen Amerikas, Ethan Kapstein, Direktor des Washingtoner Council on Foreign Relations, formulierte, um wieviel es in Wahrheit geht: «Die Welt», so schrieb Kapstein im Mai 1996, «steuert unerbittlich auf einen dieser tragischen Momente zu, der künftige Historiker fragen lassen wird, warum wurde nicht rechtzeitig etwas unternommen. Haben die wirtschaftlichen und politischen Eliten nicht bemerkt, zu welch tiefgreifenden Verwerfungen der ökonomische und technische Wandel führte? Und was hat sie davon abgehalten, die notwendigen Schritte zu unternehmen, um eine globale Sozialkrise zu verhindern?»[12]

Für die Bürger des alten Kontinents bedeutet das, sie müssen entscheiden, welche der beiden mächtigen Strömungen des europäischen Erbes die Zukunft gestalten wird: die demokratische, die auf das Paris des Jahres 1789 zurückgeht, oder die totalitäre, die im Berlin des Jahres 1933 siegte. Den Ausgang bestimmen wir, die Wähler und bisher noch mehrheitlich demokratisch gesinnten Bürger. Wenn wir den Markt-Utopisten, die der Neuen Rechten den Weg bahnen, nicht länger das Gesetz des Handelns überlassen, wird es sich zeigen: Europa kann es besser!

Zehn Ideen gegen die 20:80-Gesellschaft

1. Eine demokratisierte und handlungsfähige Europäische Union:
Die einzelnen europäischen Staaten sind im hochintegrierten
EU-Binnenmarkt nicht mehr reformfähig. Der EU-Staatenver-
bund kann jedoch in seiner derzeitigen Form tiefgreifende Veränderungen, etwa eine Öko-Steuer, auch nicht beschließen
und durchsetzen, weil den Ministerräten, dem eigentlichen
EU-Gesetzgebungsorgan, die demokratische Legitimation für
Mehrheitsentscheidungen fehlt. Öffentlichkeit für alle Sitzun-
gen der Ministerräte, Wahl der EU-Kommission durch das
Europäische Parlament und nationale Parlamentsdebatten
über jedes EU-Gesetz unter Beteiligung ausländischer Redner
können die europäische Demokratie mit Leben füllen und politische Reformallianzen über die Grenzen hinweg ermöglichen.

2. Stärkung und Europäisierung der Bürgergesellschaft:
Je mehr die wachsende materielle Ungleichheit den Zusammenhalt der Gesellschaften bedroht, um so wichtiger wird es,
daß die Bürger selbst die demokratischen Grundrechte verteidigen und die soziale Solidarität stärken. Gleich ob in der
Nachbarschaft oder am Arbeitsplatz, bei der Mitarbeit in Kin-
derläden und Umweltinitiativen oder bei der Integration von
Zuwanderern, überall gibt es Möglichkeiten, sich der Ausgrenzung der wirtschaftlich Schwachen entgegenzustellen und auf
Alternativen zu Marktradikalismus und Sozialabbau zu drängen. Grenzüberschreitende Zusammenarbeit und Vernetzung
könnten dem millionenfachen Engagement weit mehr Aus-
strahlungskraft verleihen. Es ist das gute Recht eines jeden, bei
der Gestaltung der Zukunft mitzuwirken, auch in Brüssel. Global zu denken und lokal zu handeln ist gut, gemeinsam handeln
über die Grenzen hinweg ist besser.

3. Die Europäische Währungsunion:

Größe ist der einzig wichtige Machtfaktor in der globalisierten Ökonomie. Die Beseitigung von Europas monetärer Zersplitterung durch den gemeinsamen Euro kann das Kräfteverhältnis zwischen den Finanzmärkten und den europäischen Staaten vom Kopf auf die Füße stellen. Die Wechselkurse können stabilisiert werden, und der monetäre Außenwert europäischer Produkte auf den Märkten in Asien und Amerika läßt sich mit den Partnern in Übersee verhandeln und bleibt nicht der Willkür der US-Notenbank und der Geldhändler in London, New York oder Singapur überlassen. Gelänge es, den Euro zur führenden Währung auszubauen, bekäme die EU genügend wirtschaftliche Potenz, um auf die Trockenlegung der Steueroasen zu drängen und private Zinsgewinne wieder der Steuerpflicht zu unterstellen.

4. Ausdehnung der EU-Gesetzgebung auf die Besteuerung:

Die Steuerpolitik ist der Schlüssel zur demokratischen Lenkung der wirtschaftlichen Entwicklung ohne dirigistische und bürokratische Eingriffe in den Markt. Europas Wirtschaft ist so hochgradig verflochten, daß solche Steuerung aber nur noch auf europäischer Ebene durchführbar ist. Zudem läßt sich nur so der EU-interne Wettlauf um die niedrigste Unternehmensbesteuerung und die gegenseitige Abwerbung von vermögenden Steuerzahlern beenden.

5. Erhebung einer Umsatzsteuer auf den Devisenhandel (Tobin-Tax) und auf Euro-Kredite an nichteuropäische Banken:

Der volkswirtschaftliche Schaden durch spekulativ verursachte Wechselkursschwankungen läßt sich mit einer Devisenhandels- und Kreditsteuer, wie sie der US-Ökonom James Tobin vorschlägt, erheblich vermindern. Weil sich das Geschäft mit Zinsdifferenzen zwischen den einzelnen Währungen weniger lohnen würde, gewänne die Europäische Zentralbank die Autonomie, die Zinshöhe der europäischen Konjunkturlage anzupassen und müßte nicht der amerikanischen Vorgabe folgen. Die Devisensteuer erschließt zudem dringend benötigte Einnahmequellen für die Unterstützung jener Länder des Südens, die auf den globalen Märkten nicht mithalten können.

6. Soziale und ökologische Mindeststandards für den Welthandel:
Regierungen in Entwicklungsländern, die mit Kinderarbeit, rücksichtsloser Umweltzerstörung und Hungerlöhnen, die nur mittels Repression gegen Gewerkschafter durchzusetzen sind, ihrer dünnen Oberschicht Handelsgewinne am Weltmarkt verschaffen, betreiben Raubbau an den menschlichen und natürlichen Ressourcen ihrer Nationen. Würde die Welthandelsorganisation WTO Sanktionen gegen solche Länder verhängen, deren Machthaber nachweislich – und von Uno-Behörden bestätigt – demokratische und ökonomische Grundrechte brechen, wären die zumeist undemokratischen Eliten des Südens gezwungen, eine Entwicklungspolitik zu betreiben, die ihre Völker tatsächlich voranbringt.

7. Eine europaweite ökologische Steuerreform:
Die Besteuerung des Ressourcenverbrauchs kann arbeitsintensive Gewerbe fördern und das ökologisch verheerende Wachstum des Gütertransports über immer größere Distanzen begrenzen. Menschliche Arbeit würde aufgewertet, energieintensive Automation wäre weniger rentabel. Die Umschichtung der Steuerlast bietet zudem die Chance, die Finanzierung des Sozialstaats von den Einkommen der Beschäftigten zu trennen.

8. Einführung einer europäischen Luxussteuer:

Kapitalgewinne auf seiten der Unternehmen lassen sich im weltweiten Wettbewerb nicht straflos über dem Weltdurchschnitt besteuern. Dies würde nur die Preise für Europas Produkte und Dienstleistungen steigern und Investoren außer Landes treiben. Um die Gewinner der Globalisierung dennoch zu gerechten Anteilen an der Finanzierung staatlicher Aufgaben zu beteiligen, ist eine erhöhte Mehrwertsteuer auf Luxusgüter ein angemessener Ersatz, also eine 30prozentige Abgabe auf alles, was Reichen Spaß macht: Immobilienkäufe über den Eigenbedarf am Wohnort hinaus, Luxuslimousinen, Hochsee-Yachten, Privatflugzeuge, hochwertiger Schmuck, kosmetische Chirurgie...

9. Europäische Gewerkschaften:

Das größte Versäumnis von Europas Gewerkschaftsfunktionären war ihr bisheriger Verzicht auf den Aufbau einer schlagkräftigen EU-Organisation. Nur darum gibt es keine funktionierenden europäischen Betriebsräte, nur darum lassen sich die Belegschaften der Betriebe in verschiedenen Ländern gegeneinander ausspielen. Würden die Arbeitnehmervertreter ihre Kleinstaaterei beenden, wäre es mit der Übermacht der effizient organisierten Unternehmenslobby im Brüsseler Gesetzgebungsverfahren vorbei und die EU-Sozialpolitik könnte Gestalt annehmen.

10. Stopp der Deregulierung ohne sozialen Flankenschutz:

Die Auflösung der bisher staatlich organisierten Monopole für Kommunikationsdienstleistungen und Energieversorgung sowie die Öffnung bislang geschützter Marktsektoren für den internationalen Wettbewerb haben verheerende Auswirkungen auf den Arbeitsmarkt. Wenn nicht sichergestellt werden kann, daß wenigstens annähernd so viele Arbeitsplätze neu geschaffen werden, wie durch die Liberalisierung verlorengehen, sollte jede Marktöffnung so lange vertagt werden, bis die Arbeitslosigkeit wieder sinkt.

Anmerkungen

Die 20 : 80-Gesellschaft

1 Bei seiner Tischansprache am 27. September 1995 in San Francisco.
2 Drei Journalisten durften an allen Arbeitskreisen des Treffens in San Francisco vom 27. September bis zum 1. Oktober 1995 teilnehmen, darunter Hans-Peter Martin.
3 Wirtschaftsblatt, 14.6.1996; Wifo-Prognose, in: Die Presse, 30.3.1996.
4 Die Woche, 26.1.1996.
5 Die Zeit, 12.1.1996.
6 Frankfurter Allgemeine Zeitung, 29.1.1996 und 30.4.1996.
7 Neue Kronenzeitung, 14.5.1996.
8 Frankfurter Rundschau, 22.3.1996, und Frankfurter Allgemeine Zeitung, 4.6.1996.
9 Der Spiegel 4/96.
10 Karl Marx/Friedrich Engels, Werke, Bd. 16, «Lohn, Preis und Profit», S. 103–152, Berlin 1962.
11 Der Spiegel 4/96.
12 Diesen Begriff prägte der amerikanische Ökonom Edward Luttwak 1995.
13 Financial Times, 30.4.1996.
14 Nach Recherchen von Timothy Egan, «Many Seek Security in Private Communities» in: New York Times, 3.9.1995; Lester Thurow, The Future of Capitalism, New York 1996.

Alles ist überall

1 Unfreiwillige Zwischenlandung im April 1994.
2 Besuch im Januar 1995.
3 Besuch im April 1993.
4 Besuch im März 1992.
5 Zuletzt im Februar 1996.
6 Gespräch am 27.10.1992 in Paris.
7 New Perspectives Quarterly, Fall 1995, p. 3.
8 Wie Anm. 7, p. 9.
9 Wie Anm. 7, p. 13–17.
10 Wie Anm. 7, p. 2.
11 Die Welt, 2.2.1996.
12 Der Spiegel 22/96, S. 99.

13 Süddeutsche Zeitung, 12. 4. 1995.
14 RTL, 22. 5. 1996.
15 Gespräche seit Oktober 1986, zuletzt am 23. 7. 1996 in New York.
16 Galerienbesuch in Tomsk im April 1994, in Lissabon im November 1993, in Wien: «Coming up» – Junge Kunst aus Österreich, Museum Moderner Kunst Stiftung Ludwig Wien, 20er Haus, 11. 6. – 15. 9. 1996.
17 Gespräche mit Peter Turrini von Dezember 1994 bis August 1996 in Wien, Retz und Bregenz, erste Auszüge in: Der Spiegel 18/95, S. 192 ff.
18 Konzertbesuch am 13. 7. 1996 in Wien, am 20. 7. 1996 in New York.
19 The Economist, zit. nach Manager-Magazin Spezial 1/96, S. 9.
20 Besuch im Juli 1996.
21 Gespräch im Februar 1991 in Rio de Janeiro.
22 Der Spiegel 21/96, S. 191.
23 Gespräch im November 1992 in Bremen.
24 IDC-Deutschland Info, 17. 1. 1996.
25 New Perspectives Quarterly, Winter 1995, p. 21.
26 Business Week, 24. 4. 1995.
27 Business Week, 22. 1. 1996.
28 Welt am Sonntag, 25. 6. 1996.
29 Besuch in Atlanta vom 19. bis 21. 7. 1996.
30 Gespräch am 20. 7. 1996 in Atlanta.
31 World Resources 1996–97, The Urban Environment, Washington D. C., p. 3.
32 Ansprache beim Uno-Weltsozialgipfel im März 1995.
33 UNDP Human Development Report 1996, New York, Juli 1996.
34 OECD-Datenbasis, Recherche in Paris, Juli 1996.
35 Gespräch mit Dinesh B. Mehta am 20. 3. 1996 in Berlin.
36 OECD-Datenbasis, Recherche in Paris, Juli 1996.
37 New Perspectives Quarterly, Fall 1994, p. 2.
38 ORF-Teletext, 10. 8. 1996; Frankfurter Rundschau, 26. 6. 1996.
39 Studie der Arbeitsgemeinschaft Kriegsursachenforschung an der Universität Hamburg, zitiert in Frankfurter Allgemeine Zeitung, 26. 6. 1996.
40 Robert D. Kaplan, Die kommende Anarchie in: Lettre, Frühjahr 1996, S. 54.
41 Robert D. Kaplan, Die kommende Anarchie in: Lettre, Frühjahr 1996, S. 58.
42 Foreign Affairs, Council on Foreign Relations, Summer 1993, pp. 22.
43 Gespräche am 12., 13. und 14. September 1994 in Kairo.
44 Der Spiegel 23/96, S. 158.
45 World Urbanization Prospects, The 1994 Revision, New York, p. 105.
46 Frankfurter Allgemeine Zeitung, 4. 6. 1996.

47 Der Spiegel 23/96, S. 156 ff.
48 The Economist, 29.7.1995.
49 Gespräch im Dezember 1992 in Bonn.
50 Foreign Affairs, Council on Foreign Relations, March/April 1996, pp. 86.
51 Der Spiegel 2/93, S. 103.
52 UNDP-Bericht 1994; UN-Forschungsinstitut für soziale Entwicklung (States of Disarray 1995).
53 Wie Anm. 52.
54 World Resources 1996/97, New York, Oxford 1996.
55 Der Spiegel 23/96, S. 168.
56 Der Standard, 14.6.1996.
57 Foreign Affairs, Council on Foreign Relations, January/Februar 1996, p. 65.
58 World Resources 1996/97, New York, Oxford 1996.
59 Odil Tunali, in: World-Watch, Das globale Umweltmagazin, 2/96, S. 27 ff.
60 World-Watch, Das globale Umweltmagazin, 2/96, S. 31.
61 Der Spiegel 2/93, S. 106.
62 World Resources 1996/97, New York, Oxford 1996.
63 Newsweek, 9.5.1994.
64 Besuch im April 1994.
65 Newsweek, 9.5.1994.
66 ORF-Teletext, 13.6.1996.
67 Gespräch im Juni 1996.
68 Gespräch am 19.10.1995 in Wien.
69 Von Weizsäcker, E. U., Lovins, A. B., Lovins, H. L., Faktor vier. Doppelter Wohlstand – halbierter Naturverbrauch, München 1995.
70 The Crucial Decade: The 1990s and the Global Environmental Challenge. World Resources Institute, Washington, D. C. 1989.
71 Gespräch im Juni 1989 in Washington, D. C.
72 Gespräche mit Lester Brown, Chris Flavin und Hilary French vom Worldwatch Institute während der Uno-Umweltkonferenz in Rio de Janeiro im Juni 1992.
73 Gespräch am 27.10.1992 in Paris.
74 Zuletzt Brown, Lester R., State of the World 1996, New York, London 1996.
75 Gespräch am 27. September 1995 in San Francisco.
76 Frankfurter Allgemeine Zeitung, 7.5.1996.
77 Wie Anm. 76.
78 Gespräch im Dezember 1991 in Paris.
79 Frankfurter Allgemeine Zeitung, 9.12.1995, S. 15.

80 Weiner, Myron, The Global Migration Crisis, MIT, New York 1995.
81 Wie Anm. 80.
82 Gespräch am 27. 10. 1992 in Paris.

Diktatur mit beschränkter Haftung

 1 Gespräch am 6. 2. 1996 in Washington, D. C.
 2 International Herald Tribune, 16. 1. 1995.
 3 Financial Times, 26. 1. 1995.
 4 Gespräch am 6. 2. 1996 in Washington, D. C.
 5 Financial Times, 16. 2. 1995.
 6 International Herald Tribune, 2. 2. 1995.
 7 Gespräch am 29. 1. 1996.
 8 International Herald Tribune, 2. 2. 1995.
 9 International Herald Tribune, 3. 4. 1995.
10 Wie Anm. 9.
11 The Economist, 7. 10. 1995.
12 Die zuletzt von der BIZ ermittelte Umsatzsumme pro Tag betrug 1,25 Billionen Dollar und beruhte auf Erhebungen im Jahr 1994. Finanzwissenschaftler konstatierten seitdem ein Wachstum von jährlich 15 Prozent, so daß die 1,5-Billionen-Grenze inzwischen überschritten sein dürfte.
13 Gespräch mit Reuters-Sprecher Peter Thomas am 25. 1. 1996 in London.
14 Der Spiegel 12 / 1994.
15 Diesen Wert ermittelte das Euro-Currency-Standing-Committee der G-10-Gruppe bei der BIZ. Zitiert nach: Edgar Meister, Mitglied des Direktoriums der Bundesbank, Derivate aus der Sicht der Bankenaufsicht, Vortragsmanuskript, 29. 1. 1996.
16 Diese Summe nennt Wilhelm Nölling, ehemals Präsident der Hamburger Landeszentralbank, in: Die Finanzwelt vor sich selbst schützen, Die Zeit, 5. 11. 1993.
17 Gespräch am 31. 1. 1996 in Washington, Name auf Wunsch des Interviewpartners geändert.
18 Die folgende Schilderung des Angriffs auf das EWS beruhen im wesentlichen auf der exzellenten Beschreibung in: Gregory J. Millman, The Vandals Crown, How Rebel Currency Traders overthrew the Worlds Central Banks, New York 1995; deutsch: Der heimliche Raubzug, Reinbek 1995.
19 Zahlen und Zitate aus: Steven Salomon, The Confidence Game, How Unelected Central Bankers are gouverning the changed World Economy, New York 1995.
20 Vereinigte Wirtschaftsdienste, 16. 10. 1993.
21 Frankfurter Allgemeine Zeitung, 3. 2. 1996.

22 In: Dt. Bundesbank, Auszüge aus Presseartikeln, 28. 9. 1995.

23 The Economist, 7. 10. 95.

24 Erich Dieffenbacher, Organisation Business Crime Control, Die Off-Shore-Bankenplätze, Vortragsmanuskript zur Fachtagung «Geldwäsche» der Friedrich-Ebert-Stiftung, Berlin, 7. 10. 1993.

25 Frankfurter Allgemeine Zeitung, 17. 11. 1995.

26 Gespräch am 8. 1. 1996 in Berlin.

27 Eidgenössisches Justiz- und Polizeidepartment, Bericht der AG «Lagebild Ostgelder», Oktober 1995.

28 Ausweislich einer internen Dokumentation des Bundesministeriums für Finanzen, erstellt im Sommer 1995.

29 Jean-François Couvrat/Nicolas Pless, Das verborgene Gesicht der Weltwirtschaft, Münster 1993.

30 Newsweek, 3. 10. 1994.

31 Gespräch am 1. 2. 1996 in New York.

32 Handelsblatt, 25. 1. 1996.

33 New York Times, 27. 2. 1995.

34 1 Punkt = 0,1 %, Financial Times 24. 1. 1996.

35 Nach einer Aufstellung des Bundesfinanzministeriums in einer Antwort auf eine Bundestagsanfrage der SPD, Frankfurter Rundschau, 10. 9. 1995.

36 Kommission der Europäischen Gemeinschaften, Bericht des unabhängigen Sachverständigenausschusses für Unternehmensbesteuerung («Rüding-Bericht»), Amt für amtliche Veröffentlichungen, Luxemburg, 1992.

37 The Economist, 7. 10. 1995.

38 Deutsche Bank Research, laut Frankfurter Allgemeine Zeitung, 15. 3. 1996.

39 The Economist, 29. 4. 1995.

40 The Economist, 7. 10. 1995.

41 Deutsche Bundesbank, Auszüge aus Presseartikeln, 11. 1. 1996.

42 Gespräch am 31. 1. 1996 in London.

43 International Herald Tribune, 22. 4. 1995.

44 Wirtschaftswoche, 20. 4. 1995.

45 Gespräch im Juni 1995 in Berlin.

46 Reuters, 19. 2. 1996.

47 Die Negara-Episode ist ausführlich geschildert in: G. Millman, The Vandals Crown, New York 1995, S. 225 ff.

48 The Economist, 18. 11. 1995.

49 Frankfurter Allgemeine Zeitung, 19. 1. 1996.

50 Berliner Zeitung, 8. 3. 1996.

51 Frankfurter Allgemeine Zeitung, 2. 9. 1996.

52 The Economist, 3. 2. 1996.

53 James Tobin, A proposal for international Monetary Reform, in: The Eastern Economic Journal 3−4, July/October 1978.

54 So kalkuliert z. B. der US-Ökonom David Felix, daß bei einem Steuersatz von 1 % ein besteuerbarer Umsatz von jährlich 72 Billionen Dollar bleiben würde. Das ergäbe ein Aufkommen von 720 Mrd. Dollar.

55 Jörg Huffschmid, Funktionsweise, Nutzen und Grenzen der Tobin-Tax, in: Informationsbrief Weltwirtschaft & Entwicklung, Sonderdienst 8/1995.

56 Gespräch im Juni 1995.

57 Alexander Schrader, Devisenumsatzsteuer: Scheitern programmiert, in: Deutsche Bank Research. Bulletin, 26.6.1995, zitiert nach: Jörg Huffschmid, Fußnote 55.

58 Zitiert nach: Gregory Millmann, S. 231.

59 Süddeutsche Zeitung, 21.3.1995.

60 Barry Eichengreen/James Tobin/Charles Wyplosz, Two Cases for sand in the wheels of international finance, in: The Economic Journal 105, 1995.

61 Frankfurter Allgemeine Zeitung, 17.3.1995.

62 Wall Street Journal, 16.9.1993.

63 Vereinigte Wirtschaftsdienste, 30.9.1993.

64 G. Millman, wie Anm. 47, pp. 255.

65 So die Schätzung des Chefstrategen bei der Brüsseler Banque Lambert, Roland Leuschel, Gespräch am 30.1.1996 in Brüssel.

66 Vergl. Julia Fernald u. a., Mortgage Security Hedging and the Yield Curve, Federal Reserve Bank New York, Research Paper no. 9411, August 1994.

67 Der Spiegel 12/1994.

68 Wie Anm. 67.

69 Wirtschaftswoche 47/1994.

70 Wilhelm Nölling, Die Finanzwelt vor sich selbst schützen, in: Die Zeit, 5.11.1993.

71 Felix Rohatyn, Globale Finanzmärkte: Notwendigkeiten und Risiken, in: Lettre international, Nr. 46, Herbst 1994, und: America in the year 2000, Vortrag beim Bruno Kreisky Forum, 8.11.1995, Wien.

72 Handelsblatt, 13.4.1995.

73 Deutsche Presse-Agentur, 27.1.1995.

74 Frankfurter Allgemeine Zeitung, 13.12.1995.

75 Edgar Meister, Mitglied des Direktoriums der Bundesbank, Derivate aus der Sicht der Bankenaufsicht, Vortragsmanuskript, 29.1.1996.

76 Gespräch am 21.1.1996 in Frankfurt.

77 Gespräch mit Euroclear-Sprecher David Thomas am 21.1.1996 in Brüssel.

78 International Herald Tribune, 5.2.1996.
79 The Economist, 17.2.1996.
80 International Herald Tribune, 4.6.1996.

Das Gesetz der Wölfe

1 The Economist, 7.1.1995.
2 Zitiert in: Die Zeit, 24.11.1995.
3 Financial Times, 28.3.1996.
4 Financial Times, 3.7.1996.
5 International Herald Tribune, 29.8.1995.
6 Alle Zitate aus: Thomas Fischermann, Mitleid für die Erste Welt, Die Zeit, 3.11.1995.
7 Entsprechend einer Totalerhebung der Bundesanstalt für Arbeit, zitiert nach: Die Zeit, 24.11.1995.
8 Organisation for Economic Cooperation and Development. Bis 1990 gehörten der Organisation mit Sitz in Paris nur die 23 klassischen Industrieländer des früheren «Westens» an: USA, Kanada, Japan, Australien, Neuseeland, Deutschland, Frankreich, Großbritannien, Italien, Spanien, Portugal, Niederlande, Dänemark, Griechenland, Irland, Belgien, Luxemburg, Schweden, Norwegen, Finnland, Island, Österreich und die Schweiz. Seitdem sind fünf wirtschaftlich schwächere Nachbarstaaten aufgenommen worden, die per Vertrag in die Europäische Union und die nordamerikanische Freihandelszone ökonomisch eingebunden sind. Dies sind die Türkei, Mexiko, Ungarn, Tschechien und Polen.
9 Die Woche, 12.9.1993.
10 Wall Street Journal Europe, 12.3.1993.
11 Edzard Reuter, Wie schafft bessere Erkenntnis besseres Handeln?, Manuskript eines Vortrags bei der Alfred Herrhausen-Gesellschaft, Juni 1993.
12 Der Spiegel 4/1996.
13 World Trade Organisation, Trends and Statistics 1995, Genf.
14 Zitiert nach: Elmar Altvater/Birgit Mahnkopf, Grenzen der Globalisierung, Münster 1996.
15 United Nations Conference on Trade and Development (UNCTAD), World Investment Report 1995, New York/Genf.
16 Paolo Cecchini u.a., Europa '92: Der Vorteil des Binnenmarktes, Baden-Baden 1988.
17 Financial Times, 26.2.1996.
18 Erzählt nach einer Reportage aus: In these Times, 26.12.1995.
19 Daten aus: Los Angeles Times, 5.12.1995.
20 Business Week, 16.10.1995.

21 Frankfurter Allgemeine Zeitung, 29. 4. 1996, u. Der Spiegel 15 /1996.

22 Daten des U. S. Bureau of the Census, Current Population Reports, zitiert nach: Lester Thurow, The Future of Capitalism, New York 1996.

23 Daten zitiert nach: Simon Head, Das Ende der Mittelklasse, in: Die Zeit, 26. 4. 1996.

24 Lester Thurow, S. 180, siehe Anm. 22.

25 Nach einer Berechnung der New York Times, basierend auf der Statistik des US-Arbeitsministeriums, International Herald Tribune, 6. 3. 1996.

26 Phillip Cook/Robert Frank, The Winner-Take-All Society, New York 1995.

27 International Herald Tribune, 17. 11. 1995.

28 Wie Anm. 27

29 Robert Reich, Die neue Weltwirtschaft, Frankfurt/Berlin 1993, u. Frankfurter Allgemeine Zeitung, 29. 4. 1996.

30 Lester Thurow, S. 126 u. 165/166, siehe Anm. 22.

31 Zitiert nach: Silvio Bertolami, Wir werden alle durch den Fleischwolf gedreht, in: Die Weltwoche, 31. 8. 1995.

32 Frankfurter Allgemeine Zeitung, 29. 4. 1996.

33 Zitiert nach Simon Head, siehe Anm. 23.

34 Stephen Roach, America's recipe for industrial extinction, in: Financial Times, 14. 5. 1996.

35 Financial Times, 14. 5. 1996.

36 Laut Konzernangaben, zitiert in Focus 45 / 1995.

37 Frankfurter Allgemeine Zeitung, 29. 5. 1996, u. International Herald Tribune, 29. 2. 1996.

38 Zitiert nach: Heinz Blüthmann, Abschied auf Raten, in: Die Zeit, 8. 9. 1995.

39 Der Spiegel 16 / 1996.

40 The Economist, 14. 10. 1995.

41 Le Monde diplomatique, Oktober 1995.

42 Reuters, 19. 3. 1996.

43 Die Zeit, 22. 7. 1996.

44 Der Standard, 25. 5. 1996.

45 Die Tageszeitung, 6. 3. 1996.

46 Bloomberg Business News, 18. 3. 1996.

47 Frankfurter Allgemeine Zeitung, 3. 6. 1996.

48 Frankfurter Rundschau, 2. 12. 1995.

49 Frankfurter Allgemeine Zeitung, 13. 10. 1994, u. Frankfurter Rundschau, 16. 10. 1994.

50 Frankfurter Allgemeine Zeitung, 30. 10. 1993.

51 Der Spiegel 16 / 1996.

52 Frankfurter Allgemeine Zeitung, 27.6.1996.
53 Ausführlicher in: H. Schumann, Selbstentmachtung der Politik. Die programmierte Krise des EG-Systems, in: Kursbuch 107/1992.
54 Nach Angaben der Association of European Airlines.
55 International Herald Tribune, 3.7.1996.
56 Spanien, Portugal, Griechenland und Irland sicherten sich Übergangsfristen bis 2003.
57 The Economist, 1.6.1996.
58 Der Spiegel 8/1996.
59 International Herald Tribune, 23.4.1996.
60 Der Spiegel 2/1996.
61 Le Monde diplomatique 1/1996.
62 Financial Times, 24.4.1996.
63 Frankfurter Rundschau, 2.5.1996.
64 Die Zeit, 24.5.1996.

Bequeme Lügen

1 Silvio Bertolami, Kater nach dem Tequilarausch in: Die Weltwoche, 12.1.1995.
2 Daten aus: Anne Huffschmid, Demaskierung auf mexikanisch, in: Blätter für deutsche und internationale Politik 6/1995.
3 Newsweek, 18.3.1996.
4 Wie Anm. 2.
5 Frankfurter Allgemeine Zeitung, 25.7.1996.
6 Beschrieben in Anlehnung an: Frédéric Clairmont, Von Singapur lernen, Le Monde diplomatique, 10.6.1995.
7 Nach Berechnungen des Wirtschaftsberaters der französischen Regierung Gerard Laffay, Professor für Ökonomie an der Universität Paris, in: Die Zeit, 12.4.1996.
8 Den prinzipiellen Unterschied zwischen der westlichen und der asiatischen Entwicklungsstrategie analysiert der Ökonom Charles Gore von der Internationalen Arbeitsorganisation (ILO) präzise in: Methodological nationalism and the misunderstanding of East Asian industrialization, UNCTAD Discussion paper No. 111, Genf 1995.
9 International Herald Tribune, 29.7.1996.
10 International Herald Tribune, 18.3.1996.
11 Der Spiegel 39/1995.
12 Frankfurter Allgemeine Zeitung, 16.12.1993.
13 Financial Times, 20.6.1996.
14 International Herald Tribune, 28.2.1996, u. The Economist, 13.4.1996.

15 Die Tageszeitung, 28.2.1996, und Frankfurter Allgemeine Zeitung, 21.5. 1996.

16 Gespräch im Oktober 1993.

17 Le Monde diplomatique, 18.2.1996.

18 Adrian Wood, North-South-Trade, Employment and Inequality, Oxford, 1994.

19 UNCTAD, World Investment Report 1995 u. 1996, Genf.

20 Das jüngste Produkt aus der Ideologiefabrik, in dem alle entsprechenden Thesen und Theorien wiedergegeben sind, schrieb der Harvard-Ökonom Robert Lawrence: Single World, Divided Nations? – International Trade and OECD Labor Markets, erschienen als OECD-Publikation, Paris 1996.

21 Ohne Ostdeutschland, ausweislich des Monatsberichts der Bundesbank im Juli 1996, dokumentiert in: Frankfurter Allgemeine Zeitung, 19.7. 1996.

22 Während der Interviewsendung «Farbe bekennen», ARD, 11.4.1996.

23 Frankfurter Allgemeine Zeitung, 4.6.1996 u. 17.6.1996.

24 Frankfurter Allgemeine Zeitung, 12.6.1996.

25 Die Tageszeitung, 10.6.1996.

26 Nach Angaben des Bundesministeriums für Arbeit und Soziales, zitiert in: Heiner Geißler, Es droht ein neuer Klassenkampf, Berliner Zeitung, 4.1.1996.

27 Daten aus der guten Analyse über die Finanzierungskrise des Sozialstaats von Wolfgang Hoffmann, Risse im Fundament, in: Die Zeit, 15.12.1995.

28 Nach Angaben des Vorstandsvorsitzenden der Bundesversicherungsanstalt für Angestellte (BfA), Hans-Dieter Richardt, bei einem Presseseminar am 22.2.1996.

29 Heiner Flassbeck/Marcel Stremme, Quittung für die Tugend, in: Die Zeit, 1.12.1995.

30 Handelsblatt, 19.7.1996.

31 Dokumentiert in: Frankfurter Allgemeine Zeitung, 19.6.1996.

32 Stern 46/95.

33 Michael Wortmann, Anmerkungen zum Zusammenhang von Direktinvestitionen und der Wettbewerbsfähigkeit des Standorts Deutschlands, unveröffentlichtes Manuskript, Berlin 1996.

34 Frankfurter Rundschau, 4.5.1996.

35 Der Spiegel 19/1996.

36 Nach Berechnungen des WSI-Instituts des DGB, zitiert in: Frankfurter Rundschau, 14.7.1996.

37 Das DIW-Projektteam unter Leitung von Michael Kohlhaas rechnete eine ab 1995 jährlich um sieben Prozent steigende Abgabe für alle Energieträger auf die Strukturentwicklung der gesamten bundesdeutschen Wirt-

schaft innerhalb von zehn Jahren hoch. Die Einnahmen im Jahr 2005 würden dann 121 Milliarden Mark betragen und aufkommensneutral auf Sozialabgaben und Lohnsteuer umgelegt werden. Entsprechend der Verteilung der Belastungen, schlagen die DIW-Forscher vor, sollten 71 Prozent der Einnahmen zur Senkung der Arbeitgeberbeiträge für die Sozialversicherung verwandt werden und so die Arbeit verbilligen, den Rest sollten die Steuerzahler als Öko-Bonus von 400 Mark pro Kopf gutgeschrieben bekommen. Dokumentiert in: Die Zeit, 10.6.1994.

38 In: Klaus Backhaus, Holger Bonus (Hrsg.), Die Beschleunigungsfalle oder der Triumph der Schildkröte, Stuttgart 1995.

Rette sich, wer kann. Nur: Wer kann?

1 Am 29.9.1995 in San Francisco.
2 Gespräch am 21.6.1996 auf dem Flug von Wien nach Berlin.
3 Gespräch am 24.7.1996 in Frankfurt.
4 Gespräch am 1.10.1995 in Reston, Virginia.
5 Gespräch am 21.7.1996 in New York.
6 Fax-Mitteilung von Justin Fox, 20.8.1996.
7 Schätzung der Ökonomie-Professoren Roy C. Smith und Ingo Walter, New York University, Gespräch am 2.2.1996 in New York.
8 Harper's Magazine, October 1995, pp. 55.
9 New York Times, 1.2.1996.
10 New York Times, 21.1.1996.
11 Die Zeit, 31.5.1996, S. 9–11.
12 Die Woche, 28.6.1996, S. 6.
13 Publik-Forum, 14.6.1996, S. 12.
14 Die Tageszeitung, 16.2.1996, S. 13.
15 Frankfurter Rundschau, 22. Juni 1996, S. 4.
16 Hans-Peter Martin, Bedingungen für irdisches Glück, in: Der Spiegel 33/1989; zuletzt Besuch am 1.3.1996.
17 Gespräch am 11.8.1996 in Heiligendamm.
18 ORF-Teletext, 19.8.1996.
19 ORF-Teletext, 20.8.1996.
20 International Herald Tribune, 17., 18.8.1996.
21 Gespräche am 23.1.1995, am 2.10.1995 und am 31.1.1996 in Washington D.C.
22 ZDF-Auslandsjournal, 19.8.1996.
23 Gespräche am 2.2.1996 in New York und am 21.3.1996 in Ladenburg.
24 ORF-Teletext, 18.8.1996.
25 Thomas L. Friedman in: International Herald Tribune, 8.2.1996.

26 Interview in: Der Standard, 21.8.1996; erstmals Plakate am 30.8.1996; Gespräche am 30.8.1996 in Wien.

27 Zitat aus: Falter 31/1996, S. 9.

28 ORF, Zeit im Bild, 2.8.1996.

29 Zitiert nach Los Angeles Times Syndicate International, June 1995, Abdruck u. a. in: Welt am Sonntag, 25.6.1996.

30 Luttwak-Porträt und Zitate in: Die Weltwoche, 31.8.1995.

31 Zitiert nach Los Angeles Times Syndicate International, June 1995, Abdruck u. a. in: Welt am Sonntag, 25.6.1996.

32 Wie Anm. 31.

33 Gespräche am 22. und 23.8.1996 in Wien. Name auf Wunsch des Gesprächspartners geändert.

34 Gespräch am 8.7.1996 in Wien.

35 Franz Köb, Innehalten. Von der Verlangsamung der Zeit, 1996, Doppelfaut Presse, Bad Teinach 1996.

36 Persönlicher Brief vom 24.7.1996.

Täter oder Opfer?

1 Beobachtungen bei verschiedenen Uno-Konferenzen in New York, zuletzt im Januar 1996.

2 Besuch am 22.7.1996 in New York.

3 Am 30.7.1996 in Bonn.

4 Am 5.9.1994 in Kairo.

5 Gespräche am 12., 13. und 14.9.1994 in Kairo sowie am 26. und 27.1.1995 in New York.

6 Gespräch am 5.2.1996 in Washington D. C.

7 Gespräch am 2.2.1996 in New York.

8 Gespräch am 31.1.1996 in Washington D. C.

9 Gespräch am 1.2.1996 in New York.

10 Gespräche am 29.6.1995 und am 21.11.1995 in Wien.

11 Gespräch am 29.9.1995 in San Francisco.

12 Gespräche am 29.9.1995 in San Francisco und am 20.7.1996 in Atlanta; auch The New York Times, 2.8.1996.

13 Persönlicher Brief vom 24.7.1996.

14 Gespräch am 9.11.1993 in München.

15 Gespräche am 13.5.1995 in Wien sowie am 5.8.1996 und 11.8.1996.

Wem gehört der Staat?

1 Der Spiegel 11/1996.
2 Handelsblatt, 26. 3. 1993, und Frankfurter Rundschau, 24. 2. 1995.
3 Frankfurter Allgemeine Zeitung, 9. 7. 1996, und Der Spiegel 12/1996.
4 Frankfurter Rundschau, 27. 3. 1996.
5 Financial Times, 13. 10. 1994.
6 Die Zeit, 25. 6. 1993.
7 Die Woche, 3. 11. 1995.
8 Der Spiegel 12/1996.
9 Der Spiegel 26/1996.
10 Commission on International Investment, Incentives and foreign direct Investment, Background report by the UNCTAD secretariat, Genf 1995.
11 Frankfurter Rundschau, 15. 12. 1996.
12 Markus Dettmer/Felix Kurz, Ein Gefühl wie Weihnachten, in: Der Spiegel 20/1995.
13 Deutsche Presse-Agentur, 22. 5. 1996.
14 Wie Anm. 10.
15 Nach Berechnungen des Deutschen Instituts für Wirtschaftsforschung.
16 Council of Competitiveness, Charting Competitiveness, in: Challenges, October 1995, zitiert nach: Lester Thurow, The Future of Capitalism, New York 1996.
17 Wochenpost, 2. 9. 1996.
18 Zahlen aus: Will Hutton, The State We're in, London 1995, und The Independent, 16. 6. 1996.
19 Frankfurter Rundschau, 29. 6. 1996.
20 International Herald Tribune, 30. 8. 1995.
21 Financial Action Task Force Working Group, Status Report, Paris 1990.
22 Time, 24. 8. 1994.
23 Zitiert nach Klaus Wittman, Perfekt, blitzschnell und dreist, in: Die Zeit, 3. 5. 1996.
24 Susan Strange, The Retreat of the State, Oxford 1996.
25 Während der Fachtagung «Geld im Überfluß?» der Evangelischen Akademie Loccum am 12. 5. 1996.
26 Deutsche Presse-Agentur, 8. 7. 1996.
27 Nach Angaben der Anti-Mafia-Kommission des italienischen Parlaments vom 3. 6. 1996.
28 Frankfurter Rundschau, 19. 4. 1996.
29 Kenichi Ohmae, The End of the Nation State, New York 1995.
30 Does Government still matter? The State is withering and global Business is taking charge, Newsweek, 26. 6. 1995.
31 Vgl. Frankfurter Allgemeine Zeitung, 15. 5. 1996.

32 Commission on Global Governance, Our Global Neighbourhood, Oxford 1995.
33 Frankfurter Rundschau, 9.2.1996.
34 Genauer nachzulesen in: Harald Schumann, Europas Souverän, in: Kursbuch 117, Berlin 1994.
35 Niall FitzGerald, A European Nightmare, in: Financial Times, 5.6.1996.

Das Ende der Orientierungslosigkeit

1 Karl Polanyi, The Great Transformation, Frankfurt a.M., 1978.
2 Ulrich Beck, Kapitalismus ohne Arbeit, in: Der Spiegel 20/1996.
3 Financial Times, 30.4.1996.
4 Persönlicher Brief vom 24.7.1996.
5 Die Woche, 26.4.1996.
6 International Herald Tribune, 1.2.1996.
7 Exemplarisch ist da schon der Versuch der Arbeitsminister Deutschlands und Frankreichs, gegen alle Regeln des europäischen Binnenmarkts die billigeren Bauarbeiter aus Portugal und England mittels eines gesetzlichen Mindestlohns von den Baustellen ihrer Länder zu vertreiben. Auch der von Sachsens Ministerpräsident Kurt Biedenkopf betriebene bewußte Verstoß gegen das EU-Subventionsrecht bei der Zahlung von Zuschüssen an Volkswagen ist im Kern eine protektionistische Maßnahme, die den Wettbewerb in Europa «verzerrt».
8 Diese Forderung wird von zunehmend mehr Wirtschaftsfachleuten unterstützt, etwa den Experten der Uno-Handelsorganisation Unctad, den Ökonomen des Deutschen Instituts für Wirtschaftsforschung oder dem Wall-Street-Bankier und Clinton-Berater Felix Rohatyn. Vgl. Unctad, Trade and Developement Report 1995, S. 4–9, Genf; Heiner Flassbeck und Rudolf Dressler, Globalisierung und nationale Sozialpolitik, Berlin/Bonn 1996; Felix Rohatyn, America in the Year 2000, Manuskript eines Vortrags beim Bruno-Kreisky-Forum in Wien, 8.11.1995; Roger Bootle, The Death of Inflation, London 1996.
9 Diese Prognose legten auch die beiden Wirtschaftsforscher Stepan Leibfried von der Universität Bremen und Elmar Rieger von der Harvard University schlüssig dar, in: Fundament des Freihandels, Die Zeit 2.2.1996.
10 Berliner Zeitung, 13.4.1996.
11 Der Spiegel 32/1996.
12 Ethan Kapstein, Workers and the World Economy, in: Foreign Affairs, Council on Foreign Relations, May 1996, p. 18.

Ein Dank

gilt allen, die uns zu diesem Buch ermutigten, insbesondere jenen, die trotz Globalisierungsstreß oft unter widrigen Umständen Zeit für Gespräche und wertvolle Anregungen fanden:

Anil Agarwal, Bella Abzug, Carmen Bersch, Madhu Bhaduri, Andrew Braunsberg, Edgar M. Bronfman, Lester Brown, Richard Butler, Butros Butros-Ghali, Michel Camdessus, Barber B. Conable Jr., Markus Dettmer, Erich Dieffenbacher, Ricardo Díez Hochleitner, Julian Disney, Bénédicte Dupoux, Harald Ettl, Rainer Falk, Peter Felch, Caroline Fetscher, Chris Flavin, Hans Fleisch, Michael Findeisen, Thomas Fischer, Justin Fox, Hermann Franz, Fernando Gabeira, Adrienne Germain, Michail Gorbatschow, Al Gore, Mathias Greffrath, William Greider, Peter Handke, Wilhelm Hankel, Andreas Hauskrecht, Peter Heller, Edmund Hillary, Heimo Hoch, Jeanette Hofmann, Ivan Illich, Pilar Isaac-Candeias, Hans-Ulrich Klose, Margaretha Kopeinig, Michal Kováč, Hans-Helmut Kotz, Jürgen Kautz, Ferdinand Lacina, Claus Leggewie, Gerd Leipold, Gisela Leske, Roland Leuschel, Amory B. Lovins, José Lutzenberger, Andreas Mailath-Pokorny, Mahathir Mohamad, Adam Markham, Inge Martin, Jack P. Martin, Dennis Meadows, Edgar Meister, Gregory J. Millman, Valerie Monchi, Klaus-Peter Möritz, Ward Morehouse, Michael Müller, Rolf S. Müller, Rainer Münz, Kamal Nath, Wally N'Dow, Kum'a Ndumbe III., Wilhelm Nölling, Désirée Nosbusch, Bisi Ogunleye, Charles Oman, Yves Perreard, Erica Bo Petersen, Wolfgang Petritsch, Volker Petzoldt, David Pitt, Barbara Pyle, Werner Raith, John Rawls, Wolfgang Reinicke, Michael Renner, Wolfgang Riehle, Cesar Rodrigues Rabanal, Rüdiger von Rosen, Curt Royston, Jeffrey Sachs, Nafis Sadik, Jochen Sanio, Reijiro Sawafuji, Waltraud Schelkle, Anton Schneider, Bertrand Schneider, Leonard Schrank, Alexander Schubert, Stirling D. Scruggs, Gordon Shepherd, Michael Snow, Bernd Spahn, Ulrich Steger, Stephen Silvia, Patrick Slough, Roy C. Smith, Marcel Stremme, Washington SyCip, Gilbert Trigano, Klaus Töpfer, Ted Turner, Peter Turrini, Vincent J. Truglia, Barbara Unmüßig, Herman Veltman, Günter Wallraff, Ingo Walter, R. Christopher Whalen, Ernst Ulrich von Weizsäcker, Simon Wiesenthal, Dieter Wild, Timothy Wirth, Michael Wortmann, Yun Ho Jin, den Mitgliedern der Journalistengemeinschaft Contrapunkt sowie einigen anderen, die uns mit Informationen halfen, aber nicht namentlich genannt werden wollen/können. Ein abschließender inniger Dank richtet sich an Rüdiger Dammann, der immer an dieses Projekt geglaubt hat.

Hans-Peter Martin, Wien
(E-Mail: hpm.martin@ping.at)

Harald Schumann, Berlin
(E-Mail: hschumann@spiegel.de)